图书在版编目（CIP）数据

定边年鉴. 2024 / 中共定边县委史志编纂研究中心编. -- 北京：中国文史出版社, 2024. 10.
ISBN 978-7-5205-4905-9
Ⅰ. Z524.14

中国国家版本馆 CIP 数据核字第 202443PM34号

责任编辑：张春霞

出版发行：中国文史出版社
社　　址：北京市海淀区西八里庄路 69 号院　邮编：100142
电　　话：010-81136606　81136602　81136603（发行部）
传　　真：010-81136655
印　　装：陕西柯书柏广告传媒有限公司
经　　销：全国新华书店
开　　本：710mm ×1000mm　1/16
印　　张：18.25　　字数：387 千字
版　　次：2024 年10月第 1 版
印　　次：2024 年11月第 1 次印刷
定　　价：188.00 元

2月13日至15日，定边县第十九届人民代表大会第二次会议胜利召开

（高婷婷　摄）

3月2日，定边县2023年文明实践志愿服务行动暨“学雷锋”志愿服务活动月在献忠广场启动

（陈煜　摄）

4月13日，定边县370余名机关干部职工在县长城林场义务植树基地参加义务植树

4月23日，定边县2023年第十四届全民阅读文化节启动仪式在县文化广场举行

（高婷婷　摄）

4月26日，在白泥井镇红旗村玉薪现代特色农业合作园区的高标准农田外围，工人们正在栽植树苗，为高标准农田穿上“绿色防护衣”

5月初，定边县百万亩玉米进入播种期

（乔保华　摄）

5月29日，东关小学举行庆“六一”文艺汇演

（拓峰跃　摄）

6月3日，定边县2023年千人健身广场舞展演活动暨“大地欢歌　四季村晚”定边县乡村文化活动年启动仪式在县体育运动中心举行

（屈艺珍　摄）

6月6日，县慈善协会联合县乐助会慈善志愿者服务团队免费接送考生发车仪式在县慈善协会举行

（高源　摄）

6月10日，定边县2023年“非遗文化节”在西环路便民市场开幕

（高婷婷　摄）

7月，定边县20万亩夏熟马铃薯喜获丰收

（白泓渊　摄）

8月12日，“清爽榆林”中国·定边第六届红花荞麦文化旅游节暨农民丰收节在白湾子镇张山村开幕

（高柯　摄）

8月，定边县千年盐湖南美白对虾成功上市

（王星瑶　摄）

9月6日，定边县庆祝第39个教师节暨教育高质量发展推进大会在第四中学报告厅召开

（高婷婷　摄）

12月6日，在砖井镇侯场村村民田地里，打捆机正在回收秸秆

（拓峰跃　摄）

定边县高质量项目推进在行动

（卢云云　摄）

光伏发电

（高柯　摄）

定边万亩黄芥花迎风盛放

（高柯　摄）

新安边镇坡改梯上的农田

（白泓渊　摄）

盐场堡镇付圈理财养殖专业合作社牛场

（卢云云　摄）

砖井镇石圈村的现代化羊棚

（拓峰跃　摄）

在新乐社区剪纸工厂里，精准扶贫搬迁户在工作室里工作

（叶子　摄）

马铃薯喜获丰收

（叶子　摄）

定边县城鸟瞰图

（高柯　摄）

定边县地方志编纂委员会

《定边年鉴》（2024）编辑部

《定边年鉴》（2024）供稿单位、主审及供稿人

（以篇目顺序排列）

单　位	主　审	供稿人	单　位	主　审	供稿人
县委办	刘　洋	徐荣贵	农业农村局	王学瑞	王　磊
组织部	张明山	杨浩东	乡村振兴局	张定荣	李其蔓
宣传部	白治安	薛文舒	林业局	陈登科	刘晓锋
统战部	王少峰	李　勇	水利局	王　军	张　锐
政法委	袁　琦	梁天来	引黄局	王　皓	程晓晶
直工委	闫克文	王一博	工业商贸局	屈彦智	王亚栋
编委办	高红梅	付宝乐	产业园区管委会	高生龙	贺岁霞
党　校	刘　洋	李欣霖	烟草局	周　磊	许　潇
档案馆	温　瑛	闫　宇	定边采油厂	李兴斌	冯娟娟
纪委监委	冯天凯	王润岗	众源天然气公司	薛　成	訾肖扬
人大办	宋　哲	李　曜	盐化厂	冯建亮	杨　涛
政府办	纪振武	王宇鸣	电力局	王世宏	柴阳阳
行政审批局	康文军	赵海瑞	热宝锅炉公司	南山琳	张春梅
信访局	尉　飞	褚海栋	佳益能源	王克忠	杜男男
政协办	刘正玺	屈　鸣	供销社	王　宏	杨薇宇
		何荣荣	家乐公司	王道程	张旭栋
法　院	韩秀琦	师雪雪	五洲餐饮公司	李明斌	郑　伟
检察院	郭永刚	雷苏苏	交通局	张　铮	张　强
总工会	赵利军	高　诚	邮政公司	屈建军	吴巧蓉
团县委	郝　宁	王　娜	电信公司	张爱霞	李　霞
妇　联	马　维	乔娇娇	广电网络公司	尹建国	万　茸
工商联	高志峰	白　雪	移动公司	王文州	鲁开明
人武部	李武华	王风岗	联通公司	何树兵	栾椿雁
退役军人事务局	叶肖雄	段微波	发展改革和科技局	杨　凡	田文凯
公安局	王　剑	乔　丽	统计局	苗巧丽	苗仲鸿
司法局	朱镛宏	王警周	审计局	薛　诚	高　洁
自然资源和规划局	李小涛	王振平	市场监督管理局	户海清	宗志鹏
环保局	高如鹏	陈毛毛	应急管理局	卢　军	李　勋
住房和城乡建设局	白昌盛	张为珍	财政局	张宝生	李佳锶
城投公司	陈海春	蔡源远	税务局	高　飞	付柏仁

单　位	主　审	供稿人	单　位	主　审	供稿人
中国人民银行定边县支行	张　宏	汪敬渊	民政局	李　剑	李大欢
中国工商银行定边县支行	纪风力	李　娜	残　联	丁立山	冯晓伟
中国建设银行定边县支行	赵　宁	李　琪	养老经办中心	王小宏	毛亚妮
中国农业银行定边县支行	李鹏程	张亚申	住房公积金管理办公室	王海峰	贺楚娟
中国农业发展银行定边县支行	张学毅	冯阳阳	定边街道办	高宏智	杨　宁
长安银行定边县支行	安晓旭	闫晓菲	贺圈镇	刘　卫	赵丹妮
定边县农村商业银行	刘富国	王　丹	纪畔便民服务中心	赵永东	薛丁伟
中国人寿定边支公司	刘　伟	潘　洁	红柳沟镇	刘　洋	乔国华
人保财险定边支公司	魏小栋	陈　瑞	砖井镇	薛　健	王翼辉
太平洋财险定边支公司	高旭东	王馨敏	白泥井镇	雷睿翔	李　琳
教育和体育局	蒋登峰	齐彦敏	安边镇	夏　渊	高海洋
新华书店	任栗平	任　洁	堆子梁镇	葛昊明	牛大宇
科　协	王文军	王海洲	白湾子镇	乔　剑	李晓飞
气象局	高建伦	展晓伟	姬塬镇	王　永	白亚芳
文化和旅游文物广电局	郭曙光	刘巧瑞	杨井镇	王晓东	高领领
文　联	曹　瑞	陈姮宇	新安边镇	王　峰	屈飞宇
卫健局	王惠茂	刘　磊	盐场堡镇	李阳阳	葛虹伶
计生协会	马晓梅	刘红蕊	石洞沟镇	白　桦	丁晓丽
疾控中心	马维林	白　静	郝滩镇	赵彦宾	张海波
妇幼保健院	李彦玉	王慧娟	油房庄乡	李光平	刘婷婷
定边县医院	张少雄	陈学敏	冯地坑镇	孟巧莉	温辰宇
定边县中医院	倪国栋	何文达	学庄乡	党晓琳	张春香
医疗保障局	牛国斌	马瑞峰	樊学镇	艾　飞	邵君山
人社局	刘彦璞	景越驰	张崾先镇	张国智	白　骁

编辑说明

一、《定边年鉴》是中共定边县委、定边县人民政府定期出版的反映全县政治、经济、文化和社会建设事业进展情况的地方综合性资料图书。从2005年开始，每年编辑出版，公开发行。其宗旨是向县内外乃至国内外，全面、系统、翔实地介绍特定时限内定边县政治、经济、文化和社会发展各方面的基本情况，为各级领导科学决策服务，推动社会各界了解定边、研究定边、振兴定边，为促进定边县各项事业发展服务，并为续修《定边县志》积累资料。

二、《定边年鉴》（2024）由中共定边县委、定边县人民政府主办，定边县委史志编纂研究中心负责编辑，各乡（镇）、街道、县直各党政机关及企事业单位等供稿。全书以马克思列宁主义、毛泽东思想、邓小平理论、“三个代表”重要思想、科学发展观、习近平新时代中国特色社会主义思想为指导，运用辩证唯物主义和历史唯物主义的立场、观点、方法，记述定边县2023年国民经济和社会发展变化的基本情况。

三、《定边年鉴》（2024）记载时间从2023年1月1日起至2023年12月31日止。年鉴采取分类编辑法，栏目设类目、分目、条目三个层次。本卷共设26个类目：定边县情概览、特载、大事记、中国共产党定边县委员会、纪律检查・行政监察、定边县人民代表大会常务委员会、定边县人民政府、中国人民政治协商会议定边县委员会、审判・检察、人民团体・工商联、军事、公安・司法、资源环境、城乡规划与建设、农业与农村经济、工业・商贸・服务、交通・邮政・电信、综合经济管理监督、财政・税务、金融・保险、教育・科技、文化・旅游、卫生・计生、人民生活和社会保障、街道・乡镇、索引。条目标题均用黑体加【】号显示。

四、机构内领导任职时间，当年发生任免变动的在括号里注明，括号内连接号“—”前的时间为始任职时间，其后为免职离任时间。

五、《定边年鉴》（2024）所用数据、图片，由各供稿单位提供并审核。统计资料由县统计局提供。行政图由县勘界办提供，仅供示意参考。

六、本书设中文目录及索引。索引采用主题词分类法，条目按汉语拼音字母顺序排列。

七、考虑到社会使用习惯，全书中亩不统一换算，1公顷=15亩。

八、《定边年鉴》（2024）编辑出版得到全县各级领导的关心和各乡（镇）街道、各部门、各单位的大力支持与协助，谨表谢忱。疏漏差错之处，敬请批评指正。

目 录

定边县情概览

特 载

大 事 记

中国共产党定边县委员会

纪律检查·行政监察

定边县人民代表大会常务委员会

定边县人民政府

中国人民政治协商会议定边县委员会

审判·检察

人民团体·工商联

军　事

公安·司法

资源环境

城乡规划与建设

农业与农村经济

工业·商贸·服务

交通·邮政·电信

综合经济管理监督

财务·税务

金融·保险

教育·科技

文化·旅游

卫生·计生

人民生活和社会保障

街道·乡镇

索 引

定边县情概览

定边县地域辽阔，物产丰富，地处陕、甘、宁、内蒙古四省区八县（旗）的交界处，自古商贾云集、边贸繁荣，素有“旱码头”的美誉，土特产种类繁多，其中食盐、甘草、皮毛，誉为“定边老三宝”，石油、荞麦、油料被誉为“定边新三宝”，是中国马铃薯之都。

政区概况

【名称来历】“定边”之称始于北宋元符二年（1099），范仲淹镇守延安时，在头道川修筑一城，名“定边”，取“底定边疆”之意。明朝正统二年（1437），筑今城，沿用“定边”名称。从此，与靖边县、本县安边镇合称“塞上三边”。清雍正九年（1731），设定边县至今。

【地理位置】位于东经107°15′～108°22′，北纬36°49′～37°52′。地处陕、甘、宁、内蒙古四省区交界处，陕西省西北角，榆林市最西端。是黄土高原与内蒙古鄂尔多斯草原的过渡地带。东至东南与本省靖边县、吴起县相连，南至西南与甘肃省华池县、环县相接，西与宁夏回族自治区盐池县毗邻，北至东北与内蒙古自治区鄂托克前旗、乌审旗相邻。东距榆林236千米，南距省城西安570千米，西距宁夏首府银川160千米，北距首都北京1270千米。辖区南北长118千米，东西宽98千米，总面积6920平方千米，仅次于神木市、榆阳区，位居全省第三。县人民政府驻定边街道东正街，电话区号0912，邮政编码718699。

【政区沿革】定边历史悠久。禹贡时为雍州地，春秋时期为朐衍戎所据。秦始皇统一全国后，设郡县制，定边为北地郡马岭县所辖。西魏设大兴郡、西安州，后改盐州。隋改盐川郡，唐时复称盐州。北宋咸平后为西夏腹地，盐州因袭。明正统二年修筑今城，置安边营。清雍正九年（1731）置定边县，民国二十五年（1936）县城解放。民国三十四年（1945）安边解放置县。

1949年8月，定边、安边两县全境收复。安边县并入定边县，设定边县人民政府。初隶属陕西省陕北行署，1950年8月5日改隶陕西省榆林专区。

1950年至1951年全县设1个市（定边），9个区（一区驻定边城，二区驻红柳沟，三区驻白湾子，四区驻武峁子，五区驻唐玏，六区驻姬塬，七区驻张崾先，八区驻安边，九区驻白泥井），52个乡，240个行政村，共1037个自然村。

1952年，增设7个乡，裁2个行政村、138个自然村，共有9个区，59个乡，238个行政村，899个自然村。

1953年，增设十区（驻砖井）、十一区（驻盐场堡）两个区，共11个区，59个乡，238个行政村，自然村增至966个。

1954年秋，定边市政府改称街政府，直属县政府领导。翌年又改为城关镇。

1955年，县政府改称人民委员会。裁区5个（五区并入四区，二区自冯地坑以南并入六区，十区、十一区并入一区，九区裁改为两个直属乡），裁24个乡。计有6个区，3个直属乡，32个区属乡，238个行政村，966个自然村。6个区即城郊区（一区）、白湾子区（二区）、武峁子区（三区）、姬塬区（四区）、张崾先区（五区）、安边区（六区）。3个直属乡，即城关镇、西白泥井乡、东白泥井乡。32个区属乡，一区辖５个乡，分别是城园子乡、三友乡、盐场堡乡、砖井乡、红柳沟乡；二区辖4个乡，分别是马小崾崄乡、油房庄乡、纪畔乡、张崾先乡（上张崾先即王盘山）；三区辖6个乡，分别是：学庄乡、胡尖山乡、海底涧乡、宗小涧乡、杨井乡、新安边乡；四区辖６个乡，分别是杨塬乡、冯团庄乡、徐团庄乡、郝尖山乡、冯地坑乡、蔡家峁子乡；五区辖４个乡，分别是邢河乡、樊学乡、白崾崄乡、罗庞塬乡；六区辖７个乡，分别是城关乡、赵墩乡、堆子梁乡、郝滩乡、雷圈乡、陈坬乡、唐坬乡。

1958年秋，全县人民公社化，区乡俱裁。设政社合一的20个人民公社，47个管理区（1959年并为35个，1960年均裁），329个生产队（1959年增为331个，1960年并为251个），1032个生产小队（1960年并为994个）。

1961年，增设10个人民公社，全县共辖30个公社，生产队改为大队，共512个大队，生产小队改为生产队，共1085个生产队。

1964年，复置5个区，安边区辖公社４个，杨井区辖公社６个，白湾子区辖公社４个，张崾先区辖公社４个，姬塬区辖公社４个，城滩公社改为镇，红柳沟、砖井、贺圈、盐场堡、周台子、白泥井、海子梁均为直属公社。

1968年，县人民委员会改称革命委员会，裁区，恢复为29个人民公社、1个镇。

1981年，县革命委员会改称县人民政府，余仍旧置。

1984年，人民公社改称乡（镇）政府。是年冬，安边、砖井、红柳沟乡改为镇，全县共有４个镇、26个乡。

1997年12月，报经榆林地区行政公署批准，贺圈、白泥井、杨井、白湾子、堆子梁、新安边、姬塬７个乡改为建制镇，全县共有11个镇、19个乡。

2001年12月撤乡并镇，撤５个乡，将海子梁乡并入白泥井镇，胡尖山乡并入学庄乡，罗庞塬乡并入张崾先乡，堡子湾乡、刘峁塬乡并入姬塬镇。全县共辖有11个镇、14个乡。

2010年底，全县共有11个镇、14个乡，６个社区、335个村民委员会，2124个村民小组。

2011年７月撤乡并镇，撤销黄湾乡并入砖井镇，武峁子乡并入杨井镇，撤销白马崾崄乡、张崾先乡，合并设立张崾先镇，撤销王盘山乡、樊学乡，合并设立樊学镇，撤销周台子乡，将周台子乡的公布井村、大水村、金鸡湾村、伊涝湾村划归白泥井镇管辖，撤销盐场堡乡，将原周台子乡其他村与原盐场堡乡合并设立盐场堡镇。至年底，全县共有14个镇、６个乡，６个社区、335个村民委员会，2124个村民小组。

2012年年底全县共有15个镇、５个乡，６个社区、335个村民委员会，2124个村民小组。

2016年定边镇改制为定边街道，纪畔乡并入贺圈镇。至年底，全县共有14个镇、４个乡、１个街道办事处，６个社区、335个村民委员会，2124个村民小组。

2017年底，全县共有14个镇、４个乡、１个街道办事处，６个社区、227个村民委员会，2124个村民小组。

2018年底，全县共有14个镇、４个乡、１个街道办事处，12个社区、185个村民委员会，2124个村民小组。

2020年底，全县辖1个街道办事处、16个镇、2个乡，185个村民委员会，2124个村民小组。

【政区划分】2023年，全县辖贺圈、红柳沟、砖井、白泥井、安边、堆子梁、白湾子、姬塬、杨井、新安边、盐场堡、郝滩、张崾先、樊学、石洞沟、冯地坑16个镇，油房庄、学庄2个乡及１个定边街道办事处，185个村民委员会、19个社区，2124个村民小组。

人口面积

【人口民族】2023年末，全县总户数为106763户，户籍总人口361132人，比上年末增加148人，男女性别比为108：100，其中乡村人口311146人，占86.2%；城镇人口49986人，占13.8%。（注：以上人口数据来源于2023年公安户籍年报）

【面积】辖区东西最大距离98千米，南北最大距离118千米，总面积6920平方千米，人口密度为52.19人／平方千米。

自然条件与人文资源

【地形地貌】定边县地处陕北黄土高原（三边高原）与内蒙古高原鄂尔多斯荒漠草原（毛乌素沙漠南缘）的过渡地带，地势南高北低。海拔1303～1907米，相对高差604米。全县最高点在白湾子镇魏梁村，海拔1907米。以魏梁、胡涧梁为中心，西起官路峁，东至乔坬梁，地势均在海拔1800米以上。最低处是盐场堡镇花马池，海拔1303米。县城所在地海拔1378.5米。

全县地貌大致分为两类：北部长城沿线及以北地区为风沙盐碱滩区，南部白于山区为黄土高原丘陵沟壑区。北部风沙盐碱滩区位于毛乌素沙漠南沿，属陕北黄土高原风沙区，海拔1300～1400米，南北宽20～30千米，为东西狭长的带状滩地，沙带纵横，间有大面积盐碱滩、旱地和小面积的湖沼洼地，含定边镇、盐场堡、白泥井、石洞沟、堆子梁全部和红柳沟、贺圈、砖井、安边、郝滩的大部分，计2699平方千米，占全县总面积的39%；南部黄土高原丘陵沟壑区与东北部破碎塬相连，黄土质地疏松，经长期河川切割和雨水冲刷，形成梁、峁、塬、涧、嵝崄和河谷等各种不同的地貌景观，塬梁海拔多在1600～1700米，塬谷切深200～300米，沟谷坡度25°～75°，黄土层厚度100～200米，含张崾先樊学、姬塬、冯地坑、白湾子、纪畔、油房庄、杨井、学庄、新安边全部及红柳沟、贺圈、砖井、安边、郝滩的一部分地区，面积4281平方千米，占全县总面积的61%，地形复杂，丘陵起伏，地貌破碎，山多川少，梁峁交错，沟壑纵横。

【气候】定边为典型的温带大陆性气候，表现为：春迟秋早，夏短冬长；春风秋雨，夏旱冬寒；温差悬殊，气温多变。因境内地表水分布量较少，因此气候干燥，多风沙天气，月最多大风可达15次以上，年6级以上大风30～60次，最大风力可达11级，最大风速为11米/秒～33米/秒。当地俗语有“春多风沙夏多旱，秋雨连绵冬天寒”“早穿皮袄午穿纱，抱着火炉吃西瓜”“全年一场风，从春刮到冬”等说法。2023年平均气温10.4℃，年日照时数2637.3小时，年总降水量373.8毫米。

【水文】定边地处干旱风沙区，显著特点是降水量少，蒸发量大，地表径流贫乏，水质差。境内有6条河流，即八里河、红柳河、新安边河、石涝河、安川河、十字河，其中新安边河、红柳河、石涝河、十字河属黄河流域，四级河道，境内总长120千米。河网密度2千米/平方千米～4千米/平方千米，年径流总量14130万立方米。

八里河，县境内唯一一条内流河，总长54.5千米，流域面积384平方千米，常流量0.2立方米/秒～1立方米/秒，是陕西省境内最大的内陆河，其水质系自然肥水。

红柳河，旧称把都河，处于无定河上游，总长18千米，流域面积402.44平方千米，常流量0.1立方米/秒～0.2立方米/秒。河流比降0.71%，最大洪流量1700立方米/秒，水质总硬度超过250毫克/升。

新安边河，旧称白鹰河，处于洛河上游，总长27千米，流域面积340.66平方千米，常流量0.1立方米/秒～0.2立方米/秒，河流比降1.00%，最大洪流量1300立方米/秒，水质总硬度小于250毫克/升。

石涝河，旧称页河，处于洛河上游，亦系洛河源头之一，总长27千米，流域面积251.3平方千米，常流量0.01立方米/秒～0.1立方米/秒，河流比降1.28%，最大洪流量1500立方米/秒。

安川河，处于泾河上游，总长22千米，流域面积310平方千米，常流量0.05立方米/秒～0.1立方米/秒，河流比降1.00%，最大洪流量1300立方米/秒，水质苦涩，不能利用。

十字河，处于泾河上游，总长48千米，流域面积49873平方千米，常流量0.05立方米/秒～0.20立方米/秒，河宽1.2～4.0米，河深0.3～0.8米，河流比降1.53%，最大洪流量1700立方米/秒，水质极苦。

县境内共有大小咸水湖泊18个，总面积13.33平方千米,其中盐湖14个,苟池、花马池较大。水资源地域分布不均，地表水山区多于滩区，地下水滩区多于山区，埋藏深度南北不一。山区地下水藏于地下40～90米，水质苦涩；滩区地下水一般只有几米，水质较甜。滩区宜灌区地下水年可开采14070立方米，全部水资源利用率为12%。

【矿产资源】县境内矿产资源较为丰富。定边县所在的陕甘宁气田是我国最大的陆上整装气田，已探明储量3500亿立方米，含气面积4992平方千米。据测石油储藏面积5000平方千米，已探明储量16.18亿吨左右，其中县境内八大油区储油面积780平方千米，储量近1亿吨。定边还是陕西省唯一的原盐生产基地，有盐湖14个，盐田2平方千米，硝田0.67平方千米，元明粉、粉洗精盐、碘盐等产品畅销省内外。芒硝、硫酸镁、氯化镁等资源的储量也比较丰富。

【人文资源】定边文化底蕴深厚，边塞文化、黄土文化与草原游牧文化在这里汇聚融合，境内有多处古代长城遗址、古堡关寨遗址。剪纸、说书、皮影等非物质文化遗产丰富多彩，定边因此被命名为中国民间文化艺术之乡。曾涌现出明末农民起义领袖张献忠、抗日爱国将领高桂滋，以及全国劳动模范李守林、治沙英雄石光银等一大批杰出人物。

经济发展

【经济概况】2023年，全县实现生产总值（GDP）420.11亿元，比上年增长4.0%。其中，第一产业增加值37.11亿元，增长4.2%，占县生产总值比重为8.8%；第二产业增加值281.89亿元，增长2.3%，占县生产总值比重为67.1%；第三产业增加值101.10亿元，增长7.0%，占县生产总值比重为24.1%。非公有制经济实现增加值104.69亿元，占县生产总值比重为24.9%。按常住人口计算，人均生产总值123434元。

【农林牧渔业】2023年，实现农林牧渔业总产值66.12亿元，比上年增长4.8%，其中农业产值45.62亿元，增长4.7%；林业产值0.90亿元，下降2.6%；畜牧业产值16.54亿元，增长4.1%；农林牧渔服务业产值3.06亿元，增长3.7%。全县粮食总产量达37.89万吨，比上年增长0.9%；油料产量1.73万吨，增长3.9%；蔬菜产量28.61万吨，增长5.2%。

全县羊子饲养量达128.43万只，增长6.8%；生猪饲养量达21.04万头，增长2.1%。全县肉类总产量18979吨，增长6.5%；禽蛋产量9176吨，增长0.3%；牛奶产量28576吨，增长90.0%。畜牧业产值达16.54亿元，占农林牧渔业总产值的25.0%，与设施种植、劳务输出形成了拉动农民增收的“三驾马车”。

【工业和建筑业】2023年，原油产量达644.93万吨，天然气产量达5.15亿立方米。2023年末，全县风力发电装机并网2960兆瓦，光伏发电装机并网2220兆瓦，规模以上新能源企业发电量达73.92亿度，是陕西最大的风光发电基地。随着光伏组件、光伏管桩、风机塔筒、风机叶片等新能源装备制造业建成投产，新能源产业链条初步形成。

全县规模以上工业总产值达332.04亿元，比上年下降15.3%，其中，上级反馈企业产值257.90亿元，下降15.7%；县级联网直报企业产值74.15亿元，下降13.8%。按不变价格计算，规模以上工业增加值比上年增长3.9%。

2023年，全县所属建筑业企业实现增加值1.96亿元，仅占GDP总量的0.5%。

【固定资产投资】2023年，全县计划总投资500万元以上项目投资额比上年增长8.1%，其中城镇项目投资额增长9.3%，房地产开发项目投资额下降10.3%。从三次产业投资增速看，第一产业项目投资额增长217.4%，第二产业项目投资额增长2.4%，第三产业项目投资额增长16.8%。

【贸易业】2023年，全县社会消费品零售总额51.83亿元，比上年增长6.3%，其中，限额以上消费品零售额12.86亿元，增长5.7%。

【财政和金融】2023年，全县财政总收入达31.14亿元，增长15.2%，其中，一般公共预算收入达11.55亿元，下降25.6%。剔除财政体制改革因素影响，一般公共预算收入达17.09亿元，增长10.1%。一般公共预算支出60.72亿元，比上年增长12.5%。

2023年末，全县金融机构各项存款余额321.75亿元，比上年末增长6.5%；金融机构各项贷款余额184.94亿元，增长17.1%。全县金融机构存贷比为57.5%。

【交通运输业】2023年末，全县等级以上公路总里程达到3675千米，其中，高速公路147.5千米，国道199千米，省道226.5千米，县乡公路676千米，村道1666千米，产业道路760千米。

乡土文化

【古代书院】定边境内有两处古代书院，其中定阳书院是同治末年署定边知县李殿爵以兴养之教不可偏废为由设立，其址位于今定边县第四中学附近。继任署知县李世瑛，以书院无资，禀请发银五百两，易钱千串发商生息，复捐钱二百串，购地四百垧，以为书院膏火之费。光绪元年（1875），知县李世珠呈请上司拨银五百两，延师授课，定阳书院改为师范传习所，同年复改书院，营务处张刘文、管带抚标副右营饶兆麟均捐钱或购地捐入书院，使得书院日益壮大。清代，县内出进士1人、举人42人（文2武40）、贡生71人。卫道书院是清光绪二十四年（1898）署安边同知多龄会同知县刘林立扩修安边育英义学，并改为卫道书院。后改为初等小学堂，即今安边小学的前身。

【定边剪纸】定边剪纸是妇女表达对美好生活向往的一种民间艺术，它是根据特定的历史、地理条件和生活方式创作出来的。根据直觉和印象，对物体进行大胆的捕捉和创造，用题材广泛、夸张变形、构图饱满、线条如丝、剪工细腻的手法，把花样联成一体。正如诗人艾青称，三边剪纸“洒脱中见细腻”，通过艺术概括，把复杂的形体至简于单纯，以突出事物的特征。

【皮影】定边皮影道情曲是皮影戏、道情曲的总称。是集皮影表演（耍线子）与道情演唱为一体的传统戏曲综合艺术。定边皮影道情曲从清朝末年流行至20世纪50年代，白于山区有6个皮影社，分散在姬塬、冯地坑、罗庞塬等地，主要活跃在山区和宁夏盐池、内蒙古鄂托克前旗一带。1936年定边解放后，政府对皮影道情曲很重视，1943年定边文工团曾为皮影道情曲举办了培训班，同时聘请了民间艺人高仲元到文工团刻制现代剧皮影人物，革新道情皮影戏。1956年张崾先乡区公所“新华皮影社”（即贺文贤班子）经县、地区选拔，赴西安参加陕西省第一届文艺会演，深受群众欢迎。“文化大革命”期间基本停止活动。十一届三中全会后定边皮影道情曲班子再度活跃。

1995年后，由于受现代影视文化的冲击，定边皮影道情曲遭受冷落，皮影道情曲班子纷纷散伙，全县仅存两副戏装箱子，定边皮影道情曲班子现仅存姬塬镇冯团庄冯进文一个，并且无人继承。

【说书】说书是西北地区十分重要的曲艺说唱形式，主要流行于陕西省北部的延安和榆林等地。最初是由穷苦盲人运用陕北的民歌小调演唱一些传说故事，后来吸收眉户、秦腔及道情和信天游的曲调，逐步形成说唱表演长篇故事的说书形式。过去均为盲人演唱。表演形式为一人自弹自唱，伴奏乐器为三弦或琵琶，后来发展到二胡、笛子、小锣等。此外，还有用两块木板制成绑在小腿上的甩板，以及绑在手腕上被称为“嘛喳喳”的一串小木板，用来打节奏。

【胸鼓】定边胸鼓，多于每年春节或正月十五闹社火时表演。有一人单打、双人对打，以及在此基础上形成的数十名男青年集体表演的群舞等表演形式。过去，除鼓手外还常有二女或四女手拿彩扇在一旁伴舞。新中国成立后，为了突出男子击鼓技巧和整体表演效果，有的地方逐渐改为全由男子表演。定边胸鼓表演时多以打击乐起头，俗称“打头趟”，由四位女性伴舞者上场，表演扭秧歌。随后，鼓手出场表演。打至高潮时，由场外抬进长凳或方桌，技高一筹者站在长凳或方桌上表演。有时表演一段胸鼓后，艺人们还即兴编唱秧歌调，进行拜年问候。有时也增加些演唱小节目，使胸鼓起到为其他社火节目之间衔接串场的作用。胸鼓的鼓槌一软一硬，软槌用牛皮条缠在短木把上制成，长约25厘米，击鼓时有弹性，木槌长约15厘米。两槌性能不同，击鼓时形成“花点”和“连音”效果，有时密集、清脆，像雨打芭蕉；有时顿挫有致、节奏激越，如骏马奔驰。特别是高音大锣的铿锵伴奏声，与胸鼓的鼓点汇成一种独特的音响效果。突出了舞蹈欢快、活泼、激越、奔放的情绪和气氛。

【赛驴】赛驴作为定边县安边镇周边的一种民俗文化活动，已有百年历史。一般定时举办赛驴大会，设跑驴、走驴、夫妻赶驴、驴驮重和趣味赛驴等多个项目。其中紧张激烈的跑驴竞赛比的是速度；走驴则要更多的技巧性，因为毛驴四蹄离地就被记零分；幽默诙谐的夫妻赶驴更注重的是人生动的表演；驮重比赛要求的是人与驴之间的和谐配合；趣味骑驴比赛中，人物的各种造型夸张别致，有的倒骑毛驴，有的站在毛驴上进行表演。比赛现场“惊驴打斗”“陷泥救驴”“双人骑驴”“太平跳跃”等动作表演，以夸张的形象动态、风趣的舞姿技巧、滑稽的嬉逗、幽默的演唱道白，引逗观众发出阵阵笑声。人们利用赛驴活动释放着自己的困顿，表达着对这祖辈相依为伴的牲灵的喜爱。定边民俗赛驴独树一帜，同蒙古族、藏族、哈萨克族的赛马、叼羊一样，是流传于民间的一项竞技活动。它富含边塞文化的特征，融合农耕文化和游牧文化的特点，展现军事文化与民俗文化的特色，是反映定边县社会进步、人文和谐、经济发展的特别名片。

【霸王鞭】霸王鞭俗称“浑声响”，表演形式独特，霸王鞭舞表演风格淳朴，乡土气息浓郁，击节中尽是喜气欢乐。鞭舞金钱落，击节祥瑞呈。来到定边，一定不能错过这里的传统民间舞蹈。2011年已经被列入非物质文化遗产保护名录。

民生事业

【文旅广电】公共文化体系服务效能不断提升，县级图书馆、文化馆、博物馆均实行免费开放，三馆年接待服务对象10万余人次；文化馆、图书馆总分馆制工作有序推进，已建成图书馆各类分馆85个，文化馆各类分馆50个，县、乡、村三级公共文化服务网络不断健全。旅游品牌打造更具特色，围绕“十里林海、百里长城、万亩花海、千年盐湖”等特色旅游资源，持续举办好“红花荞麦文化旅游节”及“陕北榆林过大年”两大节庆品牌活动，努力打造文旅产业全时产品体系建设。2023年，全县共接待游客187万人次，实现旅游收入8.2亿元。文物及长城保护工作成效显著，建立长城保护“六个一”工作机制，加强文物保护巡查力度，全面保障田野文物及长城巡查无死角、全覆盖。广播电视服务效能持续提升，完成了1097个应急广播终端安装工作，实施第四代北斗“户户通”试点安装工作，为群众提供维护维修优质服务。开展发射台站维护维修，确保广播电视安全播出，全县广播、电视节目综合人口覆盖率分别达到98.1%、98.7%。

【教育】全面贯彻党的教育方针，落实立德树人根本任务，加快推进“两创建一振兴”，着力构建幼小初高一体发展的高质量教育体系。学前教育大力推广“安吉游戏”，受到教育部、省市教育部门及社会各界的广泛关注和一致认可。义务教育严格落实“双减”政策，深入推进“课堂革命”，学科类校外培训机构实现清零。高中教育优质多元，高考综合改革稳步推进，2023年高考一本上线率34.9%，被“985”“211”大学录取107人，定边中学被榆林市人民政府评为2023年普通高中教学质量提升优秀学校。职业教育中心毕业学生691人，就业学生651人，就业率达94.2%，被榆林市人民政府评为2023年职业教育质量提升优秀学校，被陕西省教育厅确定为陕西省高水平示范性中等职业学校。第九幼儿园、第十二幼儿园按时完成年度建设任务，中小学信息化建设、白泥井镇小学男生公寓楼建设等项目已完工，扩建田园小学、新建惠民小学项目已开工建设；堆子梁镇学校学生公寓楼，迁建贺圈小学，新建新华小学、郝滩镇中心幼儿园等项目前期各项工作推进有力。2023年累计发放各项资助金1299.29万元，受助学生26685人次。使用义务教育阶段营养改善计划专项经费1310.95万元，受助学生26219人次。群众体育方面，全力打造高规格“一县一品”精品赛事，举办榆林·定边第三届“盐化杯”环千年盐湖山地自行车越野赛，全年开展球类、棋牌类、展演类等各类全民健身赛事活动16次，先后获得榆林市第六届全民健身运动会“全民健身活力县”荣誉称号和榆林市《国家体育锻炼标准》达标测验赛·定边站一等奖。2023年末，全县共有中小学、幼儿园118所，其中普通高中3所、完全中学1所、职业中学1所、九年一贯制学校7所、初级中学8所、小学32所（其中民办小学1所）、特殊教育学校1所、幼儿园65所（其中民办园30所）。在校学生67885名，其中在园幼儿12470名、特校学生115名、小学生33328名、初中生13689名、高中生8283名（含职高2468名）。在职教职工5586名，其中专任教师4583名。

【卫生医疗】坚持以人民为中心的发展思想，全面落实新时代卫生健康工作方针，全力保障人民群众生命安全和身体健康。累计创建健康机关143个、健康社区13个、健康村庄113个、健康学校48个，健康家庭20865户，健康医院23个，健康企业18个，健康军营1个，健康小屋13个，健康广场2处，健康步道2处，健康细胞示范建设质量和数量已全面达标。一体推进县人民医院整体搬迁、妇保院改扩建，完成了中医院国医馆、P2＋生物实验室、郝滩卫生院、堆子梁卫生院建设。2023年末，全县共有县直医疗机构3个，街道办卫生服务中心1个，乡镇卫生院19个，村卫生室200个；医务室10个，民营医院6所，个体诊所65家。全县共有卫生技术人员2440人；医院、卫生院共核定床位1518张，其中县级公立医院983张，民营医院218张，乡镇卫生院317张。

【居民收入】2023年，全县城镇常住居民人均可支配收入达39522元，比上年增加2401元，增长6.5%；农村常住居民人均可支配收入达20721元，比上年增加1508元，增长7.8%。城乡居民人均收入比为1.91，比上年缩小0.02。

【城乡建设】城市建设方面，基础设施不断完善，服务功能不断增强，2023年城镇化率达52.0%。加快推进城市建设步伐，胜利街、市场路主车道建成通车；完成电大巷等7条居民巷道改造建设；民族历史文化广场、明珠路高压电力走廊防护景观广场基本完工；根据县城布局，共施划7775个机动停车位、102处非机动车停车位，均免费对外开放。加强环境卫生管理，实现道路清扫保洁全覆盖，清扫保洁面积达到726万平方米，机械化清扫率达70%，生活垃圾处理率100%。加强园林绿化管理养护，城区绿化覆盖面积452.62万平方米，绿化覆盖率达24.0%。乡村建设方面，加强农村生活垃圾治理，按照全市农村生活垃圾分类五年行动要求，对各乡镇农村生活垃圾治理情况进行摸底排查，确定了六个垃圾分类示范乡镇；2023年农村垃圾治理率行政村为93.5%、自然村为93.1%。

【就业】全年城镇新增就业3260人，失业人员再就业1222人，就业困难人员再就业303人，农村劳动力转移就业5万人，城镇登记失业率控制在3%以内。安置大学生参加就业见习193名；高校毕业生实名登记665人，实现就业571人，就业率85.9%；完成保育员、家政服务员、人力资源管理师等各项职业技能培训共计71班次2819人；开展创业培训250人，发放创业担保贷款2926万元。

【社会保障】全县失业保险、工伤保险、城乡居民社会养老保险、城镇职工（不含企业在职职工）基本养老保险参保人数分别达到1.72万人、6.32万、15.38万人、1.67万人，新开工工程建设项目工伤保险参保率100%，社会保障卡持卡人数32.28万人。最低生活保障制度落实到位，从2023年1月1日起，将农村最低生活保障标准由5000元/人年提高到5640元/人年，城市最低生活保障标准由740元/人月提高到780元/人月。2023年共保障城市低保对象1844户3615人，发放城市低保金3768.49万元；保障农村低保对象7339户13840人，发放农村低保金8769.36万元，有力保障了困难群众的基本生活。

【生态建设】突出“碳达峰、碳中和”目标导向，坚持人与自然和谐共生，深入践行绿水青山就是金山银山的发展理念，加大城乡环境治理力度，全力打造天蓝、水清、地绿的“美丽定边”。全面打响荒漠化综合防治和黄河“几字弯”攻坚战，加快推进“三北”等重点工程，大力实施国土绿化和综合修复，完成白于山区河源梁涧区陕北地区退化生态系统治理与修复、国营林场三林提升改造、陕蒙边界防止二次沙化提质增效造林、美丽乡村及乡村道路绿化、草原生态修复等重点工程，全年共完成营造林面积13.24万亩，草原生态修复治理面积4万亩，林草综合植被覆盖度达52.6%。落实“河湖长制”，县乡村三级河湖长均按规定要求开展巡河巡湖工作，与宁夏盐池县对跨界的河湖工作建立了互相告知、互相联合、共同执法的联合机制。全年新建淤地坝22座，除险加固淤地坝9座，新建坡耕地1.87万亩，治理水土流失面积128平方公里。全年城区空气质量优良天数304天，比上年增加5天；空气质量综合指数3.49，较上年改善11.4%。

名胜古迹

【鼓楼】鼓楼，原名玉皇阁，位于定边县政府西500米，立于南北大街和西正街的交界处，高10米左右，是定边县的一个历史性标志建筑物。初建年代无考，明代万历三十四年（1606）重修，清代光绪二十一年（1895）曾维修，1968年曾彩绘，1986年陕西省拨专款由县文化馆进行维修，更换灰瓦为黄琉璃瓦，校正倾斜，更换腐朽，新制石栏杆，并油漆彩绘。楼为重檐十字歇山顶三滴水三层砖木结构建筑，占地271平方米，总高30米。第一层为台基平面，呈正方形，边长16米，高9米，外砌青砖，内黄土，十字券洞互通，洞顶交叉处浮雕八卦图案，基南铺青砖，石雕栏杆相围。第二层为楼阁，面阔、进深7.66米，内设木踏步，可达三层，南辟拱形门，东西北三面青砖砌墙，东西墙正中各辟石雕团龙网窗。第三层四面均为大扇棂花隔窗门，木质地板。二、三层檐下斗拱均为一斗二升麻叶头，明间平身科斗拱三朵，次间一朵。重檐顶覆盖琉璃瓦，脊兽、十字脊中安宝瓶，脊均置三仙人走兽，兽面勾头蔓草滴水，油漆红挂，旋子彩绘，檐角悬挂铁质风铃。鼓楼基座高大，楼阁纤小，虽经多次维修，但仍保持了明代西部建筑风格。楼上南墙内原有二龙戏珠琉璃照壁一座，“文化大革命”初“破四旧”时被毁坏。现存“文化大革命”期间所铸仿古铁钟一口，镌文“反帝反修钟”，落款为“定边县革命委员会一九六九年”。

1992年被公布为省级重点文物保护单位。

【新石器时代遗址】康岔遗址位于白马崾崄乡铁角城大队康岔自然村向北约500米处的双河崾崄山、阳罗山、庙渠湾山上。遗址所处山体整体呈北南走向，北高南低，由三个山峁组成，东西临沟，遗址分布于三个山峁，平面呈不规则的长方形，南北长约1000米，东西宽约300米，总面积约30万平方米。该遗址依北向南，依次分布于双河崾崄、阴罗山、庙渠湾子，所处地现为耕地，地表散见有大量陶片。遗址分布的三个山峁顶部均有白灰面祭坛，四周坡地处有被损毁的白灰面碎块。采集陶片有泥质红陶、灰质灰陶、夹砂灰陶，其中泥质红陶为主，部分泥质红陶施以黑彩，纹饰有蓝纹、戳刺纹等。据采集陶片分析，该遗址为新石器时代（仰韶文化、龙山文化、马家窑文化）遗址。

【长城】定边县境内长城总长170余千米，途经13个乡镇、50多个村庄。以修筑时代分：（一）隋长城。据史书记载，隋长城从定边一带经过。现盐场堡镇明长城外侧有一段低矮长城遗址，与明长城并行，相间20余米，残迹长3.5千米，无明显夯层。可见圆锥形墩台，疑为隋长城，确否待考。（二）成化墙。由宁夏盐池县夏家墩向东延伸进入定边县境苟池西畔，经郝家墩东南走向进入定边镇，经草滩墩、蔡马场东南进入砖井镇抵瓦碴梁，叠压于东西走向的嘉靖墙。（三）嘉靖墙。由宁夏盐池县向东进入定边县盐场堡镇，直抵县城西北角向东绕城而过，南下抵贺圈镇暗门村后分为二支：一支直南到干沟口、井梁；另一支垂直东去瓦碴梁，经砖井镇、安边镇、学庄乡，至郝滩镇羊圈沟过把都河入吴起县境。（四）弘治墙，亦称固原内边。由甘肃省环县向东进入定边县姬塬镇，经饶阳水堡东北走向经冯地坑乡、白湾子镇、贺圈镇，过干涧，抵干沟口与嘉靖墙相衔接。内边仅有墩台而无墙，系因山势斩削而成。故沿途可见堑山堙谷的痕迹。另在樊学镇西起石涝池堡、东至黄羊墩可见墩台十余座，亦系内边之一部分。

地方小吃

定边小吃特色鲜明，丰富多样。较出名的有羊羔肉、荞面饸饹、剁荞面、荞面壳壳、酿皮、凉粉、鸡肉摊馍馍、炉馍馍、羊杂碎、搅团等。

【炉馍馍】定边炉馍馍属月饼类食品，由面包馅经炉火烘烤而成。炉馍馍表面层多薄脆，吃在嘴里一嚼就成粉末，外表香而酥脆，里面的馅料清香可口，而且越嚼越能品出不同滋味。

炉馍馍的馅料很丰富，是将面粉（米面最佳）用文火炒熟，拌上白糖、红糖、核桃仁、花生仁、青红丝、玫瑰酱、芝麻、陈皮面等，再加上适量的熟清油、烧酒，搅拌均匀而成。炉馍馍面皮要用上好的春小麦面粉，加入色白纯净的猪油和开水及少许烧酒和成面团，再用三分之一的面用油和好做“酥子”，擀成长条状，反复折叠擀三四次，擀成方块，包上馅料压平捏圆，点上红绿花样，放进烤炉里烤熟，香喷喷的炉馍馍就做好了。做好的炉馍馍面色白里透黄，表皮薄如纸张，蓬松酥脆，香醇可口，回味无穷。

炉馍馍是定边家喻户晓、童叟皆喜的美食。相传元朝末年，当地就有用炉馍馍夹纸条传递军事情报的故事。1697年康熙帝亲征噶尔丹，在安边堡宿营，假扮“脚户”私访民宅，在高善仁家品尝了炉馍馍，并脱下马褂赠予高。后来高发现褂内刺有龙图，方知是万岁爷所赠。时隔不久，朝廷命专人来安边请高善仁做炉馍贡奉皇上。消息传开后，各州府县官吏借机向朝廷敬贡，各路商客炉馍生意红火，销东晋，售南庆，运西凉，出北塞。从此以后，百姓将炉馍面叫“上面”（皇上用之），麻油改叫“清油”（大清珍品），并称铁炉叫“鏊”（传说康熙帝看了铁炉后称其为“鏊”），吃炉馍时用双手捧着（以示对皇上敬重）。安边东滩现在仍保存着当时文人赞美此事的对联：“金炉不断千年火，玉盏常照万岁灯。”炉馍馍已是当地红白喜事、节日寿诞、请客送礼的传统食品。

2000年第七届杨凌农高会上，定边“付翔炉馍”荣获“后稷金像奖”。2005年被北京人民大会堂定为“中华新闻人物新春团拜会”待客佳品。2009年“付翔”牌炉馍（昭君饼）又被中国食品工业协会授予“中华国饼”荣誉称号。2012年“付翔炉馍”入选中华糕饼文化遗产名录。

【酿皮】定边制作酿皮已有三四十年的历史，和陕西其他地方的凉皮相比，皮薄而色泽鲜亮，口感筋韧清爽。浇上红红的辣椒油、香菜、芝麻粒、麻辣羊肝子，拌面筋同食，入口生津，回味悠长。

【凉粉】凉粉是定边男女老幼皆爱的一种食物，主要原材料是荞麦糁子。把糁子装入擦凉粉口袋中，泡在水里面，反复揉，直至将糁子揉得只剩下渣子为止。把揉出来的荞面糊糊倒入锅中，匀速搅动，等锅开后，慢慢往锅里面加入荞面糊糊，快速搅动，直至将凉粉熬熟。从锅里舀出来晾冷，配以炝好的西红柿汁、醋、辣椒油、韭菜食用，清凉爽滑，为夏季必备风味食品。另外，逢年过节吃饺子粉汤时，把凉粉和饺子烩在一起，汤里撒入葱花、香菜，香气四溢。

地方特产

定边农畜牧业发达，土特产品种类较多。最有名的有马铃薯、荞面、皮毛、甘草、炉馍馍、粉条等。

【马铃薯】马铃薯是定边传统的粮菜兼用作物，也是全县第一大宗农作物。马铃薯种植历史悠久、生产规模较大、薯类品质优良，是陕西省最大的马铃薯种植基地，也是全国马铃薯最佳优生区之一。近年来，县委、县政府按照建设现代特色农业的发展要求，不断优化种植布局，积极调整品种结构，全力推进马铃薯产业开发，促进了马铃薯产业的发展壮大，使全县马铃薯种植面积连年超过6.67万公顷，年产量均超过百万吨，定边县被确认为中国十大马铃薯生产县之一，被国家农业部命名为“中国马铃薯特产之乡”，被中国烹饪协会命名为“中国马铃薯美食之乡”。定边县马铃薯被批准受地理标志产品保护。

【荞面】荞麦经过加工制成荞麦面。荞麦，为定边“新三宝”之一，有甜荞和苦荞之分。可以加工成面条、饸饹、圪坨、碗坨等，可以热吃，也可以凉吃。因其含丰富营养和特殊的健康成分颇受推崇，被誉为健康主食。特别因其含糖低而成为糖尿病患者的首选。

【羊肉】定边县属于内蒙古草原牧区和黄土高原的过渡地带，养羊历来就是农村的传统产业，长期选育形成的陕北白绒山羊和滩羊闻名全国，定边的“羊羔肉”“手抓羊肉”“大块羊肉”是周边地区乃至全国广为传颂的美味佳肴，其肉质细嫩，清香可口，肥而不腻，美而不膻，以其独特的风味深受群众的喜爱。

【皮毛】定边县境内历来畜牧业发达，多产皮毛，尤其西部地区出产的九道弯弯白二毛皮，更享有盛誉，不仅行销全国各地，且为外贸出口的主要商品，在全县经济与人民生活中居重要地位，被誉为“老三宝”之一。

【甘草】定边甘草原属内蒙古“王爷地”甘草带之余脉，过去称“西草”或“梁外草”。皮有棕红色和暗红色之分，前者多生长在沙地，后者多生长在泥土地，但不论棕红色或暗红色，其性味相同，用途无异，质地均上好，是传统的外贸与内销的最佳品种。其中生长年久根头突大呈块状者称“榔头”，质最佳。无突块呈条柱形者谓“毛草”，质稍次。间有中心部色褐质坚者称“铁心甘草”，民间用以治疗腹痛及产妇临盆血迷等，效果极佳。

重大事件

【唐蕃盐州之战】唐时的盐州即今定边县。当时吐蕃一旦控制盐州，即可一举切断唐河东、朔方两大战略区域的联系，南下沿洛水河谷往关中可畅通无阻直至威胁长安，这也就不难解释盐州为什么是唐蕃殊死争夺之地。贞元三年，吐蕃以交还盐州为条件与唐会盟，进而引发平凉劫盟事件。代宗大历十三年（778），吐蕃攻取盐州，但随即被李怀光收复；德宗贞元二年（786）十一月，吐蕃取盐州，刺史杜彦光弃城逃走。贞元三年（787）疫病大作，吐蕃大相尚结赞不得不下令弃城西退，盐州才又归唐。贞元九年，唐军修复盐州城，由于盐州地理位置极端重要，吐蕃绝不肯轻易撒手。唐宪宗元和十四年（819）十月，吐蕃节度论三摩及宰相尚塔藏、中书令尚绮心儿共率领 15 万军队大举进犯，包围盐州城数重，党项首领也发兵帮助吐蕃作战。唐盐州刺史李文悦率军竭力据守 27 天，战事异常激烈，后经灵武牙将史奉敬率军从吐蕃军队背后突然袭击，吐蕃军方撤离，史奉敬乘机大败吐蕃军。盐州之战，是吐蕃自元和初年与唐修好以后，第一次大规模主动向唐朝发起的军事进攻。此后德宗、宪宗、宣宗三朝，唐朝与吐蕃围绕盐州至少爆发过四次大规模的战争，但吐蕃的企图都被挫败，尤其是唐宣宗大中元年（847）的盐州之战。

【北宋与西夏之战】宋太宗太平兴国七年（982），李继迁叛宋。咸平五年（1002）三月，李继迁率部攻克盐州城。景祐五年（1038），李继迁孙李元昊称帝，建都兴庆府（今银川），国号大夏，史称西夏。北宋庆历二年（1042），镇守延安的北宋名将、文学家范仲淹，在头道川（今吴起县境内）筑一城，置定边军，扼守拒夏。夏雍宁二年（1115），种师道率兵进攻西夏佛口城（今定边县），刘仲武、王厚统率泾原、延、环庆、秦凤四路军联合进攻西夏藏底河城（今定边东南），败绩而返。次年（1116），宋廷诏令陕西、河东等七路兵共征藏底河城，种师道率 10 万部众，于 8 日后攻克此城，并筑震武城。此后 20 余年间，宋夏两国在今县域东南白于山区金鼓不息，各有进退，战事频频，民无宁岁。

【三边教案】清同治十三年（1874）至光绪二十三年（1897），比利时、荷兰、法国等国天主教传教士相继来到三边建立教堂，发展教会，教会势力不断增大，其以“购买”为名侵占的民田山岭也越来越多，同时借传教之名，招罗不法之徒，暗蓄军火，私设公堂，任意拘捕乡民，严刑拷打和监禁乡民；与地方恶势力相勾结，包庇不法教民，制造事端，鱼肉乡里。因此，当地人民对教会恨之入骨。光绪二十六年（1900）秋，义和团勇士以“保清灭洋”为口号，捣毁多处教堂，“三边教案”爆发，义和团百余人壮烈牺牲。斗争声势浩大，清廷与洋人虽多次弹压，但斗争一直继续到 1946 年，历时半个世纪，是近代历史上典型的反帝反洋教斗争，充分体现了三边人民不畏强暴、不屈外辱、反帝爱国的民族气节。

【三边保卫战】1947 年 3 月，驻宁夏的马鸿逵部为配合胡宗南进犯陕甘宁边区，出重兵从西线进犯三边地区。4 月 3 日，警备 3 旅 8 团与马部在下暗门展开血战，终因敌我力量悬殊，战斗失利，随之定边城失陷。4 月 8 日，马部又侵占了安边县城。定边、安边两县党组织遭到严重破坏。6 月，西北野战兵团在彭德怀率领下，于陇东战役后转战三边，29 日收复安边，30 日收复定边。

著名人物

定边县自古为边塞要地，地理位置独特，历史文化积淀深厚，出现张献忠、高桂滋、牛化东、崔伦、李守林、石光银、张林森等名人。

【张献忠】（1606—1647）字秉吾，号敬轩，明末著名农民起义领袖。明延绥镇柳树涧堡（今定边县郝滩镇柳树涧村）人。自幼家贫，曾做过捕快，当过边兵。崇祯三年（1630），响应王嘉胤的反明号召在米脂起义，自称“八大王”。王嘉胤死后，他与李自成等归附高迎祥。崇祯八年（1635）参与农民军72营首领“荥阳大会”，不久与李自成因小隙分裂，率部征战于长江流域。崇祯十二年（1639），转战四川。十四年（1641），大败明军于开州黄陵城，长驱入川，克襄阳、光州等地。十六年（1643），据武昌，称大西王，继克长沙。十七年（1644）八月夺取成都，四面出击，控制了全川；十一月在成都即帝位，国号大西，改元大顺，以成都为西京。大顺二年（1645），清军南下，他率军拒敌，十一月二十七日在西充凤凰山老营中箭身亡，时年41岁。

【高桂滋】（1891—1959）字培五，定边镇人。1911年入同盟会，1913年毕业于陕西讲武堂。先后在陕西都督张凤翙部任连长，胡景翼部任靖国军营长，国民革命军团长、旅长。北伐战争时任国民革命军独立第八师师长，后升任第四十七军军长。1934年4月授陆军中将衔，10月开赴陕北参加“剿共”。1936年赞成中国共产党关于组成国民政府和抗日联军的提议。与红军订立各守原防、互不侵犯协议。抗日战争爆发后，任国民革命军十七军军长兼八十一师师长，率部奔赴察哈尔抗日前线，先后参加了南口、沙城、平型关、忻口、太原等重大战役。1939年10月任第二十六集团军副总司令，后改任第三十八集团军副总司令、第一战区副司令长官。1945年在重庆加入中国民主同盟。抗战胜利后调任第八战区副司令长官。1948年9月任西安绥靖公署副主任兼西北“剿匪”总司令部副总司令，再任第十九绥靖区司令官和西安警备司令，1949年拒绝去台湾。中华人民共和国成立后，历任西北军政委员会委员、农林部副部长，陕西省人民委员会参事室主任，为抗美援朝捐献飞机1架。1955年任政协陕西省副主席。是第二届全国人大代表、全国政协委员、民盟陕西省委委员。1959年1月6日病逝于北京。

【牛化东】（1906—1995）定边县贺圈镇人。曾用名牛殿英，字光远，原宁夏军区副司令员，少将衔。1925年加入中国共产主义青年团并参加革命，1926年加入中国共产党。1928年，受中共陕北特委委派到西北军从事兵运工作。曾任排长，连长，新编第十一旅参谋、副官、军械官、副团长，国民政府新编第十一旅副团长等职。1945年10月，牛化东等人成功领导了十一旅起义，牛任起义总指挥，参加起义的有一团1500人和旅直500人。起义开始后，攻占了旅部，扣押了反动军官，八路军警备3旅参谋长张文舟率部参战，控制了安边城，歼敌第二团100余人，俘敌800余人。毛泽东曾接见新编十一旅领导，称赞他们是反对蒋介石打内战而起义的“火车头”。起义后，牛化东担任三边军分区副司令员兼新编十一旅副旅长。中华人民共和国成立后，牛化东担任宁夏军区参谋长、副司令员。1964年晋升少将。获二级解放勋章、一级红星功勋荣誉章。

【崔伦】（1921—2001）解放军总参谋部通信部原部长，定边县人。1938年入陕北公学、中央军委通信学校学习，同年加入中国共产党。曾任中共陕西省委电台台长，陕甘宁晋绥联防军旅电台区队长，中央军委三局科员、前委下属通信科科长，中央军委三局总台副台长、三局科长，中央军委通信部副处长。1950年参加抗美援朝，任中国人民志愿军通信处处长。回国后，任总参谋部通信部处长、通信兵部副参谋长。1964年毕业于高等军事学院基本系。后历任通信兵部参谋长、副主任，总参谋部通信部主任、部长。是第六届全国人大代表。曾获三级独立自由勋章、二级解放勋章。2001年10月4日在北京逝世，享年81岁。

【李守林】（1927—1992）定边县堆子梁镇小滩子村人。小滩子村属毛乌素沙漠的南缘，每年冬春之际，风沙肆虐，天昏地暗，群众生活苦不堪言。1951年冬，为了改变小滩子的贫穷面貌，李守林串联28户群众组织起了村上第一个造林互助组。经过三四年的艰苦努力，小滩子村长起了第一片树林。1955年，李守林当上了小滩子村农业生产合作社社长，在他的带领下，小滩子村的面貌发生了翻天覆地的变化：20世纪70年代末，林地总面积达1000多公顷，林木总价值达300多万元；全村打机井200多眼，平整水地60多公顷，人均水地达0.067公顷，亩产超过200公斤；2000多只绵羊全部实现了细毛化改良。1975年，小滩子村通了电。1984年，小滩子村和县上联办了当时全县最大的乡镇企业——纤维板厂。对李守林在小滩子村所做的贡献，党和人民给予了充分的肯定，1964年他荣获“全国劳模”称号。1969年出席党的第九次全国代表大会，并被选为中央候补委员和主席团成员。1992年6月10日，李守林因病逝世，终年66岁。

【石光银】1952年出生，定边县海子梁乡四大壕村人。1972年担任大队长时，就带领群众投身治沙事业。1984年，他辞去乡农场场长职务，举家搬进沙区，成为全国承包治沙第一人。36年来，石光银承包荒沙、荒滩1.52万公顷，治理1.3万公顷，植树2000多万株（丛），在毛乌素沙地的南缘，营造了近100千米长的绿色屏障。他组织207户农民，成立了治沙公司，探索出了一条综合开发、多业并举、以治理促开发、以开发保治理的产业化治沙新路。他个人出资进行生态移民，把生活在生态极度恶劣地区的50户特困农民迁移到自己承包的沙地上，帮助他们走上致富之路。他组织80多名农民办起“农民文化夜校”，带动沙区农民学文化、学技术。他投资数万元建起“黄沙小学”，让沙区的孩子就近上学。由于治沙成绩突出，石光银多次受到党和国家领导人的接见。2000年被国务院授予“全国劳动模范”称号，并荣获联合国粮农组织颁发的“世界优秀林农奖”。2002年，全国绿化委员会、人事部、国家林业局授予石光银“全国治沙英雄”。2012年1月，获中央电视台第七套农业节目、中国农业电影电视中心、年度三农人物推荐活动组委会评选的“CCTV2011年度三农人物”。2021年6月29日，中共中央授予石光银“七一勋章”。曾当选中共十八大代表、十三届全国人大代表。

【张林森】（1952—2012）定边县贺圈镇人。原延长油田股份有限公司党委书记、董事长。全国劳动模范。1971年7月加入中国共产党。1993年担任延长油矿管理局定边石油钻采公司总经理，先后被评为榆林地区先进管理者、榆林市第四届优秀企业家、榆林市十佳杰出人才、榆林市有突出贡献拔尖人才，省“九五”技术改造先进工作者、跨世纪陕西企业界十大杰出新闻人物、陕西经济年度人物（和谐企业家）、省第一届创业企业家、“四五”普法依法治企先进个人、陕西百杰、中国优秀企业家，并荣获省第七届企业管理现代创新成果一等奖、西部大开发杰出贡献奖等。2005年被国务院授予“全国劳动模范”荣誉称号。曾当选榆林市人大常委会委员，陕西省第十届、十一届人大代表，第十一次党代会代表。2008年被选为北京奥运会延安段火炬手。2012年3月，遭遇车祸殉职。

特 载

在县委十九届六次全会第一次全体会议上的讲话

中共定边县委书记 姬世平

(2024年1月11日)

这次全会的主要任务是，坚持以习近平新时代中国特色社会主义思想为指导，深入学习贯彻党的二十大和二十届二中全会、中央经济工作会议精神，贯彻落实习近平总书记历次来陕考察重要讲话重要指示和省委十四届五次全会、市委五届六次全会精神，总结2023年工作，部署2024年任务，动员全县上下明时局、识大势，坚定信心、抢抓机遇、乘势而上，努力在书写中国式现代化的定边答卷中展现新作为、创造新业绩。

下面，我代表县委常委会先讲三点意见。

一、回顾2023年工作，我们坚持克难奋进、大有作为

2023年，面对错综复杂的内外部形势和多重压力，县委常委会深入贯彻党中央决策部署和省委、市委工作要求，围绕贯彻新发展理念、融入新发展格局、推动高质量发展，坚持将“三个年”活动贯穿各项工作始终，抓重点带全局，扬优势补短板，谋变革求突破，以新的思路举措、新的精神状态，扎实推进各方面工作，2023年预计实现地区生产总值420亿元，同比增长3.5%；完成县本级固定资产投资107.7亿元，增长13.5%；完成财政总收入31.15亿元，同比增长15.2%；剔除财政体制改革因素影响后，地方财政收入完成17.09亿元，增长10.05%；完成社会消费品零售总额52.15亿元，增长6.9%；城乡居民人均可支配收入分别为39580元和20560元，分别增长6.6%和7%；西部百强县排名向上跃升34位，被农业部评定为“国家农产品质量安全县”。

一年来，县委常委会重点做了3个方面工作。

一是扎实开展学习贯彻习近平新时代中国特色社会主义思想主题教育。突出政治之训、理论之训、实践之训、作风之训，全面推动以学铸魂、以学增智、以学正风、以学促干。围绕“学思想、强党性”，常委班子带头集中深学细悟、研讨交流，广泛开展宣传宣讲，举办学习强国竞赛浓厚学习氛围，引导基层党组织运用“359旅打盐”“石光银治沙”等红色资源现场研学，广大党员干部更加衷心拥护“两个确立”，更加忠诚捍卫“两个维护”。围绕“重实践、建新功”，把“检视整改”与“推动发展”深度融合，组织全体县处级领导干部聚焦全县发展大局，开展 32 个课题调研，针对性解决难题 60 多件，带动各级党组织为民办实事 2116 件，解决了一批公交车停运、城区停车难、市场准入不规范、党组织功能弱化等发展所需、群众所盼、安全所系的实际问题。

二是全面系统学习贯彻习近平总书记来陕考察重要讲话重要指示。带着如何在推进中国式现代化进程中实现更高质量发展、如何在助力陕西争做西部示范上作出更大贡献两个重大课题，引导全县各级党组织积极建言献策、逐字逐句从总书记对陕西的谆谆教诲中找路径、寻抓手，召开县委十九届五次全会，审议印发《“五个定边”建设三年行动实施意见》，对产业发展、生态文明、乡村振兴、基层治理等16个事关全县发展大局的重要领域，以项目化、清单化、责任化明确目标任务、路径举措，努力把总书记为陕西擘画的宏伟蓝图变为定边的美好现实。

三是全力推进“三个年”活动。坚持大抓发展、大抓服务、大抓效能，作出了一系列安排部署，取得了众多可喜成果。聚焦高质量项目推进，提前谋实谋准谋深重点项目保障冬季攻坚，实行“四个一”包抓和月度现场推进机制加快项目进度，组建“一把手”全程参与争资争项工作专班，争取各类上级资金30.8亿元，位居全市前列。实行领导干部包抓招商项目，落实招商资金奖励和人才选用机制，招商引资实际到位资金超出年度目标10个百分点，直接利用外资904万美元，招商引资工作连续4年排名全市前列。总投资69.8亿元的工业硅和高纯晶硅制造项目进入省级项目盘子，全国风机制造龙头企业金风科技集团风机制造项目实质性签约落地，风电、光伏全产业链基本成型，县本级固投在2022年基数较大的情况下继续保持两位数增长强劲势头。聚焦营商环境突破，出台优化营商环境45条硬措施，政务延时服务、告知承诺制等15项便民举措广受好评，6项高频服务事项下放乡镇便利群众，在线平台审核备案事项办结率由75.7%大幅提升至96.9%，创新实施项目审批“加减乘除”工作法，推动一批重大产业项目从签约到开工时间缩短至半年以内。聚焦作风能力提升，成立县委、县政府两个正科级效能中心强化督查督办，以年度目标责任考核加减分为抓手，制定督查结果运用《办法》，实行重点工作专项考核，拿出3770万元用于年度考核、专项奖励，实干实绩的导向更加鲜明。

一年来，县委常委会主要做了七个方面工作。

一是推动高质量发展迈出更大步伐。坚持以改革开放创新牵引和推动发展，多措并举保持经济量的合理增长和质的稳步提升。全力以赴稳增长，坚持发挥企业主力军作用，以政府购买服务形式降低企业经营成本，以财政存款适度倾斜激励商业银行贷款向小微企业倾斜，以国企入股油服行业、油气生产用水统一规范管理遏制工业经济下行，全年新培育各类市场主体4600余户、“五上”企业和个体户48家。改革开放补短板，光伏铝型材、非标压力容器制造项目即将完工，投资30亿元的全钒液流电池储能制造项目已完成5000万元技术转让专用金支付，新材料、新制造等新兴产业实现质的提升。产业园区完成省级化工园区认定、省级高新区评审，“订单式”建成2万平方米标准化厂房，4家企业带项目入驻，6万平方米在建标准化厂房为投资40亿元的山东鲁宝集团总部整体搬迁项目奠定基础，园区承载能力持续提升。创新驱动强动能，深度融入秦创原平台，与高校院所合作建立千亩盐碱地治理示范基地，“揭榜挂帅”完成2个重要项目技术攻关，马铃薯收获机获得国家专利，荞麦饮品拿出初步研发成果并确定投资企业，科技型中小企业、高新技术企业分别新增52家和7家，科技研发投入强度创历史新高，技术合同交易总额实现翻番。优化布局促协调，民用机场项目前期工作全部完成，资金全部落实，4条城市内通外联主干道全线贯通，273公里乡村道路加快建成，2400万方引黄取水指标已协调省水利厅上报黄委会待批，8条引黄支线、4条饮水管网建成通水。改造10个老旧小区，新增12个便民停车场，9处城区易涝点得到治理，新增城区绿化面积56.3万平方米。投资3.4亿元实施280个巩衔项目，投资4000万元推进农配电网改造工程，消除风险98户309人守牢防返贫底线，培育市级乡村振兴示范村22个，村集体经济年平均收入达32万元，30个村集体经济年创收突破50万元。

二是推动民主法治建设取得更佳成效。坚持把党的领导、人民当家作主、依法治县有机统一，自觉践行全过程人民民主，切实发挥法治固根本、稳预期、利长远的保障作用。支持人大及其常委会开展监督、选举、任免等各项工作，围绕审计问题整改开展专项监督，出台全面实施民生实事项目人大代表票决制的《意见》。加强和改进人民政协工作，支持政协开展协商活动16次，选派80余名委员参与社会评价、述职评议、案件旁听等特邀监督活动，政协工作焕发新活力。提高科学决策水平，修订完善县委议事决策、县委常委会议事和县委专题会议事三大《规则》，出台专门《措施》强化“三重一大”制度落实，党的领导更加坚强有力。加快建设更高水平平安定边、法治定边，高标准建成县镇村三级综治中心，全覆盖设置镇村两级“法官工作站”，检察院督促保护水资源行政公益诉讼系列案入选最高检和水利部典型案例。加快构建大统战工作格局，完成工会、工商联等群团组织换届，制定各族群众互嵌式发展若干《措施》，成立银川定边商会和20个乡贤联谊会，96家民营企业投身“万企兴万村”行动，累计带动6000余名群众增收。

三是推动宣传思想文化工作展现更新气象。坚持习近平文化思想在意识形态领域的指导地位，着力举旗帜、聚民心、育新人、兴文化、展形象，加快提升文化软实力。坚持高举思想旗帜，紧紧围绕学习宣传贯彻党的二十大精神开展主题宣讲，“同游九曲黄河阵共学党的二十大”学习活动登上央视新闻，“学习强国”定边融媒成功上线，“学习强国”总积分位居全市第1。坚持引领文明风尚，强力推进社会主义核心价值观“六进”活动，推荐评选各类身边好人279人，全覆盖完成镇村文明实践站所标准化建设，高质量整改销号省级文明城市创建复审反馈问题，2个村入选全市首批“文明示范村”。坚持发展文化事业，本土电影《白于山之歌》年底上线公映，霸王鞭等非遗文化走进央视乡村大舞台，长城遗址公园主体建成，盐州历史文化园完成土地征用和资金筹措，与榆林旅游投资公司签订战略合作协议，启动盐湖文旅康养小镇“七彩盐湖”“冰天雪地”“特色民宿”等文旅项目建设，成功举办第六届红花荞麦文化旅游节暨农民丰收节系列活动，全年接待游客、旅游收入同比分别增长24.7%和36.7%。坚持守牢意识形态阵地，完善出台《定边县网络舆情应对处置工作规范》等9项配套制度，健全舆情监测预警、分析研判、督办处置、销号反馈闭环机制，高效完成省委意识形态专项检查反馈问题整改销号，开展十九届县委第二、三、四轮巡察意识形态专项检查，意识形态安全防线更加牢固。

四是推动民生福祉惠及更多群众。出台“优环境、保主体、促消费、稳增长”系列政策助企纾困，全年留抵退税1.77亿元，新增减税降费1亿元，申报下达奖补资金2640万元，发放助企惠民消费券600万元。以十件民生实事为抓手，投入1亿元稳定就业，建立“盐环定前”县际创新创业及人才交流论坛，构筑“部门+公司+乡镇”三级就业服务网络，实现城镇新增就业3260人，脱贫人口务工规模达1.11万人，登记失业率控制在3%以内。深入实施医疗、教育事业高质量发展五年行动，投资7.02亿元实施12个校建项目，建成后可新增学位9510个，新聘233名教师壮大师资力量，县医院“三乙”和妇幼保健院“二甲”创建进入复审，县医院整体搬迁和地方病防控中心主体完工，9所社区老年人日间照料中心、143个农村幸福院建成投用，发放各类社会保障资金1.4亿元，基本医保参保率稳定在98%左右。全年民生支出达49.3亿元，占财政支出81.1%，同比增长15%，群众幸福感、获得感更加可见可感。

五是推动生态环境更加宜业宜居。认真贯彻习近平生态文明思想和全国生态环境保护大会精神，持续巩固治沙成果，落实5000万元“以草定畜”补贴，实行最严格的封禁政策，建立“四带两网一区”绿化格局，完成营造林13.2万亩，绿化乡村生态廊道89.3公里。开展严厉打击毁林造地违法行为百日攻坚专项行动，完善行刑双向衔接治理体系，完成2088.3公顷林草地植被恢复和防护网建设任务，依法回收国有和集体林地2.27万亩，高质量、高标准完成国家森林督查反馈问题整改销号。坚持“四水四定”，持续涵养地下水源，压减水浇地7.97万亩，压减取用水量2198.2万方。扎实推进污染防治25项攻坚行动，国省市控断面和县域饮用水源地水质全部达标，全县空气质量综合指数同比改善11.4%，排名全市第3。

六是推动社会大局更加和谐稳定。牢固树立底线思维，纵深推进维护政治安全“四大工程”，逐月研判风险隐患，全部完成国省反恐平台342人次线索核查任务，有力保障政治安全案事件零发生。严格落实安全生产责任，扎实开展重大事故隐患专项排查整治和“19+1项”安全生产大排查，累计整改问题隐患10536个，全年安全生产事故起数、死亡人数分别下降7.7%、45%。扎实推进信访积案化解、常态化扫黑除恶等重点工作，刑事案件立案同比下降5.3%，破案率同比上升22.1%，王滩子村土地问题稳妥处置，中省第三批交办信访积案全部按期报结，信访事项群众满意率达98.8%，基础业务绩效排名全省11、全市第1，社会大局始终和谐稳定。

七是推动管党治党责任更加压紧夯实。深入贯彻新时代党的建设总要求，着力加强党的全面领导，为高质量发展提供有力保障。坚持把政治建设作为首要任务，定期重温习近平总书记来陕考察重要讲话重要指示，开展全覆盖轮训培训，聚焦巡视巡察政治定位，出台《关于加强巡视巡察整改日常监督办法（试行）》等制度，建立300余人“巡察人才库”，开展2轮常规巡察和营商环境、教师队伍建设2个专项巡察，发现问题253个，移交问题线索37条。高效配合完成省委第二轮常规巡视，针对30条反馈问题制定116项针对性整改措施，完成整改104项。着力增强各级党组织政治功能。实施31个党建“书记项目”，举一反三开展全县软弱涣散村级党组织集中排查整治，实施改进和加强流动党员教育管理、建立社区“五级五长”联合党支部、规范村级“一肩挑”人员管理监督3项改革，“五级五长”联合支部创建被《中国组织人事报》报道推广。运用“三项机制”调整使用干部458人，容错纠错2人、澄清正名1人，104名优秀乡镇干部、第一书记和驻村工作队员得到提拔重用，72名年轻高素质公务员得到录用，干部队伍结构更加均衡。持续推进清廉定边建设，综合运用廉政教育基地、微电影、微视频、主题征文等形式，多层次、宽领域开展廉政文化教育，引导广大党员干部自觉筑牢拒腐防变思想防线。深入开展纪检监察干部队伍教育整顿，保持惩治腐败高压态势，开展9个领域群众身边腐败和作风问题专项整治，查处违反中央八项规定精神和四风问题26起，运用“四种形态”批评教育和处理党员干部618人次，给予党纪政务处分272人（其中乡科级48人），移送检察机关5人。

一年来，县委常委会始终牢记“国之大者”，带头做到“两个维护”，带头开展主题教育，带头弘扬伟大建党精神和延安精神，不断提升政治能力、思维能力、实践能力，有力推动党中央和省委、市委决策部署落地落实。自觉贯彻民主集中制，重大事项及时请示报告，重大问题集体讨论决定。常委同志相互协作支持，进一步巩固了心齐气顺劲足的良好局面。

回顾这一年，我们各项工作之所以能够在克难中奋进、在巩固中提升，根本在于习近平总书记的掌舵领航，根本在于习近平新时代中国特色社会主义思想的科学指引，也是全县广大干部群众凝心聚力、拼搏奋斗的结果。在此，我代表县委常委会，向大家表示衷心的感谢！

但我们也要清醒认识到，工作中还存在许多短板：完整准确全面贯彻新发展理念还有差距，统筹质的有效提升和量的合理增长效果还不够好，提高城乡居民收入、实现城乡区域协调发展任重道远，防范化解风险还有薄弱环节，干部作风能力有待进一步提升，等等。对这些问题，大家一定要高度重视，切实加以解决。

二、审视当前形势，我们必须精准把握、顺势而为

习近平总书记在中央经济工作会议上强调，看经济形势要善于历史地、比较地看。一德书记在省委全会上要求，既要把“形”看清楚，更要把“势”琢磨透，切实头脑清醒、心明眼亮、胸中有数。晓光书记在市委全会上从经济韧性、发展潜力、政策环境三个维度精准指出，榆林正处于高质量发展、现代化建设的重大机遇期，定边作为推进榆林能源革命的重要一级，精准把握这一重大机遇期，必须观形势、知大势、洞趋势。

观形势，就是要认清困难，明晰差距。历史地看，定边经过 20 多年的油气开发和 10 年来新能源产业的快速发展，既享受到了资源红利带来的强劲发展势头，又形成了资源依赖的惯性和主动转型的惰性。后疫情时代全球经济复苏乏力，俄乌冲突的持久化、巴以战争的外溢化导致国际政治形势愈加错综复杂，国际油价波动下行，加之长庆、延长在我县的原油产量每年自然递减 5%左右，天然气产量降幅更是达到 30%，导致我县工业经济增长乏力，经济形势异常严峻。比较地看，定边与周边县区资源禀赋非常相似，同质化竞争在所难免。作为地域大县、资源大县，却不是人才大县、经济强县、群众富县、各方面工作先进县，定边与周边县区的差距正在逐渐拉大。以靖边为例，2015 年，定靖两县经济总量都在 260 亿元左右，处于同一量级，但目前两县 GDP 差距已超过 100 亿元，在竞争愈加激烈的当下，我们已经明显被动，必须正视差距，加足马力，迎头赶上。

知大势，就是要发挥优势，坚定信心。从全国来看，有效需求不足、经济循环不畅、社会预期偏弱等问题仍然比较突出，但我国经济韧性强、潜力足、回旋余地大的根本特征没有变，随着宏观政策加力实施、财税政策的加力扩张、货币政策的稳健宽松、民营经济壁垒有序清除、万亿国债陆续增发，特别是推动消费与投资相互促进，等等，必将进一步激发内生动力，国内经济运行将保持总体向好态势。就我县而言，油气占比较高，市场发育不足、经营主体不强、体制机制不活、抗风险抗压力的韧性较弱，经济下行带来的转型阵痛依然剧烈，但这些都是前进中、发展中的问题，都是必须迈过，也必将能迈过的坎。近年来，我们围绕“九大产业提升工程”加紧布局，引进了一大批补链延链的重大产业项目，新兴产业发展势头迅猛，制造业发展后劲巨大，随着这些项目的纷纷上马、有序投产，必将给三次产业带来整体性优化调整，必将有力提升我们的经济抗风险能力和腾挪空间，也必将成为我们追赶超越道路上的强大支撑。最重要的是，经过一系列急难险重工作任务的淬炼，全县上下普遍形成了人心思齐、人心思干的良好氛围，加之引黄供水指标到位极大缓解水资源紧缺，省级高新区、化工园区认定为产业发展提供更多便利，机场项目开工带来更多发展机遇，只要我们坚定信心、用好政策、抓优环境，就一定能迈上高质量发展之阶、走好现代化建设之路。

洞趋势，就是要科学谋划，紧抓机遇。国家推动经济发展的政策频出，进一步释放出改善社会心理预期、大力提振市场信心的强烈信号，势必推动经济运行总体回升。中国——中亚峰会在陕顺利召开，中亚机制常设秘书处设在西安，陕西与中亚五国的合作项目增多，中欧班列长安号开行量、货运量增加，必将为定边在“一带一路”上投资合作提供新的机遇和可能。省委全会明确提出要深化拓展“三个年”活动，大力发展县域、民营、开放、数字“四个经济”，聚力破解堵点、痛点、难点，力促经济企稳回升，支撑县域经济高质量发展的接续政策措施即将持续释放。同时，全市正在围绕高端能化、新能源、新材料、生态环保、基础设施等领域谋划实施一批重大项目，新能源、高端能化都在千亿量级，这些方面都是重大的利好机遇，需要我们提前深度研究、抓紧谋划，拼抢机遇、抢占先机。特别是这次市委全会出台的水利高质量发展《实施意见》和《水网规划》，对极度缺水的定边来讲，是我们解决水资源瓶颈的重要窗口期，我们要抓紧研究，寻找争资金、争项目的切入点，研究改善定边水环境的契合点，加快解决推动高质量发展的瓶颈制约，努力实现纵向提占比、横向有进位、整体上台阶。

今年是新中国成立75周年，是实现“十四五”规划目标任务的关键一年，也是建设“五个定边”三年行动突破起势之年。做好今年工作的总体要求是：以习近平新时代中国特色社会主义思想为指导，全面贯彻落实党的二十大和习近平总书记历次来陕考察重要讲话重要指示精神，认真落实中央经济工作会议、省委十四届五次全会、市委五届六次全会部署要求，以改革、创新、开放为牵引，坚持稳中求进工作总基调，完整准确全面贯彻新发展理念，更加主动融合和服务构建新发展格局，深化拓展“三个年”活动，大力发展“四个经济”，全面推进“九大产业提升工程”，切实稳预期、增动能、惠民生、防风险、保稳定，加快推进“两区一中心”和“五个定边”建设，奋力谱写中国式现代化新征程中定边高质量发展新篇章。

今年经济发展主要预期目标是：生产总值增长4%，县本级固定资产投资增长10%，地方财政收入同口径增长3%，社会消费品零售总额增长6%，城乡居民人均可支配收入分别增长6%、6.5%，粮食产量达到40万吨以上，城镇登记失业率控制在3.5%以内，单位GDP能耗下降2%以上。

这些目标的确定，综合考虑了国内外经济形势和定边转型阵痛的种种因素，并与“五个定边”建设三年行动《实施意见》相互衔接，兼顾了需要和可能，既有利于稳定预期、提振信心，又有利于防范风险、守住底线，既体现了聚焦高质量发展的定力耐力，又体现了勇于“突破发展”的担当进取。各级各部门都要始终紧绷稳增长和高质量发展之弦，落实责任、加压加力、负重前行，在实际工作中争取更好结果。要充分发挥主观能动性，拉高标杆、跳起摸高、争先进位，确保在稳增长、稳预期上不失速，推动高质量发展在稳的前提下，能快则快、既快又好。

实现上述目标，重点要把握好以下4个方面。

一要坚持新发展理念，加快追赶超越。始终以创新、协调、绿色、开放、共享的内在统一把握发展、衡量发展、推动发展，不断通过质的有效提升引领量的合理增长、通过量的合理增长支撑质的有效提升。要树立全局观，综合考虑各方面影响因素，习惯在受约束的环境下做决策、干工作，坚决守牢稳定、安全、生态等底线，防止过度依赖传统能源、形成资源陷阱效应，努力做到在高质量发展中缓释和化解风险，在防范化解风险中促进高质量发展，在多目标平衡中寻找最优解、实现效果最优化，以重点工作的突破带动全局工作的提升。

二要科学把握规律，保持稳中求进。今年工作的总原则就是稳中求进、以进促稳、先立后破，就是要以稳中求进为总基调，多出稳预期、稳增长、稳就业的政策举措，在转方式、调结构、提质量、增效益上积极进取。我们在“五个定边”建设三年行动中明确，到2025年地区生产总值要达到470亿元，今年经济发展的预期目标也已经明确，全县上下要铆足一股劲、拧成一股绳，坚持目标不变、任务不减，把任务量化到具体产业项目上、落实在每月工作进度上、赶超在务实可行举措上，千方百计挖潜增效，全力完成既定目标任务。

三要持续解放思想，深化改革创新。总书记亲临榆林考察调研，对榆林提出的最重要的要求就是要解放思想，改革创新。解放思想是事关“五个定边”建设的关键性问题，要冲破思想观念障碍、打破条条框框束缚，把战略的坚定性和策略的灵活性结合起来，把有为政府和有效市场协同起来，推动资源、场景、要素等优势转化为产业优势、发展优势。要更加注重运用前瞻性思维、市场化机制、创新性方式发展经济、配置要素、解决难题、推动工作，超前谋划布局能够支撑长远发展的重大项目工程、新兴支柱产业、要素保障空间等，鼓励企业和基层增强活性，敢想、敢试、敢闯、敢干，助力实现市场活力、社会创造力和政府导控力的协同增效，切实依靠改革创新不断激发强大动能。

四要树牢实干导向，持续转变作风。要深化拓展“三个年”活动，提振精神状态、提高本领素质，切实提升政治能力、思维能力、实践能力。要把主题教育中接受的思想淬炼、政治历练转化为实实在在的实践锻炼、专业训练，持续锻造勇于担当、善于攻坚、敢于斗争的作风和能力。要主动出击、冲锋在前、勇担重任，以“文不过夜、事不隔天”的紧迫感，把应该干、能够干、必须干的工作做实做细做到位，推动高质量发展行稳致远。

三、展望2024年工作，我们必须凝心聚力、更加有为

第一，要夯实经济增长基础，推进“富裕定边”建设。要突出转型升级强产业。立足定边实际，深入实施“九大产业提升工程”，统筹做好规划布局、项目引进、链条培育、园区建设等工作，以产业转型升级为经济发展赋能。要扛牢粮食安全责任，大力发展旱作农业，大力推进高标准农田、“四位一体”集雨补灌、漫改滴等重点工程，严格落实“田长制”，全力巩固撂荒地排查整治成果，坚决杜绝耕地“非农化”、基本农田“非粮化”，力争粮食总产量突破40万吨。要大力推动农业精深加工，在做好土特产文章上持续用力，深入开展品种培优、品质提升、品牌打造、标准化生产和产销对接行动，加快打造定边硬早点、红花荞麦、精品马铃薯等优特农产品品牌和精深加工产业链条，推动种养加销、接二连三。要把稳工业作为稳增长的核心，加快推进国企入股油服企业，支持能源企业扩大规模、降低成本、革新技术、提升效能。要支持长庆、延长加快产能建设，加快推进3个续建、2个新建新能源项目进度，力争年内新打油气井500口以上，稳定生产原油650万吨、天然气5亿方，风光并网规模达到558万千瓦，发电量突破100亿度。要以省级化工园区认定、高新区创建为契机，聚焦能源化工产业高端化、多元化、低碳化发展和新制造产业全链条式、集群式发展，加快布局一批高技术、高成长性、高附加值产业项目，力争非标压力容器、稀土铝合金电缆、LED智慧屏等制造项目年内建成投产，高纯晶硅和工业硅、全钒液流储能装备、高端消费类锂离子电池制造项目2季度前开工建设，持续壮大新兴产业、未来产业。要坚持“生态加力、文化聚力、旅游提气、产业升级、百姓受益”思路，按照市场化、商业化模式，加快推进盐湖文旅开发，开工建设盐湖特色小镇、盐州历史文化园，推动长城遗址公园建成投用，推出一批“摩天轮”“滑雪场”“盐浴场”等观光游乐、健康养生、风情民宿等体验性、互动性强的文旅特色项目，办好红花荞麦文化旅游节，加快促进文化旅游资源转化、产业转型、动能转换。要突出扩容提质促投资。紧盯98个新建、42个续建重点项目，由包抓县级领导牵头，定期对前期准备、资金落实、施工进度等进行研判调度，及时解决存在问题，力争140个重点项目全部按期开工建设。要坚持“细化节点、量化任务，倒排工期、挂图作战”，将任务分解到月、明确到周、落实到天，全力推动投资量、工作量、实物量“三量齐增”，力争2024年县本级固投继续保持两位数增长势头。要突出挖潜拓新促消费。落实中央和省市促消费各项政策措施，继续发放电子消费券，抓住“春节”“红花荞麦节”“国庆”“双十一”“九月会”等消费高峰，开展多种形式的促消费活动，激活节庆经济、文旅经济、赛事经济、夜间经济。加快推进县域商业体系建设，引进布局大型商业综合体，打造特色商业文化街，释放消费潜力，解决消费外溢问题。抓好限上服务业企业培育和规范管理，确保应统尽统，力争社零增长6%以上。要突出提振信心增活力。坚持“两个毫不动摇”，认真落实中央和省市促进民营经济发展一揽子政策措施，推行领导干部包抓联系民营企业、驻企帮扶制度，抓好具体兑现和配套扶持，解决企业准入、融资和用人等困难，激发市场主体活力。梳理发布民间投资项目清单，鼓励支持各民营企业参与基础设施、社会事业等领域投资，适度向中小企业预留政府采购工程，大力开展“个转企、小升规”企业梯度培育行动，推动民营企业扩增量、提质量，年内至少新培育“五上”企业16家。

第二，要筑牢生态环保根基，推进“绿色定边”建设。一是要巩固成效。深刻汲取国家森林督查两次挂牌督办教训，坚持举一反三、长效常治，全面落实“林长制”，探索以村民小组长为核心的护林员制度改革，用好智慧管护平台，严厉打击各类破坏林草资源违法行为。认真抓好中省环保督察、黄河警示片反馈问题整改工作，坚持“四水四定”，严格落实“水电双控”等节水措施，确保取用水量再压减10%以上。二是要守牢底线。突出精准治污、科学治污、依法治污，统筹好重点攻坚和协同治理，持续深入打好蓝天碧水净土保卫战，推动污染防治在关键指标上实现全达标、取得新突破。深入开展防止二次沙化和国土绿化五年行动，继续实行最严格的封山禁牧政策和最大力度的畜草引导政策，实施重点区域生态保护和修复、城北绿色屏障建设等重点工程，做好后续管护，全年营造林13.9万亩以上。三是要走好新路。坚持绿色发展理念，稳步推进“双碳双控”，加快产业建构，交通运输结构和用地结构调整，开展碳捕集利用封存技术攻关，探索碳汇交易，倡导简约适度、绿色低碳、文明健康的生活理念和消费方式，提升全社会节约意识、环保意识和生态意识，提升全社会节约意识、环保低碳发展，推动全年单位GDP能耗下降2%以上。

第三，要扭住塑形铸魂关键，推进“文明定边”建设。一是要坚定文化自信。将边塞文化、黄土文化、草原游牧文化和红色文化等多元文化交融共生，作为定边的战略性资源，打造标志性名片。要推动文化铸魂，充分挖掘安边起义、红军入陕第一站、359旅打盐旧址、三边牧场等红色革命精神，大力弘扬伟大建党精神和延安精神，深化新时代定边治沙精神的学习、研究和阐释，推动理想信念教育更接地气。要加大白于山区史前文化研究利用和黄帝史前文化、长城文化、长征文化、盐文化保护发掘利用，加强非遗项目活态传承，在创造性转化、创新性发展中彰显中华优秀传统文化的时代价值。要实施文艺作品质量提升工程，进一步提升“三馆”服务效能，因地制宜建设文化礼堂、文化广场、乡村戏台等功能空间，不断提升公共文化服务均衡性、可及性、针对性，建设更具引领力、感召力、影响力的文化强县。二是要抓实文明创建。统筹城市和农村、网上和网下，以省级文明城市、国家卫生县城创建复审为抓手，整合镇村、单位、家庭、校园等各方面力量，推动高水平创建工作从城市向农村延伸，从局部向全域覆盖，形成全域创建格局。要着眼于筑牢社会文明根基，统筹抓好文明培育、文明实践、文明创建，推动各项创建指标全部达标，高质量通过省级文明城市创建复审，启动创建全国文明城市基础工作和硬件建设。要推动新时代文明实践中心由有形覆盖向有效赋能转变，有力提升文明实践动员、整合、引导、服务、创新、保障能力，不断提高全社会文明程度。三是要提升文明素养。持续强化教育引导、实践养成和制度保障，加快培育定边人与现代化相匹配的文明素养。要加强新时代公民道德建设，组织开展“一言为‘定’·真诚无‘边’”教育实践和道德讲堂、道德评议等活动，举办“定边好人”、文明家庭等评选表彰和学习宣传活动，深化移风易俗，培育文明乡风、良好家风、淳朴民风。

第四，要回应美好生活需求，推进“幸福定边”建设。一是要提升城市能级。要围绕省际毗邻节点城市定位和陕甘宁蒙最具竞争力的省际区域中心战略目标，聚焦提品质、优功能、拓内涵，不断提升定边县城的功能品质。要加快推进城市更新行动，尽快落实资金，抓紧赶上进度，滚动实施好市政基础设施建设、老旧小区和居民巷道改造、街景改造及绿化，开工打通新华街中段、献忠路中段、育才路中段和田园路四条“断头路”，加快推进引黄提升改造、城北防洪排涝和城市雨污分流改造等标志性工程，以更大力度减存量、补欠账。要将智慧城市建设提上日程，按照“分块实施、急用先行”的原则，进一步增强城市规划和建设的科学性和前瞻性，以智能化基础设施体系推动建立普惠化的公共服务体系、精细化的社会管理体系，形成宜居化的城市环境体系。二是要推进乡村振兴。要持续健全防返贫动态监测帮扶机制，及时解决各类致贫返贫风险隐患，坚守不发生规模性返贫底线。要用好2.4亿元衔接资金，谋准谋实、抓紧推动今年巩衔项目，加强扶贫资产管理利用，增强重点项目联农带农、富农益农能力。要学习浙江“千万工程”经验加快宜居宜业和美乡村建设，深化人居环境整治，积极推进厕所革命，提升乡村基础设施完备度、公共服务满意度、人居环境舒适度，加快“多规合一”实用性村庄规划编制，全年新创建7个以上乡村振兴示范村。要聚焦共同富裕，统筹抓好村集体经济壮大、能人返乡创业带富、新型经营主体培育，把更多农民“链”入利益共同体，打造宜居宜业和美乡村。三是要改善民生福祉。加强就业服务平台建设，做好重点人群就业帮扶工作，确保城镇登记失业率控制在3%以内。要深化教育综合改革，加快推进五中、五小、六小、十一小、十二小等新、扩、迁建项目，持续增加学位供给，推动优质教育公平普惠。要扎实推进健康定边建设，力争新建县医院一季度建成、二季度投用，促进优质医疗资源扩容提质、均衡布局。要持续提升现有社区老年人日间照料中心、农村幸福院管理水平，做好新建居住区养老服务设施配建工作，多措并举保障妇女儿童和残疾人合法权益，构建更加完备的社会保障体系。要落实民生实事项目人大代表票决制，广泛征集、科学确定、实打实做好2024年十大民生实事，统筹解决好不动产

“登记难”、停车难、出行堵、广场绿地少和物业乱收费等急难愁盼问题，让广大群众有更多更实在的获得感、幸福感。四是要保障安全稳定。加强源头防范，时刻保持发现风险的警惕性、敏锐性，高度重视各类风险的叠加性、传导性，不断提高防范应对的前瞻性和系统性，夯实各级责任，完善各项预案，做好万全准备。要全力维护政治安全，守牢国家政权安全、制度安全、意识形态安全底线，严密防范并坚决打击渗透颠覆破坏、暴恐、邪教组织和宗教极端等活动，旗帜鲜明抵制历史虚无主义等错误思潮。要狠抓重点领域安全，统筹防范安全生产、经济金融、社会稳定和粮食能源等安全风险。要严格落实安全生产85条“硬措施”，围绕道路交通、散煤取暖、地质灾害、油气管线、危化品运输、消防等领域加密排查频次、加紧督促整改，持之以恒遏事故、清隐患。要严打非法集资、网络传销、电信诈骗等违法犯罪行为，持续压减金融机构不良贷款率，做好保交楼、保民生、保稳定各项工作，坚决防范区域性、系统性金融风险。要坚持和发扬新时代“枫桥经验”，完善矛盾纠纷多元调处机制，持续优化“五级五长”精细化治理模式，坚持说事说法说理说情协同发力，推进自治法治德治智治深度融合，常态化推进扫黑除恶斗争，不断提升市域治理现代化水平和群众“九率一度”，建设更高水平的平安定边、法治定边。

第五，要打造区域竞争优势，推进“魅力定边”建设。一是要以改革提效能。持续深化“放管服”改革，坚持以信息化解决效率问题、以集中式方便群众服务，完成剩余113项行政许可权相对集中划转，实现19个乡镇（街道）便民服务站100%标准化建设，探索“快办+综窗”审批模式，试行“受审勘”分离改革，推动更多政务服务事项网上办、掌上办、一次办、就近办、即来即办，彰显社会治理效益。稳妥有序推进国资国企改革，最大化盘活沉淀资源。深化金融领域改革，加强融资担保体系建设，有效解决中小微企业融资难问题。推进县级融资平台整合升级，加快城投公司市场化改革步伐，探索引入产业基金模式，参与有关投融资业务，推动其实现由单一城市建设向城市资产运营的转变。二是要以创新强动力。用好秦创原定边创新中心，加快“孵化器”“加速器”“促进器”三大科技服务平台建设，引进创新技术、创新企业、创新人才，推动创新成果转化，助力科技创新与产业发展相融合。实施科技型企业“登高、入规、晋位、上市”四个工程，支持各类初创型、高校科研成果转化型技术企业落地，鼓励企业加大研发投入，力争全年新增科技型中小企业55家以上、高新技术企业7家以上，实现每年研发费用增长10%以上。大力实施战略人才储备、重点人才培育和紧缺人才引进工程，以业引才、以企招才、以效奖才，健全以能力和贡献为导向的人才评价选用机制，让人才引得进、留得住、用得好，以人才激发创新活力。三是要以开放增后劲。深度融入呼包银榆城市群和宁夏沿黄城市群，持续加强与周边县旗在基础设施联通、招商引资协作、能源供应保障、产业融合发展、生态共保共治等方面的合作交流，着力打造区域资源要素集聚区。积极融入全国统一大市场，加强与京津冀、长三角、粤港澳大湾区等城市群联系对接，积极推进西安、延安等周边城市的协同合作，在产业转移、文旅互融、人才交流等方面形成一批实实在在的成果。坚持以招商引资论英雄，落实县级领导带头外出招商制度，把“九大产业提升工程”作为主攻方向，运用投行思维、链式思维、闭环思维，大力引进延链补链强链的头部企业和配套项目，培育产业竞争新优势。认真落实好优化营商环境45条硬措施，统筹推进亩均效益、标准地、增量配电和投融资等关键领域改革，执行好“红蓝章”预审批、联审联批等制度，持续推进减环节、优流程、压时限、增便利，力争招商引资实际到位资金突破145亿元。

第六，要全面从严管党治党，保障“五个定边”建设。一是要在强化理论武装中铸牢政治忠诚。要巩固拓展主题教育成果，持续用习近平新时代中国特色社会主义思想凝心铸魂，坚持发挥理论学习中心组示范带动作用，严格落实第一议题制度，完善经常性学习教育机制，分级分类开展党员干部全覆盖培训，自觉用党的二十大精神和习近平总书记历次来陕考察重要讲话重要指示统一思想、统一行动，不断把以学铸魂、以学增智、以学正风、以学促干引向深入。要聚焦贯彻落实习近平总书记重要指示批示和党中央、省委、市委决策部署，坚持“四个三”闭环落实机制，把坚定拥护“两个确立”、坚决做到“两个维护”体现到实际成效上。二是要在夯实基层基础中建强战斗堡垒。要牢固树立大抓基层鲜明导向，接续实施好党建“书记项目”，大力整顿提升软弱涣散党组织，推动全面从严治党进一步向基层一线延伸。要聚焦增强政治功能和组织功能，创新组织设置和活动方式，深入实施基层党组织“分类指导、争先进位”三年行动，不断提升农村、城市、企业、机关、学校、医院和新经济组织、新社会组织、新就业群体等各领域基层党组织的凝聚力、党员的战斗力。三是要在优化干部队伍中激励担当作为。坚持事业为上、以事择人的鲜明导向，坚持重点工作专项考核，不断改进推动高质量发展的政绩考核，分批次、有计划地把学历高、能力强、作风硬的优秀干部放到艰苦复杂环境和关键吃劲岗位上历练，切实把重实干重实绩、敢担当善作为、能吃苦能成事的好干部选出来、用起来。要健全年轻干部“传帮带”机制，有计划地组织优秀年轻干部跨乡镇、跨部门、跨行业交流任职，到宝应挂职锻炼，到一线岗位历练，让年轻干部在打硬仗、扛重活、攻难关中练就真本领，确保定边事业后继有人。四是要在从严正风肃纪中净化政治生态。要大力传承弘扬“四下基层”优良作风，在落实“三个区分开来”中积极容错纠错、主动澄清正名，更好帮助党员干部卸下包袱、扑下身子干事创业。要严格执行中央八项规定精神，从严纠治“四风”特别是形式主义、官僚主义问题，坚决防止反弹回潮、隐形变异。要坚持把纪律和规矩挺在前面，严格落实新修订的《中国共产党纪律处分条例》，精准运用监督执纪“四种形态”，推进纪律监督、监察监督、派驻监督和巡察监督等统筹衔接。要坚持有腐必反、有贪必肃、违纪必究，发挥好巡察利剑作用，紧盯权力集中、资金密集、资源富集和关乎民生的重点领域，坚决整治群众身边的腐败问题。要坚持标本兼治，加强新时代廉洁文化教育，深入开展政德、法纪和家风教育，不断完善防止腐败滋生的体制机制，提高不敢腐、不能腐、不想腐的综合功效。五是要在加强党的领导中凝聚发展合力。坚持党总揽全局、协调各方，发挥各级党委把方向、管大局、作决策、保落实作用，认真贯彻执行民主集中制，支持人大、政府、政协、法院、检察院依法履职，加强和改进党对工青妇等群团组织的领导，落实党管武装根本原则，不断汇聚推动定边各项事业发展的强大合力。

各位委员、同志们，风正劲足，自当扬帆破浪；任重道远，更需快马加鞭！让我们更加紧密地团结在以习近平同志为核心的党中央周围，坚持以习近平新时代中国特色社会主义思想为指导，深入学习贯彻中央经济工作会议和习近平总书记历次来陕考察重要讲话重要指示精神，团结奋进、务实拼搏，向着“两区一中心”和“五个定边”奋斗目标阔步迈进，为奋力谱写中国式现代化建设的陕西新篇章、开创榆林社会主义现代化建设事业新局面作出更多定边贡献！

定边县人民代表大会常务委员会工作报告

——在定边县第十九届人民代表大会第三次会议上

定边县人大常委会主任　马俊飞

(2024年2月25日)

各位代表:

受县人大常委会委托,我向大会报告工作,请予审议。

过去一年的主要工作

2023年,县人大常委会坚持以习近平新时代中国特色社会主义思想为指导,在县委的领导下,紧紧围绕全县经济社会发展大局,主动担当作为,依法履行职责,为推进全县高质量发展和民主法治建设作出了积极贡献。

——**坚定维护宪法权威和尊严。**全面贯彻宪法规定、宪法原则和宪法精神。组织任前法律知识考试3批33人(次),任后宪法宣誓3批48人(次)。审查备案文件9件。

——**不断拓展监督深度广度。**听取审议工作报告20个;听取审议2名局长、1名副检察长、1名市人大代表履职情况报告;持续深化审计查出问题整改跟踪监督,推动建立健全整改长效机制;加强预算决算审查监督,不断提升财政资金使用效益。

——**依法履行决定任免职责。**召开常委会会议7次,着眼稳增长、惠民生、防风险,适时作出决议决定6项;依法任免国家机关工作人员100人(次)。

——**充分发挥人大代表作用。**尊重代表主体地位,加强常委会与代表、代表与人民群众的联系,组织220多名代表参加全县考核、政府决策、法院庭审、检察院听证和常委会视察调研等活动。

一、突出政治引领,牢牢把握履职正确方向

坚持把讲政治、讲大局放在首位,自觉把党的领导贯穿到依法履职的全过程。

坚定不移维护党的领导。坚定捍卫"两个确立",坚决做到"两个维护",使一切行动听党指挥成为自觉和习惯。严格落实向县委报告工作制度,提请县委常委会会议研究人大工作5次,始终做到事前有请示,事后有汇报。

认真扎实开展主题教育。常委会班子成员深入一线讲党课、找问题、想办法、促发展。建立视察调研、执法检查前学习习近平总书记相关重要论述机制,更加主动地把贯彻落实总书记的重要讲话精神转化为工作的实际行动。

积极主动参与中心工作。认真开展"三个年"活动,常委会班子成员在乡村振兴、安全生产、社会治理等方面,深入调研、反复思考、仔细推敲,形成调研报告5篇,就农产品深加工、能源深度转化、饮水安全、污水处理及中水回用、平安建设等方面提出建议22条,有力地促进了相关工作的开展。

二、紧扣工作大局,着力推动全县高质量发展

完整、准确、全面贯彻新发展理念,紧紧围绕推进"两区一中心"和"五个定边"建设,依法有效开展监督。

突出重点,助力全县经济持续回升。加强计划、财政、审计和国有资产的监督,听取审议政府债务管理情况报告,建议充分利用南北大街商业用房、保障性住房等闲置资产。组织省市县乡人大代表、

驻定企业负责人、镇村干部对引黄供水、县医院搬迁、工业标准化厂房等12个在建重点项目进行集中视察，全力推动高质量建设，在创造更优发展环境、更好经济效益上发挥了重要作用。组织宝定协作互相交流的干部、党代表、人大代表、政协委员等50多人，对帮扶工作进行视察，充分肯定所做的工作，极大地调动了援定人员工作的积极性。听取审议中盐集团定点帮扶工作情况报告，提出要进一步深化招商引资、原盐再加工、盐湖旅游、充分利用“红色资源”等建议，县政府积极回应，相关工作推进得又好又快。

抓住难点，助力生态环境持续向好。听取审议县政府年度环境状况和环境保护目标完成情况报告，建议县政府加快建设城北生态环境屏障、强力推进散煤治理。环保部门要加大执法力度，要求油气开发企业在泾河、北洛河、无定河流域的主要河流上建设拦油坝。专题视察水利工作，提出要加强八里河流域上中下游综合治理，既要防止水土流失，又要建设山区、滩区高标准农田，还要变水害为水利，更要补充地下水，有效解决超采的问题。县政府高度重视，有计划、有步骤，全力以赴在推进。审议批准国土空间总体规划（2021-2035年）编制情况的报告，建议县政府及相关部门要进一步做好自然资源保护与利用、综合整治和生态修复等工作，为全县经济社会高质量发展提供国土空间保障。

聚焦热点，助力民生福祉持续改善。专题调研电力工作，建议县政府及电力部门要认真细致地调查研究定边的实际情况，千方百计争取资金、争取项目，进一步优化电网结构，确保一二三产用电。组织代表、居民深入到市场路、胜利街、新业小区、榆溪希望城等现场，对住房和城建工作进行视察，提出要加快城区道路内畅外联、雨污分流、老旧小区改造、海绵城市建设等建议。组织代表对卫健工作进行专项视察，要求县医院、中医院国医馆今年底投入使用，同时还要加强对传染病防控、救治的基础设施建设，确保更多优质医疗资源惠及广大人民群众。

紧盯焦点，助力依法治县持续深入。组织代表视察司法行政工作，提出要以创建省级法治政府示范县为抓手，严格依法行政，善于利用法治手段解决复杂疑难的历史遗留问题，坚决执行“谁执法谁普法”的原则，采取有力措施预防青少年违法犯罪，切实做到有法必依、执法必严、违法必究。加强信访督办工作，转交信访件20件（次），较好地维护了人民群众的合法权益。与县委统战部联合深入到全县的部分清真寺、天主教堂，对宗教工作进行调研，强化教职人员、信教群众的教育培训和宗教活动的管理，确保在党委的领导下，宗教工作依法依规进行。

三、发挥代表作用，积极践行全过程人民民主

全心全意依靠代表，全力支持和保障代表依法履职。

强化学习培训，提高代表履职能力。组织部分常委会组成人员、乡镇人大主席、人大代表赴厦门大学学习培训，邀请长庆油田采油六厂宣传部部长王军作党的二十大精神专题讲座，县乡人大工作人员经常帮助代表就如何走访选民、收集民意、反映民情进行指导，代表的履职能力得到进一步提升。

强化服务联系，支持代表发挥作用。领导干部定期走访、联系代表，听取意见建议，帮助解决工作、生活中遇到的困难和问题。落实了县人大代表的交通、通讯费用，保障了代表更好履职。建成全县人大代表联络总站，回顾历届人大及其常委会的履职足迹，号召全体代表学习李守林、石光银、史贵禄、张林森等先进事迹。召开工作推进现场会，1236名省市县乡人大代表编组进站。制作人大代表风采专题片，激发履职热情，提升履职实效，讲好代表故事。

强化建议督办，促进实事办好办快。县十九届人大二次会议期间，代表共提出97件建议（含1件议案）。会后，常委会立即与县政府召开交办会，落实任务，明确职责，提出要求。通过多种形式的督办，所有建议（议案）在规定时限内办理答复，代表满意率有了新的提升。

四、坚持强基固本，全面加强自身建设

常委会主动适应新形势新任务新要求，努力提高履职能力和工作水平。

坚持不懈强党建。全年召开党组会议9次，及时研究党建和人大重点工作，支持机关党组织积极开展工作。6月，与团委、妇联、街道办事处卫生服务中心、慈善协会等部门举行党的二十大精神知识竞赛；7月，与长庆油田第五采油厂、定边采油厂、冯地坑镇等党委举办“坚定不移跟党走、企地共进谋发展”文艺活动；8月，组织党员干部赴延安梁家河、铜川照金参观学习；10月，开展徒步走长城活动，进一步增强了“爱我中华、护我长城”的责任与使命；12月，选派三名干部参加市人大举办的宪法知识竞赛，取得了二等奖的优异成绩。

建强队伍激活力。县委高度重视和支持人大工作，充实4名享受副县级待遇的干部任专职委员，提拔和调入正科级干部6名，副科级干部5名。机关派出驻乡村、进社区工作队，协调争取资金300余万元，帮助群众解决生产生活难题20余件，干部活力明显增强，工作效率进一步提升。

交流学习促提升。积极配合省、市人大执法检查和工作调研，与宝应、盐池、前旗、吴起、靖边、子洲等多个县（旗）人大开展工作交流，互相学习，不断扩大定边影响力，为区域中心城市建设做了大量有益的工作。

各位代表！成绩的取得，在于习近平新时代中国特色社会主义思想的科学指引，是县委坚强领导的结果，是人大常委会和全体人大代表共同努力的结果，是“一府一委两院”和政协通力协作的结果。在此，我代表人大常委会向大家表示衷心的感谢，并致以崇高的敬意！

回顾一年来的工作，我们也深深认识到，常委会工作还存在一些差距和不足：督办代表建议、审议意见和决议决定的力度还需进一步加大，服务代表的水平还需进一步提升，督促选举和任命人员提高履职能力的举措还需进一步加强。对此，我们将在今后工作中认真改进。

2024年工作安排

县人大常委会工作的总体要求是：以习近平新时代中国特色社会主义思想为指导，深入贯彻落实党的二十大精神，坚定拥护“两个确立”、坚决做到“两个维护”，认真落实县委十九届六次全会部署要求，深刻认识和把握坚持高质量发展是新时代的硬道理、推进中国式现代化是新时代最大的政治，坚持党的领导、人民当家作主、依法治国有机统一，大力发展全过程人民民主，稳中求进推动人大工作高质量发展，为加快推进“两区一中心”和“五个定边”建设作出更大贡献。

着力建设政治机关。坚持把党的全面领导作为最高政治原则，始终同党委保持高度一致。自觉把人大工作放在全县大局中来谋划和推进，坚决做到县委工作部署到哪里，人大工作就跟进到哪里、职能作用就发挥到哪里，确保党的领导在人大工作中全面贯彻、有效落实。

着力建设权力机关。围绕国民经济和社会发展计划、财政预决算，适时作出决议决定，对审计查出问题整改、重点项目建设、特色产业发展、国有资产和政府债务管理等工作开展监督，与“一府一委两院”合力推进经济运行“稳中求进、以进促稳”。听取审议年度环境状况和环境保护目标完成情况报告，视察气化定边、林草地和耕地保护等工作，着力推进绿色定边建设。调研市场监管、就业失业、民政等工作，全程监督民生实事票决项目推进情况。开展《粮食安全保障法》《种子法》执法检查，视察公安工作，对“八五”普法进行调查研究。依法做好选举任免工作，组织“一府一委两院”相关人员向常委会述职，监督选举和任命的国家机关工作人员增强党性、依法履职、为民服务。

着力建设工作机关。突出党建引领，加强制度建设，提高常委会组成人员和机关工作人员能力水平。年内，常委会班子成员及专职委员到乡镇、到村组、到社区讲党课、讲法律，促进全民热爱党、拥护党，敬畏法律、遵守法律；组织机关工作人员和部分人大代表走沿黄公路、熏陶黄河文化；与油气企业党组织联动，共建富裕定边；组织“一府一委两院”工作人员到周边少数民族区域学习经济社会发展的经验做法，取长补短，提升县域发展水平。

着力建设代表机关。不断加强和改进代表工作，组织代表外出学习培训，继续推进代表联络站建设，强化进站活动，提高履职能力。听取和审议市县人大代表履职情况报告，促进代表密切联系群众。加大建议督办力度，不断提高办理实效。撰写代表风采文章，创作宣传“五个定边”的文学作品，在省人大《民声报》和《榆林日报》上刊登，更好服务于魅力定边建设。

各位代表！让我们更加紧密地团结在以习近平同志为核心的党中央周围，在县委的坚强领导下，深入践行初心使命，积极履行法定职责，更好发挥人大职能，为在中国式现代化建设中谱写定边篇章作出更大贡献！

定边县人民政府工作报告

——在定边县第十九届人民代表大会第三次会议上

定边县人民政府县长　李胜元

(2024年2月25日)

各位代表:

现在,我代表县政府向大会报告工作,请予审议,并请县政协委员和其他列席人员提出意见。

一、2023年工作回顾

刚刚过去的2023年,大事难事叠加、风险挑战交织,面对繁重改革发展稳定任务,我们坚持以习近平新时代中国特色社会主义思想为指导,坚决执行中央和省市各项决策部署,在县委的坚强领导下,在县人大、县政协的监督支持下,扎实开展"三个年"活动,加快推进"两区一中心"和"五个定边"建设,全县经济持续向好,社会大局和谐稳定,高质量发展迈出更加坚实的步伐。全年实现地区生产总值420.11亿元,同比增长4%;完成县本级固定资产投资102.61亿元,增长8.1%;财政总收入31.14亿元,增长15.2%;剔除财政体制改革因素影响,地方财政收入17.09亿元,增长10.1%;社会消费品零售总额51.83亿元,增长6.3%;城乡居民人均可支配收入分别完成39522元和20721元,增长6.5%和7.8%。县域经济总量迈上400亿元台阶,综合竞争力跃升至西部百强县第65位。

一年来,我们凝心聚力扩投资,县域发展动能不断积蓄。坚持"大抓项目、大抓投资",争取中省市政策性资金5.58亿元,考核排名全市第二;117个县级重点项目完成投资129亿元,固投增速全市第三,县医院整体搬迁、引黄提升改建等一批重大项目取得显著进展。坚持"领导带头、全员招商",紧盯九大产业工程,全年共签约项目26个,招商引资实际到位资金142.57亿元、利用外资904万美元,连续两年考核排名全市第一,信发6万吨多晶硅和7万吨工业硅等重大产业项目签约落地。坚持"园区引领、平台承载",定红路全线通车,建成秦创原定边创新促进中心等10个科技创新平台,认定科技型中小企业51家、高新技术企业8家;产业园区化工产业区通过省级认定,定边高新技术产业开发区获得省政府批复,享受省级高新区相关政策。

一年来,我们多措并举稳实体,产业发展格局更趋优化。聚焦"3+2+X"农业产业体系,排查复耕撂荒耕地3.7万亩,新建成高标准农田7.99万亩,全县农业总产值达到66.12亿元,增速位居全市第一;粮食总产量达到37.89万吨,再创历史新高,成功创建"国家农产品质量安全县"。聚焦"稳油气、强绿电、促转型",全年原油、天然气产量分别达到645万吨、5.15亿方,新能源并网总规模达到5130兆瓦,全年发电89.7亿度,规上工业总产值达到332.04亿元;中材科技生产兆瓦级风电叶片195套,填补了全省行业空白;陕建新能源生产风机塔筒60套,产能位居全省首位;金风科技风机智造项目落户定边,"风光储"全产业链基本成型。聚焦"保主体、优服务、扩消费",全年新增减税降费1.51亿元,下达各类奖补资金4595万元,发放消费券600万元;全县银行业存贷比提升至57.5%,位居全市第一;全年新增各类市场主体5453户、"五上"企业32家,服务业增加值达到101.1亿元,增速位居全市第一;成功举办第六届红花荞麦文化旅游节系列活动,县域发展活力持续增强。

一年来,我们攻坚克难补短板,城乡融合步伐明显加快。城市更新成效显著，贺圈至彭滩迎宾大道、民主路、献忠路西段3条道路建成通车，市场路、胜利街2条“断头路”全面打通；明珠路防护绿地景观广场、民族历史文化广场基本建成；新安南区等12个城区停车场投入使用，新增停车位730个。遗留问题加快化解，坚持“依法依规、实事求是、尊重历史、统筹兼顾”的原则，全力推动南北大街遗留问题解决，台账内14件遗留问题已化解13件；40个住宅小区不动产登记难问题，完成首次登记16个，为群众办理不动产证2490件。乡村振兴扎实推进，全年纳入监测对象86户325人，风险消除98户308人；统筹整合财政涉农资金3.09亿元，实施巩衔项目280个，完成安边至白泥井三级公路改造，新建通村水泥路273公里，农村改厕5192座，村集体经济年平均收入达到32万元，5万元以下薄弱村实现清零，高质量通过了2023年度国家巩衔工作第三方考核评估。

一年来，我们全力以赴防风险，社会治理能力稳步增强。县域生态环境持续改善。高标准完成国家森林督查反馈问题整改，全年营造林13.24万亩；加强地下水资源综合治理，全年压减水浇地7.97万亩，压减取用水量2510万方；深入开展污染防治攻坚行动，城区空气质量优良天数304天，同比增加5天。安全生产形势稳定向好。扎实开展重大事故隐患专项排查整治2023行动和“19+1”项安全大排查，累计整改一般隐患10521项、重大隐患48项，生产安全事故起数和死亡人数连续三年实现双下降。社会治理水平不断提升。顺利通过全国市域社会治理现代化试点城市创建省市检查验收，“五级五长”网格化管理体系进一步完善，38件中省交办信访积案全部报结；依法严厉打击各类违法犯罪，平安定边建设取得扎实成效。

一年来，我们用心用情办实事，人民群众得到更多实惠。社会保障政策全面落实。全年实现城镇新增就业3260人，农村劳动力转移就业5万人，发放创业担保贷款2926万元；全年共保障城乡低保对象1.74万人，累计发放低保金1.25亿元。各项社会事业健康发展。学前教育“安吉游戏”走在全国前列，小学一年级入学高峰平稳度过，职教中心成为全省首批“双优”中职学校；全年新聘补充教师233人，14个教育重点项目加快推进。新聘补充医技人员53人，投入900万元为乡村医疗机构新增设备，公共卫生服务体系逐步完善。东关等13个社区老年人日间照料中心投入使用，城乡养老服务体系加快构建。民生为本理念不断深化。财政资金使用进一步向民生倾斜，全年民生支出总额49.3亿元，占财政总支出的81.1%；集中力量办好十件民生实事，老百姓的获得感、幸福感更加充实。

一年来，我们担当实干抓落实，政府行政效能持续提升。扎实开展学习贯彻习近平新时代中国特色社会主义思想主题教育，全面检视整改营商环境建设中的问题短板，切实提升行政机关工作效能和服务水平。坚决落实县委决策部署，自觉接受人大法律监督、政协民主监督和社会舆论监督，认真办理人大议案1件、代表建议96件、委员提案102件，办结率达100%；将县人大代表和政协委员每人每年2400元交通、通讯补贴纳入财政预算，进一步提高了代表委员的履职积极性。健全县政府常务会议集体学法制度，落实重大行政决策程序规定，政府决策的科学化、民主化、法治化水平不断提升。强化预算约束和审计监督，政府投资项目财评审减资金1.85亿元，政府采购预算核减资金3734万元，全年化解政府债务1.21亿元，财政资金使用更加精准。

与此同时，国防动员、双拥共建、民族宗教、档案、史志、审计、统计、供销、气象、供电、通信、住房公积金等方面工作都取得了新成效。

各位代表！艰难方显勇毅，磨砺始得玉成。过去一年，我们顶住压力、攻坚克难、奋力拼搏，较好完成了既定的各项目标任务，取得了令人欣喜的好成绩，根本在于习近平新时代中国特色社会主义思想的掌舵领航、科学指引，在于省市和县委的坚强领导、正确决策，在于县人大、县政协的有效监督、鼎力支持，也是全县人民团结奋斗、苦干实干的结果。在此，我代表县政府，向广大干部群众，向各位代表、各位委员，向省市驻定单位、武警官兵、公安民警、消防救援队伍，以及关心支持定边发展的定点帮扶单位、社会各界人士，表示衷心的感谢！

在肯定成绩的同时，我们也清醒地认识到全县经济社会发展还面临一些困难和问题：一是产业转型任务艰巨。农业大而不强，产业升级步伐缓慢；油气产能进入自然衰减期，工业经济增长乏力；先进制造、文化旅游产业处于起步阶段，服务业层次不高，科技创新引领不够。二是城乡建设欠账较大。县城路网“断头路”多、微循环差，市政设施建设还有不少短板，城市管理、环境整治等问题比较突出；农村供水、供电、通讯等方面还需持续加大投入。三是治理效能亟待提升。生态环保、安全生产、信访稳定等领域的风险隐患不容忽视，民生事业发展与群众美好期盼还有不小差距；营商环境不优，市场主体满意度不高，一些干部的理念、作风、能力还有不足。对这些问题，我们绝不回避，将直面问题、精准施策，认真加以解决。

二、2024年预期目标和重点工作

今年是中华人民共和国成立75周年，是实现“十四五”规划目标任务的关键一年。我国经济回升向好、长期向好的基本趋势没有变，中央、省市在“稳预期、稳增长、稳就业”方面释放出更多利好政策和发展机遇，我们必须紧盯高质量发展不动摇，立足县情实际、放大自身优势，全力抢抓各项政策在定边落地见效，持续推动全县经济实现质的有效提升和量的合理增长。

今年政府工作的总体要求是：以习近平新时代中国特色社会主义思想为指导，全面贯彻落实党的二十大精神和习近平总书记来陕考察重要讲话重要指示精神，认真落实中央、省市和县委部署要求，坚持稳中求进工作总基调，完整准确全面贯彻新发展理念，更加主动融入和服务构建新发展格局，着力推动高质量发展，统筹扩大内需和深化供给侧结构性改革，统筹新型城镇化和乡村全面振兴，统筹高质量发展和高水平安全，深化拓展“三个年”活动，大力发展县域经济、民营经济、开放型经济、数字经济，接续实施“九大产业工程”，切实增强经济活力、改善社会预期、增进民生福祉、防范化解风险、保持社会稳定，巩固和增强经济回升向好态势，奋力谱写“五个定边”建设新篇章。

今年经济社会发展的主要预期目标是：地区生产总值增长4.5%，规上工业增加值增长4%，县本级固定资产投资增长10%，地方财政收入保持正增长，社会消费品零售总额增长6%，城乡居民人均可支配收入分别增长6%、6.5%。

围绕上述目标，重点做好以下七方面的工作：

（一）坚持以实体经济为支撑，加快构建现代化产业体系。

推动农业增产增效。持续稳面积、提单产，年内新建高标准农田4.15万亩，推广玉米单产提升10万亩，确保全县粮食播种面积稳定在260万亩以上，粮食产量突破40万吨。树立大农业观、大食物观，积极申报陕北杂粮产业集群，创建省级蔬菜产业链重点县，实施八眉猪保种场、陕北细毛羊选育基地建设；鼓励发展荞麦、马铃薯、牛羊肉等特色农产品精深加工和仓储物流项目，深入开展品种培育、产品研发，不断延伸农业产业链。强化品牌打造、价值提升，加大对定边羊肉、马铃薯、红花荞麦等国家地理标志保护产品和县域公共品牌的推广力度，深度开发大块羊肉、荞麦酵素、马铃薯粉等特色产品，积极发展产销对接、直播带货、出口贸易，进一步做优定边“土特产”大文章。

促进工业稳产转型。全力建设“双千万”能源基地，支持长庆、延长等重点企业革新技术、增储上产，全年生产原油650万吨、天然气5亿方以上；进一步规范原油生产、运销秩序，积极探索地企合作新模式，支持本地油服企业发展；年内建成远景300兆瓦风电等3个项目，开工建设信发200兆瓦风电等6个项目，确保年内新能源并网规模达到5580兆瓦，发电量突破100亿度。聚力构建“风光储一体化”产业集群，加快推进金风科技风机智造、信发多晶硅和工业硅、全钒液流储能装备等重大产业项目建设，全年生产风电叶片350套、风机塔筒300套、高端铝型材6万吨，加快培育更多新质生产力，努力把定边打造为西部新能源装备制造产业基地和装备服务中心。

加快服务业扩量提质。持续完善县域商业体系，推进消费扶贫电商产业园全面运营，支持家乐贸易、郝兴商贸等5家企业实施乡镇商贸中心升级改造；支持餐饮企业品牌化、连锁化发展，继续评选一批“定边名小吃”。大力开展促消费活动，全年发放不少于600万元电子消费券，依托陕北过大年、定边九月会、夜市美食季等系列活动，进一步激活节日经济、会展经济、夜间经济。全面提升文旅发展水平，加强与周边县旗合作，统筹做好全域旅游发展规划和精品旅游线路开发；年内完成长城遗址公园一期项目，开工建设盐湖小镇；加快打造马莲滩沙漠公园、长城遗址公园、中央红军入陕第一站、盐湖小镇、四季田园花海等地标性旅游景点，年内新创建1～2个3A级景区，精心办好第七届红花荞麦文化旅游推广活动，不断擦亮定边文旅名片。

支持民营经济发展壮大。认真贯彻落实中央、省市关于促进民营经济发展的一揽子政策措施，用好2亿元财政性资金，进一步加大对中小微企业的信贷投放力度，力争银行存贷比提升至60%以上；落实领导干部包联、帮扶机制，开展民营企业“三进一带”活动，常态化办好政企恳谈会，帮助民营企业解决项目审批、用工用能、产销对接等方面的困难和问题，400万元以下工程项目和200万元以下采购项目继续向民营企业预留；加强本土企业培育，推进“升规入统、登高晋位”，实现民营企业扩增量、提质量，年内新增“五上”企业20家以上。

（二）坚持以项目建设为抓手，进一步夯实稳增长基础。

全力加快重点项目建设。完善“四个一批”项目动态管理机制，接续谋划实施一批综合效益好、引领作用强的高质量项目，年内完成争资6亿元左右；全年安排重点建设项目140个，总投资423.2亿元，年度计划投资133.8亿元。严格落实项目包抓领导、建设单位、审批部门责任，坚定不移抓前期、优服务、推进度，确保一季度开工率不低于30%、上半年不低于60%、三季度全部开工。进一步扩大社会资本投资，做好全国重点民间投资项目申报工作，鼓励民间资本参与基础设施、先进制造、现代农业等领域投资，加强融资支持和土地等要素保障，不断激发民间投资活力，努力形成更多有效益的投资。

持续加大招商引资力度。落实县级领导带头招商、乡镇部门专班招商、小分队驻地招商机制，依托丝博会等招商平台，积极引进现代智慧农业、清洁能源开发、高端装备制造等“含金量、含新量、含绿量”高的产业项目，加快建链延链补链强链，确保全年招商引资到位资金达到145亿元以上，年内至少招引落地1个投资20亿元左右的大项目；持续跟踪对接山东鲁宝集团总部搬迁、上海库卡机器人制造等一批重大项目，全力推动项目落地建设；建立完善招商项目绩效评估机制，加强对项目投资强度、吸纳就业、税费贡献、综合效益的监测评估和后续监管，进一步提升招商项目贡献度。

切实加强项目服务管理。全面梳理并公布投资建设项目审批事项清单，对没有法律法规和政策依据的一律予以取消；对列入清单的审批事项，进一步优化流程、简化手续，全面推行“红蓝章”审批模式和全流程帮办代办，加快项目用地、林业、文勘、环评、稳评等环节的审批，为建设单位和市场主体腾出更多有效工期。同时，紧盯项目前期、建设、竣工等重点环节，严格履行设计造价、预算评审、招标采购、竣工验收、结算审计各项程序，坚决杜绝“频繁变更、未批先建”和“马拉松”项目。

（三）坚持以宜居宜业为目标，统筹推进城乡融合发展。

发挥规划引领作用。立足定边县城“一带双轴、三心三区”空间结构，科学布局市政道路、公园广场、公共设施、居住、商业等各类用地，精细编制每一个开发单元的控制性详细规划，严格审定城市主要街道、产业园区等重点项目的修建性详细规划，全面公开、依法管理、从严执行；统筹产业发展、生态保护和公共服务，科学编制150个村的村庄规划，合理布局生产、生活、生态三大空间，确保规划成果让群众看得懂、记得住、能落地、好监督。全县上下要从现在做起、从规划抓起，科学编制规划、严格执行规划，为打造品质县城、建设美丽乡村提供有力支撑，通过久久为功的努力，实现城乡面貌焕然一新。

提升县城功能品质。开工建设城北迎宾大道提升改造工程，加快打通新华街中段、田园路、育才路中段、献忠路中段4条“断头路”，完成老油库路、西园子路、顺达南路支巷等6条居民巷道和城市燃气管道改造；开工建设县城中水回用项目、长城街雨污分流改造工程，建成畜牧文化广场、长城南街停车场、5个空闲地便民停车场；持续巩固国家卫生县城和省级文明城市创建成果，实施贺圈至彭滩迎宾大道、定红路、市场路、公园广场等重点区域的绿化补植，开展城区环境卫生、交通秩序专项整治；全面完成明珠花园、政盐小区等10个老旧小区改造，启动财苑小区等3个改造项目，积极化解剩余24个小区不动产登记问题；启动公共交通基础设施提升，优化新增城区公交线路；加快南北大街商业楼招商进驻，不断推进城市精细化管理。

强化基础设施保障。全力推进定边民用机场建设，确保2026年7月底前建成通航；完成盐环定扬黄定边供水提升改建牛宋王泵站工程，实施引黄8条支线提升改造和安边、郝滩、白泥井3个乡镇的进村入户供水管网项目；开工建设八里河、乱石头川等重点河段防洪工程，新建1.87万亩坡耕地水土流失综合治理和22座淤地坝工程；启动公铁联运中心前期工作，改造提升县乡道路56公里，新建通村水泥路352公里，实施农村公路安全防护工程140公里；投资4600万元推进电网升级，改造线路139公里；持续织密通讯网络，年内新开通4G、5G基站210个，不断提升群众生产生活保障能力。

推进乡村全面振兴。学习运用“千万工程”经验，统筹乡村发展、乡村建设和乡村治理，实施郝滩、杨井、油房庄、张崾先等集镇街道提升改造，打造5个省级“千万工程”示范村；加强扶贫资产管理，深化集体经济“消薄培强”，在定边街道西园子村等65个村实施村级光伏项目，因地制宜发展休闲农业、庭院经济、乡村旅游，促进群众稳定增收；健全防返贫监测和帮扶机制，加大宝定协作力度，抓好中盐和省级单位定点帮扶，持续巩固拓展脱贫攻坚成果；加快新乐社区基础设施提升改造和物业服务规范管理，切实提升衣食梁社区产业就业帮扶实效；投资2.4亿元，继续实施乡村产业发展、基础设施配套、人居环境整治等项目，不断增强乡村发展活力和内生动力。

（四）坚持以改革创新为突破，充分释放高质量发展潜力。

持续优化县域营商环境。扎实开展营商环境六个新突破专项行动，积极培育“易定办”品牌，不断提升“一网通办”效能，推进50项“一件事一次办”集成改革，推广应用“陕企通”平台，持续打造“审批不见面、办事不求人”的营商环境；加快县政务大厅升级改造，推进19个乡镇便民服务站标准化建设；深入推行“综合查一次”改革，坚决杜绝“权力任性、随意执法”，大幅降低涉企检查频次；建立健全投诉举报、追责问责机制，严厉查处、公开曝光一批损害全县营商环境的典型案例。

大力实施园区改革创新。加快推进产业园区“管委会+公司”运营改革，全力打造“产城融合、科技支撑、创新引领”的发展平台；围绕新能源、高端装备、健康食品、生态环保、现代服务等主导产业，加快招商项目落地和入园企业建设；进一步完善园区道路、供水、污水处理等基础设施，年内建成7.5万平米标准化厂房，持续推进“标准地”供应。用好秦创原定边创新促进中心，支持各类初创型、科研成果转化型企业落地，吸引各类科技人才“揭榜挂帅”，力争科技型中小企业达到60家、高新技术企业达到20家；加快发展数字经济，深化“四链”融合，建成更多智能化应用场景，不断提升园区综合竞争力。

稳妥推进重点领域改革。严格按照省市改革部署，按时完成新一轮县乡机构改革任务；落实向乡镇政府和街道办下放70项行政执法权改革，推进综合执法向乡镇延伸。分类推进17家县属国有企业改革，进一步优化资产配置、规范经营行为，推动建立现代企业制度。稳慎推进农村宅基地、“一户一田”改革，深化农村集体产权制度改革。持续强化与周边县旗的交流合作，推进资金、技术、人才等生产要素的优化配置。

（五）坚持以生态建设为保障，不断提升绿色发展水平。

筑牢绿色生态屏障。抢抓国家加强荒漠化综合防治重大机遇，加快实施白于山区等重点区域生态保护修复、城北绿色屏障建设、“三林”提升改造等重点项目，年内营造林13.9万亩；全面落实榆林市加强封山禁牧“十条措施”，全面提升封山禁牧工作成效；夯实“林长制”责任，用好智慧管护平台，严厉打击各类毁林毁草开垦行为；坚持由易到难原则，有序推进耕地保护范围内细碎化林草地空间置换试点工作，科学优化耕地和林草地的分布格局，提高土地利用效率，有效破解农林矛盾。

高效集约利用水资源。认真贯彻市委、市政府《推进新时代水利高质量发展实施意见》，精心谋划定边水网建设和用水规划，全力落实2466万方引黄供水指标，加快中水循环利用；坚持“四水四定”，落实“水电双控”等节水措施，在白泥井镇新安装计量监测设备500套；统筹推进种植结构调整，推广旱作节水农业18万亩，确保取用水量再压减2100万方；坚决落实“河湖长制”，充分发挥镇村水利员作用，加大水资源保护和水行政执法力度，依法严厉打击非法取水、违规用水行为。

促进绿色转型发展。持续打好蓝天碧水净土保卫战，实施大气污染精准化防治，落实城区裸露土地“硬化、绿化”措施，确保全年优良天数达到306天以上；坚决整治黑臭水体和超标排放，新建张崾先、新安边等3座污水处理站，系统解决城乡污水处理厂、生活垃圾填埋场规范化运行问题；强化土壤污染防治，开展盐碱地治理试验示范2000亩；启动省级生态文明建设示范区创建工作，推进县域产业结构、能源结构、交通运输结构、城乡建设发展绿色转型，坚决遏制“两高”项目盲目落地。

（六）坚持以为民服务为根本，切实增进人民群众福祉。

全力促进稳岗就业。精心组织“春风行动”等招聘活动，加快推进标准化零工市场建设，确保全年城镇新增就业3200人以上，开展家政、餐饮等技能培训2000人次以上；高度重视高校毕业生、退役军人、城镇零就业家庭等重点群体就业，通过公开招聘、自主临聘、创业扶持等方式，年内实现大学生就业500人以上；充分发挥重点企业、社区工厂、对口协作等平台作用，广泛吸纳城乡群众就业务工，不断增加群众工资性收入。

优先发展教育事业。科学研判学龄人口变化趋势和学位供给情况，精准谋划教育资源配置；年内建成五小扩建、十二小、九幼、十二幼和郝滩幼儿园，新增学位1730个，开工建设五中和六小迁建、十一小、十三幼、十五幼。加快学前教育普及普惠、义务教育优质均衡、县域高中振兴发展，全面启动定边中学省级示范高中创建；足额落实教师绩效考核奖金和各类津贴补贴，完善覆盖全学段学生的资助体系。加强校长梯队和教师队伍建设，年内再补充各类教师200名以上，推动教育综合改革和人才培养实现新突破，全力打造具有重要影响力的县域“教育品牌”。

提升医疗服务水平。年底前县医院整体搬迁项目投入使用，新增床位200张，全面加快县医院“三乙”创建，完成中医院基础设施改造和服务能力提升；建成基层医疗+公卫信息系统和医保基金智能审核监管平台，做实家庭医生签约服务，为全县5600名初中在校女学生免费接种二价HPV疫苗；年内再引进高层次人才5名、医学本科毕业生60名；强化县级公立医院与省内外三级医院对口帮扶，全面推进紧密型县域“医共体”建设，常态化邀请三甲医院知名专家来定坐诊，推行县级专家下乡巡诊，努力让广大群众在定边范围内“看上病、看好病”。

繁荣发展文体事业。持续加强长城、古堡等重点文物保护，扎实开展第四次全国文物普查工作；传承弘扬定边民俗、非遗文化，开发培育定边文创产品和国货“潮品”，扩大优秀文化供给；全面提升县图书馆、文化馆、博物馆服务质效，年内完成三河源水文化广场展厅布展；加快实现定边展览馆开馆运营，努力打造定边文化新地标和城市会客厅。大力发展区域球类、骑行等体育赛事和冰雪运动，着力培育全民健身热潮。

完善社会保障体系。建立健全覆盖城乡的社会保障制度体系，有序推进低保等社会救助对象的扩围增效，用心做好妇女、儿童、残疾人等弱势群体的关爱帮扶工作；持续做好社区老年人日间照料中心、农村幸福院的运营管理，全面提升养老服务水平；继续加大财政资金投入力度，统筹解决好物业管理、出行停车、助餐托育等一批急难愁盼问题，全力办好2024年各项民生实事，让实实在在的发展成果更好惠及全县人民。

（七）坚持以风险防范为底线，全力保障社会安全稳定。

坚决守牢安全底线。扎实开展安全生产治本攻坚三年行动，全面做好新一轮安全大排查，持续推进道路交通、地质灾害、消防等领域存量问题整治；进一步落实“九小场所”和新业态行业的安全监管责任，强化学校医院、商场市场、危化企业、散煤取暖、食品安全等领域风险防范，坚决遏制各类安全事故发生；开工建设产业园区消防救援能力提升工程，年内建成气象防灾减灾基础设施项目，全面提升应急处置和防灾减灾能力。

严密防控各类风险。牢固树立总体国家安全观，从源头上预防和化解耕地保护、生态安全等领域风险；加强政府债务管理，坚决遏制债务增量，有序化解债务存量，全面清理政府拖欠民营企业账款；加快推进银行不良贷款化解，积极防范涉众金融风险，牢牢守住不发生系统性、区域性金融风险底线；强化房地产领域风险化解，加快处置乐晶小区等遗留问题，加强在建项目预售资金监管，坚决防止“破窗”效应和“半拉子”工程。

切实维护和谐稳定。扎实推进“八五”普法，坚持和发展新时代“枫桥经验”，落实“三到位一处理”要求，推动农村土地权属、城区物业管理等矛盾争议有效解决；强化“五级五长”末端治理，打造富有定边特色的“说事堂”；深化公安基层基础建设，年内建成贺圈派出所，开工建设南关派出所，加快构建智能化治安防控体系，常态化落实“三见警”，下茬整治水塔巷周边“小旅店”经营秩序和治安乱象，全力守护好人民群众的幸福安宁。

三、全面加强政府自身建设

各位代表！目标在前、使命在肩，我们必须把准时代站位、把牢职责定位，强化实干意识、增强实干本领、创造实干业绩，努力建设务实、高效、廉洁的服务型政府。

始终坚定政治立场。不断巩固拓展主题教育成果，坚定捍卫“两个确立”，坚决做到“两个维护”，时刻牢记“三个务必”；牢牢把握“国之大者”，坚决扛起粮食安全、耕地保护、能源供应、生态环保、安全稳定重大政治责任；把党的全面领导贯穿政府工作的全过程，坚决贯彻落实党中央、省市和县委各项决策部署，以真抓实干的行动推动各项工作落地落实。

深入推进依法行政。自觉运用法治思维和法治方式推动发展、化解矛盾、破解难题，不断完善重大行政决策机制，推进科学民主依法决策；主动接受党内监督、人大监督、政协监督和各方面监督，全力支持代表、委员履行职责，高质量办好代表建议和委员提案；深入推进政务公开，着力规范行政执法，依法办理行政复议和行政诉讼案件，持续推进法治政府建设。

全面提升工作效能。聚焦发展所需、群众所盼、企业所急，践行“四下基层”、深入调查研究、解决实际问题。政府系统领导干部要带头转变工作作风，不解决问题的会议不开，没有实质性内容的文件不发，不切合实际的要求不提；深化精文减会、减轻基层负担，真正把广大干部从一天到晚陪检查、跑会场、填表格中解放出来，让大家专心干实事、全力抓落实。

坚决筑牢廉政底线。严格落实中央八项规定实施细则精神，驰而不息纠“四风”、树新风，纵深推进政府系统党风廉政建设和反腐败斗争；紧盯权力集中、资金密集、资源富集的领域和环节，持续整治群众身边的不正之风和腐败问题；严控一般性支出，杜绝铺张浪费行为，真正把每一笔资金用在刀刃上、用在民生上，用政府的“紧日子”换取百姓的“好日子”。

各位代表！一年春作首，奋进正当时。让我们更加紧密地团结在以习近平同志为核心的党中央周围，在省、市和县委的坚强领导下，坚定信心、锚定目标、只争朝夕、勇毅前行，以高质量发展的实际成效，奋力谱写 “五个定边” 建设新篇章！

名词解释

1.“三个年”活动：省委、省政府在全省开展高质量项目推进年、营商环境突破年、干部作风能力提升年活动。

2. 九大产业工程：即我县全面推动清洁油气扩产、新能源产业倍增、新制造产业提速、新材料产业突破、新物流产业畅通、新农业产业增效、新环保产业节能、新服务产业提质、新文旅产业聚力九大产业建设。

3.“3+2+X”农业产业体系：“3”是以玉米、小杂粮、马铃薯为主的粮食种植业；“2”是以牛、羊为主的畜牧养殖业；“X”是设施蔬菜、中医药材、优质饲草等特色产业。

4.“双千万”能源基地：即我县打造千万吨清洁油气供应和“风光电氢”千万千瓦绿电“两个千万”基地。

5.新质生产力：2023年9月习近平总书记在黑龙江考察调研期间首次提出，新质生产力是创新起主导作用，摆脱传统经济增长方式、生产力发展路径，具有高科技、高效能、高质量特征，符合新发展理念的先进生产力质态。

6.民营企业“三进一带”活动：组织民营企业走进中科院榆林洁净能源创新研究院、走进榆林民营企业家队伍建设培训基地、走进现代煤化工和制造业等重点产业链上下游企业，实行国有企业带动民营企业共同发展的结对带动模式。

7.“四个一批”项目动态管理机制：即把重点建设项目和重大招商引资项目纳入“谋划一批、储备一批、开工一批、投产一批”项目库，实行动态、跟踪管理。

8.县城“一带双轴、三心三区”空间结构：“一带”指在产业园区与主城区之间，依托耕草空间形成集都市休闲、农旅为主的农业休闲过渡带；“双轴”分别为沿定莲路—西正街—东正街城市发展轴和南北大街城市发展轴；“三心”即鼓楼城市综合服务中心、产业园区产城融合中心、马莲滩公园休闲娱乐中心；“三区”指中心城区分为主城区、贺圈片区、产业园区三个片区。

9.“千万工程”：习近平总书记在浙江工作时亲自谋划推动“千村示范、万村整治”工程，从农村环境整治入手，由点及面、迭代升级，20年持续努力造就了万千美丽乡村，造福了万千农民群众，创造了推进乡村全面振兴的成功经验和实践范例。

10.营商环境六个新突破：以“红蓝章”落地见效推进项目审批取得新突破、以常态化联审联批推进部门协同取得新突破、以全流程帮代办推进主动服务取得新突破、以数据壁垒打通推进“一网通办”取得新突破、以“三进一带”推进民营经济发展取得新突破、以“大厅之外无审批”推进政务效能取得新突破。

11.“综合查一次”：指综合行政执法部门通过一次执法检查，把被查主体所有涉及综合执法重点监管领域的事项集中进行检查，从而达到避免重复检查、规范执法行为、提升执法效率、减轻企业负担的目的。

12.“四链”融合：即推动创新链产业链资金链人才链深度融合，围绕产业链部署创新链，围绕创新链布局产业链，围绕创新链、产业链完善资金链、人才链，推动科技创新、产业发展、资金匹配、人才培养的良性循环和有效贯通。

13.“三到位一处理”：《信访工作条例》规定办理信访事项应遵循的要求，即诉求合理的解决问题到位、诉求无理的思想教育到位、生活困难的帮扶救助到位、行为违法的依法处理。

14.“三见警”：即在日常社会治安巡防中，见警察、见警车、见警灯，尽最大可能把警力摆上街面路面，让警察走到百姓身边，随时随地接受报警和求助。

15.“四下基层”：习近平总书记在福建宁德工作时大力倡导并身体力行形成的工作方法和工作制度，即领导干部“宣传党的路线、方针、政策下基层，调查研究下基层，信访接待下基层，现场办公下基层”。

政协定边县第十届委员会常务委员会工作报告

——在政协定边县第十届委员会第三次会议上

定边县政协副主席　尤海旺

(2024年2月24日)

各位委员：

我受政协定边县第十届委员会常务委员会的委托，向大会报告工作，请予审议。

2023年工作回顾

2023年是全面贯彻落实党的二十大精神的开局之年。一年来，在中共定边县委的坚强领导下，县政协坚持以习近平新时代中国特色社会主义思想为指导，全面贯彻党的二十大和二十届二中全会精神，认真落实县委十九届四次、五次、六次全会各项工作部署，牢牢把握团结民主两大主题，紧紧围绕县委“两区一中心”和“五个定边”发展目标，充分发挥专门协商机构作用，切实履行“三项职能”，在建言资政和凝聚共识上双向发力，为全县经济社会高质量发展作出了积极贡献。

一、初心如磐，坚定信仰，强化政治引领

一年来，县政协旗帜鲜明讲政治，自觉用习近平新时代中国特色社会主义思想武装头脑、指导实践、推动工作。

强化党的领导把方向。深刻领悟“两个确立”的决定性意义，增强“四个意识”、坚定“四个自信”、做到“两个维护”。

县委把政协工作纳入重要议事日程，专题研究部署政协工作，定期听取县政协党组工作汇报，对政协调研协商报告、社情民意信息及时批阅、提出要求。县政协党组切实发挥把方向、管大局、保落实的重要作用，认真落实省委巡视整改，指导政协机关落实县委巡视整改任务，及时请示重大事项、报告重点工作、反映重要情况。紧紧围绕全县中心工作履职尽责，做到县委中心工作推进到哪里，政协履职就跟进到哪里。

强化理论武装育同心。县政协领导班子带头学习，牢牢把握“学思想、强党性、重实践、建新功”的总要求，扎实开展学习贯彻习近平新时代中国特色社会主义思想主题教育，将党的二十大精神、主题教育必读书目、人民政协理论知识作为党组会议、主席会议、常委会议的必学内容，学习强国作为党员委员、机关干部的重要学习平台，形成党内带动党外学、各类会议专题学、线上线下常态学的多层次、全覆盖学习模式。全年组织集体学习36次，讲党课11次，开展主题教育专题研讨16次，撰写心得体会40余篇，形成调研报告11篇。教育引导委员和干部不断提高政治判断力、政治领悟力、政治执行力。

强化党的建设筑堡垒。不断健全组织网络，构建起“政协党组—机关党组—机关党支部—专委会党小组”的组织体系，实现党建工作全覆盖。不断加强作风和纪律建设，组织委员、机关干部赴井冈山、韶山、八一起义纪念馆等红色革命教育基地开展实践教育活动，深入石光银治沙展馆、三五九旅打盐旧址等开展主题党日活动，组织观看《风腐同查同治》等廉政警示教育片6次，引导全体委员、机关干部在深化学习中坚定理想信念，提高党性修养。

二、笃行不怠，服务大局，共谋发展大计

一年来，县政协充分发挥政协人才荟萃、智力密集的优势，深入协商议政，积极建言献策。

聚焦改革发展献良策。全体会议期间，组织委员以大会发言、分组讨论、提交提案等方式议政建言、广献良策。10 名委员在全体会议上就新老城区融合发展、核心文化品牌培育、县域中小企业高质量发展等内容以大会发言形式进行了建言。84 名委员在全体会议分组讨论中围绕壮大村集体经济、扶持民营企业发展、破解城市交通拥堵难题和保障食品安全等方面提出了高质量的意见建议 98 条。按照县政协常委会的安排，政协常委结合自身实际，围绕政治建设、经济建设、文化建设、社会建设和生态文明建设五个方面深入开展调研活动 30 余次，形成调研报告 23 篇并汇编成册，供县委、县政府决策参考。

聚焦县域发展谏真言。积极配合省、市政协围绕学生身体健康达标情况、地下水超采治理等课题开展协同调研 6 次，向省市政协报送关于新能源产业发展、民营企业人才培育及委员工作室开展情况等发言材料和调研报告 20 余篇，其中，《关于做大“定边羊肉”连锁经营产业的调研报告》荣获全市政协系统优秀调研成果三等奖，履职建言成果得到省市政协的重视和认可。围绕盐碱地治理与利用情况，组织委员赴白泥井镇向阳村、盐场堡镇苟池村进行实地调研，提出科学制定规划、盘活土地资源、强化人才支撑等意见建议 12 条。围绕非物质文化遗产传承与保护工作，组织委员赴苏陕协作剪纸工厂、县文化馆等地进行专题调研，提出建立健全管理机制、补齐基础设施短板、创新非遗传承载体等意见建议 13 条。

聚焦产业发展谋实招。围绕全县农业产业发展现状，组织委员赴油房庄乡、砖井镇等乡镇进行实地调研，提出培育新型职业农民、强化科技支撑、转变营销模式等意见建议 15 条。围绕“定边羊肉”品牌连锁经营产业，组织委员赴八福原生态农业有限公司、农德山庄农牧发展有限公司等地进行专题调研，提出强化政府主导作用、制定品牌战略规划、转变生产经营方式等意见建议 19 条。围绕助推民营经济高质量发展，召开民营企业代表座谈会，帮助企业排忧解难。围绕文旅全时产品体系建设，组织委员赴延安、洋县等地深入调研学习，提出加强文旅重大项目引领、提高文旅队伍整体素质等意见建议 17 条，全面助推我县各项产业发展。

三、履践致远，勇担使命，改善民生福祉

一年来，县政协坚持以人民为中心，聚焦民生关切，心系“万家灯火”，情牵“柴米油盐”，把促进民生改善作为履职的出发点和落脚点。

深入一线关注民生。县政协领导班子在履行政协职责的同时，主动谋划、积极协调，全力以赴做好县委安排的包抓乡镇、社区和“巡林”等工作，确保工作顺利推进。深入开展“宝定协作”，宝应县政协为教育系统捐赠助学金 10 万元，图书 2000 册。指导包扶的石圈村发展“羊光机地”产业模式，村集体养羊规模发展到 600 余只，光伏每年收益达 90 余万元，机械化种植每年收益 5 万余元，实施土地流转 540 亩，年收益达 28 万元。派驻的砖井镇西仁沟村工作队积极争取“消薄培强”等项目，多方协调资金，帮助发展壮大村集体经济，村集体养牛规模已由 11 头增加到了 23 头。补齐基础设施短板，通村公路建设、卫生厕所改造及生活垃圾治理等方面均得到了改善，驻村工作取得新成效，1 名干部被市委、市政府评为“驻村帮扶工作先进个人”。

勠力同心专注民生。教育医疗、物业管理工作涉及千家万户、关乎百姓福祉，是委员关注的民生焦点、群众普遍关心的社会热点。县政协围绕物业管理工作召开专题议政性常委会，进行实地视察，开展专题协商，委员提出完善政策措施、优化管理模式及探索出台智慧物业管理办法等意见建议 15 条。为切实了解“双减”政策落实情况，委员先后深入白湾子镇学校、东关小学进行实地走访，提出加大监管力度、提升课堂效益、完善配套措施等意见建议 11 条。围绕中医药产业发展情况，委员深入县中医院、辛圈村板蓝根种植基地等进行专题调研，提出提升科技水平、注重统筹谋划、强化宣传引导等意见建议 13 条。

勤勉履职倾注民生。县政协要求委员不仅是群众的“代言人”，更是百姓的“知心人”。今年“委员活动日”期间，县政协倡议委员工作室和委员开展“履职为民”和“走基层、访民情、送温暖”等活动，委员结合自身工作实际、界别特色和自身专长，积极投身公益慈善事业，开展扶危济困等工作，深入乡村、社区、学校、敬老院开展送法律、送科技、送医药、送文化、送温暖等活动51场次，参与委员达173人次，累计捐款捐物达70余万元。其中，资助困难大学生22名、大病患者5名，将温暖送到百姓家门口，将优质服务送到群众身边，受到干部群众一致好评。

四、砥砺深耕，守正创新，提升监督实效

一年来，县政协坚持把民主监督作为推进工作落实的重要抓手，有序开展监督活动，民主监督取得新成效。

提案办理促发展。注重提案质量的提升和办理，新修订了《重点提案遴选与督办办法》，创新县级领导领衔督办、带案视察督办、协商座谈督办等形式，加大重点提案督办力度，其中，《关于加快新能源汽车充电桩建设的建议》《关于助推县域中小企业高质量发展的建议》等7件重点提案均得到有效落实。十届二次会议以来共征集到委员提案146件，立案102件，并案20件，转委员来信22件，撤案2件，提案答复率100%，委员满意率97%，人民群众普遍关心的校园周边环境整治、重划交通标线、加快推进智慧医疗建设等热点难点问题得以有效解决。

社情民意解民忧。社情民意信息是反映民情民意的“直通车”。一年来，共编报社情民意信息54期68条，有50%的信息被县委、县政府和相关部门采纳，其中，第30期《关于强化周台子村东梁组基础设施建设的建议》得到李胜元县长亲自批示，限期办理落实。向市政协编报社情民意信息38期，其中，《关于加强我市网络直播行业日常监管的建议》《关于规范电竞酒店管理的建议》等5期信息被市政协和相关部门采纳，真正让社情民意“小信息”发挥出沟通党政、联系民心的“大作用”。县政协荣获全市政协系统2023年度反映社情民意信息工作先进集体，1名干部被市政协评为2023年反映社情民意信息先进工作者。

主动参与助监督。牢固树立“民生无小事”的理念，开展全方位监督。委员深入县应急管理局、公安局等地专题视察城市智慧化管理工作，提出完善体制机制建设、加强建设运行保障、推进信息整合共享等意见建议10余条，以“有温度的监督”助推“有力度的落实”。根据委员的个人专长和界别特点，先后选派委员参与县委、县政府及有关部门组织的社会评价、述职评议、意见征询、信访监督、案件旁听等特邀监督活动80余人(次)，以全方位的监督助推行风政风转变。

五、团结协作，汇聚合力，彰显制度优势

一年来，县政协突出团结和民主两大主题，充分发挥凝聚共识重要职能，充分彰显协商民主制度优势。

坚持以诚待人，凝聚共识。县政协领导班子按照县委安排，积极组织相关部门负责人就清洁能源、盐化工、零售商业综合体及家具电器等产业到外地招商引资，加强同定边籍企业家沟通联系，通过“引雁回乡”等举措，推动企业来定投资发展。加强同各民主党派和各界代表人士的联系，先后收集采用民建定边支部提交的调研报告和社情民意信息各1篇，不断扩大各党派团体和各族各界人士有序政治参与，将协商贯穿于民意汇集、意见表达、共识达成等全过程。

坚持以文化人，扩大共识。全面推进“书香政协”建设，积极组织开展委员赠书活动3次，读书交流活动10余次，引导委员在读书学习中凝聚共识，在履职工作中提升本领。充分发挥政协文史资料工作“存史资政、团结育人”的独特作用，编纂完成《故事定边》文史资料，同甘泉、府谷及井冈山等10余个县(市)区开展文史交流，全年向兄弟政协选送文史书籍80余套。

坚持以情动人，传播共识。积极同甘肃靖远县、延安宝塔区等7个县区政协进行交流互访，广泛拓展联谊渠道，全面宣传推荐定边。加强与省、市、县媒体的合作，对委员履职活动、先进典型事迹及政协创新工作进行深度报道，先后有《以品牌价值撬动县域经济发展》《争做“两山”理念的积极传播者和模范践行者》等160余篇稿件在《人民政协报》《各界导报》和人民政协网、各界新闻网、榆林政协微信公众号等媒体刊发。其中，《脚下有泥 心中有底》被榆林市政协评为好新闻一等奖，1 名干部被市政协评为优秀通讯员。

六、建章立制，强基固本，保障工作开展

一年来，县政协坚持以创新为动力，积极探索工作创新机制和路径，促进政协工作更具活力、更富实效。

注重委员干部培训管理。通过“请进来”“走出去”的方式，先后邀请省委党校的专家围绕党的二十大精神等内容对委员进行辅导。委托武汉大学、厦门大学等培训机构举办专题培训班 3 期，对 135 名委员和机关干部进行了轮训，全面提高委员的履职能力。制定《社情民意信息工作条例》《关于加强和改进专门委员会工作的实施意见》等制度，创新实施“五个一”考核工作机制，先后对 2 个优秀委员工作室、8 名优秀委员、8 名优秀提案者，5 名社情民意信息先进工作者予以表彰，对部分履职较差的委员给予短信提醒，对 10 名委员进行了约谈，进一步调动了委员和干部的履职积极性和主动性。

注重搭建履职服务平台。高标准建成 2 类 4 个委员工作室，分别是贺圈镇、产业园区 2 个区域性委员工作室，社会科学和社会福利 2 个“互联网+”界别委员工作室，13 名委员主动申请入驻，进一步推动政协履职向基层延伸。委员工作室取得的成绩和创新举措得到了省市政协领导的肯定，并在全省委员工作室经验交流会上作了交流发言。在数字化履职平台建设方面，将“定边政协”微信公众号同网上委员工作室、委员履职系统有机融合，方便委员和党派团体提交履职成果。

注重强化政协机关建设。以创建模范机关为目标，坚持理论知识学习和业务能力提升两手抓、两促进，政协干部履职尽责、担当作为的素质和能力不断提升。持续转变作风，落实“基层减负”要求，不断改进政务协调、事务保障、委员管理等工作。切实规范办事程序，促进制度化、规范化建设，形成了机关工作提质增效“人人有责、人人参与”的工作局面，机关服务能力逐步提升、工作效能明显增强。

各位委员，一年来，县政协工作取得的成绩，是中共定边县委坚强领导的结果，是县人大、县政府及社会各界大力支持的结果，是全县政协各参加单位、政协委员和机关干部共同努力的结果，是历届政协老领导、老同志关心支持的结果。在此，我代表县政协常委会，向大家表示衷心的感谢！

站在新的起点上，对标党的二十大新部署新要求，对照定边高质量发展新任务，我们的协商民主形式还要再丰富，民主监督机制还要再完善，凝聚共识平台还要再拓展，联系群众纽带还要再加强。针对这些短板和弱项，我们将采取有力举措，切实加以改进。

2024年工作意见

2024 年是新中国和人民政协成立 75 周年，是实施“十四五”规划的关键之年。县政协常委会工作的总体思路是：坚持以习近平新时代中国特色社会主义思想为指导，深入学习贯彻党的二十大精神，全面贯彻落实习近平总书记来陕考察重要讲话精神，在中共定边县委的坚强领导下，紧紧围绕“两区一中心”和“五个定边”发展目标，发挥专门协商机构作用，坚持发扬民主和增进团结相互贯通、建言资政和凝聚共识双向发力，全力推动全过程人民民主在定边政协生动实践，把人民政协制度优势转化为治理效能，为助推定边高质量发展贡献政协智慧和力量。

一、始终把增进共识作为“主轴”，着力巩固思想基础。坚决做到政治同向。坚持党对政协工作的全面领导，加强政协党组、机关党组、政协机关党支部建设，坚定拥护“两个确立”，坚决做到“两个维护”，确保中央和省委、市委、县委决策部署在政协落地生根。坚决做到思想同心。通过党组理论学习中心组、委员履职能力培训班、“政协大讲堂”等学习平台，引导广大政协委员和社会各界人士学习党的创新理论，持续推进主题教育成果转化，发扬光荣传统，坚守合作初心。坚决做到工作同行。坚定不移贯彻落实县委决策部署，重要工作主动向县委请示，重大活动积极邀请党政领导参加，协商成果及时向县委县政府报送，努力将县委的决策部署转化为政协各参加单位、全体政协委员、社会各界人士的一致行动。

二、始终把服务发展作为“主线”,高效履行政协职能。拓展专门协商深度。围绕促进乡村振兴、优化产业结构、推动绿色发展等课题,认真开展专题协商议政活动,多提务实管用之策。强化民主监督效能。围绕城市创建、食品安全、社区治理、营商环境整治和“放管服”改革等工作的贯彻落实情况,有序开展监督性建言活动,助推工作有效落实。提高参政议政水平。围绕教育均衡发展、养老体系建设、公共卫生服务等课题深入调研,努力形成高质量的调研成果,当好党委政府参谋。

三、始终把团结民主作为“主题”,共促社会大局稳定。坚持团结民主主题。进一步加强与各民主党派、工商联和无党派人士的沟通联系,共同开展调研视察、提案督办和专题协商等活动,充分发挥党派团体在协商民主中的重要作用。发挥界别委员作用。完善委员联系服务界别群众的长效机制,围绕发展所需、改革所急、群众所盼,进一步扩大委员工作室的覆盖面,陆续将委员分布至各工作室,引导委员履职下沉,开展形式多样的界别协商工作,协助党委政府做好协调关系、理顺情绪、化解矛盾的工作。广泛汇聚强大合力。聚焦筑巢引凤和招商引资等方面的新变化,发挥政协人脉优势,引导各界别委员积极对外宣传推介定边,吸引更多的优秀人才到定边发展,吸引更多的优质企业在定边兴业,吸引更多的优质项目在定边落户。

四、始终把求真务实作为“主调”,保障协商民主进程。注重加强制度建设。认真落实《中国共产党政治协商工作条例》等有关规定,制定《县政协协商成果采纳落实和反馈办法》,让“软监督”发挥“硬作用”,实现从“协商了什么问题、多少问题”向“解决了什么问题、多少问题”转变。注重运用数字载体。聚焦委员履职信息化建设,以数字化改革打通政协履职链条,依托“定边政协”微信公众号,建设掌上履职平台,通过数字赋能,搭建起群众与干部的连心桥,真正把“有事多商量、遇事多商量”落到实处,助推解决群众“老困难、新问题”。注重提升提案质效。坚持县级领导领衔督办重点提案制度,探索实施提案督办“提醒函”工作机制,制定《提案审查细则》,强化提案审查工作制度化、规范化、程序化建设,实现提案质量、办理成效和委员满意度有效提升。

五、始终把强基固本作为“主责”,切实加强自身建设。强化专委会建设。认真落实《关于加强和改进专门委员会工作的实施意见》,注重发挥专委会组织优势、专业优势、联络优势,健全与对口部门、界别委员的联系联动机制,让专委会工作更扎实、更活跃。强化委员服务管理。严格落实中央、省委、市委和县委《关于加强和改进人民政协工作的实施意见》为委员履职提供必要的工作条件和交通、通信补贴等经费保障。加强委员工作室运行管理、服务保障等工作,推动委员工作室充分发挥职能作用。强化干部队伍建设。注重培养锻炼干部,提高机关干部素质,引导机关干部以精益求精的态度和尽职尽责的作风,扎实做好各项工作,努力打造一支“靠得住、跟得上、干得实、扛得起、行得正”的机关干部队伍,全面提升机关工作科学化、精细化水平。

各位委员、同志们!团结凝聚力量,奋斗开创未来。在定边高质量发展的新征程上,人民政协责无旁贷,广大委员重任在肩。让我们更加紧密地团结在以习近平同志为核心的党中央周围,高举习近平新时代中国特色社会主义思想伟大旗帜,在中共定边县委的坚强领导下,锐意进取,真抓实干,踔厉奋发,笃行不怠,为“五个定边”建设作出新的更大贡献!

定边县2023年国民经济和社会发展统计公报

定边县统计局　国家统计局定边调查队

2024 年 4 月 19 日

2023 年，全县上下以习近平新时代中国特色社会主义思想为指导，认真贯彻落实党的二十大精神、中央经济工作会议精神和省、市关于经济工作的各项决策部署，坚持稳中求进工作总基调，完整、准确、全面贯彻新发展理念，以“三个年”活动推动经济社会高质量发展，经济运行稳中向好，民生福祉不断增进，社会事业全面进步，生态环境持续改善，“五个定边”建设迈出坚实步伐。

一、综合核算

初步核算，2023年全县实现生产总值（GDP）420.11亿元，比上年增长4.0%。其中，第一产业增加值37.11亿元，增长4.2%，占县生产总值比重为8.8%；第二产业增加值281.89亿元，增长2.3%，占县生产总值比重为67.1%；第三产业增加值101.10亿元，增长7.0%，占县生产总值比重为24.1%。非公有制经济实现增加值104.69亿元，占县生产总值比重为24.9%。按常住人口计算，人均生产总值123434元。

2019 年-2023 年定边县生产总值（GDP）及增速图

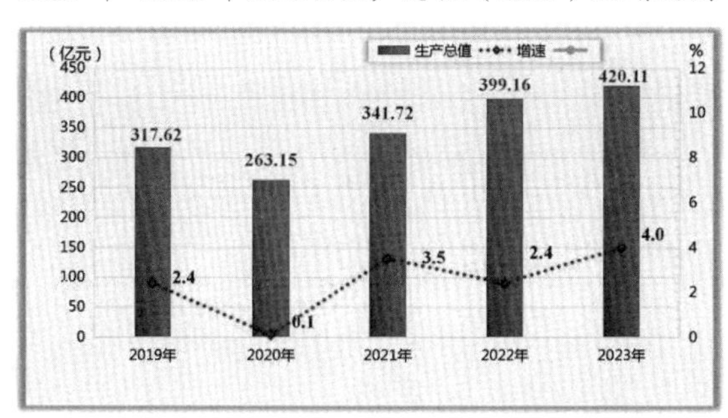

2019 年-2023 年定边县三次产业增加值占生产总值比重图

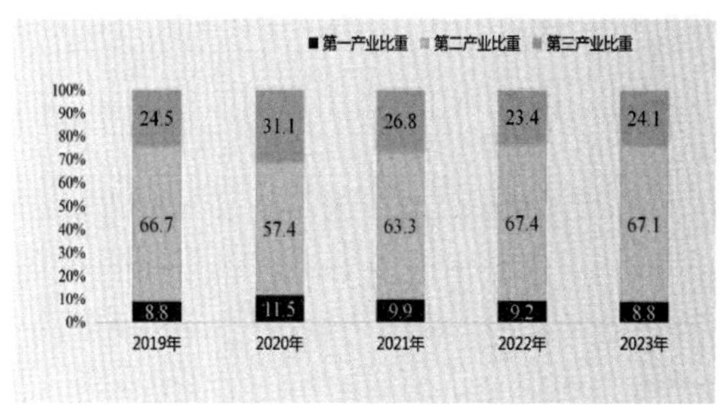

二、农林牧渔业

2023 年，全县上下认真贯彻落实中央一号文件精神，按照“稳粮油、优菜薯、兴种业”和“立支柱、创品牌、兴产业”的发展思路，以建成西部旱作生态农业示范区为目标，大力推进“3+2+X”产业，加速现代农业发展进程，构建了业态新、品牌优、效益好的多元化发展产业体系，促进全县农业农村经济平稳发展，成功获评全国特色农产品优势区，并入选第三批国家农村产业融合发展示范园创建名单。

全年实现农林牧渔业总产值66.12亿元，比上年增长4.8%，其中农业产值45.62亿元，增长4.7%；林业产值0.90亿元，下降2.6%；畜牧业产值16.54亿元，增长4.1%；农林牧渔服务业产值3.06亿元，增长3.7%。全县粮食总产量达37.89万吨，比上年增长0.9%；油料产量1.73万吨，增长3.9%；蔬菜产量28.61万吨，增长5.2%。

紧紧围绕把我县建成畜牧大县、强县的目标，大力推进畜牧养殖“规模化、设施化、现代化”，引进陕粮农万头肉牛养殖产业园项目，着力提高畜产品的市场竞争力和商品化率，实现了畜牧增效、农民增收。2023年，全县羊子饲养量达128.43万只，增长6.8%；生猪饲养量达21.04万头，增长2.1%。全县肉类总产量18979吨，增长6.5%；禽蛋产量9176吨，增长0.3%；牛奶产量28576吨，增长90.0%。畜牧业产值达16.54亿元，占农林牧渔业总产值的25.0%，与设施种植、劳务输出形成了拉动农民增收的“三驾马车”。

2023年定边县农林牧渔业总产值构成图

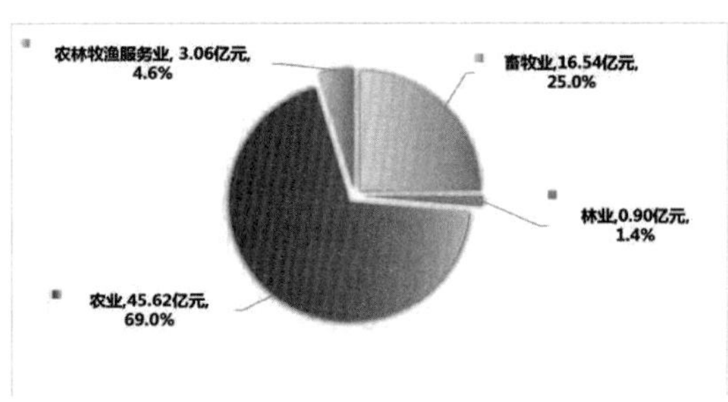

2023年定边县主要农产品产量统计表

名 称	2023年产量（吨）	比上年增减（±%）
粮食	378926	0.9
#荞麦	39948	2.3
玉米	223843	-0.1
马铃薯（已折粮）	88900	-1.4
豆类	4591	-7.8
油料	17332	3.9
蔬菜	286069	5.2

三、工业和建筑业

县委、县政府紧扣高质量发展主题，突出碳达峰和碳中和目标导向，着力打造传统能源和新能源两个千万级能源基地，全力推动工业经济转型升级高质量发展。全年原油产量达644.93万吨，天然气产量达5.15亿立方米。2023年末，全县风力发电装机并网2960兆瓦，光伏发电装机并网2220兆瓦，规模以上新能源企业发电量达73.92亿度，是陕西最大的风光发电基地。随着光伏组件、光伏管桩、风机塔筒、风机叶片等新能源装备制造业建成投产，新能源产业链条初步形成。

2023年定边县主要畜产品产量及存、出栏情况统计表

名 称	2023年	比上年增减（±%）
肉类总产量（吨）	18979	6.5
#猪肉（吨）	9912	4.0
羊肉（吨）	7587	9.2
牛奶产量（吨）	28576	90.0
禽蛋产量（吨）	9176	0.3
家禽年末存栏（万只）	87.07	7.6
羊子年末存栏（只）	805136	9.8
生猪年末存栏（头）	86799	0.7
家禽全年出栏（万只）	48.66	7.6
羊子全年出栏（只）	479148	2.2
生猪全年出栏（头）	123577	3.2

全县规模以上工业总产值达332.04亿元，比上年下降15.3%，其中，上级反馈企业产值257.90亿元，下降15.7%；县级联网直报企业产值74.15亿元，下降13.8%。按不变价格计算，规模以上工业增加值比上年增长3.9%。

2019年—2023年定边县规模以上工业增加值增速图

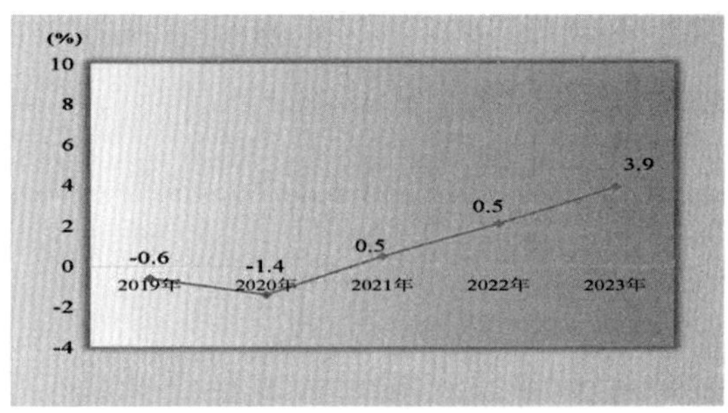

2023年定边县规模以上主要工业产品产量统计表

名 称	2023年产量	比上年增减（±%）
原油（万吨）	644.93	-3.5
天然气（亿立方米）	5.15	-14.0
液化天然气（万吨）	27.43	-27.8
新能源发电量（亿度）	73.92	0.7
食用盐（吨）	23375	37.3
非食用盐（吨）	60068	-1.7
乳制品（吨）	3665	34.7
锅炉（蒸发量·吨）	184.72	-8.3

2023年，全县所属建筑业企业实现增加值1.96亿元，仅占GDP总量的0.5%。

四、固定资产投资

2023年，全县计划总投资500万元以上项目投资额比上年增长8.1%，其中城镇项目投资额增长9.3%，房地产开发项目投资额下降10.3%。从三次产业投资增速看，第一产业项目投资额增长217.4%，第二产业项目投资额增长2.4%，第三产业项目投资额增长16.8%。

2019年–2023年定边县固定资产投资增速图

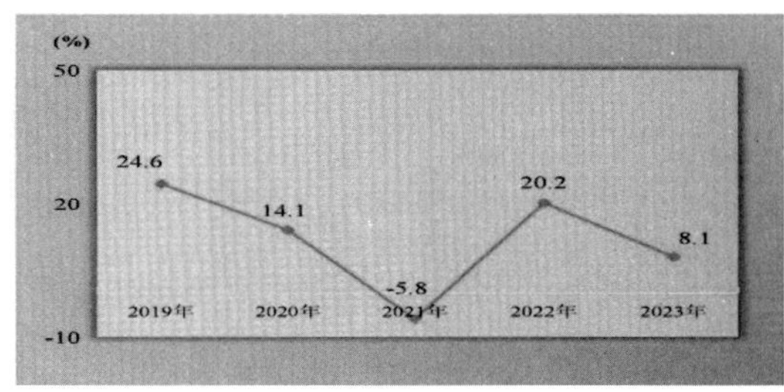

五、贸易业

2023年，全县社会消费品零售总额51.83亿元，比上年增长6.3%，其中，限额以上消费品零售额12.86亿元，增长5.7%。

2019年–2023年定边县社会消费品零售总额增速图

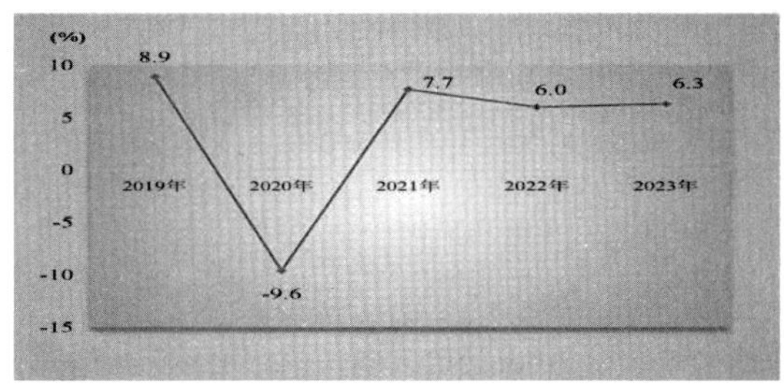

六、财政和金融

2023年，全县财政总收入达31.14亿元，增长15.2%，其中，一般公共预算收入达11.55亿元，下降25.6%。剔除财政体制改革因素影响，一般公共预算收入达17.09亿元，增长10.1%。一般公共预算支出60.72亿元，比上年增长12.5%。

2023年末，全县金融机构各项存款余额321.75亿元，比上年末增长6.5%；金融机构各项贷款余额184.94亿元，增长17.1%。全县金融机构存贷比为57.5%。

2019 年–2023 年定边县金融机构各项存贷款余额图

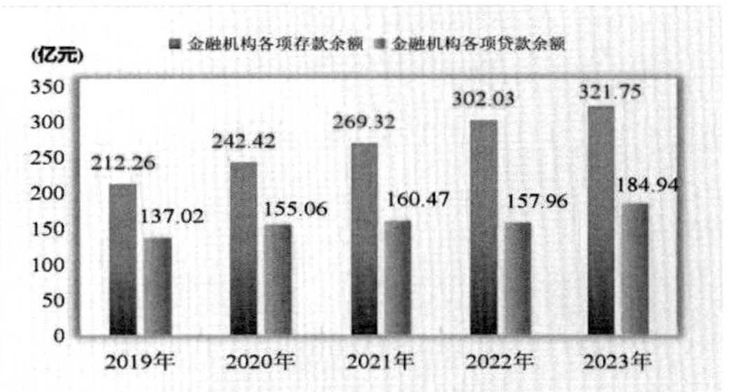

七、交通运输业

2023年末，全县等级以上公路总里程达到3675公里，其中，高速公路147.5公里，国道199公里，省道226.5公里，县乡公路676公里，村道1666公里，产业道路760公里。构建起了以县城为枢纽，连通各乡镇的“六横五纵”路网格局，全县行政村通硬化路、通客车实现全覆盖，形成城乡交通一体化发展的良好格局。

八、年末人口

2023年末，全县总户数为106763户，户籍总人口361132人，比上年末增加148人，男女性别比为108:100，其中乡村人口311146人，占86.2%；城镇人口49986人，占13.8%。（注：以上人口数据来源于2023年公安户籍年报）

2019年–2023年定边县年末户籍人口数量图

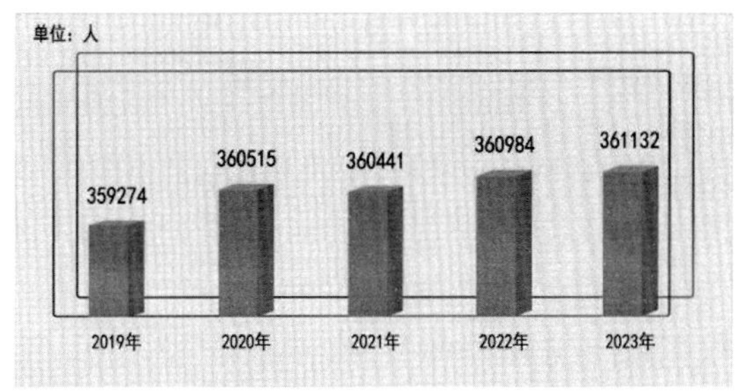

九、民生事业

居民收入稳步增加。2023年，全县城镇常住居民人均可支配收入达39522元，比上年增加2401元，增长6.5%；农村常住居民人均可支配收入达20721元，比上年增加1508元，增长7.8%。城乡居民人均收入比为1.91，比上年缩小0.02。

2019年-2023年定边县城乡居民收入增速图

城乡建设同步推进。城市建设方面，基础设施不断完善，服务功能不断增强，2023年城镇化率达52.0%。加快推进城市建设步伐，胜利街、市场路主车道建成通车；完成电大巷等7条居民巷道改造建设；民族历史文化广场、明珠路高压电力走廊防护景观广场基本完工；根据县城布局，共施划7775个机动停车位、102处非机动车停车位，均免费对外开放。加强环境卫生管理，实现道路清扫保洁全覆盖，清扫保洁面积达到726万平方米，机械化清扫率达70%，生活垃圾处理率100%。加强园林绿化管理养护，城区绿化覆盖面积452.62万平方米，绿化覆盖率达24.0%。乡村建设方面，加强农村生活垃圾治理，按照全市农村生活垃圾分类五年行动要求，对各乡镇农村生活垃圾治理情况进行摸底排查，确定了六个垃圾分类示范乡镇；2023年农村垃圾治理率行政村为93.5%、自然村为93.1%。

就业形势总体稳定。全年城镇新增就业3260人，失业人员再就业1222人，就业困难人员再就业303人，农村劳动力转移就业5万人，城镇登记失业率控制在3%以内。安置大学生参加就业见习193名；高校毕业生实名登记665人，实现就业571人，就业率85.9%；完成保育员、家政服务员、人力资源管理师等各项职业技能培训共计71班次2819人；开展创业培训250人，发放创业担保贷款2926万元。

社会保障惠及民生。全县失业保险、工伤保险、城乡居民社会养老保险、城镇职工（不含企业在职职工）基本养老保险参保人数分别达到1.72万人、6.32万、15.38万人、1.67万人，新开工工程建设项目工伤保险参保率100%，社会保障卡持卡人数32.28万人。最低生活保障制度落实到位，从2023年1月1日起，将农村最低生活保障标准由5000元/人年提高到5640元/人年，城市最低生活保障标准由740元/人月提高到780元/人月。2023年共保障城市低保对象1844户3615人，发放城市低保金3768.49万元；保障农村低保对象7339户13840人，发放农村低保金8769.36万元，有力保障了困难群众的基本生活。

教体事业全面发展。全面贯彻党的教育方针，落实立德树人根本任务，加快推进“两创建一振兴”，着力构建幼小初高一体发展的高质量教育体系。学前教育大力推广“安吉游戏”，受到了教育部、省市教育部门及社会各界的广泛关注和一致认可。义务教育严格落实“双减”政策，深入推进“课堂革命”，学科类校外培训机构实现清零。高中教育优质多元，高考综合改革稳步推进，2023 年高考一本上线率 34.9%，被“985”“211”大学录取 107 人，定边中学被榆林市人民政府评为 2023 年普通高中教学质量提升优秀学校。职业教育中心毕业学生 691 人，就业学生 651 人，就业率达 94.2%，被榆林市人民政府评为 2023 年职业教育质量提升优秀学校，被陕西省教育厅确定为陕西省高水平示范性中等职业学校。第九幼儿园、第十二幼儿园按时完成年度建设任务，中小学信息化建设、白泥井镇小学男生公寓楼建设等项目已完工，扩建田园小学、新建惠民小学项目已开工建设；堆子梁镇学校学生公寓楼，迁建贺圈小学，新建新华小学、郝滩镇中心幼儿园等项目前期各项工作推进有力。2023 年累计发放各项资助金 1299.29 万元，受助学生 26685 人次。使用义务教育阶段营养改善计划专项经费 1310.95 万元，受助学生 26219 人次。群众体育方面，全力打造高规格“一县一品”精品赛事，举办榆林·定边第三届“盐化杯”环千年盐湖山地自行车越野赛，全年开展球类、棋牌类、展演类等各类全民健身赛事活动16次，先后获得榆林市第六届全民健身运动会“全民健身活力县”荣誉称号和榆林市《国家体育锻炼标准》达标测验赛·定边站一等奖。2023年末，全县共有中小学、幼儿园118所，其中普通高中3所、完全中学1所、职业中学1所、九年一贯制学校7所、初级中学8所、小学32所（其中民办小学1所）、特殊教育学校1所、幼儿园65所（其中民办园30所）。在校学生67885名，其中在园幼儿12470名、特校学生115名、小学生33328名、初中生13689名、高中生8283名（含职高2468名）。在职教职工5586名，其中专任教师4583名。

卫健事业再谱新篇。坚持以人民为中心的发展思想，全面落实新时代卫生健康工作方针，全力保障人民群众生命安全和身体健康。累计创建健康机关143个、健康社区13个、健康村庄113个、健康学校48个，健康家庭20865户，健康医院23个，健康企业18个，健康军营1个，健康小屋13个，健康广场2处，健康步道2处，健康细胞示范建设质量和数量已全面达标。一体推进县人民医院整体搬迁、妇保院改扩建，完成了中医院国医馆、P2＋生物实验室、郝滩卫生院、堆子梁卫生院建设。2023年末，全县共有县直医疗机构3个，街道办卫生服务中心1个，乡镇卫生院19个，村卫生室200个；医务室10个，民营医院6所，个体诊所65家。全县共有卫生技术人员2440人；医院、卫生院共核定床位1518张，其中县级公立医院983张，民营医院218张，乡镇卫生院317张。

文旅事业蓬勃发展。文旅产业发展提质增效，坚持把项目建设作为推进文化旅游产业发展的重要支撑，重点实施了定边盐场堡长城遗址公园、“三河源”水文化广场建设项目。积极与榆林市旅投公司开展协商洽谈，谋划实施定边盐湖文旅康养小镇建设项目。公共文化体系服务效能不断提升，县级图书馆、文化馆、博物馆均实行免费开放，三馆年接待服务对象10万余人次；文化馆、图书馆总分馆制工作有序推进，已建成图书馆各类分馆85个，文化馆各类分馆50个，县、乡、村三级公共文化服务网络不断健全。旅游品牌打造更具特色，围绕“十里林海、百里长城、万亩花海、千年盐湖”等特色旅游资源，持续举办好“红花荞麦文化旅游节”及“陕北榆林过大年”两大节庆品牌活动，努力打造文旅产业全时产品体系建设。2023年，全县共接待游客187万人次，实现旅游收入8.2亿元。文物及长城保护工作成效显著，建立长城保护“六个一”工作机制，加强文物保护巡查力度，全面保障田野文物及长城巡查无死角、全覆盖。广播电视服务效能持续提升，完成了1097个应急广播终端安装工作，实施第四代北斗“户户通”试点安装工作，为群众提供维护维修优质服务。开展发射台站维护维修，确保广播电视安全播出，全县广播、电视节目综合人口覆盖率分别达到98.1%、98.7%。

生态建设成效显著。突出“碳达峰、碳中和”目标导向，坚持人与自然和谐共生，深入践行绿水青山就是金山银山的发展理念，加大城乡环境治理力度，全力打造天蓝、水清、地绿的“美丽定边”。全面打响荒漠化综合防治和黄河“几字弯”攻坚战，加快推进“三北”等重点工程，大力实施国土绿化和综合修复，完成白于山区河源梁涧区陕北地区退化生态系统治理与修复、国营林场三林提升改造、陕蒙边界防止二次沙化提质增效造林、美丽乡村及乡村道路绿化、草原生态修复等重点工程，全年共完成营造林面积13.24万亩，草原生态修复治理面积4万亩，林草综合植被覆盖度达52.6%。落实“河湖长制”，县乡村三级河湖长均按规定要求开展巡河巡湖工作，与宁夏盐池县对跨界的河湖工作建立了互相告知、互相联合、共同执法的联合机制。全年新建淤地坝22座，除险加固淤地坝9座，新建坡耕地1.87万亩，治理水土流失面积128平方公里。全年城区空气质量优良天数304天，比上年增加5天；空气质量综合指数3.49，较上年改善11.4%。

注：

1.地区生产总值、各产业增加值总量按现价计算，增长速度按不变价格计算。

2.各项指标增长速度以上年同期数为基数。

3.规模以上工业统计范围：年主营业务收入2000万元及以上的工业法人单位。

4. 固定资产投资统计范围：计划总投资500万元及以上的建设项目。

5. 限额以上贸易业统计范围：年主营业务收入达到限额以上标准的批发零售和住宿餐饮业法人单位（个体户），其中批发业为年主营业务收入2000万元及以上；零售业为年主营业务收入500万元及以上；住宿和餐饮业为年主营业务收入200万元及以上。

6. 本公报中部分数据为初步统计数，最终数据以《定边县2023年统计年鉴》为准。

定边县人民检察院工作报告

——在定边县第十九届人民代表大会第三次会议上

定边县人民检察院党组书记、检察长 郭永刚

（2024 年 2 月 25 日）

各位代表：

现在，我代表定边县人民检察院向大会报告工作，请予审议，并请各位政协委员和列席同志提出意见。

2023 年检察工作回顾

2023 年，在县委和市检察院坚强领导下，在县人大及其常委会有力监督下，在县政府、政协及社会各界关心支持下，县检察院坚持以习近平新时代中国特色社会主义思想为指导，学思践悟习近平法治思想，深入学习贯彻党的二十大精神和习近平总书记历次来陕考察重要讲话重要指示精神，认真落实县委十九届四次、五次全会各项部署，全面履行法律监督职能，各项检察工作在巩固中深化、在落实中发展。

一、坚持以忠诚铸魂，夯实检察工作政治底色

（一）坚持党的绝对领导，坚定政治方向。坚守检察机关政治属性，坚持党的领导与依法履职相统一，严格落实重大事项请示报告制度，向上级院党组和县委报告重大事项、重要情况、重大案件 16 次。全面落实意识形态工作责任制，维护检察领域意识形态安全，持续夯实检察机关坚定拥护“两个确立”、坚决做到“两个维护”的鲜明政治底色。

（二）扎实开展主题教育，践行政治忠诚。以高度的政治自觉精心谋划，一体抓实理论学习、调查研究、推动发展、检视整改和建章立制。党组中心组集中学习、专题研讨 19 次，班子成员讲专题党课 12 次，领题调研重点课题 7 个，落实检察为民办实事 35 件，真查实改存在问题 15 个。

（三）落实全过程人民民主，自觉接受监督。向县人大常委会报告重点工作 2 次，提请批准、任免检察人员 3 名，认真办理代表委员意见建议 17 件。组织开展“检察开放日”、新闻发布会等活动 21 次，举行检察公开听证 33 件，邀请人大代表、政协委员及各界群众代表参观视察、监督评议检察工作 80 人次。

二、坚持为大局服务，全力护航“五个定边”建设

（一）坚决维护安全稳定。牢固树立总体国家安全观，积极投入平安定边建设，依法批准逮捕各类刑事犯罪 186 件 259 人，起诉 440 件 552 人；坚持治罪与治理并重，加强轻罪治理司法实践，依法不批捕 197 人，不起诉 157 人。深入开展安全生产领域专项法律监督，监督主管部门和企业压实安全责任，督促消除油井用电、道路交通、危险化学品储存运输、蓄水池防护及小区消防等方面风险隐患 326 处。着力防范化解金融风险，针对办案中发现的违规发放贷款行为，运用检察建议督促农村商业银行开展专项检查，发现并整改问题 5 类 293 个。

（二）致力优化营商环境。稳妥办理涉企案件，依法批捕扰乱市场经济秩序犯罪 5 件 6 人，起诉 11 件 17 人，开展涉案企业合规整改 1 件，办理涉企民事审判活动监督案件 4 件。加强联动机制建设，与县发改局建立协作机制，合力推动改善产业园区环境卫生、完善道路交通标识、推进农村屋顶光伏项

目审批进度等企业关心关切问题，着力打造“办事方便、法治良好、生态宜居”营商环境。加强知识产权检察保护，在定边县农德山庄农牧发展有限公司等五家本土特色企业建立知识产权保护联系点，保障企业创新驱动发展。

(三)能动护航绿色发展。认真开展荒漠化综合防治、大气污染防治和油区污染治理等专项监督活动，充分发挥“河长+检察长+警长”“林长+检察长”机制作用，守护“绿色定边”生态底色。组建生态环境专业化办案团队，起诉破坏环境刑事犯罪104人，办理生态环境和资源保护领域公益诉讼案件91件，督促治理修复被污染土壤与被损毁林草地647.2亩，督缴植被恢复费18.2万元，督促主管部门整治污染企业17家。

(四)做深做实诉源治理。紧盯监督办案中发现的社会稳定、经济发展、民生保障、执法司法等方面问题，充分发挥检察建议抓前端、治未病、推动诉源治理的监督职能，依法提出堵塞管理漏洞、预防违法犯罪等社会治理类检察建议18份，联动相关部门在双赢多赢共赢中提升社会治理效能。践行新时代“枫桥经验”，扎实推进12309检察服务中心“线上进入城乡社区，线下进驻综治中心”工作，与县委政法委建立检察“双进”工作衔接机制，联动化解矛盾纠纷，助力基层社会治理，该做法受到市检察院高度肯定。

(五)合力推进反腐败斗争。进一步强化监检衔接，推进职务犯罪案件更快更优办理。提前介入监察机关职务犯罪案件办理2件2次，依法审查起诉2件2人，法院已作有罪判决1件1人，受邀为纪检干部开展法律知识讲座1次。依职权独立办理司法工作人员职务犯罪案件1件2人。

三、坚持为人民司法，守护人民群众美好生活

(一)用力办好民生司法案件，增进民生福祉。持续保持对电信网络诈骗犯罪全链条打击的高压态势，依法起诉帮助信息网络犯罪22件27人，常态化、多元化开展反诈宣传活动，守牢群众“钱袋子”。深入开展支持起诉维护弱势群体权益、行政检察护航民生民利两项监督活动，联合县人社局为农民工追索被拖欠工资36万元。针对公民信息保护、假劣农资、医疗美容行业乱象等突出问题，开展公益诉讼专项监督活动，向相关部门发出检察建议5件，守护人民群众美好生活。

(二)用心解决群众急难愁盼，传递司法温度。坚持和深化群众信访件件有回复工作，共受理群众来信来访139件，全部做到“七日内程序性回复，三个月办理过程或结果答复”。依法妥善化解涉法涉诉案件，积极推进民事和解、行政争议实质性化解等工作，以公开听证和现场普法等方式促成民事案件和解5件，实质性化解行政争议2件，既解“法结”更解“心结”，做到案结事了。积极开展司法救助，办理司法救助25件，发放救助金37.3万元。

(三)用情加强未成年人司法保护，倾力守护未来。深化“四大检察”融合履职，依法从重从快批捕严重侵害未成年人犯罪10件11人，起诉3件4人；宽严相济审慎办理未成年人犯罪案件，对轻微犯罪并有悔罪表现的涉罪未成年人依法附条件不起诉10人；办理涉未成年人民事支持起诉、公益诉讼、司法救助案件19件，全方位筑牢未成年人成长防线。与教体、民政、妇联、家庭教育指导中心等单位合作，提升帮教工作专业化水平，促进家长履行监护职责，最大限度促使罪错未成年人改过自新、回归社会。与公安机关深化“一站式”办案，加强未成年被害人保护和救助。针对旅馆业对未成年人身份审核不严、娱乐场所违规接待未成年人消费、务工、提供有偿陪侍等问题，部署开展“住宿场所及营业性娱乐场所专项整治监督”行动，监督行业主管部门加强监管。

四、坚持为法治担当，着力维护执法司法公正

(一)做优刑事检察取得新成效。依法监督侦查机关立案15件、撤案12件，追捕、追诉27人，提请刑事抗诉2件，书面纠正侦查和审判活动违法178件，纠正看守所监管秩序不规范29件，纠正财产刑执行违法15件，纠正社区矫正违法24件。

(二)做强民事检察实现新突破。共办理民事监督案件88件，支持民事起诉3件，其中对确有错误的民事生效裁判、调解书依法提出再审检察建议2件；针对人民法院审判程序和执行中的不当行为，提出检察建议82件；不支持当事人监督申请4件。

其中办理的“韩某媛申请执行监督案”获评最高检民事执行监督典型案例和全省优秀检察建议案件。

（三）做实行政检察有了新发展。共办理行政检察监督案件45件。针对行政审判和执行存在问题，制发检察建议34份，法院采纳率100%。聚焦林业、土地、交通等重点执法领域开展专项监督，制发检察建议11份，积极促进依法行政，助力法治政府建设。积极推进行刑双向衔接工作，督促行政机关收缴罚款80.2万元，回收欠缴税款8045元。

（四）做好公益诉讼检察展现新作为。共办理各类公益诉讼案件137件，诉前磋商解决6件，发出诉前检察建议91件，提起民事公益诉讼及刑事附带民事公益诉讼60件，各相关单位诉前整改率达到100%。持续推进红色文化遗址保护、荒漠化综合治理等重点案件办理，“督促保护水资源行政公益诉讼案”被最高检与国家水利部联合发布为黄河流域水资源保护典型案例。

（五）深化法律监督工作打开新格局。持续推进司法体制改革，创新开展的人大监督与检察监督合力保障民生新模式为全省首创，探索建立县委政法委执法监督与检察监督衔接配合机制，被省检察院在全省推广。同时积极推进行政执法与刑事司法双向衔接、侦查监督与协作配合、审判监督与协作配合、监检办案衔接与配合制约、刑事执行和监管执法监督衔接等机制，贯通各类执法监督力量，合力提升法律监督效率效果，推动形成党委全面领导、各方鼎力支持的法律监督一体化新格局。

五、坚持为事业强基，全面加强自身建设

（一）纵深推进全面管党治检。坚持把全面从严治检贯穿到党的建设、履职办案、队伍建设全过程各环节。深化主题教育，深入开展“六个专项治理”，进行廉政教育5次、廉政谈话35人次。严格落实“三个规定”记录报告要求，如实记录报告过问或干预、插手检察办案等重大事项110条。强化司法办案廉政风险防控，扎实开展执法司法突出问题专项自查，评查五类重点案件106件。

（二）全面提升队伍履职能力。强化人才引进，招录公务员3人，书记员4人，人员力量进一步增强。完善年轻干部培养机制，推选1名85后年轻干部进入领导班子，遴选员额检察官1名，轮岗交流7人，队伍梯次进一步优化。大力开展学习培训、岗位练兵、业务竞赛等活动，完善业绩考核评价机制，队伍政治素养、业务能力和职业精神一体提升，各项检察业务指标同比实现大幅提高。

一年来，县检察院在市检察院和县委领导下，全面深化“三个年”活动，持续开展“三有”争创，检察工作追赶超越迈出新的步伐。2023年度共获各级表彰37项，其中获国家级表彰2项，省级表彰6项，市县级表彰29项；共入选上级检察机关典型案例和优秀检察建议案件11件，其中最高检典型案例3件，省检察院典型案例6件、优秀检察建议1件，市检察院优秀检察建议案件1件。这些成绩的取得，是县委坚强领导、县人大及其常委会有力监督的成果，是县政府、县政协和社会各界大力支持的成果，在此，我代表县检察院党组及全体检察干警表示诚挚的感谢！在总结成绩的同时，我们也清醒地认识到，工作中还存在一些问题和不足，一是为大局服务、为人民司法的针对性、实效性有待增强。二是检察监督办案质量、效果仍须提升，“四大检察”发展不够协调。三是检察队伍建设还有短板，整体素能与新征程检察工作发展需要还不相适应。四是数字检察意识和建设应用水平不强。这些问题，我院将在今后的工作中着力加以提升。

2024年工作安排

2024年县检察院的总体工作思路是：坚持以习近平新时代中国特色社会主义思想为指导，忠实践行习近平法治思想，全面贯彻党的二十大精神，深化落实《中共中央关于加强新时代检察机关法律监督工作的意见》，以服务保障高质量发展为主题，以推进检察工作现代化为重点，持续深化拓展“三个年”活动，深入推进“三有”争创，努力以“高质效办好每一个案件”的实际行动，为谱写中国式现代化新征程中定边新时代高质量发展新篇章提供有力司法保障。重点将做好以下五个方面的工作：

（一）驰而不息加强政治建设。坚持以政治建设为统领，巩固拓展主题教育成果，自觉做到凡事从政治上着眼，从法治上着力，把党的绝对领导贯穿到检察履职的各领域各方面各环节，夯实政治根基，永葆政治本色，忠诚捍卫“两个确立”，坚决做到“两个维护”，确保检察工作始终沿着正确方向前进。

（二）始终如一服务发展大局。紧紧围绕县委总体发展思路，全面主动融入高质量发展大局，聚焦“五个定边”建设各项工作任务，自觉融入跟进，提供有力司法保障。坚持对严重刑事犯罪严惩高压态势，全力维护国家安全和社会大局稳定，尤其对油气资源开发、耕地林地保护等领域严重影响定边经济社会发展和民生民利的刑事案件从严从重处罚。聚焦人民群众“急难愁盼”，一以贯之做好惩治网络犯罪、司法救助、未成年人权益保护等民生检察实事，办好群众身边“小案”，让人民群众的获得感成色更足、幸福感更可持续、安全感更有保障。积极参与市域社会治理现代化，坚持司法办案、信访风险评估、矛盾化解同步推进，不断提升“检察双进”工作质效。针对影响定边高质量发展的各类重点、难点、堵点问题，依托办案，精准提出社会治理类检察建议，加强检察环节诉源治理、系统治理。

（三）全面提升法律监督质效。持续做优刑事检察，不断提升立案监督、侦查活动监督、审判及执行监督质量，多层次开展行为监督、个案监督、类案监督。持续做强民事检察，加强对民事生效裁判、审判活动和执行活动全流程监督，开展类案专项监督，依法办好当事人申请监督案件，同时对损害国家利益和社会公共利益、司法人员严重违法、虚假诉讼、虚假仲裁等案件依职权主动监督，做实支持起诉工作。持续做实行政检察，加强行政诉讼监督，同时积极开展行政违法行为监督，促进审判机关依法审判，推进行政机关依法履职。持续做精公益诉讼检察，突出抓好法定领域办案工作，同时依法拓展公益诉讼案件范围，找准损害公益的突出问题，办理一批有影响、效果好的案件。持续做好检察侦查工作，进一步加大查办司法机关工作人员相关职务犯罪力度。

（四）从严从实加强队伍建设。巩固深化政法队伍教育整顿成果，严格落实防止过问干预司法办案“三个规定”，持之以恒正风肃纪。更加注重系统观念，综合运用检察人员考核、案件质量评价指标体系、业务数据分析研判会商、案件质量评查等机制，推进检察管理现代化。更加注重强基导向，一体强化检察人员政治素养、法律素质、业务素能，优化干部队伍建设和培养交流，全面锻造堪当重任的高素质检察队伍，为检察事业健康可持续发展培养中坚力量。

（五）积极主动接受各界监督。牢固树立“监督就是关心，监督就是帮助，监督就是支持”的思想，把积极争取和自觉接受人大、政协和社会各界监督，作为提高法律监督能力、做好检察工作的重要保障，不断规范接受监督的形式，拓宽接受监督的渠道，推动检察工作健康发展。

各位代表，昂首新征程，聚力谱新篇。站在新的历史起点上，面对新形势、新任务，定边县人民检察院将在县委的坚强领导下，在县人大及其常委会的有力监督下，认真落实本次大会精神，走好新时代的“赶考路”、当好不负韶华的“答卷人”，踔厉奋发，勇毅前行，为建设富裕、绿色、文明、幸福、魅力“五个定边”提供更优检察服务，为奋力谱写中国式现代化新征程中定边新时代高质量发展新篇章贡献更大检察力量！

定边县人民法院工作报告

——在定边县第十九届人民代表大会第三次会议上

定边县人民法院院长 韩秀琦

（2024 年 2 月 25 日）

各位代表：

现在，我代表定边县人民法院向大会报告工作，请予审议，并请列席会议的同志提出宝贵意见。

2023年工作回顾

2023年，定边县人民法院在县委坚强领导、人大及其常委会有力监督、政府大力支持、政协民主监督和社会各界关心支持，以及上级法院正确指导下，坚持以习近平新时代中国特色社会主义思想为指导，全面贯彻党的二十大、二十届二中全会精神，深入贯彻习近平法治思想、习近平总书记来陕考察重要讲话重要指示批示精神，锚定“努力让人民群众在每一个司法案件中感受到公平正义”目标和县委中心工作，围绕“公正与效率”工作主题，能动践行我院“135”工作思路，以审判工作现代化做实“为大局服务、为人民司法”，全力以赴为高质量推进“五个定边”建设提供坚强司法服务保障。

一年来，共受理各类案件17830件，共审（执）结各类案件17572件，结收比1.02，结案率98.55%，均在全省法院（案件受理数过万）中排名第一，员额法官人均结案488件，超全省平均值207件、超全市平均值204件，平均审理天数34.29天，同比缩短22.46天，服判息诉率、简易程序适用率、调解率等十多项主要质效指标步入全省第一方阵，全年亮点工作被法治日报、西部法治报等中省媒体刊发报道，新收案件实现历史首降，减少4000余件，同比下降19%，诉源治理成效获上级领导肯定，涌现出一批以“全市人民群众满意政法单位”和“全省新时代马锡五式好法官”为代表的先进集体和个人。

一、坚持政治引领，深悟“两个确立”意义，筑牢“最忠诚”的思想根基

人民法院是党领导下的国家审判机关。定边法院高质量推进主题教育，感悟思想伟力，凝聚奋进力量，做“两个确立”的坚决拥护者和“两个维护”的坚定践行者。

筑牢司法之魂。坚持用习近平新时代中国特色社会主义思想凝心铸魂，毫不动摇坚持党对法院工作的绝对领导，严格执行《中国共产党政法工作条例》等党内法规，向县委和县委政法委汇报重要工作、报告重大事项12次。严格落实“三同步”工作原则，及时报告舆情6件47次，坚决维护司法领域意识形态安全。

夯实忠诚根基。扎实开展学习贯彻习近平新时代中国特色社会主义思想主题教育，开展“悟思想、正作风、强管理、提质效、争一流”专项活动，组织党组理论中心组学习15次，县委宣讲团、院班子成员为全院干警讲党课8次，组织干警前往安边革命纪念馆、李守林故居等地开展研学感悟，学出信仰、悟出忠诚。院领导带头践行“四下基层”，完成执行质效提升、优化诉讼服务等重点调研课题6个，推动建立规范执行等5项案件管理机制，切实做到以学铸魂、以学增智、以学正风、以学促干。

二、坚持服务大局，围绕“五个定边”建设，彰显“最能动”的实干担当

为大局服务是人民法院的职责使命。定边法院

始终围绕县委中心重心工作，切实找准司法服务结合点、着力点，为全县经济社会高质量发展提供牢固的基础、持久的动力、公平公正的环境。

优化营商环境，聚力守护富裕定边“暖氛围”。答好服务“主观题”，积极参与保障“三个年”活动，围绕全县重点项目、重点工作制定服务措施，院领导带头走访企业座谈调研，法治引导、献计问需。按下“解纷加速键”，全面开通立审执涉企纠纷“绿色通道”，系统、批量、高效办理金融借款、建设施工合同等涉企纠纷2933件，依法打击破坏社会主义市场经济犯罪14件，收回不良贷款1.41亿元，保障秩序稳定、厚植“法治沃土”。巧用“弹性执行锤”，运用“活查封”助力辖区企业维持正常生产经营，帮助困境企业破茧重生、蝶变升级。

保护生态环境，倾力绘就绿色定边“美画卷”。深入践行“两山”理念，挂牌成立黄土高原生态环境保护法庭，审结涉林地、耕地等生态环境案件177件、刑事附带民事环境公益诉讼案件65件，严打重判了一批非法占用农用地案件，使毁林占地势头得到有效遏制。审理的一起涉新能源汽车充电桩安装纠纷入选全市法院十大审判执行案件，助力绿色经济发展理念深入人心。做好环境资源审判“后半篇文章”，督促当事人缴纳生态环境损害赔偿金173万余元，在苟池盐池湿地建立生态司法保护基地，切实以司法之力守护定边绿水青山。

强化司法宣传，引领激活文明定边“正能量”。开展法律“八进”活动50余次，指派7名法官干警担任法治副校长，发放材料15万余份，营造浓厚法治氛围。开展“巡回审判+以案释法”10余次，普法“零距离”、体验“沉浸式”工作事例获10万+阅读量，入选全省法院精彩瞬间、全市法院十大新闻。以微信公众号为新媒体宣传主阵地，发布信息990篇，拍摄短视频24条，浏览量突破70万人次，粉丝量同比增长36%，全年连续12个月荣列陕西法院微信榜单20强、陕西政法单位新媒体榜单50强，被评为“全省法院优秀新媒体账号”“全省政法优秀新媒体账号”。

服务乡村振兴，靶向助力幸福定边“强根基”。严格落实人大代表调研法院工作时提出的要求，5个基层法庭全部获评全省“达标法庭”并下沉一线办公，妥善化解纠纷1883件，稳妥处理民间借贷、土地、邻里纠纷等农村常见多发纠纷66件，维护村民权益，实现助农安民。指派3名法官干警抓好新安边镇宗小涧村驻村帮扶工作，千方百计在建项目、兴产业、培技能上想办法、找出路，积极探索人参果种植和七彩山鸡养殖，深化特色产业发展，助推兴乡富村。

推进诉源治理，全力描画魅力定边“新枫景”。成立诉前调解室，调解案件612件，成功率达99.28%。与县司法局建立诉前调解机制，指导县人民调解委员会调解案件930件，通过“人民调解+司法确认”办理司法确认案件297件。选派法官干警入驻县镇综治中心，在全县197个村设立“法官工作站”，坚持把司法服务送到群众家门口，化解矛盾纠纷3200余起，通过司法融入基层治理，有效减少进入诉讼程序的案件数量，新收案件实现历史首降，万人成讼率同比下降26.2%，切实以“司法之力”助推“社会之治”，经验做法被省委政法委、市委政法委推广，并写入2023年第15期《榆林改革》。

三、坚持人民至上，贯彻“如我在诉”理念，展现“最幸福”的现实图景

人民群众是法院工作的“阅卷人”。定边法院秉承发扬人民司法一切为了人民、一切依靠人民的优良传统，以能动司法守护群众稳稳的幸福，用法治力量不断厚植党的执政根基。

宽严相济打击刑事犯罪筑牢“安全感”。共受理刑事案件471件，审结460件504人，审结故意杀人、故意伤害、抢劫等严重暴力犯罪案件16件20人，聚焦公共安全领域，审结危险驾驶、交通肇事等危害公共安全犯罪案件183件185人，坚决维护社会安全稳定。依法惩治电信网络诈骗、“帮信案”等新型网络犯罪案件26件31人，涉案金额2亿余元，着力守护人民群众财产安全。为经济困难被告人指定法律援助律师52人次，依法适用认罪认罚488人，对78名罪行轻、危害小的被告人适用缓刑、单处罚金等非监禁措施，全面落实宽严相济刑事政策。

调判结合化解民商纠纷提升“幸福感”。妥善调处各类民商事案件8382件，涉诉标的金额近4.84亿元，为万家点亮和谐灯火。组织法官走进榆林新闻综合广播《法在身边》栏目讲述如何避免婚姻中的经济纠纷，积极化解婚姻家庭、赡养、继承等涉及人身关系的纠纷882件，加大调解力度，推动“事心双解”，为小家构筑幸福港湾。扎实做好保交楼、保民生、保稳定各项工作，高效办理劳动争议等案件197件，为劳动者消除薪“愁”之忧。充分发挥司法救助“托底”功能，办理的杨某萍、郑某某申请道交侵权赔偿司法救助案入选全省法院司法救助典型案例，缓减免诉讼费12.56万余元，发放司法救助金82.5万余元，为困难者化解燃眉之急。

府院联动解决行政争议树牢“公信力”。受理行政案件76件，审结73件。妥善调处护稳定，协助配合政府化解以北园子村为代表（600余人）的女户待遇、堆子梁镇王滩子村涉土地、贺圈镇东羊圈村涉移民以及南北大街拆迁改造历史遗留问题等多起涉群体、涉稳定纠纷，受到县委、县政府主要领导的充分肯定和人民群众的认可。良性互动促规范，定期发布行政审判白皮书，发出司法建议4件，采纳率100%，实现司法和行政同向奔赴、携手前行。行政首长出庭成常态，以李胜元县长为代表的行政首长亲自出庭应诉，促进依法行政、助推法治政府建设，这在定边史上是第一次。去年，全县行政机关负责人出庭应诉率为100%，让“告官见官”“出庭出声”成为法治定边“新常态”。

执行破难兑现胜诉权益强化“获得感”。持续开展“塞上雷霆”“驼城春雨”等专项执行行动，受理执行案件8734件，执结8654件，执行到位金额6.28亿元，三项执行核心指标达到100%，执行局被评为“全市人民群众满意的政法单位”。依法强制执行，累计查封房产113套，查封车辆145辆，腾退房产21套，司法拘留153人，公布失信人名单1437人次，限制高消费9632人次，移送拒执犯罪线索6条，用司法硬气让“老赖”服气。坚持规范执行，通过“一案一账号”集中发放执行案款5.89亿元，实现超期未发放、不明案款“双清零”，规范化水平持续提升工作事例被《西部法制报》、陕西高院推广，入选全市法院十大新闻。

优化司法服务便民利民增强“体验感”。推行“便捷办”诉讼服务，设立导诉台，提供引导立案申请、诉状要素填写等诉讼事务3000余件次，让当事人“走进一个门、事务全办清”；以五大诉讼服务平台为依托，全面推广跨域立案、网上立案、在线庭审、云端调解“一网通办”，全年网上立案1107件，在线委托鉴定率77.83%，在线办理保全率为62.5%，电子送达案件7258件、各类诉讼文书10.8万件、5.4万余人次，平均送达时长2.52天。打造“适宜办”工作环境，在县委、县政府前所未有的大力支持下，法院基础设施建设迎来前所未有的大改观，审判大楼维修项目已竣工，新建诉讼服务中心主体已完工，预计2024年建成投入使用，同时更新办公家具800余件，持续打造更优诉讼服务环境。

助力提升市域社会治理提高“满意度”。全面推进“有信必复”，用心用情做好“送上门的群众工作”，及时处置上级交办、督办、转办信访件24件，接待群众来访900余人次、“12345”平台来访28件次，回复率均为100%。不断增强工作主动性，联动多部门，提高办信质效，一批信访“骨头案”得以顺利办结，在县委、县委政法委大力支持下，信访人李伟民涉执案自愿息诉罢访，实现“法结”“心结”同解。

四、坚持创新驱动，紧扣“提质增效”核心，构建“最现代”的审判体系

审判执行是人民法院的主责主业。定边法院围绕“公正与效率”主题，大力推进审判改革，促进审判工作现代化。

落实司法责任，力求办案最公。全流程强化审判监管，发布审判通报12期，案件平均审理时长较上年同期缩短39.4%，审管办获评全市法院审判管理工作先进集体。全覆盖强化办案会商，充分发挥专业法官会议和审判委员会的职能作用，提请专业法官会议和审判委员会讨论案件35次159件，全院呈现案件调解率、一审服判息诉率上升，二审发回改判率下降的良好态势。全方位压实监管责任，探索运行裁判文书“阅核制”，让监管职责“到位不越位”，院庭长带头办结案件9651件，占全院办案数的55%，彰显头雁领航作用；狠抓长期未结案件专项清理，一年以上未结案件清积率100%，创历史最优。

优化资源配置，力求解纷最快。开展“团队化办案、案件繁简分流、事务集约办理”三项执行工作机制，改革红利得到充分释放，执行案件结案平均用时为51.04天，执行到位率41.40%，执行团队法官人均结案1399件，同比缩短41.58天，让“纸上权利”更快地转变为“真金白银”。办理保全案件1515件，保全率149.21%，达到便于调解、缩短办案平均用时、提高服判息诉率和提高执行兑现率等一举多得的目的。开展执前督促试点，运用“执前督促+和解”模式办理案件171件，到位140万余元，努力用最短的时间、最小的司法成本解决群众的实质诉求。

建设智慧法院，力求效能更足。加快推进智慧法院应用赋能，深化移动微法院、诉讼服务平台等应用，对案件信息全流程公开，对排期、开庭、审理、结案、上诉案件移送等17个审判节点进行线上实时监测、超期预警，实现审判执行全流程可视化监督。全面推广运用“法达网”等平台，有效提增裁判质量和尺度统一。通过“一张网”实现电子卷宗随案生成功能，随案生成电子卷宗7306件，同步生成率达到100%，归档率105.63%，切实以数据化信息化赋能助力审判工作现代化。

五、坚持严管厚爱，牢记“争做示范”嘱托，锻造“最出彩”的司法队伍

法院队伍是司法工作的基石。定边法院始终把队伍建设作为事关法院事业兴衰成败的根本性问题来抓，努力锻造一支革命化、正规化、专业化、职业化法院铁军。

深耕细培厚植，锤炼履职之本。岗位练兵强警，以注重实干实绩实效为导向，更新班子成员5人，增补员额法官3名，推动队伍年龄结构和专业素养优化提升。实战练兵精警，开展书记员技能大赛，共39批400余人次参加市中院、省法官学院、国家法官学院线上线下各类培训，全面锤炼司法能力。奖优罚劣励警，修订完善《员额法官绩效考核办法》，建立健全员额法官绩效档案，对案件结收比、审理天数、简易程序适用率、长期未结案、裁判文书公开率、执行到位率和完毕率等主要指标实行“高奖励、严惩罚”制度，正向激励、反向约束，“双向”促使法官多办案、快办案、办好案，实现审执工作有序推进、高效开展、良性循环。

深抓细作严管，涵养清风之气。做实严管厚爱，严格履行“一岗双责”，引导班子成员合力纵深推进全面从严治院，从严查处违纪违法案件，提醒谈话1人，通报批评26人，给予党纪政纪处分7人，让制度“长牙”、铁规“带电”。深刻汲取法院系统违纪违法案例教训，扎实开展以案促改和警示教育活动，制定整改措施72条，完成建章立制10项，排摸出岗位廉政风险点48个，制定防范措施共计382条，整改突出问题3个，让“问题清单”变为“成效清单”。院庭长带头严格落实填报“三个规定”3257次263人，切实以三个规定“小切口”强化全面从严治院“大生态”。

六、坚持依法履职，落实“阳光司法”要求，形成“最负责”的行动自觉

自觉接受监督是促进法院工作高质量发展的重要保证。定边法院始终践行全过程人民民主，把接受监督作为加强和改进法院工作的强大动力，获评全省法院监督联络工作先进集体。

主动接受人大监督。主动向人大常委会报告切实解决执行难、人民法庭建设工作情况，认真办理、及时回复代表建议、提案。推进常态化联络代表机制，邀请人大代表参与评议庭审、案件调解活动10余场次，座谈2次，增进代表对法院工作的熟悉度、支持率和点赞数，有力促进法院工作提质增效、健康发展。

自觉接受各界监督。接受政协监督，积极向政协通报法院工作进展情况，邀请委员7场次旁听庭审、见证执行。接受纪检监督，大力支持配合派驻纪检监察组工作，凝聚推进党风廉政建设和反腐败斗争合力。接受检察监督，支持检察机关履行诉讼监督职责，邀请检察长列席审委会研究讨论案件4次，共同维护司法公平正义。

广泛接受社会监督。贯彻落实《人民陪审员法》，陪审率达100%，充分保障人民群众的知情权、参与权、表达权、监督权。网上公布生效裁判文书17349份，裁判文书上网率98.73%，让庭审经得起“围观”、裁判经得起“检验”。借助“一网两微”全面公布法院重大事项和工作举措，让司法公正看得见、司法高效能感受、司法权威被认同。深化法官和律师良性互动，共绘司法公正最大“同心圆”。

各位代表，过去的一年，我们坚持实事求是、坚持问题导向、坚持系统思维，认真履行了维护国家政治安全、确保社会大局稳定、促进社会公平正义、保障人民安居乐业职责使命。这些成绩的取得，根本在于习近平新时代中国特色社会主义思想和习近平法治思想的科学指引、县委的坚强领导、人大及其常委会的有力监督、政府前所未有的大力支持、政协的民主监督、市中院正确指导、当事人和社会各界的理解信任，在此，我谨代表定边县人民法院对县委坚强领导、人大及其常委会有力监督以及一年来政府、政协和社会各界大力支持表示衷心的感谢。

同时，我们也清醒的认识到，法院的工作还存在一些突出问题和不足：一是司法理念与新发展阶段要求还存在很大差距，服务高质量发展的前瞻性、精准性亟待进一步加强；二是少数案件质量不高、办理周期较长、释法析理不到位，执行难问题依然突出，审执质效亟待进一步提升，人民群众司法获得感亟待进一步加强；三是新型审判权制约监督机制还需完善，基层法庭破旧，信息化落后，司法体制综合配套改革亟待进一步加强；四是瑕疵案件和个别法官干警违规违纪行为的存量尚未彻底去除，导致舆情和投诉时有发生，解决和应对耗时费力，难度较大，队伍管理亟待进一步加强。五是个别法官干警宗旨意识不强，工作作风不佳，对待当事人态度“冷硬横推”，人民群众对法院工作满意率不高，影响到全县政法工作在全市的位次，作风建设亟待进一步加强。对此，我们将在各方的关心支持下，进一步采取有力措施认真加以解决。

2024年工作计划

2024年是中华人民共和国成立75周年，是实现“十四五”规划目标任务的关键一年，也是推动中国式现代化陕西实践的深化之年。人民法院在新时代新征程上责任更重大、使命更光荣。

2024年，定边法院工作的总体思路是：坚持以习近平新时代中国特色社会主义思想为指导，全面学习贯彻落实党的二十大和二十届二中全会精神，认真贯彻习近平总书记来陕考察重要讲话重要指示批示精神和对政法工作的重要指示精神，深入贯彻习近平法治思想，认真贯彻落实中央、省委、市委政法工作会议精神，在县委的坚强领导，人大、政府、政协和上级法院的有力监督支持指导下，坚持以人民为中心，坚持统筹发展和安全，更好服务稳中求进、以进促稳、先立后破，牢牢把握推进中国式现代化这一新时代最大政治和高质量发展这一新时代硬道理，聚焦“公正与效率”工作主题，按照“围绕‘审判执行工作全面提质增效’一条主线，狠抓‘队伍建设、基础设施建设、内部管理’三项重点工作，实现‘办案质效大提高、队伍作风大转变、办案环境大改善、司法公信大提升、各项工作大发展’五大目标”的“135”工作思路，认真贯彻执行本次大会决议，抓牢提质增效主线，做实为大局服务、为人民司法，全力防风险、保安全、护稳定、促发展，以审判工作现代化有力支撑和服务“五个定边”和“两区一中心”建设及中国式现代化定边新实践。

*一是立足新征程，在坚持党的领导中用笃信彰笃行。*坚持把准政治方向、站稳政治立场、保持政治定力，坚决把讲政治要求落实到法院工作全过程各环节。学习好宣传好贯彻好习近平新时代中国特色社会主义思想、党的二十大精神，深刻领悟“两个确立”的决定性意义，增强“四个意识”、坚定“四个自信”、做到“两个维护”，确保法院正确政治方向。严格执行重大事项请示报告制度，不折不扣贯彻落实党中央和省委、市委、县委决策部署，让坚持党的绝对领导、对党绝对忠诚铸入灵魂血脉。

*二是锚定新使命，在护航发展大局中重实干求实效。*坚持围绕全局、把握变局、服务大局，以法治保障彰显法院担当。依法惩治各类犯罪，常态化开展扫黑除恶斗争，推进更高水平平安定边建设。完整、准确、全面贯彻新发展理念，积极落实服务保障“三个年”活动工作要求，努力让高质量司法成为法治化营商环境的坚强保障。

*三是谋求新作为，在回应群众期待中办实事解难题。*坚持对标要求、回应诉求、保障需求，不断

提升人民群众司法获得感和满意度。全面提升人民法庭规范化建设水平，大力弘扬新时代“枫桥经验”，秉持“全过程治理”思维，把实质性化解贯穿案件办理始终，全力推进诉源治理，努力在完善基层社会治理中贡献更多法治力量。贯彻实施民法典，巩固拓展一站式诉讼服务建设成果，积极构建综合治理、源头治理执行难工作格局，让人民群众切实感受到新时代司法的力量和温度。

四是展现新面貌，在完善基础设施中严标准强规范。坚持抓基层、强基础、固基本，以优化诉讼体验为着力点，加快推动法院基础设施提升改造项目施工建设，为人民群众提供良好的诉讼环境。加强诉讼服务中心建设，不断健全诉讼服务中心功能，扎实做好一站式多元解纷工作。加强基层人民法庭“两化”建设，积极争取县政府支持，完善软硬件设施，确保法庭创示范争一流，提升矛盾纠纷源头化解效能，促进市域社会治理现代化，更好满足人民群众对司法的新期待、新要求。

五是迈出新步伐，在推进改革创新中促公正提效率。坚持革故鼎新、改革创新、守正出新，着力推进审判工作现代化。加强对审判权的制约监督，完善司法体制综合配套改革，以“阅核制”为抓手，以“案-件比”的内在要求为指引，统筹抓好“管案”与“考人”，实现有序放权与有效监管有机统一。深化智慧法院建设，锚定“全省一流、全市第一”的目标，加强政法协作平台应用，着力在监督管理全程化、诉讼服务智能化、区域协同数字化上下功夫，让人民群众维护权益、实现公平正义更加高效便捷。

六是彰显新风采，在锻造过硬队伍中抓常态促长效。坚持保持定力、提升能力、激发活力，全面锻造忠诚干净担当的法院铁军。强化政治轮训和业务培训，持续提升队伍专业化、职业化水平。树立正确选人用人导向，选优配强中层领导。持之以恒推进以案促改，零容忍惩治司法腐败，力求“工作出色、干警出彩”，确保“案不再出错、人不再出事”，让政治坚定、业务精通、作风过硬成为定边法院队伍的鲜明特质。认真落实最高法院“精、细、常、实、新”五字要求，更加积极主动接受人大、政协和社会各界监督，不断开创干在实处、走在前列、勇立潮头的新局面。

新蓝图壮美宏阔，新征程只争朝夕。新的一年，定边法院将更加紧密团结在以习近平同志为核心的党中央周围，在县委的坚强领导，人大、政府、政协和上级法院的有力监督支持指导下，认真贯彻落实本次大会决议，以不负时代重托的责任感、不负人民期待的使命感，凝心聚力，追风赶月，奋力在中国式现代化的新征程上谱写出新时代人民法院工作现代化的绚丽华章，为在法治轨道上全面推进“五个定边”和“两区一中心”建设及中国式现代化定边新实践作出法院新的更大贡献。

名词解释

1. 人民调解+司法确认：“人民调解”是指人民调解委员会通过说服、疏导等方法，促使当事人在平等协商基础上自愿达成调解协议，解决民间纠纷的活动。“司法确认”是指对于涉及到的民事权利义务的纠纷，经行政机关、人民调解组织、商事调解组织、行业调解组织或者其他具有调解职能的组织调解达成的具有民事合同性质的协议，经调解组织和调解员签字盖章后，或双方当事人签署协议之后，如果双方认为有必要，共同到人民法院申请确认其法律效力的制度。

2. 一案一账号：“一案一账号”执行案款管理系统是指通过法院与银行之间建立专线连接和数据共享，为每个案件设置专属虚拟子账户，当事人主动付款或者执行人员进行扣划、变现等操作，都会直接与案件进行关联，并全程留痕。

3. 阅核制：是依据法官职权清单对合议庭、独任制审判员作出的法律文书和工作文书，由业务部门负责人或分管副院长从实体、程序方面进行审查的内部监督管理机制。院长、分管副院长要对分管领域范围内的“四类案件”全部“阅核”；庭长要对本庭室的案件全部阅核。阅核人要对裁判文书的事实认定、法律适用、裁判结果、文书质量全面阅核，并签批留痕终身负责。

4. 执前督促+和解：是指在执行案件立案后，执行干警第一时间全面掌握申请执行人的诉求，通过核对、固定执行立案信息和相关执行线索，为申请执行人完成立案手续、移送材料、查找线索提供便捷服务，避免被申请人在执前督促和解阶段转移财产，同时甄别出适宜进入执前督促和解程序的案件，并安排调解员督促被申请人履行，为双方当事人量身定制最优解决纠纷方案，确保胜诉当事人合法权益更快兑现。

5. 三个规定：三个规定的具体内容是指《领导干部干预司法活动、插手具体案件处理的记录、通报和责任追究规定》。内容包括了各级领导干部应当带头遵守宪法法律，维护司法权威，支持司法机关依法独立公正行使职权；对司法工作负有领导职责的机关，因履行职责需要，可以依照工作程序了解案件情况，组织研究司法政策等。

大事记

定边县2023年大事记

1月

1日起 参加定边县城镇职工基本医疗保险的全体参保人员（含灵活就业参保人员）将实行城镇职工基本医疗保险门诊共济保障制度，即将门诊费用纳入职工医保统筹基金支付范围。

2日 定边县各社区、各乡镇向重点人群发放18247份涉疫药品“健康包”。

4日 县纪委监委对全县64名科级干部进行任前廉政法规考试。

7日 中国共产党定边县第十九届委员会第四次全体会议在县委九楼会议室召开。全会由县委常委会主持。会议应出席县委委员41人、县委候补委员8人，实到县委委员35人、县委候补委员7人，因病因事请假7人。姬世平代表县委常委会向全会作报告，并就全年重点工作进行安排部署，李胜元安排部署全县经济工作，吕瑞卿就《中共定边县委关于深入学习宣传贯彻党的二十大精神奋进中国式现代化新征程 谱写定边高质量发展新篇章的实施意见》作起草说明。

12日 县委书记姬世平带队赴上海远景科技集团考察交流。西安榆林商会党委书记马宏玉受邀一同考察。

13日 定边县召开2022年度党（工）委书记、部分县直部门党组书记抓基层党建述职评议考核会议，听取定边街道和部分乡镇党（工）委书记、县直单位党（工）委书记述职，并进行评议考核。县委书记姬世平主持会议并讲话，县委副书记吕瑞卿，县委常委刘云霞、党玉飞、师瑜、齐洲参加会议。

14日 农历腊月二十三，2023年“陕北榆林过大年”定边分会场系列活动启动仪式在献忠路广场举行。

同日 19点30分，由中共定边县委、定边县人民政府主办，定边县委宣传部承办，定边县融媒体中心协办的2023年定边县春节联欢晚会在定边融媒综合广播，定边融媒综合频道，“定边融媒”客户端，定边融媒微信视频号、抖音、快手同步直播。全媒体平台观看人数达20万余人次，点赞量达9万余次。

28日 中共定边县委、定边县人民政府荣获“榆林市2022年度招商引资先进县市区”“榆林市2022年度争资争项先进县市区”。

30日 定边县2023年第一季度重点项目开工仪式在县农业科技示范园5G智能终端制造产业项目点举行。县委书记姬世平宣布第一季度重点项目集中开工。全年定边县安排重点项目111个，总投资251.3亿元，年度计划投资124.8亿元。第一季度集中开工项目20个，总投资81.3亿元，占全年总投资的32.35%。

2月

6日 2023年全县教育体育工作会在定边中学报告厅召开，县委常委、宣传部部长刘云霞主持会议并讲话，副县长高燕参加会议。会议总结回顾了2022年全县教体工作，安排部署2023年工作。

同日 定边县2023年“春风行动”暨苏陕劳务协作现场招聘会在县法治文化广场举行。现场招聘会以“春风送真情援助暖民心”为主题，组织邀请95家企业参加。活动采取线上线下同步招聘模式，提供岗位745个，其中，宝应县提供岗位90余个。岗位涉及能源化工、教育培训、餐饮、互联网以及综合类等7大类行业，初步达成就业意向286人。

8日 中材叶片榆林公司首支百米级风电叶片在定边成功下线。

同日上午 为期5天的榆林市县处级以上领导干部学习贯彻党的二十大精神专题学习班在榆林开班。市委书记张晓光参加开班式并讲话，市委副书记、市长张胜利主持开班式，开班式以视频会议形式举行。县委书记姬世平，县人大常委会主任马俊飞，县委副书记、代县长李胜元，县政协主席苗云等县领导在定边县分会场参加学习。

同日晚 定边县深入学习贯彻党的二十大精神专题研讨班举行分组研讨。

11日至12日 定边县迎来连续降雪，南部山区出现多处供电线路、设备覆冰受损严重等情况。

12日至14日 中国人民政治协商会议定边县第十届委员会第二次会议胜利召开。大会应出席委员196人，实到172人。会议表决通过了政协定边县第十届委员会提案审查委员会关于十届二次会议期间提案审查情况的报告（草案）；表决通过了政协定边县第十届委员会常务委员会工作报告的决议（草案）；表决通过了政协定边县第十届委员会常务委员会关于十届一次会议以来提案工作情况报告的决议（草案）；表决通过了政协定边县第十届委员会第二次会议政治决议（草案）。会议表彰了2022年度优秀委员工作室、优秀政协委员，表彰了政协定边县第十届委员会第一次会议优秀提案、提案先进承办单位和办理工作先进个人；表彰了2022年度反映社情民意信息先进集体和先进个人。

13日至15日 定边县第十九届人民代表大会第二次会议胜利召开。会议应到代表196名，实到代表181名。会议选举李胜元为定边县人民政府县长，以举手表决的方式通过了定边县人民政府工作报告的决议（草案）、定边县人大常委会工作报告的决议（草案）、定边县人民法院工作报告的决议（草案）、定边县人民检察院工作报告的决议（草案），通过了《定边县2022年国民经济和社会发展计划执行情况与2023年国民经济和社会发展计划草案的报告》《定边县2022年财政预算执行情况和2023年财政预算草案报告的决议》、关于《加强定边县地下水综合治理议案》的决议（草案）。

16日 县长李胜元先后到359旅打盐旧址、苟池盐湖调研陕甘宁边区第一财政陈列馆红色旅游文化教育基地展馆选址及规划建设情况。县委常委、常务副县长刘浩成，县委常委、副县长王彦强，副县长沈力参加调研。

16日至17日 县委书记姬世平带队赴重庆市地方志办公室、重庆两江协同创新区融合创新中心、长安汽车集团、丰鸟无人机科技有限公司等地考察调研，并与重庆市地方志办公室主任刘文海、榆林市政协副主席惠德存等就定边国家长城博物馆申报事宜进行座谈，与中垦乳业董事长邱太明就定边6万头奶牛智慧牧场二期项目进行洽谈。

20日 延安市宝塔区政协主席魏恒一行来定边县考察。县政协主席苗云，县委常委、统战部部长齐洲，县政协副主席李蕊青陪同考察。

21日 县委书记姬世平到白泥井镇督导检查国家森林督查反馈问题整改工作，副县长、县公安局局长刘长平，县自然资源和规划局、农业农村局、林业局等部门负责同志一同检查。

22日 全县疫情防控工作视频调度会在县委九楼会议室召开，县委书记姬世平参加会议并讲话，县长李胜元主持会议，县委副书记吕瑞卿，副县长高燕、董建勋参加会议。定边街道、各乡镇设分会场。

22日 第七次公共图书馆评估定级省级专家组和市评估小组来定边县开展第七次全国县级以上公共图书馆评估定级工作。

24日 定边县2023年严厉打击违法毁林抢种行为专项行动动员部署现场会在白泥井镇免蒿茆村召开，县委书记姬世平参加会议并讲话。县人大常委会主任马俊飞、县政协主席苗云、县委副书记吕瑞卿等县领导参加会议。会议由吕瑞卿主持。

3月

2日 市委常委、宣传部部长单舒平来定边县调研。单舒平详细了解了定边盐场堡长城遗址公园项目、新时代文明实践站、非遗保护传承和剪纸产业、新能源产业等建设和发展情况，县委书记姬世平，县委常委、宣传部部长刘云霞，副县长黄国栋陪同调研。

3日 教育部安吉游戏省指导组来定边县调研“安吉游戏”课程阶段性实施情况。

6日 定边公安户政大厅为黑龙江籍的孩子成功办理了他人生中的第一张身份证，定边县实现身份证首次申领“跨省通办”。

10日 中国飞行试验研究院考察团来定边县考察并就拟建试飞院定边基地项目召开座谈会。县委书记姬世平参加会议并讲话，县长李胜元主持会议，县委副书记吕瑞卿，县委常委、常务副县长刘浩成，县委常委、副县长王彦强，中国飞行试验研究院副院长张培田及县发改科技局、县财政局等相关部门负责人参加座谈会。

11日至12日 由陕西省体育局主办，定边县教体局承办的陕西省首届“延长石油杯”三人篮球联赛定边赛区比赛在定边县第三中学举行。

14日 全县科级干部学习贯彻党的二十大精神专题轮训班开班。

14日至15日 市政协主席曾德超、副主席拓耀飞一行来定边县调研新能源产业高质量发展情况。县委书记姬世平，县长李胜元等县领导陪同调研。

15日 定边县2023年上半年新兵入伍欢送仪式在县人武部举行。

17日 市长张胜利在定边县调研中央环保督察反馈推沙造地问题整改和重点项目建设工作，县委书记姬世平等县领导陪同调研。

20日 榆林市学习贯彻党的二十大精神媒体编辑记者宣讲团来定边县宣讲，榆林传媒中心副主任呼东荣作宣讲报告。

21日 定边县基层公务员综合素能提升专题研讨班在定边县治沙实践教育中心开班。

28日 副市长徐刚、市政府副秘书长韩玉堂、市交通局副局长刘锦庄等来定边县调研交通重点项目和生态环境保护工作。县委书记姬世平，县长李胜元，县委常委、常务副县长刘浩成陪同调研。

同日 首届榆林市名小吃大赛（初赛）暨定边赛区“寻味盐州”名小吃选拔赛在五洲生态园酒店举办。市商务局局长韩金华，市商务局副局长张伟，县委常委、副县长王彦强，县委常委、统战部部长齐洲等领导参加开幕仪式。

31日 定边县延安精神研究会成立。

本月 白泥井镇入选2022年全国特色产业产值超十亿元镇。

4月

1日 西安市中心医院医务科、眼科相关负责人一行来定边县妇幼保健院开展眼科专科联盟合作签约暨授牌仪式。

3日 定边县举办第六届中小学生诗词大会。全县21所小学、5所高中代表队104名参赛选手及104名挑战团成员进入决赛。

4日 县公安局、县工商联、县气象局等部门单位的党员干部和中小学生在县革命烈士陵园开展清明节祭扫活动。

6日 县长李胜元实地调研定边县城区停车场项目建设工作，副县长沈力，县政府办、发改科技局、住建局、资源规划局等相关部门、定边街道负责人参加调研。

7日 第十七届榆林国际煤炭暨高端能源化工产业博览会在榆林会展中心开幕。县长李胜元带领县代表团参加博览会。此次博览会定边县有石油化工、农产品深加工、新能源装备制造等行业领域16家企业参展。

12日 县公安局民警教育训练基地揭牌并投入使用。

13日 全县370余名机关干部职工在县长城林场义务植树基地参加义务植树。县委书记姬世平、县人大常委会主任马俊飞、县长李胜元、县政协主席苗云、县委副书记吕瑞卿等全体县级领导参加活动。

14日 由县委组织部、县委宣传部、县总工会联合开展的劳模事迹“进学校、进机关、进企业”宣讲活动走进县政府机关、县第四中学。

17日 定边县召开道路交通安全和运输执法领域突出问题专项整治工作动员部署会。县委常委、政法委书记高增刚参加会议并讲话，副县长刘长平主持会议。

21日 定边县召开平安定边建设暨全国市域社会治理现代化试点城市省级验收攻坚会。县委书记姬世平参加会议并讲话，县长李胜元主持会议，县委副书记吕瑞卿，县委常委、纪委书记、监委主任师瑜，县委常委、政法委书记高增刚，县政协副主席尤海旺，县人民法院、县人民检察院等部门及各乡镇相关负责人，县委平安定边建设领导小组各成员单位及市域社会治理现代化工作牵头部门主要负责人参加会议。

23日 由中共定边县委、定边县人民政府主办，县委宣传部、县文化和旅游文物广电局承办的定边县2023年第十四届全民阅读文化节启动仪式在县文化广场举行。

24日 定边县与河北红太集团成功签约定边中欧国际农业产业示范园项目，总投资约6亿元。

25日 定边县2023年第二季度重点项目集中开工仪式在县工业新区第九幼儿园项目施工现场举行。县委书记姬世平、县长李胜元、县委副书记吕瑞卿等县领导参加开工仪式。李胜元主持开工仪式。第二季度共安排集中开工重点项目21个，总投资7.2亿元，年度计划投资4.9亿元。

26日 定边县地下水资源综合整治工作现场推进会在白泥井镇召开，县委常委、常务副县长刘浩成参加会议并讲话，副县长罗志刚主持会议，县水利局、县自然资源和规划局、县农业农村局等相关单位负责人参加会议。

本月 定边县被陕西省委平安陕西建设领导小组命名为省级“2022年度平安县”。

5月

5日 县委书记姬世平到县政务服务大厅、县自然资源和规划局就全县优化营商环境工作和重点项目审批手续办理工作情况进行调研。县委常委、组织部部长党玉飞，县委常委、纪委书记、监委主任师瑜及县发改科技局、县林业局等相关部门负责人参加调研。

8日 定边县第十九届人大常委会召开第九次会议。县人大常委会主任马俊飞主持会议并讲话，县委常委、组织部部长党玉飞应邀参加会议。县委常委、常务副县长刘浩成，县人民法院副院长张军、县人民检察院副检察长方伟宇及县政府组成部门拟任命人员列席会议。会议应到县人大常委会组成人员26人，实到24人。会议表决通过了有关人事任免事项，对4名县人大常委会相关工作机构的工作人员，26名县政府组成部门主要负责同志进行了任命。

同日 定边县与西北大学、陕西润欣盈生物科技有限公司在西北大学长安校区举行产学研合作签约暨“西北大学定边县盐碱地改良教学科研基地”揭牌仪式。县长李胜元，副县长罗志刚，西北大学校党委常委、副校长常江，陕西润欣盈生物科技有限公司总经理黄晓晴及双方相关部门负责人参加签约仪式。

10日 定边县召开“5·12”国际护士节表彰大会。会议表彰了县人民医院骨外科、心血管内科等16个优秀护理单元，表彰了张艳丽、王苗苗等76名优秀护理工作者。

同日 2023年中国品牌日活动在上海世博展览馆拉开帷幕，榆林市作为唯一非计划单列市参加相关活动。定边县新能源产业的装备制造产品和超低铝含量的马铃薯粉条，以红花荞麦为原料的荞麦面粉、荞麦挂面、荞麦枕芯等高品质农特产品参加榆林专场活动。

12日 县委书记姬世平带队赴湖北十堰考察新能源汽车产业项目，县委常委杨孝良和县招商服务中心负责人陪同考察。

17日 市委常委、宣传部部长单舒平来定边县调研长城遗址保护利用和三边红色革命文化等工作。县委书记姬世平，县委常委、宣传部部长刘云霞陪同调研。

同日 定边县举行高级职称晋升暨《榆林市老科技工作者风采录》定边县授发仪式。县委常委、常务副县长刘浩成参加授发仪式并讲话，县老科技工作者协会会长赵海清主持授发仪式，全县的60名老科技工作者参加。

21日 县科协联合县教体局在第三中学组织开展青少年“七巧科技”竞赛活动，全县各中小学576名选手参加竞赛。

22日 县委常委会（扩大）会议召开，会议传达学习习近平总书记在听取陕西省委和省政府工作汇报时的重要讲话精神和省委常委会（扩大）会议、市委常委会（扩大）会议精神，安排部署定边县贯彻落实工作。县委书记姬世平主持会议并讲话，县人大常委会主任马俊飞，县委副书记、县长李胜元等县领导参加会议。

26日 由县健康定边建设工作委员会和县卫健局主办，县卫生健康服务中心承办的首届全民健身操展演活动在县文旅局演播大厅举行。全县机关单位、学校、社区等22支代表队，480多名干部群众参加展演。

同日 榆林市各界人士联谊会农业组来定边县调研丘陵沟壑区农村土地流转情况。

28日 县委书记姬世平带队赴大连考察调研，并与中国科学院大连化学物理研究所副所长、储能技术研究部部长李先锋，中科院洁净能源创新研究院榆林分院院长仁晓光，陕西建工新能源有限公司总经理李卫江等相关负责人进行座谈。

31日 县委书记姬世平带队赴鄂托克前旗考察交流，鄂托克前旗旗委副书记、政府旗长、上海庙经济开发区党工委书记、管委会主任杨颖新陪同考察。

本月 定边公安查处两起网络散布谣言案件，查处违法行为人2人。

本月 红柳沟镇沙场村芝麻香瓜喜获丰收，1200余座大棚芝麻香瓜上市。

6月

1日 县委书记姬世平到第五幼儿园和东关小学看望慰问少年儿童。

3日 定边县2023年千人健身广场舞展演活动暨“大地欢歌 四季村晚”定边县乡村文化活动年启动仪式在县体育运动中心举行。本次活动由县文旅局、县农业农村局、县乡村振兴局主办，县文化馆承办。全县社会各界共27支代表队、近千人参加展演。

3日至4日 定边县“底定边疆杯”毽球邀请赛在县城市运动公园举办。副县长高燕参加活动并宣布比赛开幕。本届比赛邀请陕甘宁蒙青五省24支代表队参赛。

5日 定边县“红丝带爱心助考”文明实践志愿服务活动启动仪式在火车站广场前举行。6日，县慈善协会联合县乐助会慈善志愿者服务团队免费接送考生发车仪式在县慈善协会举行。7日，延定分公司定边南管理所动员青年志愿者踊跃报名，在高考期间为广大考生提供“爱心送考”服务。此次公益送考时间为7日、8日两天，凡是贴有“爱心送考”字样的车辆，考生都可凭准考证免费搭乘。

6日 市委书记张晓光深入到定边县调研乡村振兴和能源产业发展工作。县委书记姬世平，县委常委、副县长王彦强，副县长罗志刚陪同调研。

8日 县长李胜元主持召开全县安全生产、防汛抗旱暨重大事故隐患专项排查整治工作会。县委常委、宣传部部长刘云霞，县委常委、常务副县长刘浩成等县领导参加会议。

12日 市委宣讲团来定边县宣讲学习贯彻习近平总书记在听取陕西省委和省政府工作汇报时的重要讲话精神。报告会邀请市委理论讲师团原团长雷润峰作宣讲报告。

15日 定边县与榆林中科洁净能源创新研究

院、陕西建工新能源有限公司召开座谈会，并与陕西建工新能源有限公司签订年产3GW钒电池生产项目合作协议。

同日 县消防救援大队在献忠广场开展消防宣传“进社区”活动，并为社区消防试点单位定边街道兴源社区揭牌。定边街道兴源社区成为全县首个社区消防试点单位。

26日 市人大常委会副主任米劲一行来定边县调研定边民用机场项目建设推进情况，县委常委、常务副县长刘浩成，县人大常委会副主任任学友陪同调研。

26日至27日 县委书记姬世平一行赴青海茶卡盐湖考察交流。

28日 定边县与中欧经济技术合作协会召开座谈会，县委书记姬世平参加会议并讲话，县委常委、副县长王彦强，县委常委杨孝良，中欧经济技术合作协会副理事长、中欧协会驻西安办事处主任魏龙，市政府招商干部任原参加会议。

30日 陕甘宁盐环定扬黄定边供水提升改建牛宋王泵站工程开工仪式在盐池县冯记沟乡牛家口子村举行。县委书记姬世平参加仪式并宣布开工，县长李胜元主持仪式，市引黄局局长王皓介绍项目情况，副县长罗志刚参加开工仪式。工程总投资2.125亿元，位于盐池县冯记沟乡、大水坑镇。

7月

1日 第十四届全国政协委员、中国美院建筑学院院长、著名建筑师王澍一行来定边县调研文旅产业开发情况。县委书记姬世平，县政协主席苗云，县委常委、宣传部部长刘云霞，副县长黄国栋参加调研座谈。

4日 市政协副主席王志强来定边县开展巡林工作。县人大常委会副主任任学友、副县长董建勋、县政协副主席尤海旺陪同巡林。

6日 县委书记姬世平一行到湖北兴发集团宜昌新材料产业园考察交流，兴发集团党委书记、董事长李国璋参加交流座谈。

7日 定边县2023年第三季度重点项目集中开工仪式在县产业园区标准化厂房建设项目施工现场举行。县委书记姬世平、县人大常委会主任马俊飞、县长李胜元、县政协主席苗云等县领导参加开工仪式。此次集中开工项目26个，占全年项目总数的24.3%，总投资45.1亿元，年度计划投资22.1亿元。

10日 县长李胜元带队赴青岛招商考察，并与东旭集团有限公司执行总裁高超、北京京能清洁能源电力股份有限公司西北分公司副总经理赵永安等进行座谈。

同日 北京林业大学、华东师范大学暑期实践队来定边县荣兰荒漠治理有限责任公司开展“治沙精神”访谈实践活动。

11日 榆林市教育系统各类模范先进事迹报告团巡回报告会在县第四中学报告厅举行。全县中小学、学区、幼儿园以及民办学校教师代表参加报告会。

12日 县长李胜元主持召开防汛工作专题会议，县委常委、常务副县长刘浩成，副县长沈力、罗志刚参加会议。

16日 第二十四届中国马铃薯大会在黑龙江省齐齐哈尔市开幕，大会以“马铃薯产业与种业创新”为主题。县委书记姬世平、县人大常委会主任马俊飞及县发改科技局、县财政局、县农业农村局等相关部门负责人参加大会。大会期间，姬世平一行还前往北大荒集团黑龙江克山农场有限公司考察交流。

17日至18日 县住建局、县政府督查室、县公安局等12个部门单位联合执法，对县域内无资质混凝土搅拌站开展专项取缔行动。

20日 县委书记姬世平带队赴深圳市考察学习智慧城市建设、智慧政务服务、材料产业发展和商显屏幕制造等工作。

21日 县委书记姬世平与榆林旅投公司董事长李军、西安财经大学教授马震等调研定边县盐湖文旅项目开发用地情况，并举行座谈会。县长李胜元，县委常委、宣传部部长刘云霞，县委常委、副县长王彦强，副县长黄国栋，县委办、县工贸局、县文旅局、盐场堡镇等部门和乡镇负责人参加调研座谈。

26日 省农业农村厅副厅长任步学一行来定边

县调研农业农村工作。县长李胜元、副县长罗志刚陪同调研。

同日 榆林市第一届志愿服务项目大赛决赛在榆林举行，由定边县新时代文明实践中心推送的关爱特殊少年儿童“送教上门”“红色周末”志愿服务项目分别荣获三等奖和优秀奖。

本月 定边县荣获陕西省人民政府2022年度全省县域经济高质量发展考核优秀县。

本月 定边县5座新能源汽车充电站建成投用。

本月 定边县20万亩夏熟马铃薯喜获丰收。

8月

1日 宝应定边两地人才交流座谈会在定边县召开，扬榆协作宝定联络组组长邹恺参加会议并讲话。宝定对口联络组全体人员，宝应县援定11名人员及两地人社局、农业农村局、卫健局相关人员参加座谈会。

7日至9日 省农业农村厅考评组来定边县开展第三批创建国家级农产品质量安全县评估验收工作，市农业农村局党组成员宫向华、副县长罗志刚陪同考评验收。

8日 中国共产党定边县第十九届委员会第五次全体会议在县委九楼会议室召开。全会由县委常委会主持。县委书记姬世平代表县委常委会讲话。全会审议通过了《关于“五个定边”建设三年行动的实施意见》。

11日 定边县行政审批服务局荣获2022年度榆林市12345政务服务便民热线“卓越奉献奖”。

12日 “清爽榆林”中国·定边第六届红花荞麦文化旅游节暨农民丰收节在白湾子镇张山村开幕。市人大常委会副主任常少海参加开幕式并宣布定边县第六届红花荞麦文化旅游节暨农民丰收节开幕。

13日 市委书记张晓光在定边县调研项目建设和产业振兴等工作。

15日 县委书记姬世平与原中央驻澳门联络办副主任、国务院参赞宗光耀举行会谈。县委常委、常务副县长刘浩成，县委常委、统战部部长、县总工会主席齐洲，海南公益研究院执行院长黄浩明，华夏绿洲助学行动组委会主任王爱军，县慈善协会会长马保珍参加会谈。

18日 银川陕西定边商会挂牌成立。

20日 宝应县委书记张小辉率党政考察团来定边县考察，定边县委书记姬世平，宝应县人大常委会主任陈金荣，县委常委、组织部部长陈五湖，定边县人大常委会主任马俊飞，县长李胜元，县委常委齐洲、邹恺，副县长罗志刚等参加考察。

24日 定边县召开第七次全国人口普查表彰暨第五次全国经济普查动员部署会，县委常委、宣传部部长刘云霞主持会议，县委常委、常务副县长刘浩成参加会议。

25日 定边县普降小到中雨，降水过程中，县气象局适时开展人工增雨作业。截至当日19:00，最大降雨量达39毫米，有效缓解了入夏以来的旱情。

25日至27日 县委书记姬世平带队赴新疆乌鲁木齐市、五家渠市招商考察。

30日 定边县消费助农工作专题会议在县委六楼常委会议室召开，会议听取西瓜销售情况及各相关部门建议，专题研究解决西瓜滞销问题。县委书记姬世平参加会议并讲话，县委常委、组织部部长党玉飞、县发改科技局、县农业农村局等部门负责人参加会议。

本月 定边县千年盐湖南美白对虾成功上市。

9月

1日 陕西·定边县重点产业推介恳谈会在苏州市召开。陕西省商务厅一级调研员、省投资和贸易促进中心主任蔡玉琼，县长李胜元参加会议并分别致辞，陕西省投资和贸易促进中心副主任杨耀富，榆林市外事和对外经济协作局副局长李浩参加会议，县委常委、副县长王彦强主持会议，县政府办、产业园区管委会、发改科技局、财政局、人社局、工贸局，招商服务中心等部门单位负责人参加会议。

1日至3日 县委书记姬世平带队赴扬州市、宝应县学习交流、招商考察，宝应县委书记张小辉陪同考察。

5日 定边县召开县展览馆布展装修项目文案审定会议。县长李胜元参加会议并讲话，县委常委、宣传部部长刘云霞，县委常委、副县长王彦强，副县长黄国栋，县委办、政府办、产业园区管委会等相关部门负责人及县展览馆布展装修项目文案审定专家组成员参加会议。

6日 定边县与国能集团国华投资陕西分公司举行座谈会，双方决定，国华能源投资陕西公司10万千瓦光伏项目年底开工。该项目位于白泥井镇大水村，用地约2500亩，总投资5.6亿元，项目全部建成投产后，预计可实现年发电量近1.8亿千瓦时。

同日 定边县庆祝第39个教师节暨教育高质量发展推进大会在第四中学报告厅召开。县委书记姬世平参加会议并讲话。县人大常委会主任马俊飞、县长李胜元等县领导参加会议。李胜元主持会议。

同日 定边县档案馆开馆揭牌。

8日 全县城镇燃气安全专项整治工作动员会在县政府东五楼会议室召开。

10日起 定边县交警大队在城区设立了6个专项整治点，全面开展摩托车、电动车交通违法专项整治行动。

11日 由中共榆林市委宣传部、榆林市林业和草原局、榆林市新闻工作者协会联合组织开展的“弘扬生态治理‘三北’精神 创造荒漠化防治新奇迹”主题采访团走进定边县，来自各省级媒体驻榆记者站、榆林传媒中心和12县市区融媒体中心的记者30余人，实地采写报道近年来定边县生态文明建设所取得的新成效。定边县城郊防护林总造林面积8216亩，四周距县城中心平均7.2千米，总控制防护面积208平方千米。

同日 县人社局劳动保障监察大队为18名劳务工人处置拖欠工资12万余元。

12日 定边县慈善工作大会在五洲生态酒店召开。省慈善协会会长吴前进、省慈善协会副会长赵浩义、市慈善协会会长刘洪应邀参加会议。县委书记姬世平，县人大常委会主任马俊飞，县长李胜元，县委常委、组织部部长党玉飞，副县长高燕，县慈善协会会长马保珍参加会议。李胜元主持会议。会上，陕西省慈善协会向定边县慈善协会捐赠款物100万元；中国盐业集团有限公司与定边县人民政府共同设立“教育帮扶基金”1400万元；陕西智诚运势实业集团有限公司捐赠设立慈善冠名基金5000万元；许昌晶森电气有限公司、市教育局、陕西瑞尔天然气有限责任公司、定边县众源天然气公司等捐赠慈善资金共计2683万元；厦门万泰沧海生物技术有限公司捐赠价值33万元的疫苗物资。

同日 县委书记姬世平与华油集团党委书记、执行董事赵厚川座谈，双方就深化合作、共谋发展进行深入交流。县长李胜元，县委常委、副县长王彦强参加座谈。

19日 第三十届中国杨凌农业高新科技成果博览会在杨凌农业高新技术示范区开幕。定边100余种优质农产品亮相，成功签约2个项目，总投资16.5亿元。

21日 定边县第十九届人大常委会召开第十一次会议。会议应到常委会组成人员25人，实到23人。会议表决通过了接受刘长平辞去定边县公安局局长职务，任命邹恺、史伟兵为定边县人民政府副县长，王剑为定边县人民政府副县长、县公安局局长；会议还对其他人事进行了任免。

25日 2023年第三季度市级巩衔重点工作督导反馈问题整改动员会在县委九楼视频会议室召开。县委书记姬世平参加会议并讲话，县人大常委会主任马俊飞、县长李胜元、县政协主席苗云等县领导在主会场参加会议。

26日 由中共定边县委、定边县人民政府主办，定边县委组织部、县委宣传部、县总工会承办的“礼赞新时代 声润白于山”全县干部职工合唱大赛在第四中学举行。

27日 榆林市民族团结进步宣传月系列活动走进定边。县委书记姬世平、市民族宗教事务局局长薛建文参加活动并讲话，县长李胜元，县委常委、常务副县长刘浩成参加活动，市民族宗教事务局副局长张琪瑄宣读了《铸牢中华民族共同体意识倡议书》，县委常委、统战部部长、县总工会主席齐洲主持活动。

本月 定边县公安局打掉一网络赌博犯罪团伙。涉赌资金200余万元，参赌人数56人。

10月

8日　全县耕地保护重点工作暨土地违法问题整改推进会在县政府东五楼视频会议室召开。县长李胜元参加会议并讲话，副县长沈力主持会议。

9日　定边县2023年第四季度重点项目集中开工仪式在县农业科技示范区年产6万吨重型非标压力容器制造项目施工现场举行，县委书记姬世平宣布开工。县人大常委会主任马俊飞、县长李胜元、县政协主席苗云等县领导参加开工仪式，李胜元主持开工仪式。此次集中开工项目12个，总投资50.1亿元，年度计划投资20.8亿元。

11日　参加全省大豆玉米带状复合种植暨小杂粮技术现场观摩培训会的市、县（区）农技推广中心相关负责人50余人来定边县实地观摩。

11日至12日　榆林市人大常委会党组成员、副主任高明伟带领市人大常委会农工委来定边县调研重大水利工程建设情况，县人大常委会主任马俊飞、副县长罗志刚参加调研。

15日　定边县首家眼科医院定边康泰眼科开诊。

17日　榆林市人大常委会副主任、市总工会主席冯光宏来定边县开展巡林工作并调研基层信访矛盾源头预防化解和加强县域工会工作。县委书记姬世平、县人大常委会主任马俊飞等县领导参加调研。

同日　“学习强国”定边融媒号正式上线。

20日　县长李胜元带队赴安徽省合肥市阳光电源股份有限公司招商考察。县政协主席苗云，县委常委、副县长王彦强，县委常委、政法委书记高增刚一同考察。

同日　县政协主席苗云赴安徽宣城市中青欣意铝合金电缆有限公司开展考察招商工作。县委常委、政法委书记高增刚一同考察。

同日　定边县向阳小学、贺圈小学、新乐小学、惠民小学等8所学校纳入陕西省STEM教育协同创新实验学校。

24日　定边县2023年九月物资交流大会在工业新区汇美万家西侧开幕。本次物资交流大会会场占地1600平方米，设有娱乐、商贸、美食三大区域，来自全国各地约400家商户在大会现场设置点位。会期15天。

26日　县委书记姬世平主持召开学习贯彻习近平新时代中国特色社会主义思想主题教育工作推进会。县委常委、组织部部长党玉飞参加会议。

27日　陕西省水土保持重点工程现场推进会在定边县召开，省水土保持工作领导小组副组长、水利厅厅长郑维国参加并讲话，省水利厅副厅长宇涛主持。副市长沈效功致辞。县委书记姬世平、县长李胜元、副县长罗志刚参加会议。

同日　定边县首届“学习强国”学习平台挑战答题竞赛在县文旅局演播大厅举行。县委常委、宣传部部长刘云霞参加活动并为获奖选手颁奖。本届竞赛有42支代表队126名选手参加，经过选拔和复赛闯关，有6支代表队18名选手进入决赛。

29日　定边县荣获农业农村部“国家农产品质量安全县”称号。

11月

3日　定边县召开荞麦产业发展调研座谈会。县委书记姬世平参加会议并讲话，县委常委、副县长邹恺主持会议，副县长罗志刚，江南大学食品科学与工程博士彭伟，以及县委办公室、县发改科技局、县农业农村局等相关部门，定边县塞雪粮油工贸有限责任公司、陕西定之荞农业科技有限公司等荞麦加工企业代表参加会议。

6日　县委书记姬世平带领定边县代表团赴上海参加第六届中国国际进口博览会，并到上海市部分企业考察交流。

同日　市关工委向定边县石光银治沙展馆、“国家工业遗产——定边盐场”授“榆林市青少年教育基地”牌。市关工委副主任张春生、市关工办主任任文国、县政府二级调研员王国伟参加授牌仪式。

7日　定边县与榆林旅投公司签订了定边盐湖文旅康养小镇《战略合作框架协议》。

8日　县融媒体中心举办首届干部职工技能大赛。

10日 省科技厅副厅长王军带领考察组来定边县考察高新区创建工作。市委常委、副市长赵勇，县委书记姬世平，县长李胜元，县委常委、副县长王彦强，县委常委、统战部部长、县总工会主席齐洲陪同考察。

14日 赛迪顾问机构发布《2023西部县域经济百强研究》，定边县位列第65位。

同日 县委书记姬世平为定边中学870余名师生代表讲授思政课，副县长高燕主持。

15日 定边县2023年羊产业高质量发展座谈会在五洲生态酒店召开。县人大常委会主任马俊飞参加会议并讲话，榆林市羊产业发展中心主任南风，西北农林科技大学教授张恩平等专家，县委常委、统战部部长、县总工会主席齐洲，副县长罗志刚参加会议。会议由齐洲主持。

16日 定边县举行社会化拥军企业（门店）集中授牌仪式。会议为全县首批32家企业和门店授牌，其中“拥军企业”4家、“双拥酒店”4家、“双拥影院”1家、“拥军景区”1家、“拥军门店”22家。

20日至21日 省委第七巡回督导组成员谢文海、徐西武，市司法局局长刘静妮，市中院副院长高永颖一行来定边县调研能源型城市法治化路径工作并召开土地确权系列案件座谈会。县长李胜元，副县长沈力、王剑陪同。

21日 定边县2023年度村“两委”成员及村干部后备力量集中培训班（第一期）在县委党校开班，212名村“两委”成员及村干部后备干部参加培训。

21日至22日 市委常委、统战部部长王华胜来定边县调研民营经济发展情况。县委书记姬世平，县委常委、副县长王彦强，县委常委、统战部部长、县总工会主席齐洲参加调研。

22日 中国工程院2023年院士增选结果揭晓，定边籍吕剑当选中国工程院院士。

25日 西安交大二附院定边籍专家及特邀专家团队李和程一行来定边县开展“情系家乡 心系健康”义诊活动。

30日 定边县第一届文明实践志愿服务项目大赛（决赛）在县委九楼视频会议室举办。本次大赛由县委宣传部、县委文明办主办，县新时代文明实践指导中心承办，以“文明定边 志愿同行”为主题，有26个优秀志愿服务项目参赛，选出12个志愿服务项目进入决赛阶段。

本月 定边县万亩高粱喜获丰收。2023年全县高粱种植达5.5万亩，产值预计将达到8800万元。

本月 全国保护母亲河行动领导小组评选出第十一届“母亲河奖”，“长庆姬塬油田黄3区CCUS国家示范工程项目”喜提“绿色项目奖”提名。

本月 以儿童为主的肺炎支原体感染高发，定边县各医院儿科门急诊、发热门诊就诊患儿数量增加。全县卫生健康系统统筹医疗资源力量，最大限度提高接诊收治效能。

12月

1日 定边县小吃协会成立大会在杨老大羊羔肉餐厅举行。县政协专职常委扈僚峰为定边县小吃协会揭牌。

2日 2023年榆林市《国家体育锻炼标准》达标测验赛·定边站在县体育运动中心举行。副县长高燕参加活动并宣布比赛开幕，省田径运动管理中心群体科、市体育局群体科及全县相关单位负责人参加开幕式。全县各中小学生和相关部门单位干部职工500余人参加比赛。

5日 “三边裕隆”红薯淀粉出口韩国首发仪式在定边县产业园区举行。省商务厅国际投资促进处处长门旭龙参加仪式并宣布发车，县长李胜元、市商务局副局长王畅、榆林海关关长卫晓波、县人大常委会副主任任学友等参加仪式，县委常委、副县长王彦强主持仪式。

9日 定边县颁发榆林市首本“土地承包经营权不动产权证书”。

10日 市委常委、市纪委书记、市监委主任牛钧来定边县调研督导工作，县委书记姬世平，市监委委员、第五监督检查室主任王铭，县委常委、纪委书记、监委主任师瑜陪同调研。

12日 由县教体局、定边街道主办的定边县

2023年“体彩杯”首届社区运动会在县体育运动中心举办。定边街道的13个社区、240余人参加比赛。

18日 县委书记姬世平到中国兵器工业集团第204研究所看望慰问定边籍中国工程院院士吕剑。县委常委刘云霞、党玉飞、齐洲，西安市定边商会会长魏云章参加慰问。

同日 县委书记姬世平到省级驻定边帮扶团相关单位对接交流，县委常委、统战部部长、县总工会主席齐洲，副县长史伟兵参加活动。

22日至24日 由县教体局主办、县体育运动中心协办的首届校园跳绳比赛在县第九小学举行。全县各中小学学生、教师共47支代表队、1400余人参加比赛。

26日 毛泽东诞辰130周年纪念日。由定边县老年大学、定边县延安精神研究会、边城有声美文文化志愿者工作室联合主办的纪念毛泽东诞辰130周年诗词朗诵会在县老年大学举行。

同日 定边县扫黑除恶斗争推进会在县委九楼会议室召开。县委常委、政法委书记、县扫黑除恶领导小组组长高增刚参加会议并讲话，副县长、县公安局局长、县扫黑除恶领导小组副组长王剑主持会议。各乡镇、各成员单位相关负责人，县委政法委各科室负责人参加会议。

本月 定边县救助一只国家二级保护动物——凤头�鹏。

中国共产党定边县委员会

组织机构

书　记　姬世平
副书记　李胜元
　　　　吕瑞卿（　—2023.4）
常　委　刘云霞（女）
　　　　党玉飞
　　　　刘小宁
　　　　刘浩成
　　　　师　瑜
　　　　王彦强
　　　　高增刚
　　　　齐　洲
　　　　石庆贺（　—2023.3，挂职）
　　　　郝　骥（　—2023.7，挂职）
　　　　杨孝良（2023.4—　）
　　　　邹　恺（2023.7—　）

重要会议

【中国共产党定边县第十九届委员会第四次全体会议】1月7日，中国共产党定边县第十九届委员会第四次全体会议在县委九楼会议室召开。全会以习近平新时代中国特色社会主义思想为指导，认真学习宣传贯彻党的二十大精神和习近平总书记来陕考察重要讲话重要指示，贯彻落实中央经济工作会议、省委十四届三次全会、省委经济工作会议、市委五届四次全会精神，审议通过《中共定边县委关于深入学习宣传贯彻党的二十大精神 奋进中国式现代化新征程 谱写定边高质量发展新篇章的实施意见》，总结2022年全县工作，分析研判当前形势，安排部署2023年工作任务，动员全县上下解放思想、改革创新、再接再厉，以只争朝夕、乘势而上、接续奋斗、勇毅前行的精神状态，奋力谱写定边高质量发展新篇章。全会由县委常委会主持。会议应出席县委委员41人、县委候补委员8人，实到县委委员35人、县委候补委员7人，因病因事请假7人，到会人数符合规定。

姬世平代表县委常委会向全会作报告，并就今年重点工作进行安排部署，李胜元安排部署全县经济工作，吕瑞卿就《中共定边县委关于深入学习宣传贯彻党的二十大精神 奋进中国式现代化新征程 谱写定边高质量发展新篇章的实施意见》作起草说明。

会议指出，2022年是定边发展史上极不寻常的一年，面对世纪疫情、历史汛情、极端旱情叠加、经济下行、消费收缩、投资趋紧的复杂困难局面，县委常委会坚持以习近平新时代中国特色社会主义思想为指导，认真学习宣传贯彻党的二十大精神，坚持稳中求进工作总基调，完整准确全面贯彻新发展理念，以供给侧结构性改革为主线、高质量发展为主题，以党的建设为保障，团结带领全县上下稳经济、战疫情、保民生、护稳定，经济社会发展和党的建设各项事业迈出新步伐。

会议强调，2023年是学习宣传贯彻党的二十大精神、奋进中国式现代化的开局之年，定边发展虽然面临严峻挑战，但更面临千载难逢的战略机遇。全县上下要统一思想、统筹兼顾、全面发力，抢抓机遇、乘势而上、顺势而为、应势而行，以建设富裕、绿色、文明、幸福、魅力“五个定边”为目标，聚焦高质量发展，实施“九大产业”工程，统筹推进稳增长、促改革、调结构、惠民生、防风险、保安全各项工作，以工作的确定性应对一切不确定性和挑战，以正确的策略、战略应变局、育新机、开新局，一锤接着一锤敲、一张蓝图干到底，加快推进“两区一中心”建设，奋力谱写中国式现代化新征程中定边新时代高质量发展新篇章。

【中国共产党定边县第十九届委员会第五次全体会议】8月8日，中国共产党定边县第十九届委员会第五次全体会议在县委九楼会议室召开。全会以习近平新时代中国特色社会主义思想为指导，深入学习贯彻习近平总书记在听取省委和省政府工作汇报时的重要讲话精神，贯彻落实省委十四届四次全会、市委五届五次全会精神，总结全县上半年工作，分析研判当前形势，安排部署下半年重点工作任务，审议通过了《关于“五个定边”建设三年行动的实施意见》，统一思想，明确任务，激发干劲，动员全县上下奋力追赶、敢于超越，加快“两区一中心”和“五个定边”建设步伐，为谱写中国式现代化建设的陕西新篇章作出定边应有贡献。

全会由县委常委会主持。县委书记姬世平代表县委常委会讲话。县委副书记、县长李胜元安排部署全县经济工作，并就中共定边县委《关于“五个定边”建设三年行动的实施意见》（审议稿）作起草说明。全会认为，县委十九届四次全会以来，县委常委会坚定拥护“两个确立”、坚决做到“两个维护”，深入学习贯彻习近平新时代中国特色社会主义思想和党的二十大精神，贯彻落实习近平总书记历次来陕考察重要讲话重要指示精神，将“三个年”活动贯穿各项工作始终，锚定“两区一中心”和“五个定边”奋斗目标，以新的思路举措、新的精神状态推进各方面工作，全县党的建设和经济社会发展各项事业取得新成效、呈现新气象。

县委办公室工作

中共定边县委办公室

主任、机关党委书记、改革办常务副主任 高生龙
副主任 丁立山（ —2023.7）
副主任 屈培东（2023.7— ）
机关党委副书记、纪委书记 曹军
机关党委委员、正科级督查专员 钟学博（ —2023.4）
机关党委委员、机关服务保障中心主任 姚秋平
改革办专职副主任 李彦龙（ —2023.7）
机关党委委员、机要室主任 屈彩利
机关党委委员、深化改革研究中心主任 贺占河
机关党委委员、纪检组组长 车应君（2023.9— ）
副主任 王志敏（ —2023.6，挂职）

【概况】县委办公室是县委的综合办事结构，是县委工作运转、承上启下、协调左右和沟通内外的枢纽机关，承担着参谋助手、综合协调、督查督办、后勤保障等职责。机关内设政秘股、综合股、督查室、机要室、保密办公室、档案行政股、总务后勤股、资产财务股、党务综合室、机关工会、保卫科（信访室）11个股科室，加挂县国家保密局、县密码管理局、县档案局3块牌子，代管县委全面深化改革委员会办公室、县委生态文明建设委员会办公室、县委国家安全委员会办公室3个机构，下设县委信息综合室、县委深化改革研究中心、县委机关服务保障中心、县接待服务中心4个事业单位和县

委史志编纂研究中心 1 个参公事业单位。

【提供高效率信息传递】一是加强信息收集整理。畅通信息渠道，多方面收集、整理乡镇、部门单位报送信息 600 余条，编发《定边信息》24 期、《信息专报》234 期，向省、市党委办公厅室报送综合类信息 274 条，报送率 12 个月连续排名全市前列。二是加强网络留言办理，全年办理回复各类网络留言 31 条，其中市委交办 3 条，办结率达到 100%。三是做好信息服务工作。收集整理反映人大代表、政协委员和社会各界对上级党委工作有针对性和建设性的意见建议 20 条。四是加强紧急信息报送。对重大突发事件、紧急灾情险情、重大交通事故、重要社会动态等重大紧急信息，做到反应敏捷、采编迅速、报送及时，并针对采编信息的内容，跟踪调研，及时续报相关信息，受到市委信息室充分肯定。

【通讯安全】牢牢把握“党管密码”原则，切实加强机要密码管理。一是严格执行密码工作制度和工作流程，严格执行 24 小时值班制度，做到室不离人、人不离室，确保了密码绝对安全。二是确保密码设施设备规范化，认真落实加密传真机、可视电话等安装物理环境，建设完成加密视频会商系统。三是高效做好机要文电接受发送工作，全年累计办理明密电报 199 份，陕西省电子政务内网公文交换系统收文 1175 份，发文 234 份；接收传真 50 余份。未出现文件压误、丢失、泄密、错报现象，实现了密码工作“零事故”目标，确保了全县密码通信工作的绝对规范、安全、畅通。

【保密工作】一是加强组织领导。认真落实保密工作责任制，依法履行保密行政管理职能，全年无失泄密事件发生。二是加强保密制度建设。修订完善了《县委保密委员会工作制度》《县委办公室保密工作制度》，为保密工作强化了制度保证。三是加强涉密文件管理和销毁。对涉密文件从登记、转出、传阅、借阅、归档、销毁等环节进行全程监控，全年从未出现丢失、私存、外传或随意复印等情况。四是加强保密宣传，精心组织开展保密宣传月活动，利用LED屏、电视台播放、发放保密手册和保密教育笔记、制作警示教育片、发送保密手机短信等方式，营造保密工作浓厚氛围。五是加强保密业务建设，以党政机关及计算机网络为重点，严格规范各级机关计算机信息系统保障；认真做好电子政务内网交换系统平台建设，全程参与和指导高、中考保密工作，圆满完成保密工作任务。六是抓好保密文化建设，组织各级各部门参加“保密故事大家讲”微视频征集评选活动、保密专题党课宣讲，集中观看保密警示教育片，被省委保密委、省国家保密局联合表彰为全省保密通联工作先进单位。

【机关信访】进一步规范县委机关信访接待工作，强化信访室工作力量，完善信访登记、疏导、交办、督办等制度，夯实信访接待、归口办理等责任，全年县委信访室共接待信访群众 84 批 853 人次，转交县纪委受理 7 批 7 人次，协调召开重点案件听证会 10 次，协调化解比较复杂的信访矛盾 5 件，编办《信访简报》4 期，实现了县委机关秩序良好、群众诉求得到解决、社会舆论普遍向好的目标。

【跟踪督查督办】一是持续跟踪督办领导批示指示及交办事项。对督查工作事项实行项目化分工、清单化推进、时限化管理、责任化落实，明确专人专办，突出闭环管理，严格对账销号，确保交办工作不漏项、有人盯、能落实。全年完成县委书记交办工作清单和重要会议确定事项督查任务 80 余件次，完成市委督查室交办事项 90 余件次。二是跟踪督办全县重点工作推进情况暨月度现场会任务。通过现场督查、座谈督办、电话督查等方式对任务清单逐项进行督查督办，对推进缓慢的工作次月继续进行跟踪督办。全年共开展 10 次重点工作督查督办，形成通报 10 期，每月重点工作完成率基本在 90%以上。三是整合督查事项实施综合督查，紧紧围绕全县中心工作，以落实主题教育、封山禁牧、散煤取暖、市域社会治理、撂荒地整改、防汛抗旱、巩衔等为重点，联合相关部门单位成立综合督查组，分批次开展督查，有效减少交叉督查、多头督查，有力推动了急难险重任务的完成。实地入户抽查乡镇、街道 200 余户散煤取暖及一氧化碳报警器安装情况；

抽查乡镇、街道及防汛重点部门工作开展情况，不断增强督查工作权威性、有效性。四是实施专项查办，坚持关注民生、服务基层，针对政协代表提案办理、肆意毁林抢种、五级五长“三问三访”、人居环境卫生、农村户厕改建等民生重点问题，抽查乡镇（社区）720 名五级五长“三问三访”工作开展情况，督导跟进政协代表提案办理 16 件，做到真督实查，限时督办整改或现场整改，有效促进了工作落实。

【机关服务保障】围绕建好县委“巩固后院”职责要求，进一步修订完善了财务管理制度、机关灶管理制度、周转房使用管理制度、车辆管理制度、采购与资产管理制度等，有效规范机关日常运转。全面加强机关后勤服务保障工作，进一步规范管理机关物业服务公司、机关餐饮服务公司，精细化做好停车、机关灶用餐、卫生保洁等工作，常规开展水、电、暖设施维护等工作。加强安全保卫工作，强化日常值班和门房、信访室管理工作，切实夯实“防火、防盗、防破坏、防事故”的四防举措，确保机关安全。

【公务接待】完成县接待服务中心转隶工作，认真贯彻中央八项规定及其实施细则精神，严格执行《党政机关公务接待管理规定》《榆林市党政机关国内公务接待管理办法》等，进一步规范各项公务接待活动，细化完善公务接待管理制度。

【深化改革】建立完善“三位一体”抓改革工作机制，坚持问题导向、目标导向、结果导向，审定改革事项，研究改革措施，部署改革任务，共确定改革任务 75 项，其中：承接上级改革任务 56 项，自主改革任务 19 项，小切口改革 10 项。认真谋划本级自主改革任务，制定出台年度工作要点，通过台账式管理办法，进一步明确各项任务的成果形式、进展时限以及牵头部门、配合部门等。全年协调召开县委全面深化改革委会议 4 次，协调推进各领域改革事项，审议专项改革方案 12 个。组织开展 2 次改革督查，覆盖承担改革任务的全部部门；向市委改革办报送改革信息 23 条，编办《定边改革》23 期，向乡镇部门编制印发《改革案例汇编》资料 500 本。通过中国组织人事网、陕西日报、榆林改革等，积极宣传定边做法，形成深厚的改革氛围。

【史志编纂研究】一是推进志鉴编纂出版。新编《定边县志》出版发行，《定边年鉴》（2023 卷）已由中国文史出版社公开出版发行。《中国共产党定边县历史》第三卷（1978-2012）资料征集和编修的筹备工作正在有序进行。二是科学规范评审指导各类志书。精心指导《姬塬镇志》《定边四中校志》《定边县人民医院志》《定边县组织史资料》（第五卷）编纂工作，完成送审稿专业评审。三是打造精品读物。精心编辑出版《春秋》季刊 4 期，每期发行 1500 余册。四是加强革命遗址保护工作。在全县 50 余处革命遗址设立了标识，树立历史纪念碑，为进一步开发、保护、利用打好基础。五是打造高素质专业人才队伍，建立定边县史志专家人才库，面向全县选聘 7 名史志专家，为全县史志事业发展提供智力支撑。六是做好史志宣传工作，办好“定边史志”公众号，讲述党史红色故事，介绍定边地情风物，全方位推介史志资源，传播史志文化，弘扬史志精神，七是积极开展党史“七进”活动。党史宣讲、党史书籍走进机关、乡镇、社区、学校、档案馆、图书馆、老年大学，党史工作宣传面不断扩大，影响力持续增强，地方志的“存史、资政、育人”功能进一步发挥。

【档案行政管理】一是强化档案行政执法检查。认真贯彻落实《档案法》《档案法实施办法》和《陕西省档案条例》，完成对 19 个乡镇、街道和 50 个部门单位档案工作的执法检查和年检工作。二是强化档案业务指导。对安边镇、巡察办、财政局采购中心、联防办等 48 个单位档案整理工作进行业务指导，规范完成文书档案资料整理归档。三是强化档案知识普及宣传。以“6·9 国际档案日”、“9·5《档案法》颁布纪念日”、“12·4 宪法日”等活动为载体，开展了形式多样、内容丰富、特色鲜明的主题活动，进一步提升档案工作社会知晓率，提升全民重视档案、利用档案、保护档案的意识。四是强化服务基层基础工作，全年共接待有档案办理需求群众1512人次，开具证明1600多份，打造安边镇和十里沙村两个乡村振兴档案示范点，已通过市级验收和挂牌，定边县被榆林市确定为市级乡村振兴档案工作示范县。

（徐荣贵）

组织工作

中共定边县委组织部

部　　长　党玉飞
常务副部长　张明山
副 部 长　刘英明（　—2023.04）
任正宝
部务委员　屈永军　赵晓红（女）　张国兴
钟学刚　张生万

【概况】 中共定边县委组织部成立于1936年6月，机关行政编制17名，下设事业单位5个。行使的主要职能有：1.贯彻落实新时代党的组织路线，负责全县党建工作、干部工作、公务员工作、人才工作的宏观管理与指导；组织开展新时期党的建设理论研究。2.贯彻落实新时代党的建设总要求，制定全县基层组织建设的意见，并组织实施；负责全县党员的管理、教育和发展工作；负责组织员队伍管理；负责党务信息管理和党员信息统计工作。3.贯彻落实党的干部人事工作路线、方针、政策，研究和指导全县干部人事制度改革工作；制定或参与制定干部人事工作的有关政策、规划，并予以组织落实；研究和指导全县各级党组织领导班子思想、组织、作风意见建设工作，督促指导县管领导班了民主生活会情。4.承担县委管理的领导班子和领导干部的考察工作，提出调整配备的意见、建议；办理县委管理的干部任免、调整、待遇、退（离）休等审批手续；协调管理省市驻定单位的领导班子和领导干部；指导全县干部档案管理工作，负责党员干部的条件工作。5.组织落实培养选拔优秀年轻干部、妇女干部、少数民族干部和党外干部工作；负责和指导参照公务员制度管理的有关工作；承担县委管理干部的调配、交流及军转干部的安置工作。6.负责对干部选拔任用工作、县委管理的领导干部和公务员的监督；承担有关干部问题的审查和调查核实工作；负责全县因公出国（境）人员、因私出国（境）科级领导干部的审查和宏观管理工作。7.负责全县公务员录用调配、考核奖惩、培训和工资福利等事务；负责公务员法及其配套法规制度在全县的组织实施和督促检查；负责公务员日常管理工作。8.负责全县干部教育培训工作的规划指导和督促检查工作，制定干部教育培训工作有关政策和规划，组织实施县委管理的干部和公务员的教育培训工作。9.贯彻落实党管人才工作路线、方针、政策，负责全县人才工作的宏观管理和综合协调工作；研究制定人才工作的有关政策和规划；组织和协调有关部门加强专家队伍和科技人才队伍的建设与管理。10.负责全县退（离）休干部工作。贯彻执行上级有关退（离）休干部工作的方针、政策，制定全县退（离）休干部管理工作规划和制度，指导、监督、协调各单位做好退（离）休干部管理和服务工作。11.指导、统筹、协调非公有制经济组织、社会组织党的建设各项工作，扩大党建工作覆盖面。12.做好县党代会、县人代会代表选举和县政协委员的推荐工作，做好市、县党代表的联络、管理和服务工作；会同上级相关部门做好党代表、人大代表和政协委员推荐工作；指导基层党组织的选举工作，负责党组织的安置审批工作。牵头评选县级以上党组织和党员先进集体和个人。13.承担与组织、干部工作密切相关的有关议事协调机构的日常工作。14.统一管理县委机构编制委员会办公室。15.负责党员、干部的来信来访工作。

【干部教育培训】 干部专题教育培训。制定印发《2023年定边县干部教育培训计划》，依托县委党校为干部教育培训主阵地，坚持把党的二十大精神、习近平新时代中国特色社会主义思想和习近平总书记六次来陕考察重要讲话精神作为干部培训重要内容。通过请进来、走出去等方式，丰富培训形式，推进大规模干部教育培训工作。先后举办定边县深入学习贯彻党的二十大精神专题讨论班、学习党的二十大精神科级干部轮训班、定边县乡村振兴集中轮训班等主体班次28期，培训党员干部2910余人次。开展外出学习培训。全面贯彻落实中省市关于县处级领导和科级干部调训工作，累计选派县处级领导、科级及以下干部参加中省市调训58个班次，调训182人次，其中县处级领导35人次，科级及以下干部147人次。选派23名乡镇（街道）班子成员参加北师大珠海校区举办的乡镇长培训工程。做好各部门单位外出学习、培训、研学等审批备案工作，先后有15个部门750余人赴厦门、武汉、贵州、成都等地接受红色革命传统教育和外出研学活动。实施干部教育“三大工程”，举办外出培训班次4期，205名党员干部前往东部沿海地区考察学习。挖掘干部教育特色资源。整合县域红色资源、绿色资源、现代农业等优质资源，精细打造《信仰的力量》《石光银治沙》等独具特色的“一红一绿”微党课，开发《安边起义的历史经过及重大意义》《中央第一财政》《定边治沙精神》等8个现场教学课件。新建县级党群服务中心，创作长征主题文化、治沙主题文化绘画，集中反映定边县红色革命历程和万年毛乌素沙漠演变历程，打造集观摩、学习、展示、服务、交流为一体的特色现场教学点。向市委组织部推荐星级课程6节，推荐全市干部教育现场教学点7处。

【学习贯彻习近平新时代中国特色社会主义思想主题教育】坚持把“学思想”摆在首位。组织32名县处级领导干部集中开展了7天主题教育读书班。通过支部书记讲党课、“三会一课”、主题党日、讲师团宣讲等方式，组织县处级领导干部讲专题党课35场次，引导全县基层党组织用好“359旅打盐遗址”“石光银治沙展馆”等红色资源、深入田间地头现场研学，开展学习研讨3200余场次，基层党组织讲党课1100余次。坚持问题导向深入调研检视。从全县发展所需、改革所急、稳定所忧、群众所盼的问题入手，县四套班子32名县处级领导共确定有针对性的调研课题32个、正反面案例各4个，并结合“四下基层”工作的开展，深入一线开展调查研究。四套班子深入检视14条问题，开展6个专项整治工作。基层党组织共检视问题662条，制定整改措施695条，完成整改304条。从关键小事、具体问题着手，征求党员群众意见建议1900余条。坚持把推动发展作为第一要务。建立“10+4”分类推进工作机制，针对10个领域基层党组织和4类人群分级分类统筹推动。把开展主题教育与“三个年”活动紧密结合，围绕加快推进“两区一中心”和“五个定边”的建设目标，统筹推进县域经济高质量发展。完善“五级五长”精细化社会治理体系，构建五级组织联动体系，320个城区党组织、党员干部下沉社区开展“双报到”，为民办实事600余件。

【干部队伍综合素质】建设高素质专业化干部队伍。一是树牢有为有位“风向标”。坚持以发展论英雄、凭实绩用干部，突出基层一线导向、担当实干导向、专业素质导向。深入践行“四个注重选拔、四个坚决不用”要求，常态化开展领导班子和领导干部动态研判工作，做实做深干部政治素质考察，全方位识别干部、考察干部。全年共调整人事9批次458人，其中提拔干部38人，调整干部92人，使用干部21人，调任干部3人，晋升职级和职员等级199人，免职105人，其中提拔或重用乡镇一线干部23名，乡村振兴第一书记、工作队员81名，“90后”年轻干部14名，真正把一批能扎根、扛重活、敢打拼的基层干部选了出来、用了起来。二是打造素能提升“实验场”。坚持把乡村振兴、急难险重、发展前沿作为干部培养选用的主战场，通过常态化选派优秀干部下村任职、跟班学习、挂职锻炼等形式，分类分批次把有发展潜力的优秀年轻干部放到重要工作和关键岗位挑重担、长才干。一年来共选派196名干部到乡村振兴一线担任第一书记或驻村工作队员，2名干部到对口帮扶单位宝应挂职锻炼，14名干部到市县机关单位跟班学习，111名干部包抓包联全县111个重点建设项目。三是织密从严管理“监督网”。坚持“凡提四必”，协调有关单位对1790名拟提拔或调整使用、晋升职级和表彰奖励的干部进行了审查鉴定，其中审查未通过11人。突出严管厚爱，充分发挥组织函询、提醒谈话、诫勉等手段，对45名领导干部和驻村工作人员进行了提醒谈话。

推动干部作风能力提升走深走实。一是聚焦一流标准，在高效协调推进中促提升。立足县情实际，研究贯彻落实措施，起草了《实施方案》和《工作举措》两个配套文件，组建了工作专班，成立了综合、督导、宣传3个工作组和5个督导检查小组。二是聚焦理论武装，在筑牢思想根基中促提升。始终把政治建设摆在首位，以学思践悟党的二十大精神为抓手，开展专题学习研讨班19期2000余人次、素能提升培训班12期930余人次，持续通过“三会一课”“主题党日”和“一红一绿”两个课堂提高党员干部政治判断力、政治领悟力、政治执行力。三是聚焦纠治整改，在强化检查督导中促提升。聚焦干部作风能力开展督导检查，共发现问题329个，立行立改125个，限期整改204个，制发督办单57份，谈话提醒19人、书面检查3人，纪检监察机关立案3件，党纪政务处分4人。四是聚焦宣传引导，在营造舆论氛围中促提升。综合运用定边电视台、广播电台、“定边融媒”“定边党建”微信公众号等平台和各类物理宣传栏、宣传牌等实时宣传和报道各级各部门工作动态，编发《工作简报》35期，中省市县主流媒体刊发定边作风能力提升信息77篇，制作干部作风能力提升主题宣传牌128块。

加强干部队伍建设。一是落实公务员招录政策。按照“专业对口、基层优先”的原则，认真抓好各部门单位公务员招录工作，确保招录成为机关单位人员补充的主渠道和优化干部队伍结构的有力措施，共计招录公务员77名，含选调生4名，从优秀社区（村）干部中招录公务员3名。二是科学合理调配工作人员。根据县委安排和各单位编制空缺情况，为各用人单位调配充实力量，优化干部队伍结构，办理调动或转聘手续40人。三是强化激励考核。年初对2022年度目标责任考核优秀等次的43个部门（乡镇）、135名领导干部及47个专项工作优秀单位予以通报表彰；科学制定下达2023年度考核指标。同时，全面做好机关事业单位年度考核工作，2022年度考核被评为优秀等次472名，称职（合格）等次1861名，不称职（不合格）1名，不确定等次100名。四是做好2023年新录用公务员培训工作。根据中组部、省委组织部关于开展新录用公务员初任培训工作要求，在县委党校举办“2023年全国新录用公务员初任培训班——定边分课堂”，共有72名新录用公务员参加了学习培训。五是完善干部人事档案。按照“凡提必审”“凡进必审”“凡转必审”的要求，全面加强干部录用、聘用、任职、调配、安置、遴选、交流、职级晋升等干部档案审核工作，共收集补充3600余份个人档案材料；开展了以干部“三龄两历一身份”为主要内容的审核工作，做到应审尽审，全面完善了个人档案材料，为县委选人用人提供准确可靠的信息。

【党组织政治功能】系统谋划部署，夯实基层党建工作责任。一是系统部署明任务。紧跟形势任务，坚持系统谋划，县委常委会审议出台了《关于开展“十项行动”推进新时代基层党建工作高质量发展的工作方案》《关于调整党员领导干部党支部工作联系点的通知》《定边县2023年软弱涣散村级党组织集中专项整顿实施方案》等8个文件，对全年基层党建工作作出了全面系统的安排部署。二是项目推动实责任。突出落实“抓书记、书记抓”的基层党建工作责任，紧扣“高质量党建服务高质量发展”这一主题，围绕“健全责任机制、解决突出问题、打造创新品牌、得到群众认可”这一定位，实地勘察、科学论证确立了31个“书记项目”，纳入全县专项考核，构建起了党组织书记亲自抓、党务干部具体抓、组织部领导包片抓、组工干部联系抓的工作格局。三是调查研究寻突破。全面推进“4+2+X”突破项目，确定了改进和加强流动党员教育管理方式、探索建立社区“五级五长”联合党支部、规范对村“两委”“一肩挑”人员的管理和监督3项改革创新工作和村级组织带头人队伍后备力量来源问题探究、新业态新就业群体党建工作专题调研2项“小切口”调研，建立目标管理台账、组建工作专班，项目化推进、清单化管理、精准化落实，确保突破项目能打开堵点、做强弱点、打造亮点。

狠抓短板弱项，推动农村党建提质增效。一是解决突出问题，提升服务群众能力。研究出台《关于进一步开展软弱涣散基层党组织排查整治工作的实施方案》并召开专题会议部署推动，在原有的确定3个风险隐患村和9个纳入全省常态化整顿的软弱涣散村基础上，又深入摸排出了3个自查软弱涣散村，“一村一策”精准制定整治方案，建立任务、整改、问题台账，采取一清单、一报表、一通报、一调度、一考核“五个一”推进机制扎实开展整治工作。组建了4个由部领导带队的调研督导组，先后三轮实地督导，推动问题解决、隐患消除、提质增效。形成了《以高质量党建引领推动乡村振兴高质量发展——定边县常态长效整顿提升软弱涣散村级党组织的实践探索》经验成果。二是建强基层组织，激活党建内生动力。实施“五个基本”为主要内容的“基础+标准”体系建设，下拨党建经费200余万元，创建党建红旗集群示范村10个，累计培育农村党建示范点52个、乡村振兴示范村10个，打造市级党群服务中心示范点10个、县级党群服务中心示范点14个。出台了《县委组织部2023年巩衔工作要点》《乡村组织振兴实施方案》，召开了全县基层党建暨抓党建促乡村振兴重点任务推进会；积极总结推介，总结形成了《定边县蹚出集体经济发展壮大新路子》典型经验材料，被《榆林日报》登载宣传。三是强化队伍建设，激发乡村振兴活力。精心组织调度，圆满完成了全国村党组织书记和村委会主任视频培训班定边分课堂的组织培训任务；着力选优派强，严格身份和条件审查，压茬轮换了66支县派驻村工作队和78名第一书记；举办3期优秀第一书记和工作队员“实践实干”研学锻炼活动，开展基层干部“乡村振兴”主题轮训7期次，全覆盖轮训乡镇党政正职、乡镇和县属部门分管领导、村党支部书记和驻村工作队成员；开展了185个“两委”班子届中分析研判，进行了村“两委”和村级集体经济组织主要负责人届中经济责任审计，推进源头培养村干部后备力量“341”工程，储备村级后备力量574名，全面开展了村“两委”成员及村干部后备力量集中轮训。

服务资源下沉，推动城市党建融合发展。一是强化组织引领。补齐配强了社区、小区党支部班子，全覆盖开展了社区书记培训。建立了“街道党工委、社区党总支、小区党支部、楼栋党小组、党员中心户”五级组织体系，下派社区、小区党建指导员224名，成立小区党支部117个，楼栋党小组268个，确定党员中心户2388个。大力组建群团组织开展工作，成立小区党员志愿服务队117个、妇女之家38个、工会组织69个、“五老调解”小组53个。二是推进互联互动。做到“双报到”和“五级五长”双轨合一，270个党支部和10498名党员、干部进社区、进网格、进小区，对接共建项目363个、开展志愿服务活动180余场次、帮扶困难群众500余户。召开党建联席会45次、共治补位会11次，解决居民困难460件，举办公益活动20场次，捐款200余万元，着力构建党建引领、多元互融、共建共享的城市基层治理体系。三是提升治理效能。选配中心城区“五级五长”16871名，下沉党员干部担任四级长1624人，扎实开展“三问三访”活动，走访群众6万余户，征求群众意见460多条，解决问题400余件，排查消除安全隐患340处。开展社区党组织“一年十件实事”活动，办成实事163件。“五级五长”联合党支部创建被《中国组织人事报》等宣传。四是增强服务水平。通过新建、扩建、调拨和维修的方式，建成8个标准化社区、10个小区便民驿站，完成2个社区土地调拨划转。成立物业管理行业党委，对全县小区进行集中摸排，建立基础台账，消除“三无”小区，打造小区党建示范点10个。

强化示范引领，推动两新党建有效覆盖。一是抓实“两个覆盖”。落实党建入章、双向进入、交叉任职等制度安排，开展2轮“两个覆盖”摸底排查，单独组建支部36个、成立联合党支部36个，覆盖113家企业和8家社会组织，挂靠其他行业党组织非公企业347家、社会组织56家。建立了两新党组织县级领导联系点制度，配齐了党建指导员，举办两新党组织书记和党务骨干培训班2期。二是强化示范引领。持续深化“双建双促”和“评星晋级、争创双强”活动，对全县2个五星级党支部、2个四星级党支部、8个三星级党支部进行定期调研督导，对拟晋级的支部进行蹲点指导，创建了沃野、八福公司党建示范点。持续推进“四个双百”工程，3 家非公企业包扶 3 个村，7 家社会组织合力团包扶 10 个行政村，共同助力乡村振兴，打造了石光银治沙集团有限公司党支部等一批党建示范观摩点。三是抓好新兴领域。出台了《关于全面加强新时代非公有制经济组织和社会组织党的建设的实施意见》《定边县新业态新就业群体党建工作方案》，成立了物流行业、快速外卖行业 2 个党委，组建了互联网、物流、快递 3 个行业协会，建成“快递小哥”“货车司机”红色驿站 13 个。着力树标立范，推动各领域党建开花结果。统筹实施机关单位领域 12 个“书记项目”，树标立范引领各领域基层党建取得新成果；在机关，围绕“五个过硬”要求，高质量完成了年度 30%的模范机关创建目标；在国企，按照“一企业一品牌”工作思路，创建了城投公司、产业扶贫公司 2 个党建示范点；在医院党建，组织推进了“一章程、两规则”的修订工作，建立健全了人才引进和选拔任用管理办法；在学校，分类打造了中、小、幼 4 个党建文化示范点。

坚持守正创新，推动党员管理从严从实。一是提级做好发展党员工作。深入贯彻《定边县发展党员工作监督管理办法（试行）》，分解年度发展党员计划 230 名，采取“专题教学+实地研学+体验教学”的方式，念好精、严、活、准“四字诀”，强化发展对象培训教育，同步开展发展对象县级部门联审联查和档案材料预审，集中培训和联查预审发展对象 3 批 230 人，从源头上严把发展党员“入口关”。二是深化拓展党员教育管理。推行党员领导干部党支部工作联系点和参加双重组织生活每月提醒和统计报告做法，推动“三会一课”等党内基本生活制度规范落实；深化党员“三类五星”评定管理，加强流动党员管理和服务，在西安创新建设“定边县流动党员驿站”；出台远程教育学用工作提升行动实施方案，落实“固定学习日”制度，推进学用转化，制作《星火成炬》等课件 4 部，表彰先进集体 5 个、优秀站点管理员 10 名。三是创新服务党员群众方式。推进“一红一绿”学、览、践、赛党员干部教育培训基地建设，着力构建党建工作培训线、党建红旗集群线、基层党建实践观摩点和党务干部培训师资库“两线一点一库”；在各乡镇全面推开“五室合一”工作室创建，着力构建党组织领导下的“两代表一委员”和群众组织参与的落实党委决策、发扬基层民主、创新社会治理、做好群众工作的作用有效发挥机制。

【人才创新】壮大人才力量。充分利用事业单位公开招聘渠道，引进人才 330 人，其中引进博士生 1 人，事业单位工作人员 81 人，临聘事业单位工作人员 248 人。以人力资源市场为依托，为国有企事业单位和民营企业招聘 210 余名专业技术人才。注重本土培育。实施乡土人才培育工程，整合线上线下资源，综合运用农村远程教育、农业技术推广系统等平台，开展多元型、差异化、订单式培训，提升乡土人才职业技能，举办乡村振兴人才专题培训班 12 期，培训专业技术人才、高技能人才、农村实用人才等 860 余人。依托“榆扬协作”战略机遇，落实定边县与扬州市宝应县签订的《干部、人才交流战略协议》，建立人才交流协作长效机制，2023 年选派 13 名优秀年轻干部、12 名专业技术人才赴宝应县挂职锻炼、跟班学习。开展“专家人才下基层、服务乡村促振兴”活动，组建教育、农业、林业、卫健、文化等五个领域专家服务团，通过送教下乡、技术指导、专题培训、现场观摩等方式，为全县乡村产业发展、医疗健康发展、文旅融合发展等献策献力，推广种植、养殖新技术 12 项，举办各类培训班 40 多场，开展现场指导 160 余次，累计培训 5800 余人。持续与杨凌职业技术学院联合实施“双千能力提升工程”，推选 20 名基层干部参加学历提升教育。推进人才引领乡村振兴示范点建设，打造榆林市人才引领乡村振兴示范点 2 个，发放工作经费 40 万元。健全工作机制。制定印发《定边县高素质人才引领高质量发展三年行动计划（2023—2025 年）》《定边县乡土人才评选和管理（试行）办法》等文件，评选出 2023 年度定边县有突出贡献拔尖人才 17 名、首届乡土人才 15 名、第二届“三边工匠”8 名。建立“乡土人才库”，以个人自荐、乡镇推荐和组织认定等方式，在乡村一线挖掘“田专家”“土秀才”“农创客”等乡土人才 760 余名。深化激励关爱。

开展“弘扬爱国奋斗精神、建功立业新时代”活动，组织召开看望慰问来定支边老同志座谈会；推荐郑飞燕、王生虎参与评选“三秦英才特殊支持计划”；建立县级领导联系专家人才制度，加强对人才的政治引领和政治吸纳。举办定边县人才工作者素能提升暨人才驱动创新发展专题培训班，组织部分市管专家、县管拔尖人才、三边工匠和个别企业负责人等前往广州、深圳等地学习。

【老干部管理服务】突出政治引领。利用每月党支部固定学习日，组织广大离退休党员干部读原著、学原文，坚持不懈加强习近平新时代中国特色社会主义思想学习，通过线上线下等多种形式让全县离退休干部和工作人员学深悟透。及时跟进学习习近平总书记重要讲话精神，全面提升离退休干部政治站位，确保他们始终保持政治敏锐性和政治鉴别力，坚持正确的政治方向。利用县内和周边县区红色资源，组织离退休干部赴红色教育基地现场参观学习。强化服务管理。以支部为单位，为老干部订阅《人民日报》《陕西日报》《金秋》等报刊杂志1200余份；联合人社等职能部门，集中举行干部荣誉退休仪式，让老干部从退休之日起就能真切的感受到组织的温暖和关怀。开展庆“七一”系列主题活动，精心组织离退休干部代表对县重点项目和经济发展成果现场观摩调研，让老干部体验党的十八大以来全县经济建设和社会发展新成果。认真落实“六联六送六必看”活动，精心精准服务离休干部。按时足额兑现离休干部医疗医药费80余万元、遗属补助费40余万元，定期组织离退休干部进行健康体检，针对身体条件差或出行不便的老干部群体，通过送学上门、送医上门及时解决，看望慰问生活困难老干部和离世老干部家属。将科级以下非党员退休干部纳入服务范围，参照党支部标准将非党员退休干部纳入学习活动组，增强归属感，引导发挥余热、奉献社会；成立老干部心理关怀工作室，开展老干部心理关怀工作。搭建工作平台。鼓励和组织离退休老干部力所能及地参与到文化传承、地方文化保护、地方志撰写、文明创建、关心下一代、基层治理等工作中，为全县经济社会事业发展做奉献；成立了慈善协会、老区建设促进会等社团协会6个，组建农业、林业、畜牧、法律、卫生等志愿服务团队7个，1500余名退休党员干部用好专业经验深度参与志愿服务，发挥余热、奉献社会。灵活办学方式。持续推行“课前五分钟”，向学员宣传讲解新思想、新理论。开设“学思践悟二十大·砥砺奋进新征程”学习专栏，不断强化学员思想意识、领悟家国情怀。抓好教学管理，评选出优秀教师2人，优秀教案13人。举办了“与经典同行，为生命阅读”“银龄展风采 筑梦新时代”“以展促学 乐享银龄”等主题活动。

【组工干部队伍】锤炼政治品格。以开展学习贯彻习近平新时代中国特色社会主义思想主题教育为契机，深入学习贯彻落实习近平新时代中国特色社会主义思想，组织机关全体人员学政治理论、学组织工作业务知识、学各项党内政策法规等综合知识；建立完善组工干部讲党课制度，部机关干部轮流登台讲课，做到学习有记录、有讨论、有体会，全面提高组工干部的理论水平和业务能力，累计集中学习 41 次，40 名组工干部轮流进行讲党课和分享学习成果；开展“巍峨白于山，星火永传承”主题党日活动，强化组工干部党性观念。提升能力作风。通过上好一堂大思政课、组织一个主题党日、推荐一个优质作品、交叉一次业务竞赛、搭建一个演讲平台、举办一场文艺党课、分享一句国学经典、进行一次结对帮扶、举办一期年轻干部辩论赛、开展一次小切口大调研研究等“十个一”行动，推进组织系统“干部作风能力提升年活动”不断走深走实。营造宣传氛围。围绕全县组织工作重点，开设“贯彻党的二十大 描绘振兴新蓝图”（5 期）、“庆七一·书记话党建”（8 期）、“党建成果展”（9 期）、“庆七一·优秀视频展播”（8 期）等 10 多个专题专栏；组工信息被市级以上媒体采用 21 篇，在各级各类媒体发表网评文章共 1524 篇，在“定边党建”编辑发送稿件 618 条。

【获奖情况】2023年度全县目标责任考核优秀部门。

（杨浩东）

宣传工作

中共定边县委宣传部

部　　长　刘云霞

常务副部长　白治安

副 部 长　李　强　王显鹏

【概况】中共定边县委宣传部成立于1936年。有工作人员17人，其中副科级以上领导9人，公务员身份8人。内设办公室、文产办、网管办。下属两个正科级事业单位，分别是定边县融媒体中心和定边县新时代文明实践中心，并代管原县电影系统。2023年，宣传系统在职141人。宣传部属于县委机关直属工作部门，主要承担全县宣传思想工作和任务。

【理论武装】一是狠抓理论学习。坚持把学习宣传贯彻习近平新时代中国特色社会主义思想作为首要政治任务，以党委（党组）理论学习中心组为抓手，健全完善《中共定边县委理论学习中心组学习制度》《党委（党组）理论学习中心组学习巡听旁听工作制度》，推动理论学习制度化规范化常态化。2023年县委理论学习中心组集体学习12次，交流研讨8次，示范引领基层党组织学习1000多场次，深入15个乡镇部门巡听指导党委（党组）中心组学习，理论学习质效得到全面提升。组织配发的《习近平著作选读》等7部书籍，成为广大党员干部理论学习的必读书、案头卷。精心打造“党的二十大精神九曲学习长廊”，创新推出“万众同游九曲黄河阵·共学党的二十大精神”主题活动，102家乡镇部门单位、3万多名干部群众参观学习，掀起了全民大学习热潮。充分运用“学习强国”学习平台强化日常学习，成功举办首届“学习强国”主题挑战赛，2023年度知识竞赛，15127名党员干部争当学习标兵。二是狠抓理论宣讲。坚持把基层宣讲作为打通党的创新理论传播“最后一公里”的有效途径，县级领导、乡镇部门负责人以上率下讲党课，示范带头做宣讲；县委理论宣讲、劳模宣讲、巾帼宣讲、老兵宣讲、融媒主播宣讲、文明实践宣讲、红领巾讲解员、主题教育宣讲团等八支宣讲队伍，深入基层单位、乡镇社区、中小学校、行业企业，集中开展党的二十大精神、全国两会精神、劳模精神等8大主题宣讲425场次；网络新媒体平台同步推出《主播读报告》宣讲视频97期。三是狠抓理论研究。坚持理论与实践相结合、学习与调研相贯通，认真落实《关于在全党大兴调查研究的工作方案》和省委市委县委要求，立足定边实际，结合推动高质量发展和“三个年”活动，深入开展调查研究，主要领导带头划重点、列提纲，下基层、访一线，以理论研究破解实践难题，形成了100多篇高质量的调研成果。打造理论研究和理论创新新阵地，成立定边县延安精神研究会，召开第一届会员大会，为全县经济社会发展提供强大的理论支撑和智力支持。

【对外宣传】加强与各级各类媒体合作，通过专栏头条、主题专版、集体采访等形式，借助展览展会等方式，推送了一批强底气、提士气、展形象的宣传报道，累计在市级以上媒体刊发定边消息2431条，较上一年同比增长20%，其中，央视、新华社播发25条，数量位居全市前列，特别是中央电视台新闻联播报道《科技赋能田间管理 夯实秋粮生产基础》的消息，展现高质量发展新成效，大大提升定边城市影响力；省级媒体播发110条，市级媒体播发517条，网络媒体报道1779条，全方位、多角度讲述定边故事，传播定边声音，展示定边新形象。

【文化产业建设】加快推动文化产业重大项目建设，盐场堡长城遗址文化公园建设项目抓紧实施，长城文化主题陈列展示馆主体封顶，生态停车场基本完工。非遗物质文化综合体、长征文化公园等一批新建文化产业项目积极筹备。开展文化产业统计查漏补缺工作，全面摸底核查县域文化企业406家，将发展好、潜力大的文化企业纳入年度重点培育清单，争取扶持资金，督促帮助入库纳统。组织部分文化企业“走出去”，参加高规格文博会，扩大市场销售份额；举办文化产业业务能力提升专题培训班1期，有效提升文化产业队伍专业素养，助推文化产业高质量发展。培育1家规上文化企业，3家规上文化企业年营收增长率为10.4%，全县文化产业增加值占地区GDP比重超0.4%，文化产业正在逐步发展壮大。

【文化事业】坚持以人民为中心的创作导向，推出一批讴歌党、讴歌祖国、讴歌人民的文化精品，组织编撰的纪实文学《沙海勋章》、原创歌曲《白于山》亮相第九届中国国际版权博览会，拍摄的乡村振兴题材电影《白于山之歌》获批上线公映，制作的文化宣传片《中国守艺人》《就是这个味》《如果你要看定边》等，引发群众强烈的情感共鸣。坚持文化加力、旅游提气，以花为媒、以景为介、以节会友，隆重举行第六届红花荞麦文化旅游节，通过举办特色文艺表演、花海景区游览、环盐湖自行车比赛等活动，让游客尽享花海之美、人文之韵。坚持贴近群众、贴近生活，以文化人、以文育人，成功举办“玉兔贺新春 扬帆再启航”——2023年春节联欢晚会、“礼赞新时代 声润白于山”全县干部职工合唱大赛、新时代文明实践文艺汇演、第三届社区文化节、文化科技卫生“三下乡”等群众性文化活动230场次，深入社区乡村放映公益电影2676场次，为人民群众送上了精彩纷呈的“文化盛宴”。大力弘扬中华优秀传统文化，组织开展“我们的节日——文化进万家”、第十四届全民阅读文化节、2023年非遗文化节等活动，皮影戏、秦腔、柳编等19个非遗项目登台亮相巡演展示；霸王鞭、民歌、剪纸等非遗文化走进校园、社区、乡村，传承非遗技艺，厚植文化底蕴。

【精神文明创建】推进社会主义核心价值观“六进”活动，制作核心价值观主题标识15个，发布讲文明树新风、文明城市创建、未成年人保护等公益广告600多块；开展“厉行节约、制止浪费”文明餐桌行动、“车让人·人守规”文明交通行动，培育良好习惯，弘扬新风正气。加强公民思想道德建设，组织开展《榆林市文明行为促进条例》宣传月、全民国防教育日、公民道德宣传日等道德教育活动，推荐评选各类身边好人279人，其中1人荣获第九届榆林市道德模范称号，8人荣获第十届榆林好人称号，示范引领百姓群众向上向善。深化未成年人思想道德建设，1万多名学生参加祭英烈、童心向党、向国旗敬礼等道德实践活动，教育引导争做时代新人。坚持把文明城市创建作为群众性精神文明创建的龙头工程，县委常委会专题研究文明城市创建工作3次，出台《县级领导包抓街道片区省级文明城市创建工作方案》《创建省级文明城市工作责任追究办法》；全县召开巩固提升省级文明城市创建成果推进会议2次，及时部署问题整改和复审复查工作。对标省委反馈的19项具体问题和自查暗访反映的不文明现象，向48家单位反馈了71条整改要求，通过三轮实地督导，台账销号管理，精细化文明创建，问题得到全面整改，城乡文明程度明显提升。全县有2个村入选全市首批“文明示范村”，111家单位争创各级各类文明单位。

【意识形态】县委常委会研究意识形态领域工作10次，召开意识形态工作联席会议2次，通报意识形态领域最新情况2次，修订出台《定边县网络舆情应对处置工作规范》等配套制度9项，将意识形态工作在全县年度目标责任考核中的分值占比增加到12%，列为专项考核内容，通过定期点评+实时督查+专项考核方式，传导夯实意识形态责任，牢牢掌握意识形态工作领导权。同时，配合省委巡视组来定开展意识形态专项检查；十九届县委第二轮、第三轮、第四轮巡察将意识形态纳入专项检查，进一步压实意识形态工作责任。坚决落实“谁主管、谁审批、谁负责”，夯实责任、严守阵地，广泛开展公益广告登记备案及风险隐患排查，1255块社会面宣传牌宣传栏得到有效管理；深入开展宣传文化领域论坛活动专项清理整治，报告会、讲座、论坛等得到有序规范；推进“扫黄打非”工作，全时段巡查文化经营场所，排查娱乐场所、出版印刷、学校周边网吧等可能出现的市场乱象，深入六小、七中等开展“护苗·绿书签”宣传活动。共年审出版物经营企业32家，注销1家；组织专项检查7次，出动检查人员110人次，发放宣传资料1万多份，筑牢意识形态领域安全防线。全面落实网络意识形态工作责任制，召开“3N”常态化舆情应对处置机制会议4次，新媒体管理工作会议 2 次，严明 30 多家县域自媒体信息发布纪律，对 68 个政务新媒体账号、57 个自媒体账号进行备案。严格落实信息发布“三审三校”制度，开展“清朗·从严整治‘自媒体’乱象”专项行动，举办国家网络安全宣传活动，提高网络安全意识，共筑网络安全防线。建立网评员队伍管理机制，遴选培育骨干网评员 62 名，网评员队伍得到巩固壮大。紧盯重要节点、敏感事件，制定应急预案，严格执行 24 小时值班值守制度，强化舆情监测和网络巡查，坚决做到早发现、早预警、早处置，避免舆情发酵升级。累计报告舆情专报 79 期，处置预警信息 106 条，清理网络有害信息 400 余条，组织约谈 5 次，预警提醒 3 次，查处传播低俗信息 6 起、网络谣言 4 起，净化网络舆论环境，增强网络空间斗争能力，网络舆论整体平稳有序。

【新时代文明实践】启动实施县级新时代文明实践中心建设项目，完成镇村文明实践所站标准化建设，构建起覆盖城乡的文明实践新阵地，全县 1 个所、1 个基地入选省级新时代文明实践示范所、文明实践基地。以 2023 年文明实践志愿服务行动暨“学雷锋”志愿服务活动月为引领，广泛开展义务植树、爱心助考、情暖重阳节等文明实践活动，两万余名志愿者走街入户开展服务。深化美丽乡村文明家园建设和移风易俗工作，突出整治人居环境婚丧陋习，组织开展“培育践行文明新风 争创十星级文明户”活动 7 场次。加快文明实践品牌建设，开展“庭院微宣讲”文明实践志愿服务项目示范活动进乡镇、进社区 20 余场，举办第一届文明实践志愿服务项目大赛，培育志愿服务品牌项目 32 个。全县 2 个项目获得全市志愿服务项目大赛奖项，“庭院微宣讲”“盐州曲艺‘倡’文明”服务项目深受群众喜爱和上级好评。

【融媒体中心建设】开办“贯彻二十大·启航新征程”人物专访栏目，邀请 42 名“一把手”谈感悟话发展；开展“党的二十大精神在定边”采访活动，推出 128 条“接地气”报道和“出圈”短视频，特别是“万众同游九曲黄河阵·共学党的二十大精神”主题报道登上了央视新闻，唱响新时代主旋律。充分发挥“灯杆道旗”党媒宣传主阵地作用，打造宣传党的二十大精神主题街道 3 条；在公园广场、交通干道制作党的二十大主题标语、宣传专栏等 35 块，营造浓厚氛围，凝聚团结力量。同时，围绕中心工作，聚焦“五个定边”建设，以强信心为重点，开办“高质量发展看定边”“文明实践在定边”“我的乡村我振兴”专栏专题 42 个，发布各类报道 4500 条，创作短视频 600 多部。围绕时政热点、传统节日、主题活动等内容，策划大型专题类报道 260 余篇，其中“中国共产党定边县第十九届委员会召开第五次全体会议”“镜观‘五个定边’”“科技赋能育苗 助力辣椒产业”等单条阅读量超 1 万，推出“年味”“一声王妈一生情”等 12 部短视频，被人民日报、新华网等中央媒体转发。“学习强国”定边融媒号成功上线，“定边融媒”多平台粉丝总量突破 36 万，“定边融媒”的传播力、引导力大大增强。全县 15 部作品荣获省市新闻奖、广播电视奖。

【荣誉展台】2023 年度全县目标责任考核优秀部门，2023 年度榆林市文化艺术工作优秀奖全国市域社会治理现代化试点合格城市创建先进集体。

（薛文舒）

统一战线工作

中共定边县委统一战线工作部

部　　长　齐　洲

常务副部长　王少峰（　—2023.07）

副 部 长　王文军（　—2023.07）

【概况】定边统一战线工作是全县开展较早的一项党的重要工作。早在上世纪30年代，定边县就有了以开展兵运夺取武装为主要内容的党的统战工作，1936年9月定边中心县委白区工作部（统战部前身）的成立标志着统战部的正式成立。中共定边县委统一战线工作部八十多年的光辉历程，为定边解放做出了巨大的贡献，拥有着光荣、优良的统战工作传统和先进事迹。

中共定边县委统一战线工作部是县委工作机关，正科级建制，挂县政府侨务办公室、县民族宗教事务局牌子。2019年3月因机构改革定边县民族宗教事务局并入县委统战部。中共定边县委统一战线工作部行政编制6名。设部长1名（占常委编制），常务副部长（正科级）1名，副部长2名。

【自身建设】召开党员大会12次，领导讲党课4次，组织生活会1次，民主生活会1次，累计查摆整改问题36条，集中学习57次，交流研讨7次，宣讲2次，开展主题党日活动12次，制定《全面从严治党主体责任动态清单》，细化24项具体任务，实行清单管理，动态销号机制。

【格局构建】县委常委会召开会议专题研究统战工作8次，传达学习中央、省委、市委统战工作会议和全国、全省、全市统战部长会议精神，审议出台《关于做好新时代党的统一战线工作的若干措施》等一系列制度性文件；协调召开县委统一战线工作领导小组全体会议，统筹谋划统战领域重点难点问题，修改完善领导小组工作规则；创新开展党的二十大精神、习近平新时代中国特色社会主义思想“五进”（进民主党派、进宗教场所、进民营企业、进统战联谊组织、进民族社区）活动；召开各类学习会12次，发放《党的二十大报告辅导读本》《习近平著作选读》等各类学习资料3000余册；举办统战干部暨统战代表人士培训班4期。

【多党合作】指导各民主党派、宗教团体、统战联谊组织等，召开年度工作会议；指导各民主党派加强自身建设，召开主题教育专题学习会议、读书会共3次，引导各民主党派广建睿智之言，诚献务实之策，向政协、人大提交高质量调研报告20余份；指导知联会、新联会分别召开一届三次理事会、一届二次理事会及各类专题学习会议4次；支持新联会、知联会举办“同心携手新征程 知行合一跟党走”迎中秋庆国庆联谊活动、“行田园·观花海·忆古道·奋进新征程”研学活动等；在全县范围内组织开展摸排调查，扎实推进无党派人士政治面貌认定工作，并向市委推荐2名优秀党外年轻干部，切实为党外代表人士作用发挥搭建平台。

【宗教工作】一是扎实推动中央、省委、市委历次巡视及“回头看”涉民族宗教问题整改工作，有效推进西关市场项目整改工作。组织召开民族宗教工作专题会议3次，研究制定《涉民族宗教因素突发性事件应急预案》《关于开展2023年治理非法宗教活动专项工作的通知》等文件，有效推动工作由点及面、全面铺开。二是开展专项督查检查6次、节前安全检查维稳工作10次。三是指导各宗教团体组织开展党的二十大精神、《陕西省宗教事务条例》等各类专题学习会5次，开展宗教界“爱党爱国爱社会主义”主题教育，组织宗教界代表人士赴甘肃环县陕甘革命旧址、甘肃华池南梁革命纪念馆学习交流2次。四是开展宗教政策法规学习月活动。组织开展消防安全知识培训，举办“统战（宗教）干部暨村级联络员能力提升培训班”“宗教活动场所规范化管理暨财务专题培训班”，累计培训统战（宗教）干部、村级宗教联络员、宗教场所负责人及财务人员350人次。

【民族工作】一是制定《关于各族群众互嵌式发展的若干措施》。二是开展“榆林市民族团结进步宣传月走进定边”系列活动启动仪式、“党建+民族服务”活动4次、清真食品专项检查工作、“爱心助学筑梦未来”少数民族高考学子慰问。三是开展少数民族人口摸底工作，指导西关民族社区完善标准化少数民族流动人口服务窗口及各项制度建设。四是开展民族团结影片展播活动，指导西关社区加强阵地建设，组织开展“民族团结庆元宵 邻里守望一家亲”“党建连心话端午 浓情福粽香四溢”等活动。

【经济统战】一是建立33名县级领导联系民营企业制度，破解企业发展瓶颈，研究出台《关于构建亲清政商关系推动民营经济高质量发展的实施意见》；主要领导带头外出招商5次、对接企业10余家，成立银川陕西定边商会；开展“大调研”活动，形成《关于我县油服企业生产经营情况的调研报告》；指导县工商联召开第十四届会员代表大会，完成工商联换届工作。二是组织召开定边县民营经济人士座谈会4次，征求意见建议40余条。

【乡贤工作】指导成立20个乡镇新乡贤联谊会；组织召开新乡贤议事会、恳谈会3次；形成高质量理论研究文章1篇。

【统战宣传】一是打造“安边起义纪念馆”“三边牧场”两个统战教育实践基地；形成《擦亮红色“家底”，奏响统战最强音》实践创新成果材料1篇；精心策划《信仰的召唤 统战的力量》节目。二是实施智慧统战工程，配合完成市委统战部“庆祝中国共产党统一战线政策提出100周年主题巡展”活动，累计参观巡展干部群众500余人。三是制定《加强统一战线信息宣传工作的实施方案》，共发布统战宣传信息300余条。

【荣誉展台】荣获“全市统战工作实践创新先进单位”“全市统战信息工作先进单位”“全市统战理论研究先进单位”“榆林市统战工作实践创新案例路演比赛”二等奖。

（李 勇）

政法工作

中共定边县委政法委员会

书　　记 高增刚

常务副书记 王少峰

副 书 记 袁 琦（女） 范永宏

【概况】中共定边县委政法委员会前身是定边县政法工作领导小组，成立于1982年5月。2004年6月，县委将610办公室由县委办公室改设至县委政法委。2008年3月，县委设定边县维护稳定工作领导小组办公室，设在县委政法委。2018年3月，县委成立定边县扫黑除恶专项斗争领导小组，办公室设在政法委。2019年3月20日，县委机构改革将原社会治安综合治理委员会办公室、维护社会稳定工作领导小组办公室、防范和处理邪教问题领导小组办公室撤销。2023年，县委政法委员会机关有干部职工34人，行政编制11名，设书记1名（占常委编制），常务副书记（正科级）1名，副书记2名。下设事业单位定边县社会治安综合治理服务中心1个，副科级建制，编制11名，设主任1名（副科级）。

【政治建设】认真学习贯彻落实《中国共产党政法工作条例》和省委《实施细则》，修改完善《中共定边县委政法委员会全体会议制度》《政法委员会委员述职制度》《定边县政法系统政治轮训暂行办法》《中共定边县委政法委员会政治督查暂行办法》等运行有效的制度机制，从制度上确保政法工作始终置于党的统一领导下。在县委党校面向全县政法干警和乡镇（街道）政法委员组织开展政治轮训1次4期。严格执行“两项制度”和“三个规定”，即重大事项请示报告制度、派员列席政法单位党组（党委）民主生活会制度，落实领导干部干预司法活动、插手具体案件处理的记录、通报和责任追究规定“三个规定”。政法机关党组(党委)及时向县委、县委政法委请示报告重大事项12次74项。严格落实新时代政法干警“十个严禁”等铁规禁令，先后10余次以明察暗访的形式深入各乡镇、部门、卡点以及政法部门窗口单位进行执法监督检查。年内累计评查政法各部门案件130件，查处违法违纪政法干警6人。统筹推动全县政法领域改革工作，统筹推动县司法体制改革专项小组全面深化改革任务。2023年完成政法领域改革工作要点36项，县司法体制改革专项小组承接改革任务16项，创新指标1项。

【机关党建】中共定边县委政法委员会支部有党员24名，支部委员5名，其中，支部书记、支部副书记、纪委委员、宣传委员、组织委员各1名。按照

"以党建引领政法工作高质量发展，以政法工作实绩检验党建效能"的工作思路，及时制定《2023年党建工作要点》，科学谋划党建全盘工作。一是进一步规范了支部组织生活，增强支部党员的党章意识、责任意识、党纪党规意识，切实发挥党员在引领机关各项工作开展中的示范带动作用，树立了支部对外良好形象。全年召开党员大会4次、支委会12次、民主生活会1次、党员三类五星评定会4次，开展党员活动12次，党支部、党员"双报到"12次，全体干部"双亮双述"活动1次，转正党员1名，慰问老党员1次。每周二"第一议题"集中学习34次。参加党的二十大精神和政法工作学习班培训2期，党规党纪线上线下知识测试2次。参加"乡镇政法委员、政法专干培训班"2期，参加全县政法干警政治轮训4期，参加"学习强国"知识竞赛2次。通过"定边政法"公众号及时发布学习情况。从严做好党费收缴，全体党员按标准交纳党费，支部按月足额上缴党费，收缴率、上缴率均达100%。邀请县委宣讲团成员进行主题教育宣讲一次，在三五九旅窑洞遗址利用红色资源开展党性教育，多次深入社区开展平安建设宣传及"为民解忧办实事、用心服务践初心"双报到活动。组织"五级五长"开展矛盾纠纷排查活动。通过开展一系列的学习和活动，进一步增强了党员党性修养、增强担当作为意识、增强工作实践能力和本领。二是扎实做好全面从严治党及廉政建设工作。机关党员干部坚决贯彻落实党中央决策部署和省委工作安排，深入开展学习贯彻习近平新时代中国特色社会主义思想主题教育，持续推动全面从严治党、党风廉政建设和反腐败斗争不断向纵深发展。坚持以警示教育为利器，利用"三会一课"积极开展廉政教育，观看《高原之春》《芝兰花开》《浏阳河上》等教育片4次。创建 "五个过硬"模范机关，制定方案，成立组织机构，细化任务清单。

【维护稳定】一是全力维护国家政治安全。及时调整优化全县政治安全工作组运行机制，面向全县政法干警和454名村干部举办政治安全培训2场次，纵深有力推进维护政治安全"四大工程"。制定印发《关于2023年度定边县各部门（单位）国家安全人民防线建设的实施意见》，健全组织机构，每月研判1次风险隐患。二是全面开展反邪教斗争。三是全方位落实风险防范举措。坚决扛起防范化解"五类风险"主责主业，每月对全县各领域涉稳矛盾风险情况进行梳理统计，及时发现问题、解决问题，确保全县社会大局持续稳定。协调组织应急、消防、卫健、教体、公安等部门开展地震应急、防火救灾、防恐防暴等应急演练435次，有效提升应变处突能力。从严从细落实重大决策（项目）社会稳定风险评估各项举措，坚持从源头上防范化解社会稳定风险，2023年召开稳评工作推进会2次，深入项目实地察验6次，完成了81个重点项目的社会稳定风险评估。顺利迎接省市重大风险防范工作督导检查2次。四是全力加强重点人员、重点时期管控措施。对各类涉稳重点人员和重点上访群体实行"四位一体"稳控。2023年市上向定边县集中交办的40件中省第三批重复信访积案，已全部办结。圆满完成了中省市"两会"、元旦、清明、"五一"、重大专项活动、第31届世界大学生运动会、"八一"期间的维稳安保工作。

【平安建设】一是加强组织领导。县委、县政府坚持把政法各项工作作为"一把手"工程和重大政治任务谋划推动。召开县委常委会、政府常务会和政法委员会10余次研究平安建设工作20多个重要议题；县委、县政府专项划拨平安建设、市域社会治理资金700余万元，为顺利通过市域社会治理创建验收、提升平安建设工作实效提供了坚强保障。二是逐级夯实责任。制定印发了《关于建立平安建设点评工作机制的实施意见》《关于建立平安建设述职评议制度的实施意见》和《关于对平安建设重点乡镇（办事处）进行认定和管理办法（试行）》，将乡镇（街道）党政主要负责人和领导小组成员单位党委（党组）主要负责人点评平安建设工作结果、平安建设工作实绩纳入年度平安建设考核的重要内容，作为选拔使用干部、推进干部能上能下的参考。严格落实平安建设警示通报制度、联系包抓制度、挂牌整治制度和平安建设满意度调查结果责任追究办法，推动工作落实。三是严格督查考评。充分发挥党委政法委和县委平安办统筹协调、指导督办作用，制定下发《平安定边建设督导考评实施方案》，健全完善平安建设考核办法，出台《平安定边建设“双联双评双考”工作机制》。县委平安办组建6个平安建设专项督导检查组，严格落实平安建设“月调研、季点评、年考核”工作制度，按月开展工作调研、听取工作汇报，按季度对各乡镇各部门开展督导并进行通报点评。深入各乡镇、成员单位开展各类调研点评50余次，及时通报了6大类共性问题，并督促整改落实到位。四是高质量完成市域社会治理试点创建。逐项对标《工作指引》任务指标，广泛学习各地先进经验理念，着力健全治理体制机制、补全体系短板弱项、凝聚齐抓共管合力，全面推行网格化服务管理，加快推进“雪亮系统”“综治信息系统”和三级综治中心建设，各乡镇、各部门“软硬件”水平普遍提高，各领域“内外部衔接”更加顺畅，搭建起了以“网格化管理服务基础、三级综治中心承担枢纽、智慧化建设增效赋能”的“大治理”框架，治理体系由“碎片化”向“系统化”逐步转变。完成了《试点工作指引任务分解》各项任务指标，顺利通过市域社会治理现代化试点合格城市验收。五是推动矛盾纠纷多元化解。开展矛盾纠纷“大起底、大排查、大化解”专项活动，严格按照“县级主抓、镇级主战、村级主防、单位主责”总体要求，着力健全“畅通群众利益诉求表达、分析研判、闭环管理、防范‘民转刑’、重大案事件倒查、考评奖惩”6项机制。共排查出各类矛盾纠纷780件，化解767件，化解率98.33%，有效解决群众各类“急难愁盼”。探索推行“驻社区、包部门、联乡镇”特色人民调解机制、社区警务室“3+N”管理模式、“1235”基层社会治理模式、“四李诊室”等经验做法，其中“四李诊室”调解工作法入选全省新时代“枫桥经验”先进典型，实现了“小事不出村、大事不出镇”。六是深入推进诉源治理。将诉源治理嵌入县域社会治理现代化体系之中，以打造“枫桥式人民法庭”为抓手，在全县19个乡镇（街道）185个行政村设立“法官工作站”，将调解指导、纠纷化解、普法宣传、基层治理等服务下沉至人民法庭，五个基层人民法庭化解纠纷2405件。同时紧扣“抓前端、治未病”“抓终端、治微病”“抓末端、治已病”的工作要求，分层递进筑牢“四道防线”，县法院与司法局共同建立诉前调解室，延伸建立“人民调解+司法确认”工作模式，共调解案件513件，其中司法确认265件，当庭兑现、庭外和解成功实质性化解矛盾150件。2023年，一审民商事收案数同比下降11.95%，万人起诉率同比下降18.7%，诉源治理初显成效。七是扎实开展平安创建。按照“平安细胞”创建标准，高质量完成4个市级平安乡镇（办事处）和2个平安单位的创建，连续两年被命名为“省级平安县”，被授予“平安铜鼎”。全面完成了1所省级“平安校园”、3所市级“平安校园”的创建。结合医疗领域群众身边腐败和作风问题专项整治，持续深入推进“平安医院”创建工作。八是全面开展平安建设宣传。坚持传统阵地与自媒体、新媒体宣传相结合的方式广泛开展平安建设宣传。举办平安建设宣讲培训会5期，开展平安建设集中宣传30余次，累计发放平安建设宣传品2万余个，宣传彩页5万页，宣传手册2万册；在所有乡镇村组、社区小区、学校、广场及重点路段醒目位置悬挂横幅1000余条；通过电信、移动和联通等电信运营平台，面向全县手机用户发送平安建设宣传短信360万条；为全县所有手机用户订制平安建设视频彩铃；制作平安建设动漫和微视频7部；组织全县学生家长、职工干部积极转发平安建设宣传视频，转发播放量达12万余次；开展了1次线上“九率一度”问卷调查，参与30960人次。进一步提高了平安建设的曝光率，形成平安建设宣传工作随处可见、平安建设人人知晓的良好氛围。

【扫黑除恶】常态化开展扫黑除恶斗争，对全县科级干部进行了4期《反有组织犯罪法》的专题培训，印发《反有组织犯罪法》口袋书2万余册，深入街道、广场、乡村开展常态化扫黑除恶斗争主题宣传100余次。全县新接收线索21条、查结18条；共立九大类刑事案件102起，破案117起。行业部门协同联动、深化重点行业整治，教育领域组织开展教体行业专项整治5次，立案55起，破案53起；金融放贷领域立案10起，破案8起；市场流通领域开展各类检查排查20余次，立案14起，破案11起；医疗领域对全县各级各类医疗机构开展监督检查65户次，下发卫生监督意见书3份。

（梁天来）

机关党建

中共定边县直属机关工作委员会

书　记　刘立杰（　—2023.07）

　　　　　闫克文（2023.07—　）

副书记　侯继弘　黄海洋

【概况】中共定边县直属机关工作委员会为正科级建制，编制5人，有书记1人，副书记2人，党员干部12人，下辖县直机关312个党组织，其中党委38个，党总支4个，党支部270个，共管理党员4518名。

【政治思想建设】一是突出政治导向，聚焦思想抓学习贯彻。及时学习贯彻习近平总书记多次来陕考察重要讲话重要指示精神，组织县直机关学习贯彻党的二十大精神，教育引导机关广大党员干部迅速把思想和行动统一到总书记重要讲话和党中央决策部署上来，不断增强“四个意识”、坚定“四个自信”、做到“两个维护”。加强政治能力培养和锻炼，引导机关党员干部坚持和善于从政治上认识问题、推动工作，不断提高政治判断力、政治领悟力、政治执行力。加强思想教育和舆论引导，落实县直机关意识形态定期分析研判报告、干部思想动态分析调研制度，针对性做深做实思想政治工作。二是强化思想建设，持续提升党员理想信念。推进学习型党组织建设。建立完善党员干部集中和自学学习制度，加强督学、评学、述学。工委党委做到学习有计划、有内容、有讨论、有记录。引导各党组织积极参加工委组织的培训，依托年初制定的《2023年定边县直机关党员干部培训计划》，采用“请进来、走出去”培训模式，分层次、分时段，采取线上线下等方式，全覆盖开展机关党组织书记、新任党务干部、发展对象、党员教育培训，共举办了4次党务干部培训，提高了县直机关党务工作者的业务水平。

【机关党建】一是完善组织建设，夯实机关党建工作基础。强化规范管理抓组织建设。完善党组织建设，按照基层党组织人员动态管理原则，配齐配强党务干部，对人社局等18个党委、支部班子进行了改选。对任期届满的42个党组织提前进行提醒，按时完成换届工作。理顺党组织隶属关系，全年新成立党组织14个，撤销党组织3个，党组织更名3个，调整审批支部委员21个。严把发展党员“入口关”，共确立积极分子104人，确定发展对象44人，接收预备党员30人，审批预备党员转正58人。二是突出党建赋能，聚焦中心抓引领提升。坚持以中心工作为纲，充分激发党员红色动力。以强化服务力为目标，组织机关事业单位在职党员到社区双报到履职，引导党员干部主动融入到社区治理和服务群众中去，为社区治理、乡村振兴、招商引资、项目推进、平安定边、环境整治等重点工作助力并发挥先锋模范作用。贯彻《中国共产党统一战线工作条例》，加强机关群团组织建设，完善“党建带群（团）建、群（团）建促党建”工作机制，增强群团组织政治性、先进性、群众性。三是突出主责主业，聚焦基层抓责任落实。围绕解决机关党建工作抓什么、谁来抓、怎么抓的问题，印发《2023年县直机关党的建设工作要点》，建立县直工委统一领导、部门机关党委（总支、直属支部）直接领导、党支部狠抓落实的三级责任体系和组织书记抓党建承诺、述职、评议、问责四位一体责任链条，进一步明确机关党组织书记第一责任、班子成员一岗双责、党务干部具体落实的责任。积极赴基层党组织开展走访大调研活动，赴县农业局、自来水公司、第七小学等单位开展党建指导19次，听取各部门、单位抓党建工作汇报30余次，有力地推进党建工作主体责任落实。

【亮点工作】一是主动把抓党建工作融入到机制创新中，做管党治党的“引路人”。结合主题教育，分类推进，精准施策，制定印发了县直机关和县属国有企业领域主题教育实施方案。坚持围绕中心抓党建、抓好党建促业务，开展“一系统一品牌、一支部一特色”建设，全年下拨党建专项经费52万余元，打造机关党委党建阵地5个，事业单位党建阵地5个。在推进党支部标准化规范化建设的基础上依托党员活动阵地建设打造“智慧书屋”，下拨党建经费30余万元，购买书籍2万余册，打造出县城投公司和县档案馆智慧书屋2个。开展“书记项目”和党建品牌创建活动，下拨党费5万元，牵头实施县自来水公司的“党建引领五水争涌，润泽定边普惠群众”党建书记项目。厚植廉洁文化，推进“清廉机关”创建，联合县纪委监委、县行政审批服务局在政务大厅开展主题为“弘扬清风正气，共建清廉机关”廉政承诺签名活动，发放各类宣传品、宣传册近2000份。二是主动把抓党建工作融入到服务大局中，做管党治党的“明白人”。开展对省委巡视反馈的机关党建问题整改，下发了自查通知和督办函，对自然资源规划局等单位党费收缴标准进行审查核算，对不足的予以追缴补缴，确保党费按时按标准收缴到位。持续开展模范机关创建活动，召开了模范机关建设工作推进会，开展了“创建模范机关，用身边人讲述身边事，让身边事激励身边人”主题线上微党课活动。依托“双报到”和“五级五长”工作机制，开展联学共建，联合工委“双报到”社区定边街道党工委长城社区支部开展了“联学共建促提升，凝心聚力办实事”联合主题党日活动，增强了机关党员干部为民办实事的责任感和使命感。三是主动把抓党建工作融入到日常生活中，做管党治党的“有心人”。始终秉持“注重实效抓党建”的工作理念，让党建工作在日常生活中看得见、摸得着，感觉到、享受到。结合新年和“七一”等特殊节日，慰问困难党员和老党员55名，发放慰问金5.1万元。结合帮扶村软弱涣散党组织整顿工作，争取县民政等资金15万元，打造出帮扶村品牌党建室2间；争取水利资金7万元，为帮扶村集镇街面15户人家安装了净水系统，解决了群众吃水难问题。

（王一博）

机构编制

中共定边县委机构编制委员会办公室

主　　　　任 高红梅

正科级督查专员 张　达

副　　主　　任 刘　涛　屈兆春

定边县事业单位登记管理局（挂定边县党政群机关社会信用代码管理办公室牌子）

局　　　　长 孙　智

副　　局　　长 刘雅楠

苗润彩（女，2023.07—　）

【概况】中共定边县委机构编制委员会办公室是县委机构编制委员会常设办事机构，承担县委机构编制委员会日常工作，为县委工作机关，归口县委组织部管理。贯彻执行党和国家关于行政管理体制和机构改革以及机构编制管理政策、法规，负责全县机构编制管理日常工作，正科级建制，核定行政编制12名，实有工作人员12人。定边县事业单位登记管理局（挂定边县党政群机关社会信用代码管理办公室牌子）为县委编办直属行政机构，正科级建制。

【下放行政执法权】按照省政府要求，结合定边县实际，采取“一镇（街）一清单”赋权形式，逐乡镇（街道）制定了承接事项清单，以县政府名义行文在全市率先向19个乡镇（街道）下放了70项行政执法事项，制定赋权行政确认制度，签订赋权事项承接确认书，明确相关部门任务分工，试点先行，稳步推进，实行执法层级下沉到最基层，以解决乡镇（街道）多头多层重复执法问题。

【权责清单动态调整】为充分发挥权责清单的基础性制度效用，推动政府职能更优化、权责更协同、履职更高效，县委编办、县司法局、县行政审批局抽调专人成立了权责清单审核组，历时两个多月，对全县19个乡镇（街道）、28个部门（单位）的权责清单事项进行集中审核修订。共梳理出45个部门（单位）4071条权力事项，并率先在陕西省权责清单管理平台进行发布。

【提升办事效率】一是县委编办会同县发改科技局、县行政审批局对全县机关内部办事事项和部门间办事事项清单进行鉴别核实汇总。二是根据《榆林市市本级机关内部“最多跑一次”办事事项目录》，县委编办会同相关单位对事项清单进行认真研究和逐项论证，就23个部门（单位）的98条办事事项，10条联办事项进行审核，拟定了全县机关内部“最多跑一次”办事事项目录。

【机构编制动态管理】一是优化机构编制资源配置。按照“严控总量、统筹使用、有增有减、动态平衡、保证重点、服务发展”的要求，做好机构编制的动态调整和余缺调剂。推动机构编制资源向事关中心工作、全局工作和民生保障等重点领域倾斜，提高机构编制资源使用效益。为优化营商环境，全年给国有企业服务等机构动态调剂编制29名。二是认真执行《关于进一步规范招考招聘指标审核工作的通知》文件精神，为定边县争取2023年教师招聘指标73名（其中通过事业单位招聘12名、优秀高校毕业生招聘43名、特岗教师招聘18名）、医疗卫生机构定向招聘指标6名、事业单位招聘指标32名。配合组织部完成定边县63名公务员（其中3名从优秀村（社区）干部中考试录用）和4名选调生招录计划的审核上报，同时配合完成相关招聘的资格复审和面试等工作。三是完成全县领导干部及教体系统工作人员555人次工资转办工作；对2023年辞职、解聘、开除公职的27人办理了停止核发工资经费和编制核销手续。

【机构编制审批】一是规范机构编制管理及审批程序，充分发挥机构编制部门“总开关”作用，及时掌握党政群机关及事业单位工作人员动态，与组织、人社、财政等部门加强协调配合，严格执行人员调动调整“编制审批在先”原则、《控编通知单》制度、《机构编制管理手册》制度。严格执行机构编制审批上报程序，凡以县委编委名义上报的文件，首先由县委编办进行动议、论证，形成可行性报告，再按程序提交会议研究上报，坚决执行机构编制部门一家承办、编委领导一支笔审批、编制部门一家行文的“三个一”制度。二是规范机构编制实名制网络和《机构编制管理手册》管理。县委编办严格按照保密规定，做好实名制系统日常更新维护、《机构编制管理手册》的更新换发和年审管理工作。完成全县行政事业单位《机构编制管理手册》的更新换发工作。完善机构编制基础台账，加强与组织、人社、财政等相关部门的数据共享和业务协同，规范程序，强化管理。三是筹备召开编委会4次，对“关于定边县公安局有关机构编制事宜调整的意见”等16项议题进行专题研究，全年共计上报机构编制事宜调整申请事项10项。

【社会信用代码和事业单位登记管理】一是事业单位法人年度报告公示及评估工作。截至2023年3月31日年报结束，全县共有符合年报公示的已登记事业单位249家，报送审核通过249家，发布公告249家，按时完成年度报告工作。根据全省事业单位异地评估要求，完成对宝鸡市太白县的113家事业单位的年度报告评估工作，并将评估分值一览表和评估评价意见表上传至陕西省事业单位登记管理局网。二是党政群机关和事业单位法人登记工作。全年办理党政群机关统一社会信用代码新设立登记1家、变更登记27家、补换登记2家；事业单位设立登记1家、变更登记12家、注销登记2家。三是事业单位法定代表人培训工作。2023年4月6日至8日，定边县事业单位登记管理局组织全县249家登记事业单位法人参加榆林市委编办组织的线上专题培训。四是“双随机、一公开”监管工作。加强对事业单位的监督管理，印发了《关于开展2023年事业单位“双随机一公开”实地核查工作的通知》，由事业单位登记管理局领导带队，对定边县教育综合实践基地等7个事业单位年报排名靠后的和随机抽查的事业单位进行了实地核查检查。

【机构编制监督检查】一是选派 3 名科级领导干部参与组织部重点工作督帮调研，将机构编制工作纳入到调研内容之中，对全县各乡镇（街道）的基本情况、运行现状、机构设置、人员结构、存在问题等进行了解，为下一步优化乡镇（街道）职能配置做好基础性工作。二是印发《关于开展机构编制监督检查评估工作的通知》，围绕“十个聚焦”要求对全县党政机关、直属机构、群众团体及乡镇（街道）就机构编制政策法规学习贯彻情况、机构编制贯彻落实情况、“三定”规定执行情况、严肃机构编制纪律情况等 5 个方面进行监督检查评估。三是将机构编制工作纳入全县年度目标责任考核和全县大督查范围，重点对各乡镇（街道）、部门单位执行机构编制政策和法律法规情况、机构编制数额的控制和人员配备等情况进行监督检查和考评。每季度对各乡镇、部门单位进行量化打分，作为年终考核的重要依据。四是将权责清单动态管理工作纳入全县专项考核范围，督促各部门（单位）以现行有效法律法规规章和“三定”规定等有关规范性文件为基准，进一步更新完善权责清单，做到“清单之外无职权”“法无授权不可为”。同时，进一步加强与巡察、审计、选人用人专项检查等工作的衔接，形成监督检查合力。

【调查研究】一是针对县内养老服务事业和养老产业、农林水系统事业单位现状，从机构运行、职能履行、人员配置、年龄结构等现实问题着手，组成调研组，深入 46 个一线单位和服务机构进行调研。二是完成关于《民办学前教育发展困境及对策建议》和《创新管理方式，推动机构编制实名制工作提质增效》两个课题。三是会同县教体局深入公办和民办幼儿园、中小学，就教学机构设置及教师编制情况、教职工总体结构、在校学生总体情况和当前职业教育现状等方面进行深入实地调研。四是科学配置乡镇卫生院机构编制资源，会同县卫生健康局就全县的乡镇卫生院设置情况、核编人数、实有人数等基本情况进行调研核实统计，全年形成调研报告 8 篇。

（付宝乐）

党校工作

中共定边县委党校

校　　长 党玉飞
常务副校长 刘志凌　（　—2023.04）
副 校 长 张琪曼
校 务 委 员 辛锦凤　（　—2023.04）
杨玉梅　（　—2023.04）

【概况】中共定边县委党校创办于 1956 年，原称县委干部培训班，1958 年 5 月更名为中共定边县委党校，为县委正科级参公管理事业单位。教职工 22 人，党员 17 人。内设校委会和党总支两个机构，下设办公室、教务室、科研室、总务室、教学理论研究室、电教服务管理室、学员管理办公室 7 个办公室。

【培训工作】2023 年共举办主体班次培训 20 期，参训学员 2346 人次。其中“定边县科级干部学习贯彻党的二十大精神专题轮训班”4 期；“定边县 2023 年发展对象集中培训班”3 期；“全国村党组织书记和村委会主任视频培训班”定边分课堂培训 1 期；基层干部“乡村振兴”轮训班培训 6 期；新录用公务员基层素能提升专题培训班 1 期；新任科级领导干部培训班 1 期；村干部“后备力量”轮训班 2 期；乡镇党政正职为民服务能力提升班 1 期。参训学员 2346 人次。会同其他部门，联合举办行业领域专业培训十余期（次），培训对象近千人。

【基层宣讲】围绕“党的二十大精神、习近平新时代中国特色社会主义思想、习近平总书记来陕考察重要讲话精神、党章、党史”等党和国家重大理论政策内容，专业教师深入部门、企业、社区、学校、乡镇等，开展巡回宣讲 50 场次，参训学员 3176 人次。

【科研资政】组织全体教师围绕县委、县政府中心工作和当前的热点难点问题开展集中调研2次，形成了8篇高质量科研文章。其中，高璇撰写的《浅析非物质文化遗产与特色旅游产业融合发展》荣获全省党校（行政学院）系统第37次理论研讨会二等奖。申报的课题《定边县围绕“一红一绿”打造党员干部教育基地的研究》荣获2022年度全市党校系统中国特色社会主义研究优秀课题。年内教师共发表科研论文8篇，其中省级以上刊物发表6篇、市级刊物发表2篇。

【队伍建设】2023年选派7人次优秀教师参加榆林市骨干教师扬州培训班、学习贯彻习近平新时代中国特色社会主义思想主题教育杭州专题研修班、榆林市党校系统管理人员培训班，组织全体教职工观看中央党校视频课5次。在县委组织部、县人社局的组织下，公开招录公务员1名。

【校风学风】机关管理。贯彻落实《中国共产党党校（行政学院）工作条例》，以开展干部作风能力提升等“三个年”活动为契机，以坚定理想信念、增强宗旨观念和提升工作能力为重点加强党性意识、党性修养和党性锻炼，开展“讲政治、讲奉献、比作风”的机关作风能力建设。教学管理。一是优化班次、师资、课程等教学布局，严格落实理论教育和党性教育主课地位，课时量占总课时70%以上，其中党性教育课时占总课时20%，教学专题更新率30%以上。二是形成“常委讲党课、领导微党课、干部谈体会”的研讨培训新模式，创新优化专题教学、现场教学、情景教学、激情教学、体验教学等教学模式。三是打造定边红色文化和绿色生态“一红一绿”课题，并纳入县委党校干部教育培训项目规划。学员管理。一是实行“三表一册”学员管理制度，对学员的学籍、出勤、学习、结业考核等情况做到全过程跟踪、管理和监督。培训期间班主任全程跟班，县委督查室跟进督查，县委干教办即时通报。二是提升学员服务，优化学习环境，投入4.5万元安装智慧党校系统，实行线上线下学员量化管理，学员反馈的满意度达到95%以上，主体班的综合考核成绩优良率达到95%以上。

【党建工作】落实“三会一课”等各项组织生活制度。一是明确作风建设专项行动的工作重点，每季度公开履职尽责情况，个人自查、相互监督，将工作实绩作为党校教职工评先评优、问责追责的重要依据。二是落实党员进社区“双报到”制度。对“双报到”的党员进行实名制登记管理，参与社区卫生整治、三问三访、安全隐患大排查、帮扶困难群众等项工作。三是落实党员“三类五星”评定管理。

（李欣霖）

档案工作

定边县档案馆

馆　长　温　瑛（女）

副馆长　高海英（女，　—2023.04）

【概况】定边县档案馆成立于1958年9月，1969年更名为定边县革命委员会档案馆，1977年1月恢复原称至今。1980年10月成立档案局，隶属县革委会、县政府领导。1995年机构改革中，撤销档案局，对外保留印章，档案馆列入县委管理序列，1996年恢复档案局，局、馆合署办公，一套人员、两块牌子，履行档案事业行政管理和档案的保管利用两种职能，正科级建制，隶属县委领导。2019年机构改革时，将档案局的行政职能划转至县委办（档案局的牌子挂在县委办），保留档案馆，履行档案的保管利用职能，正科级建制，为县委直属事业单位，参照公务员法管理。档案馆建筑面积6181平方米，库房3个，面积1600平方米。核定编制19人，目前共有工作人员29人，其中参公人员17人，干部2人，工人2人，协管员8人，大专及以上文化程度29人。内设机构有办公室、政秘股、财务股、业务指导股、保管利用股、信息化股、征集编研股。馆藏218个全宗，纸质档案26万余卷，其中康熙二十七年诰命三卷，民国时期档案33卷，革命历史档案127卷，照片6064张、声像档案132张盘、资料

23139 册，为国家二级档案馆。

【党建引领】深入推进“红心向党，筑梦兰台”党建品牌建设，探索“四建四促四强化”工作方法，提升党建工作规范化、专业化、科学化水平。利用馆藏档案布置红色文化展厅，打造全县党员干部主题党日打卡点、学生爱国主义教育基地；设计新颖、布局美观的开放式档案阅览室被确定为全县职工书屋示范点和干部职工读书点。2023 年，定边县档案馆被确定为全县公务员初任培训教学点、远程教育教学点和乡村振兴干部培训教学点。仅 2023 年共接待省市县领导调研及党员干部参观 42 批次，共计 600 余人，社会人员 1600 余人。

【资源建设】以实施“馆藏翻番”工程为目标，采取接收和征集相结合的形式，挖掘资源，收集多门类、多载体档案进馆。2023 年，接收了县法院 1940 年到 2021 年诉讼案件卷宗 141810 卷，馆藏量超过 26 万卷，跃居全省县级档案馆前列。

【档案征集】开展珍贵档案资料征集，在县委县政府的鼎力支持下征集到民间康熙二十七年诰命三卷以及“七一勋章”获得者全国治沙英雄石光银捐赠的全国绿化劳动奖章和优秀共产党员证书。

【业务建设】制定并组织实施《定边县档案事业发展“十四五”规划》《定边县档案工作考核奖励实施办法》和《定边县档案工作年度计划》，将档案工作纳入全县年度目标责任考核，对全县 94 个职能部门开展档案工作专项考核；运用“双随机一公开”对检察院、民政局、安边镇等 69 个乡镇和部门单位档案进行行政执法检查；完成对政府办、法院、财政局等 72 个乡镇和部门单位档案室年检任务；全年对行政审批局、林业局、堆子梁镇等 78 个乡镇和部门单位开展了档案工作业务指导；接收巡察办、财政局、政协办等 8 个单位的文书档案、项目档案、重大活动档案；组织考评小组，认定安边镇人民政府档案室为省A级档案室。

【开馆仪式】9 月 6 日，定边县档案馆举行开馆揭牌仪式。县委书记姬世平与市档案馆馆长徐杰为定边县档案馆揭牌，省委办公厅档案事业发展处副处长于洋宁在揭牌仪式上致辞，县委常委、组织部部长党玉飞主持揭牌仪式。“七一勋章”获得者、全国治沙英雄石光银，县委常委、常务副县长刘浩成，县人大常委会副主任任学友，县政协副主席李蕊青及榆林各县档案馆负责人参加揭牌仪式。定边县档案馆以此次开馆仪式为契机，进一步优化馆藏结构、加快数字转型、扩大档案开放，紧盯档案资源建设及重大活动档案归集、开发利用、安全管理、信息推进等方面工作，补短板、强弱项，全面推动档案事业高质量发展迈出新的步伐。

【异质异地数据备份】12 月 5 日，定边县档案馆馆长温瑛一行 3 人赴江苏省扬州市宝应县档案局开展档案数据异质异地备份工作，并举行档案数据资源异地备份签约仪式。此次共备份了 2 份，8524G重要数据，进一步加强重要数据的安全保障。

【作风能力】以“作风能力提升年”活动为契机，坚持强理论、改作风、促发展，学习党的二十大报告原文、《中国共产党章程》《党员干部纪律教育学习读本》等一系列政治理论、党纪法规知识，组织党纪法规知识测试，开展干部作风能力提升助推定边高质量发展集中讨论活动，观看了警示教育片，引导党员干部从违纪违法案例中吸取深刻教训，加强党员干部党性修养，增强自律意识，不断夯实廉洁从政的思想根基，筑牢拒腐防变防线。

【队伍建设】强化正确的选人用人导向，以干部的实绩作为衡量标准，让敢于担当作为的干部有更好的工作平台、更大的上升机会和有更广阔的发展空间。在全馆上下营造“比学赶超”的氛围，开展优秀查档员、优秀业务员、优秀讲解员、年度宣传之星、学习之星、考勤之星评比，并将评选结果与评先评优、绩效考核挂钩，2023 年通过向县委组织部推荐，共有 4 名实干担当、表现突出的干部得到了职级晋升，显著增强了干部担当实干的信心。加强人才配备，壮大档案人才队伍，2023年通过公务员招录、选调生招录等形式招录档案学、计算机等青年专业人才3人。

【荣誉展台】定边县档案馆被评定为2022年全县目标责任考核优秀部门；被陕西省档案局授予2023年度全省档案宣传工作三等奖；被榆林市爱国卫生委员会授予2023年度市级卫生先进单位；被中共定边县委、定边县人民政府授予“平安单位”荣誉称号；被定边县妇联授予“定边县三八红旗集体”荣誉称号。

（闫　宇）

纪律检查·行政监察

中共定边县纪律检查委员会

中共定边县纪律检查委员会

书　记　师　瑜

副书记　冯天凯　管　军

常　委　刘　艳　李晓旭　李祥云　张　岩

定边县监察委员会

主　任　师　瑜

副主任　冯天凯　管　军

委　员　刘　艳　李祥云　齐明洋　孙向东

【概况】中国共产党定边县纪律检查委员会是负责党的纪律检查工作的专门机关，受市纪委和县委的双重领导。县监察委员会是行使国家监察职能的专责机关。县纪委、县监委合署办公，履行纪检、监察两种职能。县纪委监委内设机构12个，即办公室、党风政风监督室、案件监督管理室、组织部、宣传部、案件审理室、信访室、干部监督室，第一纪检监察室、第二纪检监察室、第三纪检监察室、第四纪检监察室。派驻机构11个，即驻住房和城乡建设局纪检监察组、驻农业农村局纪检监察组、驻教育和体育局纪检监察组、驻交通运输局纪检监察组、驻财政局纪检监察组、驻县委办公室纪检监察组、驻发展改革和科技局纪检监察组、驻县政府办公室纪检监察组、驻人民检察院纪检监察组、驻自然资源和规划局纪检监察组、驻公安局纪检监察组。下属事业单位2个，即网络信息中心、政务监察投诉中心。有行政编制57个，事业编制41个，干部职工136人，党员121人，本科以上学历113人。

【政治建设】严格执行“第一议题”制度，召开纪委常委会会议20次，理论学习中心组集中学习11次，及时传达学习习近平总书记重要讲话重要指示精神。出台《定边县纪检监察机关监督工作暂行办法》，明确政治监督重点和日常监督方式方法。聚焦堆子梁镇王滩子村高标准农田未耕种问题，围绕职能部门监管责任、镇村两级主体责任落实情况，开展审查调查及追责问责工作，立案3人，党纪政务处分3人，诫勉谈话4人，谈话提醒4人，工作约谈3人。围绕全县耕地和永久基本农田划定成果核实处置5871个图斑（8563.42亩），对19个乡镇及国有林场开展监督检查15次，督促整改5832个图斑，整改面积8485.97亩。

【主题教育和教育整顿】系统学习习近平总书记关于全面从严治党重要论述，班子成员带头讲党课、作报告，组织开展演讲比赛、集体研学、召开警示教育大会等活动，各支部累计学习42次，组织测试5次。采取“全员覆盖、逐级谈话、压茬进行”原则分层分类开展谈心谈话，累计开展4轮自查检视和谈心谈话，检视问题5653个，全部完成整改。开展重复举报化解、借用人员管理等“5+7”专项整治，全县纪检监察干部退出网络群组2044个，化解重复举报20件。深化案件质量评查，抽查案件68件，累计整改问题312个。教育整顿期间，受理纪检监察干部问题线索10件，立案4件，党纪处分3人。对干部逐人分析研判，调离纪检监察系统4人。拓宽干部任用视野和渠道，提拔使用28人，内部轮岗49人，外部交流3人，调入纪检监察系统9人。

【惩治腐败】严肃查处定边街道原党工委书记、县法院监察室原副主任严重违纪违法案。全县纪检监察机关受理信访举报281件，处置问题线索825件，立案252件，党纪政务处分272人，其中乡科级48人，移送检察机关5人，挽回经济损失513.18万元。精准运用监督执纪“四种形态”754人次。对40批1850名党员干部作出廉政鉴定，否决27人次。加强以案促改，从查办案件中发现体制、机制、管理、监督方面的漏洞，制发监察建议书20份。督促定边街道党工委、法院党组、资源规划局党组扎实开展以案促改。召开全县党员领导干部警示教育大会，观看警示教育片，通报典型案例。执行领导干部任前廉政法规考试制度，分8批次组织205名拟提拔干部参加考试，3人因成绩不合格暂缓任用，对160名新任科级干部开展廉政谈话。

【从严治党】协助县委完善《县委常委会班子及成员2023年全面从严治党主体责任清单》《落实全面从严治党主体责任考核办法》，以任务清单和考核工作倒逼主体责任落实。加强对县委班子成员落实主体责任纪实制度的日常监督，向县委常委班子成员通报分管领域党风廉政建设情况6次，定期在县委常委会、县委理论学习中心组传达学习党风廉政建设和反腐败工作最新内容。通过平时督查、半年考核、综合评议等方式，对20个乡镇党委（街办、便民中心）、49个部门党组（党委）、24个省市驻定单位党组（党委）落实主体责任情况进行检查考核。县委书记对下级“一把手”开展任职谈话、监督谈话15人次，同县委常委班子成员逐一谈心谈话。协助县委制定2023年度全面从严治党工作计划，推动主体责任制度执行。协助县委开展乡镇部门“一把手”向县委常委会（扩大）会议述责述廉，6名乡镇部门“一把手”向县委常委会议述责述廉，公开接受质询评议。同时，县纪委书记对全县党风廉政建设和反腐败工作的重要案件及时与县委书记进行沟通汇报，提出建议。全年向县委报告工作7次，提出意见建议7条，向县委常委班子成员通报分管领域党风廉政建设情况6次，向县委常委会汇报2名乡镇（部门）“一把手”和领导班子成员相关问题线索8次，报告其他科级领导干部问题线索80次，同下级“一把手”监督谈话11人，提出工作建议6条。通过深入调研、督导检查等方式，进一步加强对各乡镇、各部门单位履行全面从严治党责任、执行民主集中制、“三重一大”决策制度的监督检查，压紧压实各级主体责任、监督责任，发现问题及时提醒、督促整改，对管党治党责任落实不到位、履行管理监管责任不力的3名领导干部从严追责问责。

【“清廉定边”建设】召开“清廉定边”建设推进会，印发《定边县2023年廉洁文化建设实施方案》，项目化推进27项重点工作。与长庆采油六厂、陕西华电新能源发电有限公司举行党风廉政教育共建点揭牌仪式。开展廉洁文化“十进”活动，以“四个一”为载体，在全县范围内广泛开展廉洁文化作品征集活动，面向社会展出优秀作品149件，安边起义纪念馆被榆林市纪委监委评为市级廉政警示教育基地。加大廉洁文化宣传力度，在中省市各类报刊媒体发表廉政稿件179篇，《持续纠治微腐败》评论文章在中国纪检监察报刊发。

【风腐同查同治】制定《2023年深化落实中央八项规定精神暨纠“四风”树新风工作安排》，紧盯元旦、春节、清明、五一等重要时间节点向全县领导干部发送廉洁过节提醒短信8万人次。强化对党员干部婚丧喜庆事宜的监督，印发《关于开展党员干部及公职人员大操大办婚丧事宜问题专项治理实施方案》，74名党员干部婚丧喜庆事宜向县纪委监委备案。全县查处违反中央八项规定精神问题18起，党纪政务处分 25 人。查处形式主义、官僚主义问题 7 起，党纪政务处分 14 人，查处享乐主义、奢靡之风问题 11 起，党纪政务处分 11 人。在榆林市确定的 8 个领域专项整治的基础上，增加毁林开垦 1 个专项整治，督促牵头职能部门按照“一专项一方案一专班”深入开展专项整治。本年度，全县纪检监察机关处置问题线索 67 件，结案 67 件，党纪政务处分 86 人，组织处理 55 人。其中，聚焦乡村振兴领域查处 29 件，党纪政务处分 39 人，组织处理 32 人；聚焦教育领域查处 5 件，党纪政务处分 7 人，组织处理 6 人；聚焦医疗领域查处 2 件，党纪政务处分 2 人，组织处理 2 人；聚焦住房领域查处 3 件，党纪政务处分 5 人；聚焦营商环境领域查处 8 件，党纪政务处分 11，组织处理 9 人；聚焦物业服务管理领域查处 2 件，党纪政务处分 4 人，组织处理 2 人；聚焦厉行勤俭节约制止餐饮浪费查处 5 件，党纪政务处分 5 人；聚焦粮食购销领域查处 8 件，党纪政务处分 8 人，组织处理 3 人；聚焦毁林开垦查处 5 件，党纪政务处分 4 人，组织处理 1 人。聚焦“三个年”活动强化监督检查，抽调组织、人社部门成立 5 个督查组，对 19 个乡镇 54 个部门单位全覆盖督导检查。围绕干部作风能力提升年活动，制定《定边县干部作风能力提升年督导检查工作方案》，按照“6+1”工作机制（每日一上报、双周一调度、每月一通报、季度一点评、半年一小结、年终一总结，追责问责一查到底）开展监督检查 3 轮，发现问题 138 个，制发督办单 42 份，实施谈话提醒 10 人；围绕高质量项目推进年活动开展监督检查 2 次，督促 111 个重点项目加快建设进度。梳理县级审批层面未办结事项 82 个，涉及 54 个项目，向 17 个单位制发督办单，督促按期办结审批事项；围绕营商环境突破年开展监督检查 4 次，发现问题 10 个，制发督办单 1 份。县纪委监委查处问题 2 件，给予党纪政务处分 2 人。

【巡察定位】完成 2 轮常规巡察和 1 轮优化营商环境、教师队伍建设领域专项巡察，发现问题 283 条，反馈意见建议 55 条，移交问题线索 43 条。出台《关于加强巡视巡察整改日常监督办法（试行）》，聚焦省委第四巡视组反馈 4 类 30 个问题，对全县各乡镇部门开展 3 轮监督检查，发现问题 75 个，督促完成整改 69 个，正在整改 6 个，印发通报 2 期。省委第四巡视组移交信访件 152 件，已办结 122 件，立案 9 件，党纪政务处分 9 人，运用“第一种形态”处理 9 人。梳理完善《定边县委巡察工作政策汇编》，形成涵盖中省市县 20 项巡察制度的工具书。组建 300 余人的“巡察人才库”，优先将具有专业特长、抽调参加巡察表现优秀的干部吸收入库、适时启用。

【体制改革】统筹推进“三项改革”的领导体制和工作机制，严格执行乡镇纪委重要情况请示报告制度，推动双重领导体制具体化程序化制度化。11 名派驻纪检监察组组长全部兼任驻在部门党组成员，重点聚焦落实全面从严治党主体责任、贯彻执行民主集中制、依规依纪依法履职用权、廉洁自律等方面的风险点，开展嵌入式监督，强化对驻在单位“一把手”和领导班子的近距离常态化监督。全年，各派驻纪检监察组处置问题线索 150 件，立案 54 件，给予党纪政务处分 69 人。对县纪委监委办公大楼主体进行修缮，新建定边县廉政教育中心。推进监察官等级首次确定，全县确定监察官 123 名。制定《推动完善基层监督体系重点工作任务清单》，确保任务明确到岗、落实到人、具体到事。

（王润岗）

定边县人民代表大会常务委员会

组织机构

主　　任　马俊飞
副 主 任　任学友
　　　　　赵治安
　　　　　王廷奎
专职委员　张全海
　　　　　杜彦良（女）
　　　　　屈胜利
　　　　　宋　哲（2023.07—　）
　　　　　李保林（2023.07—　）
委　　员　刘力鹏
　　　　　郭　枫
　　　　　马　维（女，回）
　　　　　薛海蛟
　　　　　李小红
　　　　　康文军（　—2023.07）
　　　　　任正宝
　　　　　姬　敏（女）
　　　　　朱贵荣
　　　　　冯建亮
　　　　　薛　成
　　　　　王　智
　　　　　王　凯
　　　　　闫　凯
　　　　　张耀武
　　　　　范　德
　　　　　白朝阳

办公室
主　　任　郭　枫
副 主 任　苏通彬
　　　　　李　韬（2023.07—　）
主任科员　郝黎明
　　　　　贺宏邦
　　　　　王晓燕
工会主席　袁致梅（女）

财政经济工作委员会
主　　任　李小红
副 主 任　耿蔷薇

人事代表选举工作委员会
主　　任　丁　黎（2023.07—　）

法制工作委员会
主　　任　马　涛（回，2023.07—　）

城镇建设与环境资源保护工作委员会
主　　任　薛海蛟

教育科技文化卫生工作委员会
主 任 姬 敏（女）
副主任 夏 龙

预算联网监督中心
主 任 朱贵荣
副主任 孙 瑞

民族宗教工作中心
主 任 刘学博（2023.07— ）
副主任 张 妍（2023.07— ）
李 涛（2023.07— ）

重要会议

【定边县第十九届人民代表大会第二次会议】2023年2月13日至15日，定边县第十九届人民代表大会举行了第二次会议。本次会议应到代表196人，实到代表181人。

2月13日上午，县十九届人民代表大会第二次会议隆重开幕。来自全县各行各业、各条战线上的人大代表们，肩负着全县人民对美好生活的殷殷期望，怀揣着谋划发展的拳拳之心和依法履职的热忱与激情，齐聚一堂，共同描绘定边新一年高质量发展的宏伟蓝图。姬世平、马俊飞、李胜元、苗云、吕瑞卿、刘云霞、任学友、赵治安、王廷奎出席会议并在主席台前排就坐。党玉飞、刘小宁、师瑜、王彦强、高增刚、齐洲、郝骥及大会主席团其他成员在主席台就坐。大会由县人大常委会副主任任学友主持。

本次会议，代县长李胜元代表县人民政府向大会作政府工作报告。审查了定边县2022年国民经济和社会发展计划执行情况与2023年国民经济和社会发展计划草案的报告，定边县2022年财政预算执行情况和2023年财政预算草案的报告；会议听取了定边县人大常委会工作报告，听取了定边县人民法院工作报告和定边县人民检察院工作报告；会议通过了定边县第十九届人民代表大会第二次会议选举办法（草案）。

2月15日上午，县十九届人民代表大会第二次会议召开第二次全体大会。选举李胜元为定边县人民政府县长。会议以举手表决的方式通过了定边县人民政府工作报告的决议（草案）、定边县人大常委会工作报告的决议（草案）、定边县人民法院工作报告的决议（草案）、定边县人民检察院工作报告的决议（草案），通过了《定边县2022年国民经济和社会发展计划执行情况与2023年国民经济和社会发展计划草案的报告》《定边县2022年国民经济和社会发展计划执行情况与2023年国民经济和社会发展计划草案的报告》、关于《加强定边县地下水综合治理议案》的决议（草案）。

这次会议的成功举行，对于进一步统一思想，坚定信心，为推动定边高质量发展，建设富裕定边、绿色定边、文明定边、幸福定边、魅力定边具有十分重要的意义。

【定边县第十九届人民代表大会常务委员会会议】2023年1月至2023年12月，定边县第十九届人大常委会共举行会议7次。

【定边县第十九届人大常委会第七次会议】2023年1月31日，定边县第十九届人大常委会召开第七次会议。县人大常委会主任马俊飞主持会议并讲话，县人大常委会副主任任学友、赵治安、王廷奎及常委会其他组成人员共21人出席会议。县委常委、常务副县长刘浩成、县“一府一委两院”相关人员、有关乡镇人大主席、县人大常委会各委室副科级以上干部列席本次会议。

会议审议通过了定边县人民政府关于定边县十九届人大一次会议代表建议（议案）办理情况的报告。讨论通过了关于召开定边县第十九届人民代表大会第二次会议相关事项、定边县人大常委会2023年工作要点。

【定边县第十九届人大常委会第八次会议】2023年3月1日，定边县第十九届人大常委会召开第八次会议。

县人大常委会主任马俊飞主持会议并讲话，县委常委、副县长石庆贺，县人大常委会副主任任学友、赵治安、王廷奎及常委会其他组成人员共19人出席会议。县“一府一委两院”相关人员、有关乡镇人大主席、县人大常委会各委室副科级以上干部列席本次会议。

会议审议并通过了定边县人民政府关于中盐集团定点帮扶工作情况的报告、市人大代表李琼的述职报告和相关人事任免事项。

【定边县第十九届人大常委会第九次会议】2023年5月8日，定边县第十九届人大常委会召开第九次会议。县人大常委会主任马俊飞主持会议并讲话，县委常委、组织部部长党玉飞应邀参加会议。县人大常委会副主任任学友、赵治安、王廷奎及常委会其他组成人员共24人出席会议。县委常委、常务副县长刘浩成，县“一府一委两院”相关人员、有关乡镇人大主席、县人大常委会各委室副科级以上干部列席本次会议。

会议听取审议并通过了县政府关于定边县2022年财政预算执行情况和2023年财政预算草案的报告、县政府关于定边县2023年财政投资建设项目计划编制情况的报告。

会议表决通过了有关人事任免事项，对4名县人大常委会相关工作机构的工作人员、26名县政府组成部门主要负责同志进行了任命，马俊飞为新任命人员颁发了任命书，新任命人员进行了宪法宣誓并作了表态发言。

【定边县第十九届人大常委会第十次会议】2023年7月27日，定边县第十九届人大常委会召开第十次会议。县人大常委会主任马俊飞主持会议并讲话，县委常委，组织部部长党玉飞应邀参加会议。县人大常委会副主任任学友、赵治安及常委会其他组成人员共22人出席会议。县委常委杨孝良，副县长董建勋、沈力，县“一府一委两院”相关人员、有关乡镇人大主席、县人大常委会各委室副科级以上干部列席本次会议。

会议听取审议并通过了定边县人民政府关于定边县卫生健康工作的报告、定边县人民政府关于定边县国土空间总体规划（2021-2035年）（草案）编制情况的报告和相关人事任免事项。

【定边县第十九届人大常委会第十一次会议】2023年9月21日，定边县第十九届人大常委会召开第十一次会议。会议由县人大常委会主任马俊飞主持，县委常委邹恺，县人大常委会副主任任学友、赵治安及常委会其他组成人员共23人出席会议。副县长沈力、罗志刚，县“一府一委两院”相关人员、有关乡镇人大主席、县人大常委会各委室副科级以上干部列席本次会议。

会议审议通过了定边县人民政府关于定边县城市建设管理工作情况的报告、关于定边县水利工作开展情况的报告、关于定边县2023年上半年财政预算执行情况的报告、关于定边县2023年上半年国民经济和社会发展计划执行情况的报告、关于定边县2023年度重点建设项目计划中期调整情况的报告和定边县十九届人大计划与预算审查委员会增加组成人员名单（草案）。

会议表决通过了接受刘长平辞去定边县公安局局长职务，任命邹恺、史伟兵为定边县人民政府副县长，王剑为定边县人民政府副县长、县公安局局长。会议还对其他人事进行了任免。

【定边县第十九届人大常委会第十二次会议】2023年11月3日，定边县第十九届人大常委会召开第十二次会议。县人大常委会主任马俊飞主持会议并讲话，县委常委、组织部部长党玉飞应邀参加会议。县人大常委会副主任任学友、赵治安、王廷奎及常委会其他组成人员共22人出席会议。县委常委、常务副县长刘浩成，县“一府一委两院”相关人员、有关乡镇人大主席、县人大常委会各委室副科级以上干部列席本次会议。

会议审议通过了定边县人民政府关于定边县2022年度财政决算情况的报告、定边县人民政府关于定边县2022年度县本级预算执行、决算草案编制的审计工作报告、定边县人民政府关于定边县国有资产管理情况的报告、定边县人民政府关于2022年度全县环境状况和环境保护目标完成情况等议题。

【定边县第十九届人大常委会第十三次会议】2023年12月29日，定边县第十九届人大常委会召开第十三次会议。县人大常委会副主任任学友、赵治安、王廷奎及常委会其他组成人员共22人出席会议。县委常委、常务副县长刘浩成，副县长王剑，县“一府一委两院”相关人员、有关乡镇人大主席、县人大常委会各委室副科级以上干部列席本次会议。

会议审议通过了定边县人民政府关于定边县2023年经济运行及重点项目建设情况的报告、定边县人民政府关于定边县司法行政工作的报告、定边县人民政府关于定边县2023年度财政预算调整草案的报告，县人社局局长刘彦璞、县医保局局长牛国斌向大会报告个人履职情况。

常委会工作

2023年，县人大常委会共召开常委会会议7次、主任会议10次，听取和审议县“一府一委两院”专项工作报告18项，提出审议意见10份，组织开展视察、调研、执法检查12次。

【中心工作】持续加强计划、财政、审计工作的审查监督，不断推动全县经济社会稳健发展。听取审议政府债务管理情况报告，深化行政事业单位国有资产监督，建议县政府盘活南北大街商业用房、新业、新安等小区保障房，加强原蒙海子中学等资产管理。组织省市县人大代表、驻定企业负责人、镇村干部对陕甘宁盐环定扬黄定边供水工程陡沟调蓄池、县人民医院整体搬迁、工业新区标准化厂房等12个在建重点项目进行集中视察。审议批准定边县国土空间总体规划（2021-2035年）（草案）编制情况报告，建议县政府抓好规划实施、优化中心城区布局，努力将定边打造成陕甘宁蒙四省（区）七县（旗）区域最具竞争力城市。牢固树立“绿水青山就是金山银山”理念，听取审议县政府年度环境状况和环境保护目标完成情况报告，督促县政府加快建设城北生态林屏障工程，推进散煤综合治理，在安川河、十字河、新安边河等主要河流建设拦油坝。视察水利工作，提出加强八里河流域上中下游综合治理、有效解决地下水超采和油气开发中的污油泥处理等14条审议意见。专题调研电力工作，推动解决项目实施过程中的问题，提出优化电网结构、加快能源绿色低碳转型、有效提升电力保障、确保一二三产用电等21条建议。组织代表深入到市场路、新业小区、榆溪希望城等现场，对住房和城市建设工作进行视察，提出加快老旧小区改造、加强物业专项治理、推进鼓楼广场、城区道路建设等12条审议意见，助力打造干净整洁、有序美丽的城市环境。对县医院、县中医院、县妇幼保健院、部分乡镇卫生院进行实地视察，促进做好疾病防控、医疗救治、队伍建设等重点工作。听取审议中盐集团定点帮扶工作情况报告，向县政府提出要进一步深化企地合作、拓宽盐产品外销渠道、加快建设盐湖文旅特色小镇等5条建议，持续推动帮扶项目稳步实施。同时，常委会班子成员多次深入包抓镇村，指导推动特色产业发展和人居环境改善。

【履职监督】开展“八五”普法活动，推动落实“谁执法谁普法”工作责任制，重点督导普法专题宣传活动、法治报告会落实情况及法治日常培训进展。全面贯彻《陕西省地方各级人民代表大会常务委员会规范性文件备案审查规定》，坚持“有件必备、有备必审、有错必纠”，对县人民政府报备的《定边县人民政府办公室关于印发定边县农民工工资保证金制度实施办法的通知》等3件规范性文件开展备案审查。坚持确保党管干部与依法选举任免有机统一，严格执行任前法律知识考试、供职发言、宪法宣誓等制度，加强对政府任职人员履职情况的了解和掌握，定期开展工作评议，强化干部任后监督常态化。对“一府一委两院”33名拟任命人员进行了任前法律知识考试，任后宪法宣誓48人次，全年依法任免国家机关工作人员100人次。常委会受理群众来信访12件、来电访7次、来人访5批次，转交信访局办理10件次，包案化解信访积案2件。针对第十二小学（惠民小学）项目建设进展滞后问题，常委会通过专班制推进、清单制落实、例会制研判，整合各种资源，集中精力解决拆迁补偿、三通一平等信访矛盾焦点，推动项目落实。针对反映强烈的“杨井 110 千伏变电站阻工”等问题，成立了工作协调小组确保项目推进有效。

【代表工作】按照“管用、好用、常用”要求，不断深化 62 个“人大代表联络站”建设，1236 名省市县人大代表全部编制进站，全面推进全过程人民民主基层单元建设。一方面整合现有资源，打造联络站综合阵地，确保活动有场所；另一方面完善人大代表履职架构，确保代表进站履职有制度、落实工作有人员、活动内容有特色。先后组织 75 名代表参加全县考核、检察院公开听证、建议办理座谈等相关会议，着力提高代表督政能力。组织省市县 150 多名人大代表参加常委会组织的各类视察调研，为“五个定边”建设建言献策。着力打造“人大代表工作品牌”，将市人大代表薛成捐资千万建设家乡的事迹发扬光大。落实代表建议提出、办理、反馈、跟踪问效全过程“闭环”管理，推动建议提得好、交得准、办得实。健全责任单位领办、常委会班子督办机制，促进责任单位做到“办理高质量”。十九届人大二次会议期间代表提交建议（议案）97 件，其中议案 1 件，全部办结，代表的“好声音”成为政府的“真行动”。常委会认真贯彻落实省委、省市人大关于全面推行民生实事项目人大代表票决制工作要求，拟定相关民生实事项目人大代表票决制工作意见，完善民生票决制工作相关的配套制度。

【自身建设】全面加强常委会及机关党的建设，落实党建、意识形态和党风廉政建设三个责任制，全年召开党组会议 9 次，及时研究党建和人大重点工作。与长庆油田第五采油厂党委、定边采油厂党委、冯地坑镇党委联合举办“坚定不移跟党走、企地共进谋发展”文艺活动，与团委、妇联、慈善协会等部门联合举办学习贯彻党的二十大精神知识竞赛，选派三名年轻干部参加市人大举办的宪法知识竞赛，取得了二等奖的优异成绩。组织党员干部赴延安梁家河、铜川照金参观学习，开展助力乡村振兴主题帮扶行动。开展徒步走长城活动，进一步弘扬长城文化精神。贯彻落实《县委关于进一步加强和改进人大工作的意见》，在县委的重视和支持下，全年提拔使用正科级干部 3 名，副科级干部 2 名，新调入干部 4 名，使机关干部的活力明显增强。打造“定边县人大历程馆”，全面回顾历届人大及其常委会依法履职足迹。加强机关信息化建设，定边县在全省人大系统信息化工作推进会作了经验交流。开展干部作风能力提升活动，从严从实整改存在问题，使机关干部在政治上更加坚定，工作上更加务实。机关派出驻乡村、进社区工作队，协调争取资金 300 余万元，帮助群众解决生产生活难题 60 余件。配合省、市人大执法检查和工作调研，接待内蒙前旗、宁夏盐池、米脂人大等来定工作交流 30 余人次。

（李　曜）

定边县人民政府

组织机构

定边县人民政府
县　长　李胜元
副县长　刘浩成
　　　　王彦强
　　　　石庆贺（挂职，　—2023.04）
　　　　杨孝良（挂职，2023.04—　）
　　　　郝　骥（挂职，　—2023.07）
　　　　邹　凯（挂职，2023.09—　）
　　　　黄国栋
　　　　高　燕
　　　　董建勋
　　　　沈　力
　　　　罗志刚
　　　　刘长平（　—2023.09）
　　　　王　剑（2023.09—　）
　　　　史晓泳（挂职，　—2023.08）
　　　　史伟兵（挂职，2023.08—　）
调研员　王国伟

【工作综述】2023年，定边县坚持以习近平新时代中国特色社会主义思想为指导，深入学习宣传贯彻党的二十大精神，贯彻落实习近平总书记来陕考察重要讲话重要指示，坚决执行中央和省市各项决策部署，扎实开展“三个年”活动，加快推进“两区一中心”和“五个定边”建设，全县经济持续向好，社会大局和谐稳定，高质量发展迈出更加坚实的步伐。全年实现地区生产总值420.11亿元，同比增长4%；完成县本级固定资产投资102.61亿元，增长8.1%；财政总收入31.14亿元，增长15.2%；剔除财政体制改革因素影响，地方财政收入17.09亿元，增长10.1%；社会消费品零售总额51.83亿元，增长6.3%；城乡居民人均可支配收入分别完成39522元和20721元，增长6.5%和7.8%。县域经济总量迈上400亿元台阶，综合竞争力跃升至西部百强县第65位。

【项目投资】全年实施重点项目117个，完成投资129亿元，固投增速全市第三；签约项目26个，招商引资实际到位资金142.57亿元、利用外资904万美元，考核排名全市第一；争取中省市政策性资金5.58亿元，考核排名全市第二。信发6万吨多晶硅、7万吨工业硅等重大产业项目签约落地；县医院整体搬迁、引黄提升改建等重要民生项目全力推进。

【产业发展】排查复耕撂荒耕地3.7万亩，新建成高标准农田7.99万亩，全县农业总产值达到66.12亿元，增速位居全市第一；粮食总产量达到37.89万吨，再创历史新高，成功创建“国家农产品质量安全县”。原油、天然气产量分别达到645万吨、5.15

亿方，新能源并网总规模达到5130兆瓦，全年发电89.7亿度，规上工业总产值达到332.04亿元；中材科技生产兆瓦级风电叶片195套，填补了全省行业空白；陕建新能源生产风机塔筒60套，产能位居全省首位；金风科技风机智造项目落户定边，“风光储”全产业链基本成型。全年新增减税降费1.51亿元，下达各类奖补资金4595万元，发放消费券600万元；全县银行业存贷比提升至57.5%，位居全市第一；新增各类市场主体5453户、“五上”企业32家，服务业增加值达到101.1亿元，增速位居全市第一；成功举办第六届红花荞麦文化旅游节系列活动。

【城乡融合】贺圈至彭滩迎宾大道、民主路、献忠路西段3条道路建成通车，市场路、胜利街2条“断头路”全面打通；明珠路防护绿地景观广场、民族历史文化广场基本建成；新安南区等12个城区停车场投入使用，新增停车位730个。南北大街遗留问题14件，已化解13件；完成16个住宅小区不动产登记，为群众办理不动产证2490件。全年纳入监测对象86户325人，风险消除98户308人；统筹整合财政涉农资金3.09亿元，实施巩衔项目280个，完成安边至白泥井三级公路改造，新建通村水泥路273千米，农村改厕5192座，村集体经济年平均收入达到32万元，5万元以下薄弱村实现清零，高质量通过了2023年度国家巩衔工作第三方考核评估。

【生态保护】完成国家森林督查反馈问题整改，全年营造林13.24万亩；加强地下水资源综合治理，全年压减水浇地7.97万亩，压减取用水量2510万方；开展污染防治攻坚行动，城区空气质量优良天数304天，同比增加5天。

【安全生产】开展重大事故隐患专项排查整治2023行动和“19+1”项安全大排查，累计整改一般隐患10521项、重大隐患48项，生产安全事故起数和死亡人数连续三年实现双下降。顺利通过全国市域社会治理现代化试点城市创建省市检查验收，“五级五长”网格化管理体系进一步完善，38件中省交办信访积案全部报结；依法严厉打击各类违法犯罪。

【民生保障】全年实现城镇新增就业3260人，农村劳动力转移就业5万人，发放创业担保贷款2926万元；全年保障城乡低保对象1.74万人，累计发放低保金1.25亿元。学前教育“安吉游戏”走在全国前列，小学一年级入学高峰平稳度过，职教中心成为全省首批“双优”中职学校；新聘补充教师233人，14个教育重点项目加快推进。新聘补充医技人员53人，投入900万元为乡村医疗机构新增设备。东关等13个社区老年人日间照料中心投入使用，城乡养老服务体系加快构建。民生支出总额49.3亿元，占财政总支出的81.1%。

（王宇鸣）

政府办公室

定边县人民政府办公室

党组书记、主任 纪振武

一级主任科员 姚万红

副主任 刘洋

贺小舟（ —2023.07）

机关党委副书记 刘卫（ —2023.04）

机关工会主席 荆晓林

【概况】县政府办公室是县政府工作部门，主要职责是认真贯彻执行中省市和县委、县政府决策部署，协助县政府领导同志处理县政府日常工作；协助县政府领导同志开展调查研究，反映情况，提出建议，发挥参谋助手作用。及时向中省市和县委、县政府报送信息，反映各方面动态；负责拟办县政府各工作部门、各乡镇政府（街道办事处）请示报告事项相关意见，报县政府领导同志审批。负责协调部门之间、乡镇之间和县内外有关工作；负责县政府、县政府办公室的文书处理和会议组织工作，协助县政府领导同志组织实施会议决定事项；督办县政府各项决议、决定、重要工作部署和中省市县领导同志批示的贯彻落实情况，及时向县政府领导同志报告。下设7个事业单位：地方金融服务中心、关心下一代工作中心、机关事务服务中心、城市创建工作服务中心、电子政务信息中心、人工影响天气服务中心、行政效能评估监测中心。机关内设政务秘书股、机要档案股、会务通讯股、后勤保障股、办公室综合股、值班考勤股、工青妇工作股、计生工作股8个股室。

【**机关政务**】一是办文办会。规范公文办理和流转程序，做好公文起草和审核工作。明确专人负责公文的收、发、传递和保存等日常管理工作。全年制发县政府文件422件，办公室文件221件，累计起草各类讲话、汇报、调研文章等材料超过200余篇，文字总数超过100万字，政策性差错率未超过0.5‰，文字性差错率未超过0.1‰。收传并高效办理中省市各级来文1749件，县级来文126件，收发其他类文件837件；全年高质量组织召开中省市县乡各类视频会议157次、全县月度现场推进会10次，县政府党组会议13次、县政府常务会议19次、各类专题会议104次，其他协调会议345次。二是参政辅政。围绕县政府中心工作，加强与各部门、各企事业单位和乡镇的联系沟通，通过下乡调研、现场督查和电话询问等方式，针对乡村振兴、项目建设、资源能源和民生保障等社会重点领域开展各类调研活动70余次，形成调研报告10余篇，向各乡镇各部门征集重要工作开展过程中的亮点做法和典型经验，掌握了解“下情”，向市政府上报政务信息235篇，被采用30余篇；上报省办41篇，7篇被省政府采纳并发表。

【**金融服务**】制定印发《定边县地方金融组织涉企违规收费专项整治行动实施方案》《定边县降低企业获得信贷和成本突破年工作方案》等各类惠企利民政策文件。全县银行金融机构各项存款余额305.78亿元，较年初增加3.74亿元，同比增长4.04%；各项贷款余额178.26亿元，较年初增加20.3亿元，同比增长14.14%；存贷比为58.30%，位居全市第一位。组织全县企业在榆林市中小企业融资服务平台注册，已注册2308家，授信金额3.18亿元，撮合交易82笔，向市级推荐了2家上市后备企业。开展防范非法集资宣传，做好防范化解金融风险各项工作，发送宣传短信10万余条。不良贷款余额3.72亿元，不良率为2.09%，风险总体可控。

【**行政效能**】开展“严厉打击毁林开垦专项行动”、清明期间森林防火、市域综合治理、道路交通安全等各类专项督查37次；督办县长交办事项和《工作任务清单》171项；跟踪督办人大代表建议和政协委员提案216件；编发《定政督查通报》16期，《定政督查专报》12期；电话督查30余次；会风会纪督查186次。在专项督查工作中共发现各类问题268条，提出工作建议25条，督促问题整改到位266条。

【**电子政务**】全年累计主动公开政府信息3561条，其中政务动态1086件、政府文件43件、政策解读36件、政府公报5期、公示公告317件、人事信息69件、招标采购224件、财政预决算公开11件、督查审计4件、规划计划8件、统计信息25件、会议公开386件；发布法治政府建设、义务教育、应急管理及其他重点领域公开信息533条，气象信息、水质检测报告、粮油价格等专项公开信息406条；回复政府网站留言389条，申请公开政府信息19条，办结率100%。全力保障县电子政务内网、外网、互联网、机房等电子政务基础设施稳定运行，做好县政府网站、重点项目库、视频会议、应急管理、信访办理、固定资产、政务中心链路等政务系统的服务和支持工作。防御网络攻击、提升人技管理水平，保障关键信息基础设施和保密要害部位安全、稳定运行。

【**机关服务**】全年共计调度车辆13214车次，确定2家车辆租赁公司作为全县党政机关事业单位定点租车服务企业，保障全县各级各部门公务用车需求。办理国有土地勘界确权15宗，正在办理202宗，排查办公用房安全隐患涉及6个乡镇27处，开展全县办公用房监督检查工作1次。完成5个社区的服务用房和日间照料中心的调配工作，完成武装部巷公房续租工作，收缴房屋及土地租赁费31.89万元。对全县资产领域开展督查检查，持续推进国有资产处置审核，办公用房维修改造（装饰装修）项目审核，审减金额330.16万元。完成县政府、体育中心办公区机关餐厅2023年度购买服务招标工作和县政府、县档案馆物业管理2023年度购买服务招标工作。

【城市创建】以国家卫生县复审和创建省级节水型县城、省级生态园林县城、省级森林城市为目标，开展“七小”行业督查整治140余次，开展环境卫生督查600余次，下发县级领导提示函11份，职能部门单位提示函14份，部门督办通知41份，清理整治环境卫生脏、乱、差问题300余处。利用“中国城市节水宣传周”，开展节水宣传活动；在火车站打造了创建省级生态园林县城主题宣传阵地；分片区、画网格对全县“野、小”广告进行清理整治，完成涂写类和张贴类野小广告治理工作；协同卫健局扎实开展病媒生物防治自查自检工作，圆满完成市级、省级病媒生物专项考核鉴定工作；针对国卫复审市级暗访反馈问题，举一反三积极开展提标整治工作，完成五大类86项问题整改工作；针对城区文化墙破损和广告乱发布、乱张贴现象，完成中心城区所有文化墙涂料饰新工作。

【关教工作】开展了20余场次法制教育报告会；组织开展各类关爱关教、法制教育活动30余场次；向偏远、贫困学校师生捐赠校服、文具、台灯、水杯等教学用品和生活用品百余件，价值5万余元；参与县公安局20余起未成年人犯罪案件办理，做好未成年人犯罪的隐私保护和教育疏导工作；完成榆林市第六届青少年文学创作大赛报送工作。同时依托本地红色资源、教育基地和活动阵地，确定了定边县盐化场青少年红色教育基地、定边县第五中学青少年法制教育基地。

【人影工作】全年实施地面人工防雹、增雨（雪）作业31次，消耗火箭弹136枚，高炮弹106发；与宁夏回族自治区气象局人影中心达成2023年跨区域飞机增雨（雪）协议，组织协调宁夏飞机增雨作业9架次。全县17名作业人员全部接受2023年人影作业安全知识培训，顺利完成作业设备安全年检工作，消除安全隐患。全年人影工作安全顺利无事故发生。

【党建工作】开展学习贯彻习近平新时代中国特色社会主义思想主题教育，以干部作风能力提升年活动为抓手，印发《定边县人民政府办公室干部作风能力提升年实施方案》，成立工作专班，分解细化责任，主题教育及干部作风能力提升年各项活动高效开展。一是采取“线上+线下”相结合的学习方式，充分利用理论学习中心组、“三会一课”“主题党日”以及陕西干部网络学院、学习强国等方式组织开展集中学习、自学和研讨交流，不断提升党员干部的政策理论水平。二是参与社区建设，深入开展党员干部“双报到”，定期入户宣传走访，参加社区组织开展的政策宣讲、法律援助、健康义诊、扶贫帮困、助老助残等工作。三是严格落实党风廉政建设“一岗双责”，教育引导党员干部牢固树立纪律意识和规矩意识，做到心有所畏、言有所戒、行有所止，营造风清气正的政风、行风和作风。

（王宇鸣）

行政审批服务

定边县行政审批服务局

党组书记、局　长　郭宏俊（　—2023.07）
　康文军（2023.07—　）
党组成员、党委书记　贺英峰
副　局　长　奥惠敏　姬　鹏
　方　美（2023.01—　）
党委专职副书记　冯彦斌

【概况】定边县行政审批服务局成立于2019年3月，

属于县政府工作部门，正科级建制，承接县工程建设项目审批制度改革领导小组办公室职责。全局共有工作人员88名，其中在职86名。机关内设办公室、执法宣传股、督查考核股、档案股、商事登记股、工程建设股、教科文卫股、农林水牧股、交通运输股、社会事务股、现场勘验股等11个股室。局所属事业单位政务服务中心，事业编制25名，领导班子1正2副，现有主任1名，副主任2名，工作人员29名。

【党建引领】认真贯彻落实习近平新时代中国特色社会主义思想，按照中、省、市和县委部署要求，紧紧围绕行政审批服务工作抓党建，抓好党建促审批服务工作的发展思路，扎实推进机关党建工作，以高质量党建引领保障行政审批事业高质量发展。全年开展主题党日12次，讲党课17次，召开支部委员会12次、党员大会20次、民主生活会1次、组织生活会1次。全年共发展积极分子2名，预备党员1名，预备党员转正2名。

【相对集中行政许可权改革】根据县委办、政府办印发的《定边县相对集中行政许可权改革首批事项和人员划转工作方案》（定办字〔2020〕67号）、《定边县相对集中行政许可权改革第二批事项和人员划转工作方案》（定办字〔2021〕65号）、《定边县相对集中行政许可权改革第三批事项和人员划转工作方案》（定办字〔2023〕103号）文件精神，分三个批次共划转349项审批事项。

【审批制度改革】持续推进审批制度改革，提高审批效率。一是设立企业开办一站式服务专区，全面推行“一窗受理、一网通办、一表填报、一日办好”，免费为新开办企业提供一套5枚印章。企业开办时间大大缩短，提交材料齐全后即来即办。2023年，全县新增市场主体5189家。二是加快重点工程建设项目审批改革，促进项目快速落地，出台《定边县行政审批服务局工程建设项目容缺承诺审批的实施意见》，明确容缺承诺审批实施事项清单、适用范围、工作原则、办理步骤及失信惩戒措施，印发《定边县行政审批服务局关于建筑工程施工许可证与建设工程质量安全监督手续合并办理的通知》，将两个事项合并办理，申请材料由合并前的16项减少为10项，对23个工程项目进行了合并办理。

【简政放权和审批服务便民化】推动实现企业群众办理的高频事项委托至乡镇办理，实现集中办理、就近办理、打通服务群众“最后一公里”。将与群众密切相关的6项政务服务事项委托乡镇办理，并组织各乡镇业务人员进行培训，各乡镇办理食品生产经营许可业务460件，个体工商户登记业务900余件。

【政务大厅运行】政务大厅已进驻部门和单位40家，设置窗口156个，运行窗口108个，预留窗口48个。大厅实际办理事项1010项，其中行政审批许可事项636项，公共服务和便民服务事项374项。政务大厅各窗口共受理行政许可和便民服务事项339643件，已办结339262件，其中即办件264978件，承诺件317855件，上报件720件，联办件213件，补办件3件，财政收费1428294.31元，办结率99.90%，满意率100%。

【12345政务服务便民热线】2023年度共受理市12345政务服务便民热线工单23890件，直接答复13570件，转办10320件（省平台工单468件），其中求助类8953件、投诉类673件、咨询类380件、意见建议类147件、举报类167件。县纪委督办14件。荣获榆林市2023年度12345政务服务便民热线工作先进集体。

（赵海瑞）

信访工作

定边县信访局

局　长　尉　飞

副局长　许彦军　赵培强

【概况】信访局机构改革后为县政府工作部门，正科级建制，行政编制8名，下设信访接待服务中心为副科级事业单位，设主任1名，事业编制11名。全局共有工作人员32名，其中在职32名。机关内设办公室、复查复核室、投诉室、党建办公室、信息室、财务室等6个科室，经费实行财政全额预算管理。有党员17名，其中在职党员14名，退休党员2名，预备党员1名。

【职责】一是负责受理公民、法人和其他组织通过信访渠道给县委、县政府及领导同志的来信、来电、来访。承办国家信访局、省信访局、市信访局及中省市有关部门转送、交办定边群众来信、来电、来访。二是负责向县委、县政府反映来信、来电、来访中提出的重要建议、意见和问题，综合研判信访信息，开展调查研究，提出制定修改完善有关方针、政策和法规的建议。三是承担督促检查中、省、市、县领导同志有关批示信访件落实情况的职责，拟定信访督查制度并组织实施，向各乡镇和部门转送、交办信访事项，督促检查重要信访事项的处理和落实。四是承担办理中省市联席办、国家信访局、省信访局、市信访局及中省市有关部门转送、交办定边群众信访事项，接待并协调处理来县、到市、赴省、进京集体访和进京非正常访，综合协调处理跨地区、跨部门的重要信访事项。五是综合协调和指导全县信访工作，研究拟定全县有关信访工作的意见、办法和制度，推动中、省、市和县委、县政府关于信访工作决策部署的贯彻落实，检查、指导县内党、政各部门的信访工作和乡镇（街道）的信访工作。对违反信访工作纪律的行为提出落实，总结推广各地、各部门信访工作经验，提出改进和加强信访工作的意见和建议，检查、指导县内处理建议。六是制定信访问题排查化解制度并组织实施，建立和完善信访信息汇集分析机制，指导全县信访信息系统建设和应用。七是承担县信访工作联席会议的日常工作，督促落实会议决定事项。八是负责全县信访工作的宣传和信息发布，协调信访工作外事活动和对外交流。九是承担全县信访事项复查复核的受理、调查处理等工作。十是负责公民、法人和其他组织反映的信访事项的视频接访职责。十一是全面推行网上信访，加强公民、法人和其他组织通过互联网反映和投诉信访事项的受理、办理。十二是负责职责范围内有关行业、领域的安全生产工作监督管理。十三是完成县委、县政府交办的其他任务。

【制度体系】一是落实“一把手工程”。县委常委会、县政府常务会先后7次听取信访工作汇报，及时研究解决工作中存在的问题。县委、县政府主要领导多次专题听取汇报、推动重点信访事项化解进度，接待来访群众。二是强化“三个抓手”。完善了《定边县对到市赴省集体访和进京非正常访处置工作中失职渎职行为进行责任追究的暂行办法》和《定边县信访工作办法》，将信访工作纳入全县重点工作季度点评范畴，重大信访事项纳入县委、县政府督查范围，县信访工作联席会议对阶段性工作滞后的重点乡镇和部门进行了集体约谈。三是加强“四个保障”。组织人事部门将信访工作鉴定意见作为干部选拔任用的前置程序；纪检监察部门将群众信访情况纳入政治巡察重要内容，并派员会同县信访局下沉联合督办；政法机关对信访活动中违法行为依法严肃处置，县人民法院、县检察院、县公安局、县司法局、县信访局五部门联合发布《关于依法处理信访人信访活动中违法犯罪行为的通告》，信访老户纳入全县重点人员管理台账；财政部门充分保障信访工作资金预算。

【积案化解】落实领导包案责任制，对7件疑难案件落实县级领导包抓，其他中省市交办信访事项落实县级、乡镇级、村级三级领导包案，限期化解销号，采取周通报、月调度、季考核，对进度滞后的发函督办。截至年底，中省第三批交办案件 40 件已全部按期报结。

【源头治理】坚持治源头、夯根基、固根本、防风险。以县级联合接待中心为骨干，乡镇信访联席会议为基础，构建市域社会矛盾调处化解网络，实现群众来访“一站式受理、一条龙服务、一揽子解决”。持续推进“四有五无”示范乡镇（街道）创建，实行“控增量、减存量、防变量”三个清单管理机制，开展信访矛盾纠纷排查专项行动，重点群体和重点人员得到较好地吸附稳定。

【条例宣贯】组织开展《信访工作条例》推进年、宣传月活动，以群众喜闻乐见形式，持续推进宣传贯彻进基层。开展集中培训，组织知识竞赛，信访干部的业务能力和法治化水平进一步提升。信访部门与纪检监察、组织人事、政法、财政等部门协调联动机制进一步完善，信访工作开展得到有力保障。

【社会稳定】制定重大活动期间信访安全保障方案，组织开展源头排查、积案攻坚、信息研判及应急处置工作，集中交办重点群体、重点人员。建立县乡村三级协调联动机制，构筑属地稳控、通道布防、京省劝返三道防线，强化情报信息互通共享，及时处置涉访敏感信息和突发情况，圆满完成各个时期信访安全保障任务。

【荣誉展台】被榆林市信联办、榆林市信访局评为“全市信访工作先进县”。

（褚海栋）

中国人民政治协商会议定边县委员会

组织机构

政协定边县第十届委员会

主　　席　苗　云
副 主 席　尤海旺　李蕊青
专职常务委员　王　宏　扈僚峰　王李成
李彦龙　(2023.07—　)
曹　瑞　(2023.07—　)
秘 书 长　刘正玺
常务委员　(按姓氏笔画排序)
王　宏　王少峰　王文君
王生龙　王旭升　王李成
尤海旺　石　祯　延柏文
任晓斌　刘正玺　刘宝平
刘海雄　闫琳巧　孙世宏
孙鹏杰　李彦龙　李　琼
李晓旭　李蕊青　谷　涛
张生喜　张明山　张晓东
苗　云　高　妮　高红梅
曹　瑞　脱吉荣　康　乐
扈僚峰　蒋登科　吴三维

办公室
主　任　刘正玺

提案委员会
主　任　王李成(兼)
副主任　张明山　李晓旭　王生龙

提案工作委员会
主　任　李东良
副主任　刘　慧

法制委员会
主　任　高　妮(兼)
副主任　李　琼　张　岩　王　宁

法制工作委员会
主　任　张志武
副主任　盛　敏　(2023.07—　)

财经委员会
主　任　扈僚峰(兼)
副主任　雷红刚　石　祯　张生喜

财经工作委员会
主　任　雷红刚　(　—2023.08)

高利利（2023.08— ）

副主任 王国丽（ —2023.07）

崔德伟（2023.07— ）

人口教科文卫委员会

主 任 刘海雄（兼）

副主任 曹 瑞 王旭升 延柏文

人口教科文卫工作委员会

主 任 王国丽（2023.07— ）

副主任 郑飞雁（ —2023.05）

民族宗教委员会

主 任 王文君（兼）

副主任 王少峰 孙鹏杰

民族宗教工作委员会

主 任 李 莉（2023.03— ）

综合信息服务中心

主 任 李 莉（ —2023.03）

副 主 任 张益瑄

机关工会主席 丁兆旺

十届委员（按姓氏笔画排序）

中共党员（27 名）

王少峰 王 为 王玉龙
王亚甫 王李成 王晓宇
王 菲 李彦龙 尤海旺
牛雅敏 刘正玺 刘海雄
安国才 许彦军 李晓旭
吴 舜 张本玉 张生文
张明山 陈海春 苗 云
林 贵 钟学博 贾永文
高红梅 扈僚峰 惠广锋

九三学社（3 名）

王旭升 孙鹏杰 蒋竺志

共青团（5 名）

马 星 马琛琛 李 倩
陈俊洋 姬于皓

民建（2 名）

郑鹏飞 张 津

总工会（6 名）

王 宏 王晓莉 李广慧
何欣雨 高 扬 高 瑞

妇女联合会（15 名）

马晓梅 马 燕 王文君
朱亚芸 乔 新 杜小英
李 华 李胤璇 李 琼
李蕊青 杨 娜 罗海蓉
高 妮 高 凌 滕艳霞

工商联（16 名）

卜小龙 王喜泳 任晓斌
刘云峰 刘宝平 闫琳巧
李 栋 杨永飞 赵 阳
赵 护 赵振衡 郝明坤
南 峰 蒋登辉 窦智川
魏东祥

文化艺术（11 名）

牛天喜 左海平 吕 鑫
朱亚莉 孙世宏 张继红
范燕妮 曹 瑞 康 乐
梁小宁 谢志洋

社会科学（10 名）

王 鹏 冯巧虹 刘巧红
刘 烨 齐 恒 李 荣
谷 涛 高瑞瑞 姬亮亮
蒋 浩

经济（22 名）

王 宁 牛五虎 田佳丰
刘大牛 刘丽蓉 孙 岩
李广东 杨 平 杨博清
吴永德 张生喜 张 钧
陈小永 陈彩梅 赵 春
高玉宝 高绍维 郭 祥
脱吉荣 韩世斌 雷红刚
滕仲龙

农业（15 名）

石　祯　白亚芬　刘存惠
刘　浩　纪凤怀　李小龙
李　东　李　剑　李彦玲
李蓉蓉　屈凌云　高山虎
高佳佳　第　辉　蒋登科

教育（11 名）

王少阳　卢兴林　白　慧
乔巧梅　刘建军　李立辉
张丽霞　张晓东　武志仁
郑砚中　路　燕

医药卫生（9 名）

王鸿栋　延柏文　孙　哲
李彦玉　张宝鹏　武志龙
拓国峰　秦翔锋　姬兴军

社会福利和社会保障（11 名）

石双丽　白雪霖　刘统政
汤国富　李晓峰　李银山
吴见鱼　谷晓艳　张　军
赵映岚　魏仓杰

少数民族（3 名）

李　斌　张文瑞　金　超

宗教（4 名）

吴三维　柯举全　高　云
曹林飞

特邀（16 名）

丁晓凌　马　成　王生龙
王先胜　王旭烜　王泊雄
王　珲　朱笑一　齐兴波
杜小飞　李院强　张　岩
陈世军　高海霞　郭笑笑
韩皓丞

新增补委员（11 名）

魏德国　王富社　屈鹏彪
马建鹏　杜竞鸣　王　磊
李有祥　米入缸　高　璇
边正强　白治安

政协定边县委员会全委会议

【政协定边县第十届委员会第二次会议】2023 年 2 月 12 日至 14 日在五洲生态大酒店七楼会议室召开，会期 2 天半。应出席委员 196 人，实到委员 172 人。会议听取和审议政协定边县第十届委员会常务委员会工作报告；听取和审议政协定边县第十届委员会常务委员会关于十届一次会议以来提案工作情况的报告；大会专题发言；列席定边县第十九届人民代表大会第二次会议，听取并讨论县政府工作报告及其他有关报告；表彰县政协优秀委员、委员工作室，优秀提案、提案先进承办单位和办理工作先进个人，反映社情民意信息工作先进集体和个人；审议通过政协定边县第十届委员会提案审查委员会关于十届二次会议期间提案审查情况的报告（草案）；审议通过政协定边县第十届委员会第二次会议各项决议（草案）；县委书记姬世平、县政协主席苗云在闭幕会上分别作了讲话。

政协定边县委员会常委会议

政协定边县委员会常务委员会全年召开会议 5 次。

【政协定边县第十届委员会第四次常委会议】2023 年 1 月 31 日上午在县政协三楼常委会议室召开，会议由县政协主席苗云主持。会议集中学习习近平总书记在全国政协新年茶话会上的重要讲话精神、政协陕西省第十三届委员会第一次会议精神、榆林市委五届四次全会精神；会议讨论通过关于全县少数民族适龄儿童上学受教育情况暨督办有关重点提案的调研报告、关于缓解城区交通拥挤的调研报告；会议审议县政协十届二次全委会议有关事宜；会议审议通过县政协十届常委会工作报告、县政协十届一次会议以来提案工作情况的报告、县政协十届二次会议议程（草案）、日程（草案）、县政协优秀委员工作室、优秀委员、优秀提案、提案承办先进单位、先进个人建议名单及有关人事任免事项。县政协主席苗云作总结发言。

【政协定边县第十届委员会第五次常委会议】2023年2月13日上午在五洲生态园大酒店西三楼7号会议室召开，会议由县政协主席苗云主持。会议听取各组讨论情况汇报；会议审议通过县政协十届二次会议的各项决议；会议审议通过县政协十届委员会提案审查委员会关于十届二次会议期间提案审查情况的报告。

【政协定边县第十届委员会第六次常委会议】2023年3月1日上午在县政协三楼常委会议室召开，会议由县政协主席苗云主持。会议集中学习中央经济工作会议精神、政协榆林市第五届委员会第二次会议精神；会议审议通过2023年工作要点、任务清单、重点提案遴选与督办办法、十届二次会议重点提案建议名单、反映社情民意信息工作条例、“五个一”活动实施意见等相关办法条例及新增补委员界别安排。县政协主席苗云作总结发言。县委常委、统战部部长齐洲参加会议。

【政协定边县第十届委员会第七次常委会议】2023年4月3日上午在五洲生态园大酒店西三楼12号会议室召开，会议由县政协主席苗云主持。会议集中学习3月30日中共中央政治局会议精神；县政协主席苗云主讲《深入学习贯彻党的二十大精神》专题党课；邀请陕西省决策咨询委员会委员魏文章作二十大精神专题讲座。县政协主席苗云作总结发言。

【政协定边县第十届委员会第八次常委会议】2023年10月13日上午在县政协三楼常委会议室召开，会议由县政协主席苗云主持。会议集中学习9月30日《求是》发表习近平总书记文章——《推进中国式现代化需要处理好若干重大关系》、习近平总书记在听取陕西省委和省政府工作汇报时的讲话——《着眼全国大局发挥自身优势明确主攻方向奋力谱写中国式现代化建设的陕西篇章》；会议专题协商议政听取住建局关于全县物业管理工作开展情况的汇报、定边街道办关于街道物业管理工作开展情况的汇报；会议讨论通过关于全县农业产业发展情况的调研报告、关于盐碱地资源治理与利用情况的调研报告、关于中医药产业发展情况的调研报告、关于文旅产业全时产品体系建设情况的调研报告、关于宗教场所规范管理情况的调研报告、关于“双减”政策贯彻落实情况的调研报告、关于数字政府和城市智慧化管理的调研报告、关于非物质文化遗产传承与保护工作的调研报告、关于做大“定边羊肉”品牌连锁经营的调研报告；会议讨论通过《政协定边县委员会关于加强和改进专门委员会工作的实施意见》；会议通过有关人事任免事项；县政协主席苗云作总结发言。县政府副县长沈力参加会议。

政协定边县委员会常务工作

【协商议政】一是聚焦改革发展献良策。全体会议期间，10名委员在全体会议上就新老城区融合发展、核心文化品牌培育、县域中小企业高质量发展等内容以大会发言形式进行了建言。84名委员在全体会议分组讨论中围绕壮大村集体经济、扶持民营企业发展、破解城市交通拥堵难题和保障食品安全等方面提出了高质量的意见建议98条。按照县政协常委会的安排，政协常委结合自身实际，围绕政治建设、经济建设、文化建设、社会建设和生态文明建设五个方面深入开展调研活动30余次，形成调研报告23篇并汇编成册，供县委、县政府决策参考。二是聚焦县域发展谏真言。配合省、市政协围绕学生身体健康达标情况、地下水超采治理等课题开展协同调研6次，向省市政协报送关于新能源产业发展、民营企业人才培育及委员工作室开展情况等发言材料和调研报告20余篇。围绕盐碱地治理与利用情况，组织委员赴白泥井镇向阳村、盐场堡镇苟池村进行实地调研，提出科学制定规划、盘活土地资源、强化人才支撑等意见建议12条。围绕非物质文化遗产传承与保护工作，组织委员赴苏陕协作剪纸工厂、县文化馆等地进行专题调研，提出建立健全管理机制、补齐基础设施短板、创新非遗传承载体等意见建议13条。三是聚焦产业发展谋实招。围绕全县农业产业发展现状，组织委员赴油房庄乡、砖井镇等乡镇进行实地调研，提出培育新型职业农民、强化科技支撑、转变营销模式等意见建议15条。围绕“定边羊肉”品牌连锁经营产业，组织委员赴八福原生态农业有限公司、农德山庄农牧发展有限公司等地进行专题调研，提出强化政府主导作用、制定品牌战略规划、转变生产经营方式等意见建议19条。围绕助推民营经济高质量发展，召开民营企业代表座谈会，帮助企业排忧解难。围绕文旅全时产品体系建设，组织委员赴延安、洋县等地深入调研学习，提出加强文旅重大项目引领、提高文旅队伍整体素质等意见建议17条。

【建言咨政】一是提案办理促发展。新修订《重点提案遴选与督办办法》，创新县级领导领衔督办、带案视察督办、协商座谈督办等形式，加大重点提案督办力度，其中《关于加快新能源汽车充电桩建设的建议》《关于助推县域中小企业高质量发展的建议》等7件重点提案均得到有效落实。十届二次会议后征集到委员提案146件，立案102件，并案20件，转委员来信22件，撤案2件，提案答复率100%，委员满意率97%。二是社情民意解民忧。全年编报社情民意信息54期68条，有50%的信息被县委、县政府和相关部门采纳，其中，第30期《关于强化周台子村东梁组基础设施建设的建议》得到李胜元县长亲自批示，限期办理落实。向市政协编报社情民意信息38期，其中《关于加强我市网络直播行业日常监管的建议》《关于规范电竞酒店管理的建议》等5期信息被市政协和相关部门采纳。三是主动参与助监督。根据委员的个人专长和界别特点，先后选派委员参与县委、县政府及有关部门组织的社会评价、述职评议、意见征询、信访监督、案件旁听等特邀监督活动80余人（次）。

【关注民生】4月份，为切实了解“双减”政策落实情况，委员先后深入白湾子镇学校、东关小学进行实地走访，提出加大监管力度、提升课堂效果、完善配套措施等意见建议11条。9月份，围绕中医药产业发展情况，委员深入县中医院、辛圈村板蓝根种植基地等进行专题调研，提出提升科技水平、注重统筹谋划、强化宣传引导等意见建议13条。10月份，围绕物业管理工作召开专题常委会议，进行实地视察，开展专题协商，委员提出完善政策措施、优化管理模式及探索出台智慧物业管理办法等意见建议15条。县政协领导班子在履行政协职责的同时，全力以赴做好县委安排的包抓乡镇、社区和“巡林”等工作。深入开展“宝定协作”，宝应县政协为教育系统捐赠助学金10万元，图书2000册。指导包扶的石圈村发展“羊光机地”产业模式，村集体养羊规模发展到600余只，光伏每年收益达90余万元，机械化种植每年收益5万余元，实施土地流转540亩，年收益达28万元。派驻的砖井镇西仁沟村工作队争取“消薄培强”等项目，村集体养牛规模已由11头增加到了23头。投身公益慈善事业，开展扶危济困等工作，深入乡村、社区、学校、敬老院开展送法律、送科技、送医药、送文化、送温暖等活动51场次，参与委员达173人次，累计捐款捐物达70余万元。资助困难大学生1名、大病患者2名。

【学习教育】全年组织集体学习36次，讲党课11次，开展主题教育专题研讨16次，撰写心得体会40余篇，形成调研报告11篇。健全组织网络，构建起“政协党组—机关党组—机关党支部—专委会党小组”的组织体系，实现党建工作全覆盖。组织委员、机关干部赴井冈山、韶山、八一起义纪念馆等红色革命教育基地开展实践教育活动，深入石光银治沙展馆、三五九旅打盐旧址等开展主题党日活动，组织观看《风腐同查同治》等廉政警示教育片6次。通过“请进来”“走出去”的方式，先后邀请省委党校的专家围绕党的二十大精神等内容对委员进行辅导。委托武汉大学、厦门大学等培训机构举办专题培训班3期，对135名委员和机关干部进行轮训。

【建章立制】制定《社情民意信息工作条例》《关于加强和改进专门委员会工作的实施意见》等制度，创新实施“五个一”考核工作机制。注重搭建履职服务平台，高标准建成2类4个委员工作室，分别是贺圈镇、产业园区2个区域性委员工作室，社会科学和社会福利2个“互联网+”界别委员工作室，13名委员主动申请入驻。委员工作室取得的成绩和创新举措得到省市政协领导的肯定，并在全省委员工作室经验交流会上作交流发言。

【文史宣传】推进“书香政协”建设，组织开展委员赠书活动3次，读书交流活动10余次。发挥政协文史资料工作“存史资政、团结育人”的独特作用，编纂完成《故事定边》文史资料，同甘泉、府谷及井冈山等10余个县（市）区开展文史交流，全年向兄弟政协选送文史书籍80余套。同甘肃靖远县、延安宝塔区等7个县区政协进行交流互访。加强与省、市、县媒体的合作，对委员履职活动、先进典型事迹及政协创新工作进行深度报道，先后有《以品牌价值撬动县域经济发展》《争做“两山”理念的积极传播者和模范践行者》等160余篇稿件在《人民政协报》《各界导报》和人民政协网、各界新闻网、榆林政协微信公众号等媒体刊发。其中，《脚下有泥 心中有底》被榆林市政协评为好新闻一等奖，1名干部被市政协评为优秀通讯员。

（屈　鸣　何荣荣）

审判·检察

审判工作

定边县人民法院

党组书记、院长	韩秀琦	
党组成员、副院长	张　军	（　—2023.09）
	高旭辉	（2023.09—　）
副院长	李　琼	（2023.09—　）
党组成员	陈智广	（　—2023.09）
	高玉海	（　—2023.09）
	刘文广	（　—2023.09）
党组成员、政治部主任	李　明	（2023.09—　）
审判委员会委员	牛伟成	（2023.09—　）
	陈继宏	（2023.09—　）

【概况】定边县人民法院在新中国成立时成立，现有内设机构16个，分别是办公室、政工科、信访室、信息技术室、审判管理办公室、监察室、工会、法警队、刑事审判庭、立案庭（诉讼服务中心）、民事审判一庭、民事审判二庭、民事审判三庭、综合审判庭、速裁中心、执行局。另设有安边人民法庭、红柳沟人民法庭、白湾子人民法庭、白泥井人民法庭、杨井人民法庭5个基层法庭。现有工作人员271人，其中：公务员77人（员额法官42人，法官助理21人，司法行政人员8人，法警6人）；县财政供养人62人（法警非政法编制10人，工勤人员18人，地方事业待遇34人）；聘用制书记员57人；公益性岗位人员21人；警务辅助人员8人；通过劳务派遣聘用临聘干警46人。

【队伍建设】厚积法院文化涵养。开展学习贯彻习近平新时代中国特色社会主义思想主题教育，开展“悟思想、正作风、强管理、提质效、争一流”专项活动，组织党组理论学习中心组集体学习15次，县委宣讲团、院班子成员为全院干警讲党课8次，组织干警前往安边革命纪念馆、李守林故居等地开展研学感悟，学出信仰、悟出忠诚。院领导带头践行“四下基层”，完成执行质效提升、优化诉讼服务等重点调研课题6个，推动建立规范执行等5项案件管理机制，做到以学铸魂、以学增智、以学正风、以学促干。强化人才队伍培养。强化能力建设，开展“司法能力提升”专项活动和“实战大练兵”活动，坚持实战实用实效导向，构建庭审观摩、文书评比、技能考评、办案标兵、调解能手评选等多个学习评比机制，1名员额法官被省委宣传部、省高院评选为“新时代马锡五式好法官”。全面提高干警政治和业务素质，切实提升快办案、办好案的能力水平，全院通过线上线下开展学习等讲座培训39场400余人次。提高干部选拔任用工作水平，激发队伍活力，班子结构进一步优化，新进班子成员5名，调整中层领导10名，增补员额法官3名。推进清廉法院建设。夯实全面从严治党主体责任，做实严管厚爱，严格履行“一岗双责”，引导班子成员合力纵深推进全面从严治院，让制度“长牙”、铁规“带电”。深刻汲取法院系统违纪违法案例教训，开展以案促改和警示教育活动，制定整改措施 72 条，完成建章立制 10 项，排摸出岗位廉政风险点 48 个，制定防范措施 382 条，整改突出问题 3 个，让“问题清单”变为“成效清单”。院庭长带头落实填报“三个规定”3257 次 263 人，切实以三个规定“小切口”强化全面从严治院“大生态”。

【案件审理】年内共受理各类案件 17830 件，共审（执）结各类案件 17572 件，结收比 1.02，结案率 98.55%，均在全省法院（案件受理数过万）中排名第一，员额法官人均结案 488 件，超全省平均值 207 件、超全市平均值 204 件。一是充分发挥刑事审判职能，认真贯彻宽严相济、疑罪从无的刑事政策，坚持依法惩处犯罪和保障人权并重，深化以审判为中心的刑事诉讼制度改革，保持打击刑事犯罪的高压态势，受理刑事案件 471 件，审结 460 件，结案率 97.66%，判处罪犯 504 人。二是认真履行民商事审判工作职责，贯彻实施民法典，妥善化解各类民商事矛盾纠纷，切实维护人民群众的合法权益，促进县域经济发展和社会稳定和谐。受理民商事案件 8537 件，审结 8382 件，结案率 98.18%。三是充分发挥行政审判职能，全力推进法治定边建设，受理行政案件 76 件，审结 73 件，结案率 96.05%。服务法治政府建设，定期发布行政审判白皮书，建立司法建议发送反馈机制，推动府院联动由个案协调、事后化解向源头预防、前端治理延伸。发出司法建议 4 件且全部收到复函，建议采用率 100%。四是切实解决执行难，全面推进执行工作规范化、高效化运行。开展“塞上雷霆”“驼城春雨”等专项执行行动，受理执行案件 8734 件，执结 8654 件，执行到位金额 6.28 亿元，三项执行核心指标达到 100%，执行局被评为“全市人民群众满意的政法单位”。

【服务大局】优化营商环境，聚力守护富裕定边。参与保障“三个年”活动，围绕全县重点项目、重点工作制定服务措施，院领导带头走访企业座谈调研，法治引导、献计问需。按下“解纷加速键”，全面开通立审执涉企纠纷“绿色通道”，系统、批量、高效办理金融借款、建设施工合同等涉企纠纷 2933 件，依法打击破坏社会主义市场经济犯罪 14 件，收回不良贷款 1.41 亿元，帮助困境企业破茧重生、蝶变升级。保护生态环境，全力打造绿色定边。深入践行“两山”理念，挂牌成立黄土高原生态环境保护法庭，审结涉林地、耕地等生态环境案件 177 件、刑事附带民事环境公益诉讼案件 65 件，督促当事人缴纳生态环境损害赔偿金 173 万余元，在苟池盐池湿地建立生态司法保护基地，切实以司法之力守护定边绿水青山。服务乡村振兴，靶向助力幸福定边。落实人大代表调研法院工作时提出的要求，5 个基层法庭全部获评全省“达标法庭”并下沉一线办公，妥善化解纠纷 1883 件，稳妥处理民间借贷、土地、邻里纠纷等农村常见多发纠纷 66 件，维护村民权益，实现助农安民。指派 3 名法官干警抓好新安边镇宗小涧村驻村帮扶工作，千方百计在建项目、兴产业、培技能上想办法、找出路，探索人参果种植和七彩山鸡养殖，深化特色产业发展，助推兴乡富村。推进诉源治理，打造和谐文明定边。成立诉前调解室，调解案件 612 件，成功率达 99.28%。与县司法局建立诉前调解机制，指导县人民调解委员会调解案件 930 件，通过“人民调解+司法确认”办理司法确认案件 297 件。选派法官干警入驻县镇综治中心，在全县 197 个村设立“法官工作站”，坚持把司法服务送到群众家门口，化解矛盾纠纷 3200 余起，通过司法融入基层治理，有效减少进入诉讼程序的案件数量，新收案件实现历史首降，万人成讼率同比下降 26.2%，切实以“司法之力”助推“社会之治”，经验做法被省委政法委、市委政法委推广，并写入 2023 年第 15 期《榆林改革》。

【司法为民】优化现代化诉讼服务。推进“智慧法院”建设，大力发展智慧法院信息化建设，健全、完善、优化在线审理平台，实现立案、审案“走云端”、执行“网上办”的模式，使双方当事人足不出户便实现在网上立案、网上开庭、线上达成调解，累计网上立案 1100 件。实现智能辅助办案，案件送达和卷宗扫描实现集约化办理，推进电子卷宗随案同步生成和深度应用工作，电子送达各类诉讼文书10.8万件，5.4万余人次。加强民生权益司法保护。加强弱势群体权益保护，共化解180余起弱势群体权益纠纷，挽回经济损失293.27万元。善意执行暖心，依法为被执行人解除失信名单，促使被执行人主动还款，深化司法救助措施，为申请执行人发放司法救助金82.5万元。拓展司法救助功能，为经济困难当事人缓减免交诉讼费15案15人，共计12万余元，彰显司法人文关怀与司法温度。加强法治宣传教育。强化司法宣传，引领激活文明定边“正能量”。开展法律“八进”活动50余次，指派7名法官干警担任法治副校长，发放材料15万余份，营造浓厚法治氛围。开展“巡回审判+以案释法”10余次，普法“零距离”、体验“沉浸式”工作事例获10万+阅读量，入选全省法院精彩瞬间、全市法院十大新闻。以微信公众号为新媒体宣传主阵地，发布信息990篇，拍摄短视频24条，浏览量突破70万人次，粉丝量同比增长36%，全年连续12个月荣列陕西法院微信榜单20强、陕西政法单位新媒体榜单50强，被评为“全省法院优秀新媒体账号”“全省政法优秀新媒体账号”。

【司法改革】强化科学管理。抓细质量管理，推动良性发展，强化院庭长管理监督，全面实行裁判文书“阅核制”，制定本院“四类案件”监督管理清单，共召开专业法官会议15次，共计讨论案件65件；召开审委会会议20次，讨论案件94件。抓深绩效管理，激发动能潜力，以促进均衡结案为重点，实行“日通报、周分析、月调度、年考核”的办案进度目标管理机制，设置多类案件质效基础数据定性定量，倒逼质效提升。深化司法改革。深化繁简分流机制改革，开展速裁团队化体制机制改革，选优配强速裁力量，速裁审判庭6名员额法官审结各类案件2788件，人均结案465件，速裁案件平均审理时长较普通程序案件短99.92天。推进审执团队化改革，精细测量各部门案件体量，合理配比人员，激发办案潜力，轮岗交流20人次，有效杜绝案件积压、忙闲不均等现象。深化审判运行管理改革，全面规范审判权力行使、审判责任追究、审判监督监察等项工作，实现用制度管人、用制度管事，推进院庭长办案常态化，院庭长审结案件9651件。加强监督联络。把代表委员联络工作与审判执行、司法改革等各项工作同谋划、同部署、同推进，坚持“请进来”和“走出去”相结合，通过座谈会、研讨会、视察法院、旁听庭审和见证执行等形式，邀请代表委员深度参与法院工作全过程。聚焦人民群众的“急难愁盼”问题，对关注度高的难点问题和重案要案，邀请代表委员参加，提升司法办案质量，防止和纠正司法办案不严、杜绝违法违纪等现象的发生。邀请代表委员见证执行行动7场21人次，召开座谈会议2次，接受监督作为加强和改进法院工作的强大动力，获评全省法院监督联络工作先进集体。

（师雪雪）

检察工作

定边县人民检察院

检察长 郭永刚

副检察长 方伟宇　王　菲

检察委员会专职委员 马　荣

机关党委书记 侯亚东

【概况】1950年6月，定边县人民检察院署成立，与县公安局合署办公。1951年7月1日，从县公安局分离独立办公。1954年12月，更名为定边县人民检察院。1968年定边县人民检察院被军管，1969年撤销。1978年12月恢复重建，挂牌成立。恢复重建40年来，历代干警薪火相传，检察队伍日益壮大，院党组班子历经8届。有公务员35人，工勤人员2人，事业身份人员10人，政法委分流人员6人，聘用制书记员16人，警务辅助人员4人，公益性协管员10人，劳务派遣人员20人共103人。2017年12月，定边县人民检察院新迁技侦业务大楼，占地8000平方米，有技侦业务大楼5层，附属楼2层共7400平方米。2018年监察体制改革将原内设机构反贪污贿赂局、反渎职侵权局、职务犯罪预防科转隶到监察委。内设机构设办公室、刑事检察部、民事行政检察部、诉讼监督部、检察综合部。2019 年内设机构进一步改革，整合为政治部、办公室、机关党委、第一检察部、第二检察部、第三检察部、司法警察大队。

【政治建设】一是坚持党的领导，坚定政治方向。坚守检察机关政治属性，坚持党的领导与依法履职相统一，严格落实重大事项请示报告制度，向上级院党组和县委报告重大事项、重要情况、重大案件 16 次。全面落实意识形态工作责任制，维护检察领域意识形态安全。二是扎实开展主题教育，践行政治忠诚。以高度的政治自觉精心谋划，一体抓实理论学习、调查研究、推动发展、检视整改和建章立制。党组中心组集中学习、专题研讨 19 次，班子成员讲专题党课 12 次，领题调研重点课题 7 个，落实检察为民办实事 35 件，真查实改存在问题 15 个。三是落实全过程人民民主，自觉接受监督。向县人大常委会报告重点工作 2 次，提请批准、任免检察人员 3 名，认真办理代表委员意见建议 17 件。组织开展“检察开放日”、新闻发布会等活动 21 次，举行检察公开听证 33 件，邀请人大代表、政协委员及各界群众代表参观视察、监督评议检察工作 80 人次。

【服务保障】一是维护安全稳定。牢固树立总体国家安全观，投入平安定边建设，依法批准逮捕各类刑事犯罪 186 件 259 人，起诉 440 件 552 人；坚持治罪与治理并重，加强轻罪治理司法实践，依法不批捕 197 人，不起诉 157 人。开展安全生产领域专项法律监督，监督主管部门和企业压实安全责任，督促消除油井用电、道路交通、危险化学品储存运输、蓄水池防护及小区消防等方面风险隐患 326 处。着力防范化解金融风险，针对办案中发现的违规发放贷款行为，运用检察建议督促农村商业银行开展专项检查，发现并整改问题 5 类 293 个。二是优化营商环境。稳妥办理涉企案件，依法批捕扰乱市场经济秩序犯罪 5 件 6 人，起诉 11 件 17 人，开展涉案企业合规整改 1 件，办理涉企民事审判活动监督案件 4 件。加强联动机制建设，与县发改局建立协作机制，合力推动改善产业园区环境卫生、完善道路交通标识、推进农村屋顶光伏项目审批进度等企业关心关切问题，着力打造“办事方便、法治良好、生态宜居”营商环境。加强知识产权检察保护，在定边县农德山庄农牧发展有限公司等五家本土特色企业建立知识产权保护联系点，保障企业创新驱动发展。三是护航绿色发展。开展荒漠化综合防治、大气污染防治和油区污染治理等专项监督活动，充分发挥“河长+检察长+警长”“林长+检察长”机制作用，守护“绿色定边”生态底色。组建生态环境专业化办案团队，起诉破坏环境刑事犯罪 104 人，办理生态环境和资源保护领域公益诉讼案件 91 件，督促治理修复被污染土壤与被损毁林草地 647.2 亩，督缴植被恢复费 18.2 万元，督促主管部门整治污染企业 17 家。四是做实诉源治理。紧盯监督办案中发现的社会稳定、经济发展、民生保障、执法司法等方面问题，充分发挥检察建议抓前端、治未病、推动诉源治理的监督职能，依法提出堵塞管理漏洞、预防违法犯罪等社会治理类检察建议 18 份，联动相关部门在双赢多赢共赢中提升社会治理效能。践行新时代“枫桥经验”，扎实推进 12309 检察服务中心“线上进入城乡社区，线下进驻综治中心”工作，与县委政法委建立检察“双进”工作衔接机制，联动化解矛盾纠纷，助力基层社会治理。五是推进反腐败斗争。强化监检衔接，推进职务犯罪案件更快更优办理。提前介入监察机关职务犯罪案件办理 2 件 2 次，依法审查起诉 2 件 2 人，法院已作有罪判决 1 件 1 人，受邀为纪检干部开展法律知识讲座 1 次。依职权独立办理司法工作人员职务犯罪案件 1 件 2 人。

【司法为民】一是办好民生司法案件，增进民生福祉。持续保持对电信网络诈骗犯罪全链条打击的高压态势，依法起诉帮助信息网络犯罪 22 件 27 人，常态化、多元化开展反诈宣传活动，守牢群众“钱袋子”。开展支持起诉维护弱势群体权益、行政检察护航民生民利两项监督活动，联合县人社局为农民工追索被拖欠工资36万元。针对公民信息保护、假劣农资、医疗美容行业乱象等突出问题，开展公益诉讼专项监督活动，向相关部门发出检察建议5件。二是解决群众急难愁盼，传递司法温度。坚持和深化群众信访件件有回复工作，共受理群众来信来访139件，全部做到“七日内程序性回复，三个月办理过程或结果答复”。依法妥善化解涉法涉诉案件，推进民事和解、行政争议实质性化解等工作，以公开听证和现场普法等方式促成民事案件和解5件，实质性化解行政争议2件，既解“法结”更解“心结”，做到案结事了。开展司法救助，办理司法救助25件，发放救助金37.3万元。三是加强未成年人司法保护，倾力守护未来。深化“四大检察”融合履职，依法从重从快批捕严重侵害未成年人犯罪10件11人，起诉3件4人；宽严相济审慎办理未成年人犯罪案件，对轻微犯罪并有悔罪表现的涉罪未成年人依法附条件不起诉10人；办理涉未成年人民事支持起诉、公益诉讼、司法救助案件19件，全方位筑牢未成年人成长防线。与教体、民政、妇联、家庭教育指导中心等单位合作，提升帮教工作专业化水平，促进家长履行监护职责，最大限度促使罪错未成年人改过自新、回归社会。与公安机关深化“一站式”办案，加强未成年被害人保护和救助。针对旅馆业对未成年人身份审核不严、娱乐场所违规接待未成年人消费、务工、提供有偿陪侍等问题，部署开展“住宿场所及营业性娱乐场所专项整治监督”行动，监督行业主管部门加强监管。

【主责主业】一是刑事检察。依法监督侦查机关立案15件、撤案12件，追捕、追诉27人，提请刑事抗诉2件，书面纠正侦查和审判活动违法178件，纠正看守所监管秩序不规范29件，纠正财产刑执行违法15件，纠正社区矫正违法24件。二是民事检察。共办理民事监督案件88件，支持民事起诉3件，其中对确有错误的民事生效裁判、调解书依法提出再审检察建议2件；针对人民法院审判程序和执行中的不当行为，提出检察建议82件；不支持当事人监督申请4件。其中办理的“韩某媛申请执行监督案”获评最高检民事执行监督典型案例和全省优秀检察建议案件。三是行政检察。共办理行政检察监督案件45件。针对行政审判和执行存在问题，制发检察建议34份，法院采纳率100%。聚焦林业、土地、交通等重点执法领域开展专项监督，制发检察建议11份。推进行刑双向衔接工作，督促行政机关收缴罚款80.2万元，回收欠缴税款8045元。四是公益诉讼检察。共办理各类公益诉讼案件137件，诉前磋商解决6件，发出诉前检察建议91件，提起民事公益诉讼及刑事附带民事公益诉讼60件，各相关单位诉前整改率达到100%。五是法律监督。推进司法体制改革，创新开展的人大监督与检察监督合力保障民生新模式为全省首创，探索建立县委政法委执法监督与检察监督衔接配合机制，被省检察院在全省推广。推进行政执法与刑事司法双向衔接、侦查监督与协作配合、审判监督与协作配合、监检办案衔接与配合制约、刑事执行和监管执法监督衔接等机制，贯通各类执法监督力量，合力提升法律监督效率效果。

【自身建设】一是推进全面管党治检。坚持把全面从严治检贯穿到党的建设、履职办案、队伍建设全过程各环节。深化主题教育，深入开展“六个专项治理”，进行廉政教育5次、廉政谈话35人次。严格落实“三个规定”记录报告要求，如实记录报告过问或干预、插手检察办案等重大事项110条。强化司法办案廉政风险防控，开展执法司法突出问题专项自查，评查五类重点案件106件。二是提升队伍履职能力。强化人才引进，招录公务员3人，书记员4人。完善年轻干部培养机制，推选1名85后年轻干部进入领导班子，遴选员额检察官1名，轮岗交流7人。开展学习培训、岗位练兵、业务竞赛等活动，完善业绩考核评价机制，队伍政治素养、业务能力和职业精神一体提升，各项检察业务指标同比实现大幅提高。

【荣誉展台】被《检察日报》评为2023年度读报用报先进单位；被陕西省人民检察院授予2023年度基层检察院建设优秀单位；被榆林市人民检察院评为“2023年度全市检察工作评估先进单位”；被榆林

市人民检察院评为“2023 年度全市检察机关案例研究先进单位”；定边县人民检察院“边城朝阳”志愿服务项目被中共定边县委授予“最佳志愿服务项目”；定边县人民检察院书记项目被中共定边县委、定边县人民政府授予“2023 年度书记项目优秀党组织”；《陕西省定边县人民检察院督促保护水资源行政公益诉讼系列案》被评为最高检、水利部联合发布检察监督与水行政执法协同保护黄河水安全典型案例；《督促保护公民个人信息安全行政公益诉讼案》入选“2022 年度检察公益诉讼精品案例”（2023 年出文表彰）；定边县车辆非法改装问题监督案检察建议获选 2023 年榆林市十大优秀检察建议。

（雷苏苏）

人民团体·工商联

总工会工作

定边县总工会

主　　席 王　宏（　—2023.06）
齐　洲（2023.06—　）
常务副主席 杨万蓬（　—2023.04）
赵利军（2023.07—　）
副 主 席 万　卓（女，2023.07—　）
贺建清（兼，2023.08—　）
经审委主任 张婷婷（女，　—2023.07）
李　明（2023.08—　）
女工委主任 齐春莲（女，2023.08—　）

【概况】定边县总工会有干部24人。内设办公室、财务室、组宣部、经济部、职工服务中心，下设工人文化宫。

【党建引领】一是以习近平新时代中国特色社会主义思想为指导，学习党的二十大精神。组织工会干部学习《习近平新时代中国特色社会主义思想学习纲要》《习近平总书记关于工人阶级和工会工作的重要论述》《党章》《工会法》等。组织开展两期工会干部培训班，200余名基层工会干部参加了培训。二是落实意识形态工作责任制，开展了劳模精神“进企业、进学校、进机关”宣讲活动，宣讲20余场次，1.2万余人聆听了宣讲。组织全体干部到双报到社区开展网络安全宣传活动。

【基层组织建设】根据工会组建和会员发展目标任务，扩大工会组织和工会工作的覆盖面，推进对货车司机、快递员、送餐员等新业态劳动者入会和服务工作。全县新增企事业单位工会组织49家，新发展会员3037人，其中农民工1590人；指导25家基层工会召开换届工作会，选举产生新一届工会委员会。开展工会干部蹲点调研活动，了解和解决基层工会和一线职工实际问题。为北关幼儿园工会等61个单位办理了工会法人资格证书。

【经济技术创新】5月份在县医院开展以“赛技能、展风采、提品质、树形象”为主题的岗位技能大比武竞赛活动，活动比赛项目分为个人操作项目和团体项目，组建21支参赛团队，150余人参与，比赛项目有单人心肺复苏、穿脱防护服、气管插管三项操作和团体急救病例演练。7月份联合县委组织部开展“三边工匠”选树活动，经过组织部和县总工会按照评选条件审定后最终确定高占虎等8名同志为第二届“三边工匠”人选。11月份联合县卫健局、妇联举办“定边县卫生健康系统职业技能妇幼健康项目竞赛”活动，县人民医院、中医院、县妇幼保健院三支代表队参赛。申报了田园小学万文婷为劳动竞赛先进个人；申报了定边县人民医院为劳动竞赛先进集体；申报了定边县人民医院张少雄劳模工作室和长庆油田分公司第八采油厂高彦军为榆林市劳模和工匠人才创新工作室；申报了延长油田股份有限公司定边采油厂许湾采油队为榆林市工人先锋号。

【困难职工帮扶】在春节期间，开展困难职工走访慰问活动，筹集资金35万余元，走访慰问困难职工122户，其中县级领导对33户困难职工进行了一对一结对帮扶，慰问标准每户1000元、米面各一袋。对各单位上报的困难职工家庭实行分类救助，已建档立卡脱贫的27人救助5.4万元。参与“春风行动”暨苏陕劳务协作招聘会。开展“送清凉”活动，先后走访县环卫所、消防大队等单位，走访慰问一线职工3300余人，发放西瓜、矿泉水、饮料等防暑降温用品10万元。开展爱心助农活动，解决滞销西瓜60余吨。开展“金秋助学”活动，救助困难职工（农民工）子女41人，发放助学金12.3万元。制定《定边县总工会2023年度技能培训计划》，开展烹饪培训。开展“爱心超市”季度救助工作，为60名困难职工（农民工）分别发放米、面、油和爱心礼包等生活用品。开展“普惠职工·真情服务”活动，经定边县总工会与深圳创维集团协商，由创维集团为工会会员提供面值500元的“工会会员补贴卡”1万张和总价值2.5万元的家用电器，为40名困难职工每人发放茶吧机一台。对全国帮扶系统的36人累计发放帮扶金16.75万元。

【劳模工作】为96名市级以上劳动模范和五一劳动奖章获得者发放2022年度劳模荣誉津贴13.16万元；为省部级劳模发放生活困难补助金0.9万元，省部级劳模特殊困难帮扶资金2.8万元，省部级劳模春节慰问金2.5万元，共计6.2万元。春节期间对88名市级劳模进行慰问并对18名省市困难劳模发放补助金10万元。推荐评选刘涛等4名同志为榆林市五一劳动奖章获得者，推荐评选高彦军为“驼城工匠”，评选定边县人民医院为榆林市五一劳动奖状。推荐评选贺建清为全国五一劳动奖章获得者。4月份组织30名劳模参加义务植树活动。评选了陈天宝等8名同志为第二届“三边工匠”。组织全县各级劳模和一线先进职工30人参加疗休养活动。走访慰问石光银、冯进海、贺伟、贺雨四名劳模。

【维权帮扶】推动以职工代表大会为基本形式的企事业单位民主管理制度、厂务公开制度建设，指导定边县第二中学、第六中学、消防救援大队等基层工会召开教（职）代会，申报第二中学为校务公开民主管理先进单位。开展安全生产月活动，调整成立“安全生产月”活动组织机构，召开专题会议。县总工会邀请榆林市政安消防知识科教站教员对县总工会全体干部进行消防安全知识讲座，邀请中国安全健康教育网讲师进行职业病预防和急救等相关健康知识讲座。

【女职工工作】印发《陕西实施女职工劳动保护特别规定》《职业女性礼仪手册》、“两癌”及HPV宣传册各500份，下发各基层工会进行宣传，并于3月8日联合妇联等单位在政府广场开展“三八”国际劳动妇女节法律宣传活动。开展困难女职工慰问活动，慰问困难女职工12人，累计发放慰问金1.2万元。开展新业态女性劳动者暖心关爱慰问活动，慰问新业态女性劳动者30人，累计发放慰问金1.5万元。在全县范围开展“玫瑰书香”女职工主题阅读活动，向市总工会推荐先进阅读女职工组织一家、阅读学习成才女职工一名、优秀成果展示作品6份。开展以“强国复兴有我 共享阳光·共助成长”为主题的六一特别关爱活动。慰问60名新业态劳动者子女，累计发放助学金3万元。开展“青心相伴 会聚良缘 为爱奔赴”单身青年交友联谊活动，有120余名机关、企事业单位单身青年男女参加活动，4对青年职工成功牵手。开展女职工“健康三个一”活动，开展健康讲座12场、参与564人次，组织女职工专项体检637人，“两癌筛查”860人。申报贺圈卫生院、定边街道办事处卫生服务中心两家为市级母婴关爱室示范点。

【职工文化】一是组织参加了吴堡县羽毛球邀请赛；组织参加了米脂县象棋邀请赛；组织参加了佳县乒

乓球邀请赛。二是联合县妇联开展首届女子趣味运动会；联合宣传部举办“礼赞新时代 声润白于山”全县干部职工合唱大赛。三是举办了定边县干部职工暨五级五长运动会，56 支代表队 1800 余人参加；举办了“迎国庆 工会杯”全县干部职工乒乓球比赛；举办了“工会杯”干部职工五人制足球比赛。

【互助保障】互助保障工作是工会组织为职工谋福利的一项民生工程。参加省总职工互助保障活动的单位有 120 家，参保职工 9746 人次，上缴保费 80.48 万元，完成全年任务的 114.97%。累计理赔 1083 人次，发放理赔金 58.75 万元。参加榆林市在职职工医疗救助活动的单位有 100 家，参与职工 6039 人，上缴保费 66.42 万元，完成全年任务的 132.86%。累计理赔 814 人次，发放理赔金 41.83 万元。

【自身建设】一是加强工会经费税务代收工作，着力推进建立工会组织同时建立经审组织，加强税务代收和党政事业工会经费收缴工作，税务代收工会经费工作已全面完成。坚持工会经费使用向基层倾斜。二是加强工会组织员管理，全县有工会组织员 23 人、社会化工作者 5 人，主要被安排在县总工会及重点乡镇（园区）和部门工会工作。县总工会依据《定边县总工会组织员管理制度》，按照工会管理和机关管理相结合的管理模式，采取定期考核和不定期考核的办法对组织员进行考核管理。三是加强工会自身宣传力度。将一些有代表性的工会活动形成新闻稿件，累计发表工会工作信息 40 余篇，在陕西工人日报、榆林日报、定边报、榆林工会微信公众账号等报刊、网站进行了刊登和转发。四是完善提高工会工人文化宫、职工服务中心服务项目和运转机制，发挥图书室、健身房、老年活动中心等阵地作用，完善“工会爱心驿站”建设，对明珠路等已建的 10 家“工会爱心驿站”实现了电子地图定位。

【换届工作】推选定边县乳品公司职工陈思伟为出席中国工会十八大代表人选。推选齐洲等两名同志为出席陕西省工会十五大代表人选。推选齐洲等十九名同志为出席榆林市工会第四次代表大会人选。成功召开定边县总工会第十四次代表大会，选举产生新一届县总工会领导班子。

【荣誉展台】被榆林市总工会评为 2023 年度全市工会经审工作先进集体；获得榆林市总工会评选的 2023 年度工会创新创优工作二等奖；被县委、县政府评为 2023 年度目标责任考核优秀单位；定边县总工会新闻宣传工作被县委、县政府评为先进单位。

（高　诚）

共青团工作

共青团定边县委

书　记　郝　宁（2023.07—　）

副书记　王治瑞（2023.07—　）

【概况】中国共产主义青年团定边县委员会（简称共青团定边县委）成立于 1957 年 6 月，是在中共定边县委和共青团榆林市委领导下的定边县共青团组织的领导机关，是党组织领导下的群众团体之一。共青团定边县委第十六届委员会于 2019 年 9 月换届产生，内设办公室、组宣部、青工农部、学少部、青年服务中心 5 个部室。现有干部职工 12 人，在编干部 3 人，党员 5 人，本科以上学历 8 人。下设 39 个基层团组织，其中 19 个乡镇（街道）团委、1 个便民服务中心团委，19 个中学团委；有县直单位及省、市驻定单位（企业）团委（总支、支部）29 个；少先队大队 41 个。截至 2023 年底，团县委在“两新”组织中建团 71 个，驻外团工委 4 个。

【青少年思想政治引领】一是用科学理论武装青少年。组织定边县青年讲师团开展党的二十大精神宣讲活动 5 场；联合多家单位共同开展“学习二十大 争做红领巾讲解员”讲解技能展示活动；以比学赶超等方式高效率推进“青年大学习”网上主题团课，共组织团员青年参加青年大学习 19 期，7 万余人次参与学习。二是用主题教育引领青少年。组织定边县各级团组织在团员和青年主题教育期间开展专题学习，学习情况和进度在“智慧团建”系统中及时录入更新；举办全县少先队辅导员暨“青马工程”少先队工作者培训班1场，覆盖30余人次；开展基层团组织负责人培训活动1场，覆盖50人次。三是用言传身教凝聚青少年。组织青年讲师团开展“追寻红色记忆 展现青年担当”主题宣讲活动1场；开展“青春筑梦‘一带一路’”主题宣讲活动1场，覆盖80余人次；在“五四”青年节、“六一”国际儿童节来临之际，先后组织全县各中小学开展入团、入队仪式；动员全县广大青年开展“青春献热血 爱心暖定边”无偿献血、高考期间动员爱心车辆免费送考服务等活动，200余名青年志愿者累计献血35000ml，80余辆爱心私家车参与免费送考服务。

【服务青年创新创业】一是积极参与“春风行动”暨苏陕劳务协作招聘会活动，为待业青年宣传就业创业政策，提供求职指导服务，覆盖1000余人次。二是积极响应县委“定爱人才，边选边赛”人才品牌，9月9日，团县委联合华图教育开展“青春筑梦·公益助考”首期培训活动。三是开展电子商务技能培训班，覆盖80余人次，为电子商务创业青年营造良好的创业就业氛围。

【助力乡村振兴】一是挂牌成立5家县级青年文明号，并推报3家单位参选市级青年文明号（集体与标兵）的创建。二是依托定边县心理学研究会开展党的二十大精神宣讲暨急救和心理健康知识主题讲座2场，覆盖100余人次。三是与被评为市级青年文明号的县税务局联合开展“学习二十大 永远跟党走 奋进新征程”主题团日活动，不断擦亮青年文明号“青”字招牌。四是积极协调对接致公党上海市闵行区委、上海市慈善基金会闵行区代表处，为定边县偏远山区困难学生争取到价值25万元的爱心捐赠衣物，用爱心点亮山区儿童求学筑梦的希望。五是推动“伙伴计划”示范项目发展行动。团县委积极申报中央专项彩票公益金“伙伴计划”示范项目并获批。联合定边县心理学研究会在易地扶贫搬迁安置社区（定边县新乐社区）开展了“伙伴计划”示范项目——“伙伴领航站”青少年陪伴辅导志愿服务活动，共56场730余人次，助力青少年的全面健康成长。

【以志愿服务彰显青春担当】一是围绕“碳达峰、碳中和”“垃圾分类”“植树护绿”等主题，组织团员、青年志愿者开展“美丽定边 青春行动”定边县青少年义务植树活动，栽种树苗800余株。二是在定边县旱情严重期间组织青年志愿者在贺圈镇红庄村开展“抗旱‘青’出力，‘志愿’润民心”志愿服务活动，为群众送去25吨饮用水，确保群众正常生活用水。三是为助力解决定边县部分乡镇西瓜滞销难题，联合定边县总工会、县妇联、县工商联等多家单位发布《关于帮助农民解决西瓜滞销难题的倡议书》，最大限度降低瓜农损失。期间，团县委邀请定边县青年志愿者以及爱心人士一同前往安边镇王寨子村开展“爱心消费助农 减轻西瓜滞销”帮扶活动，累计采购西瓜6吨并在献忠路广场为附近群众免费发放，弘扬新时代青年爱农助农传统。

【促进青少年全面发展】一是坚持“党管青年”原则，落实青年联席会议制度，推进服务青年领域形成新合力。二是联合县教体局举办“学习二十大 永远跟党走 奋进新征程”定边县第五届中小学生乒乓球比赛，全县各学校的31个代表队，307名运动员参加了此次比赛。三是联合县总工会、县妇联及定边采油厂团委举办的“青心相伴 会聚良缘 为爱奔赴”青年交友联谊活动，覆盖青年100余名，加强县内单身青年的交流互动。

【维护青少年合法权益】加强法治化维权，开展形式多样的《民法典》《未成年人保护法》和《预防未成年人犯罪法》等青少年法治宣传教育、未成年人权益保护活动5场。开展定边县“共青团与人大代表、政协委员面对面”座谈会，通过深入调研，走访沟通，以人大代表建议、政协委员提案，为加强新时代青少年爱国主义教育建言献策。联合检察院、公安局、教体局等有关单位开展研究定边县专门学校建设现实紧迫性调研活动，并形成调研报告。

【助力青少年成长成才】一是雷锋月期间，深入部分乡镇学校开展了“学习二十大 永远跟党走 青春志愿行”关爱留守儿童志愿服务系列活动6场，共捐赠价值5万余元的学习用品和生活物资。二是“六一”儿童节期间，携手爱心单位及企业走进3所农村小学及幼儿园开展爱心捐赠活动。三是团县委联合多家定边县爱心企业开展“以爱为盟 让爱成行”送爱心活动，为全县农村符合条件的儿童，共捐赠300余个爱心书包。四是持续开展希望工程乡村教育资助提升行动。推动希望工程1+1——幻方助学计划项目实施，共资助193名贫困小学生，累计捐赠193000元；榆林市舒馨助学1人3000元，茅台·国之栋梁公益助学1人5000元，爱心100助学3人15000元。

【牢固夯实团队建设】一是不断优化团员队伍规模，加强入团志愿书核查，认真做好全县发展团员调控工作，全面完成820名团员发展任务。二是召开上年度基层团组织书记述职评议会，以述职促履职，以交流促学习，以总结促提升。三是召开共青团定边县十六届三次全委（扩大）会，回顾总结上年度工作成效，安排部署2023年重点工作任务，表彰先进个人78名、先进集体31个。同时，推报各类市级表彰项目，定边县12名个人和5个集体荣获市级“两红两优”，13名个人和3个集体荣获市级少先队荣誉。四是评选少先队优秀集体和个人：授予定边县东关小学、定边县衣食梁学校2个少先队集体为上年度“定边县优秀少先队大队”荣誉称号；授予油房庄小学启航中队等10个中队为上年度“定边县优秀少先队动感中队”荣誉称号；授予张卿林等10名同志为上年度“定边县优秀少先队辅导员”荣誉称号；授予赵瑞锋等30名学生为上年度“定边县优秀少先队干部”荣誉称号。五是评选红领巾奖章二星章个人68名，集体16个，推报榆林市红领巾三星章个人82名，集体4个，推报陕西省红领巾奖章四星章个人60名，集体2个。新成立社区少工委14个，现共有18个社区少工委，建立校外少先队基地4个。

【推进改革创新】一是印发《定边县域共青团基层组织改革工作方案》，召开动员部署会，研究部署各项改革任务。二是立足青年特色，突出“团办青年社团”理念，已新建“考公联盟社团”和“定边县心理学研究社团”，并举办了“急救和心理健康知识主题讲座”“青春筑梦·公益助考”等活动3场，服务青年200余人。三是依托定边县青年志愿者协会，组织成立了3个突击队（澳港澳义务剪发突击队、青年志愿者突击队、陕北力量孝行天下定边志愿者突击队），累计招募青年志愿者400余人，累计开展“助力高考 放飞梦想”文明实践志愿活动、榆林·定边第三届“盐化杯”环千年盐湖山地自行车越野赛等系列活动16场600余人次。

【完善少队建设】一是举办了定边县少先队活动展示暨教学能手评选活动及少队辅导员培训班，同时，参加了市级教学能手评选活动，定边县新乐小学程丽、东关小学赵佳颖、衣食梁学校马丽娇三名辅导员参选并获得优秀奖。二是参评榆林市“新时代优秀少先队集体”和“新时代优秀少先队个人”评选，获得“榆林市优秀少先队大队”1个、“榆林市优秀少先队队员”8名、“榆林市优秀少先队干部”2名、“榆林市优秀辅导员”2名、“榆林市优秀动感中队”2个、“榆林市优秀好校长、好书记”1名。三是开展“学习二十大，争做好队员”少先队主题教育40余场，开展少先队建队日活动30余场，号召学校开展清明祭扫45场。四是动员全体少先队员和少先队辅导员开展每周的“红领巾爱学习”主题云队课学习，实现全市中队100%覆盖。五是推报定边县文博馆为榆林市少先队校外实践教育基地；推报希望小学少先队大队辅导员为陕西省少先队工作学会会员。六是联合定边县教育和体育局等单位共同开展定边县“红领巾讲解员”实践体验活动，评选产生了一等奖1名，二等奖1名，三等奖1名，优秀奖6名。推选前两名参加榆林市红领巾讲解员实践体验活动获得二等奖和三等奖，推选向阳小学李毅徽同学参加省级红领巾讲解员实践体验活动获得三等奖。

【表彰奖励】被中共定边县委、定边县人民政府评为2023年度目标责任考核“优秀部门”；被中共定边县委、定边县人民政府评为定边县2023年度精神文明建设“先进单位”；被中共定边县委、定边县人民政府评为2023年度全县统战工作“先进集体”。被中共榆林市委宣传部、中共榆林市委文明办、榆林市志愿者服务总会授予“最佳志愿服务组织”。

（王　娜）

妇女工作

定边县妇女联合会

主　　　席　马　维（女，回）

党 组 书 记　苗巧丽（女，　—2023.03）

马小瑷（女，2023.09—　）

副　主　席　李　华（女）　雷丹妮（女）

定边县妇女儿童服务中心主任　孟巧弟（女）

【概况】1951年3月定边县召开首次各界妇女代表大会，选举产生县民主妇女联合会执委会。1958年6月，定边县民主妇女联合会改称定边县妇女联合会。定边县妇女联合会是中华全国妇女联合会下面的地方组织，按照《中华全国妇女联合会章程》独立自主地开展工作，是党领导下的人民团体，是党和政府联系妇女群众的桥梁和纽带，担负着团结引导全县各族各界妇女听党话、跟党走的政治责任，以围绕中心、服务大局为工作主线，以联系和服务妇女为根本任务，以代表和维护妇女权益、促进男女平等和妇女全面发展为基本职能。编制4名。下设事业单位1个，副科级建制，编制5名。下属事业单位定边县妇女儿童服务中心，2020年5月11日设立，经费财政全额预算。

【思想引领】开展“巾帼心向党 携手添新绿”义务植树、“粽情端午 喜迎七一”“爱心助农 党员先行”等主题党日活动；以“强化党建引领”“巾帼大宣讲”等活动为主线，组织举办《习近平走进百姓家》读书分享会；开展“巾帼大讲堂”下基层活动，受益群众500余人；在妇联微信公众号推出“巾帼大学习，今天我来学”专题宣讲，学习贯彻党的二十大精神，点燃党员干部学习党的二十大精神热情。举办“凝心聚力新时代 团结奋进新征程”学习贯彻党的二十大精神知识竞赛活动，达到了“以赛促学、以赛促用、学用结合”的目的，营造了浓厚的学习氛围。联合15家单位开展以“凝心聚力齐联动 聚焦维权护妇儿”为主题的“三八”维权周宣传活动。开展“盐州巾帼 风采飞扬”定边县首届女子趣味运动会。

【组织建设】召开全县妇女工作会议，通报了2022年度获得省市妇联表彰的各类先进，表彰了定边县“最美家庭”22户。举办2023年全县基层妇联主席能力提升培训班，围绕妇女所盼、履职所需、赋能成长进行了集中培训；举办“巾帼奋进 赋能提升”和“数智赋能她力量 巾帼同心促振兴”短视频制作与运用专题培训；发挥三八红旗手（集体）榜样示范带动作用，深化妇联组织建设改革，创建2个三八红旗手（集体）工作室和4个妇联执委工作室，更大限度地联系服务妇女群众；持续推进机关事业单位、“两新”组织的妇联建设工作。

【家风家教】在定边街道西关民族社区家庭教育服务站开展以“家校社联手 共同育人”为主题的父母课堂；在第七中学举行“卓越父母成长公开课”，100多名家长走进课堂，共同学习现代家庭教育理念；与检察院联合邀请资深家庭教育导师在第五中学为200余名家长带来“检爱同行——法治进家庭”讲座，为家长搭建家庭教育的学习平台；在微信公众平台推出“树家风 正党风 转作风”优秀家风故事展6期、“心理健康课堂”6期，为促进家庭和睦、社会和谐提供良性土壤；发挥巾帼宣讲团作用，先后深入学校、机关、乡镇、村（社区）开展巾帼宣讲活动13次，推动引导大家进一步传承中华民族家庭美德，厚植家国情怀；开展心理健康赋能项目，在机关、企业、乡镇、社区开展心理健康讲座10次，心理团体辅导活动6次，心理沙龙活动1次，线上心理课堂11期；开展“扬清风正气 建清廉家庭”主题活动，倡导清廉家风，做家风建设的表率，推动社会主义核心价值观在家庭落地生根；举办“激扬家国情 奋斗新征程”家庭亲子活动、开展“少年儿童心向党 我为祖国颂赞歌”家庭亲子阅读展演活动，进一步推进家庭家教家风建设；培树典型，推荐陕西省五美庭院1户，榆林市最美家庭8户、平安家庭4户、清廉家庭2户、绿色家庭2户、健康示范户20户、健康家庭5000户，评选定边县最美家庭20户。

【权益维护】加强妇联信访规范化建设，通过“12338”维权热线为广大妇女儿童提供更便捷的法律服务；开展集中宣传活动16次，发放各类宣传材料15000份，提供法律、心理咨询服务80余次；发挥“妇女儿童法律服务站”“定边县妇女儿童维权巾帼律师团”的作用，为贫困弱势妇女儿童提供心理咨询、疏导情绪、化解矛盾；微信平台推出以案普法、家庭教育、平安建设等相关知识宣传，增强广大妇女群众法治意识，维护妇女儿童合法权益。举行全国妇联“低收入妇女两癌救助”中央专项彩票公益金发放仪式，为34名“两癌”妇女发放救助金34万元；联系厦门万泰沧海生物技术有限公司定向捐赠HPV疫苗1000支，总价值32.9万元；联合慈善协会、陕西妇女儿童发展基金会举办“助力乡村振兴——关爱儿童健康成长体育用品爱心包”捐赠活动，11家爱心企业共捐赠26.675万元，认购“体育用品爱心包”550套，全部捐赠给29所城乡中小学。开展2023暑期儿童关爱服务活动。联合县妇女儿童服务中心、宇君社区服务中心、定边街道妇联在西关民族社区、纪畔小学开展“少年儿童心向党 关爱守护伴成长”“暑期亲子齐动员 我与孩子共成长”儿童关爱服务活动；对141名留守、困境儿童进行走访慰问。在县平安社区、三友村开展预防烧烫伤宣教活动，讲解烧烫伤预防和急救的安全知识；在李园子小学举办“女童保护”儿童防性侵公益课堂，普及和提高儿童防范意识。携手女企协走进县敬老院开展“关爱老人 情暖重阳”爱老护老巾帼志愿服务活动，向敬老院送去衣帽鞋、洗发水、炉馍、水果等总价值6万余元的各种生活物资，并为老人们进行爱心义剪。深入定边街道办明珠社区、西关社区、盐场堡镇张梁村、张崾先镇、白泥井镇开展慰问困难妇女儿童活动，为困、残妇女儿童送去“防疫健康包”、粮油、棉被等生活用品。开展“七一”走访慰问活动，走访慰问从事妇女儿童事业的部分党员及困难女党员。

【创业创新】举办“网聚她力量 共筑她梦想”巾帼短视频大赛活动，27位选手参赛，评选出一等奖1名，二等奖2名，三等奖3名,利用网红带货的倍增效应，助力女性创业就业发展；开展农村妇女生态农场游学活动，组织60余名妇女在沃野农业开发有限公司进行观摩学习，普及农业科学技术知识，提高农村妇女科技种植养殖能力；举办技能培训活动，先后在西关社区、南关社区、兴源社区、堆子梁镇举办“支持就业 助力创业”“传承非遗技艺 助力乡村振兴”“助力乡村振兴 发展指尖经济”“巧手串珠 串出幸福”等手工艺培训4期，促进妇女就业创业，带动和帮助广大贫困妇女和贫困家庭掌握一技之长。

（乔娇娇）

工商联工作

定边县工商业联合会、定边县总商会

主　席　高志峰

副主席　马耀华

【概况】定边县工商业联合会（定边县总商会）下设“一室四部”，即：办公室、会员部、经济部、联络部、宣教部。定边县工商业联合会（定边县总商会）机关行政编制3名，实有人员6人。定边县工商联是县委领导下的由全县工商界人士组成的人民团体和商会组织，是县委、县政府联系非公有制经济人士的桥梁和纽带，是政府管理非公有制经济的助手。

【职能优势】一是加强会员吸纳工作，工商联采取考察调研、走访考察、召开座谈会等形式开展会员吸纳活动，新发展会员共计98家。组织民营企业家培训5次，涉及企业经营管理知识、民营经济政策解读、当前经济形势分析等方面，为非公企业解疑释惑，排忧解难，增强了广大非公有制经济人士的凝聚力、吸引力和影响力。二是开展“一会一品”创建工作，支持各类商会发挥联系面广、服务有专业特色的优势，开展特色化、品牌化活动，在各自凝聚的非公有制经济人士中创造性地开展工作。结合“四好商会”创建，建立健全基层商会评价体系，组织实施商会评估工作，评估结果作为商会表彰和非公有制经济人士政治安排的重要依据。

【社会责任】一是8月17日，工商联会同定边县兴润工程技术服务有限公司在杨井镇阳湾村举行爱心捐赠尊老助困模范表彰活动，向阳湾村捐赠了90套亮化工程路灯，并为10名本科以上学生每人发放了4000元的助学基金；对全村66岁以上205名老人进行了慰问，并对10名十星级文明户进行了表彰。二是9月26日，副主席马耀华携三家会员企业赴定边县消防大队开展“军企一家亲，情系火焰蓝”慰问活动，送去价值4680元的慰问物资。工商联在培育非公经济人士健康成长的同时，正确引导他们主动承担社会责任，积极投身光彩公益事业。三是开展“向抗美援朝老英雄致敬”主题党日活动。

【乡村振兴】96家企业加入万企兴万村活动中，涉及资金3.6亿元。工商联围绕“乡村振兴、产业兴旺、生态宜居、乡风文明、治理有效”总体要求，以“助力乡村振兴”为主题，以“慈善公益项目”为载体，集产业帮扶、就业帮扶、养老帮扶、慈善助学、困难家庭大病救助、困境妇女儿童关爱、弱势群体帮扶、基础卫生条件改善、美丽乡村建设、慈善幸福家园建设等十大帮扶领域，发起“助定边乡村振兴”和“定边县幸福家园爱心餐”两个慈善公益项目。

【组织建设】发挥工商联职能作用，加强工商联领导班子和领导机构建设，切实提高工商联的凝聚力、影响力、执行力，促进全县非公有制经济健康发展和非公有制经济人士健康成长，3月22日在五洲生态大酒店七楼会议室召开会员代表大会和未来企业联合会换届会议。听取和审议定边县工商业联合会、总商会第十三届执委会工作报告；书面传达学习中共定边县委十九届四次全会精神和定边县人民政府工作报告；选举定边县工商业联合会、总商会第十四届执行委员会委员、常务委员会委员、秘书长、副会长、副主席、主席（会长）。本届代表由团体会员、企业会员、个体会员三种类型组成，设立代表名额205名。经过推荐选拔，审议确定代表为205名，其中：县会会员代表143名，占代表总数的70%；乡镇会员代表40名，占代表总数的20%；行业商会代表8名，占代表总数的3%；基层商会代表4人，占代表总数的2%；异地商会代表10人，占代表总数的5%。代表组成情况体现了社会主义市场多种经济成份并存的特点，具有鲜明的、广泛的社会代表性。

【基层建设】8月18日，成立银川陕西定边商会，首批会员30余家。

【非公党建】7月1日，由非公党委主办，定边县18家非公企业党支部联合协办的定边县非公经济人士“和党一起创业”七一大型系列庆典活动在献忠广场举行，2000多名非公经济人士及广大群众参与本次活动。现场活动由四大版块组成：一是举办“美术经典作品中的党史画展”。二是举办非公企业风采展，重点展出已建非公党支部企业的风采。三是举办定边县非公经济人士第一届“同心向党、礼赞百年”百米长卷彩绘活动。四是举办非公经济人士文艺汇演活动。

（白　雪）

军　事

人民武装

中国人民解放军定边县人民武装部

部　长　刘小宁

政　委　付建光（　—2023.06）

吴延辉（2023.09—　）

副部长　李武华（2023.06—　）

【概况】 定边县人武部党委坚持以习近平新时代中国特色社会主义思想和习近平强军思想为指导，以深入学习贯彻党的二十大精神为主线，坚决落实军委国防动员部、省军区、军分区党委和县委决策部署，抓住思想政治建设这个根本，扭住战斗力建设这个中心，把住作风建设这个关键，守住安全稳定这个底线，各项任务圆满完成，人武部全面建设取得新的进步。

【思想政治建设】 一是强化理论武装。坚持用习近平新时代中国特色社会主义思想武装头脑，全面贯彻党的二十大精神，深入贯彻习近平强军思想，坚决贯彻军委主席负责制，跟进抓好全国“两会”精神学习，采取领学、自学、讨论交流等形式掀起学习热潮。扎实开展理论学习，不断纯正单位学风。紧密结合年度阶段工作特点和倾向性问题整治，深入抓好形势战备教育、“四反”教育、道德法纪教育等经常性思想教育，教育成效显著提升。二是深化主题教育。召开党委会审定主题教育实施方案、理论学习计划、调研计划，动态调整办实事清单。把主题教育规定的学习书目作为学习的“硬指标”，统筹工作时间和业余时间合理安排读书进程。跟进学习习近平总书记最新重要讲话，区分4个专题开展研讨交流。通过党委正副书记授课辅导、赴靖边小河会议旧址和安边起义纪念馆及铁角城——中央红军入陕第一站现地参观见学、观看《浏阳河上》主题电影等方式，引导大家接受精神洗礼，研思现实问题、汲取奋进力量。三是优化教育实践。灵活运用多种形式开展党日活动，不断推动“学习强军思想，建功强军事业”教育实践活动走深走实。邀请“七一勋章”获得者石光银为驻定官兵进行“弘扬治沙精神、践行强军事业”宣讲教育。开展“全民国防宣传月”活动，先后组织预定新兵进行军委主席负责制专题教育、国防形势专题教育，开展“缅怀英烈、致敬英雄”祭奠活动，组织“九一八”纪念日、参加“9·30”烈士公祭日等仪式，增强国防观念，强化备战意识。

【党委班子建设】 部党委坚决贯彻军委主席负责制，把党对军队绝对领导作为推进全面从严治党的首要任务，坚决贯彻执行党对军队绝对领导的一系列根本原则和制度。一是聚力提升思想认识。始终坚持将党中央、中央军委关于党管武装工作的一系列重要指示，纳入党委理论学习中心组学习。常态跟进学习习近平总书记关于国防和军队建设重要论述，组织专题学习习近平总书记在出席解放军和武警部队代表团全体会议时的重要讲话精神，及时传达学习上级重要文件。二是落实党管武装职责。先后召开增补人武部党委第一书记任职大会、县委常委议军会、现场办公等活动。召开全县武装工作暨党管武装述职会，听取党管武装述职，安排部署大项工作任务，协调县委、县政府表彰2022年度武装工作先进单位和个人，不断强化党管武装意识，推动武装工作落实。三是主动强化组织功能。深入学习贯彻习近平总书记关于加强党的建设和作风建设的指示精神，及时召开党委会，强化学习贯彻军委主席负责制、民主集中制、改进学风加强理论武装等内容，加强班子建设。严格落实党委议事决策程序和要求，听取意见建议，重大决策都能反复讨论论证，严格落实党委工作各项制度规定。注重把方向谋全局，部党委把关定向定期分析单位发展建设形势，在备战打仗、兵员征集、后备力量建设等工作中，将各类专项任务、党内主题教育和教育实践活动开展等重大问题、重大事项、重大工程建设纳入议事决策内容，党委集体研究决定，不断增强党委班子的凝聚力战斗力。

【国防动员工作】紧跟国防动员体制改革进程，精准对接应急应战保障建设任务，着力深化和落实军事斗争动员准备，提升国防动员的组织动员力、快速反应力和综合保障力。一是民兵整组抓优化。召开全县民兵整组任务部署会，严格落实军委国防动员部《民兵组织整顿实施办法（试行）》，高质量采集民兵整组潜力数据，圆满完成普通民兵和基干民兵编建任务，党员、退伍军人、新质力量等比例均达到了上级规定标准，在军分区检查考评中全市排名第四。二是战备训练抓实战。根据首长机关军事训练年度计划安排，组织进行了基础训练、业务训练、课题训练等军事科目训练和军事职业教育学习，单位年度军事训练考核成绩良好。完成了民兵应急分队榆林集中轮训备勤和民兵支援分队训练任务，民兵专业特色分队训练在军分区集中考核验收中排名全市第四，并在市“军事日”活动上进行了展示。参加省军区、军分区群众性练兵比武竞赛活动，县民兵应急连连长在参加省军区比武竞赛中取得第三名。认真遴选文职人员、民兵骨干参加军分区轻武器射击竞赛，成绩排名全市第四。清明节期间组织民兵应急分队人员集中备勤，遂行森林草原灭火任务，队伍遂行任务能力得到有效提升。圆满完成辖区4所高中学校高中新生军训任务。三是兵役征集抓质效。全年按照“广泛宣传浓氛围、坚持标准把关口、严格监督廉洁征、注重淘汰全程选”的基本思路，逐阶段、逐步骤、逐环节、逐内容抓好征兵各项工作落实。坚持以“五率”考评为抓手，严格兵员征集规定标准，严守廉洁征兵底线，聘请县、乡两级廉洁征兵监督员100余名，贯穿体检、政治考核、役前训练和审批定兵全过程，全年多次组织应征青年及家长面对面进行廉洁征兵教育，与240余名征兵工作人员进行廉洁谈话、签订廉洁征兵责任书，全年未发生廉洁征兵问题。完成全年义务兵征集任务，实现了兵员“择优率”“贡献率”双提升，全年征兵“五率”量化考评全市排名第一。

【部队后装管理】以纪律规定为准绳，开展“五查五纠”、后勤重点行业领域整肃治理、“五治八查树形象”百日专题教育整顿，持续夯实建设基础。一是抓财务管理。高质量编报年度预算、决算，落实内控制度、落实岗位分离、公寓住房清查等制度。开展物资采购服务领域问题积弊专项整治，采购问题排查。二是抓装备管理。开展“装备知识学习月”和“爱车管车专题教育”活动，以装备“四熟悉、四会”和“三化管理”知识为重点，强化理论知识学习、武器装备战技术性能掌握和操作维护保养。组织车辆、驾驶员年审，统计更新现役、民兵装备实力。认真组织枪弹专项清查整治。三是抓营区建设。聚力“打仗型”营区建设，逐步完善营区配套设施，注重搞好营院基础设施亮化工程、安防工程和暖心工程，修缮办公楼外挂大理石墙面，定期检查维修营区设施，保证基础设施运行安全。调整办公楼住用设置，提高营房利用率。制作限速、停车等温馨提示牌，提升营区整体安防水平。

【双拥共建】做好新时期拥政爱民工作，大力弘扬双拥工作光荣传统，贯彻落实上级单位及县委、县政府各项决策部署，以主人翁的姿态参与定边县经济社会建设，坚决投身乡村振兴实践，坚持抓重点、突难点、办实事、求发展，广泛开展急难险重、国防教育、学雷锋等活动，维护军政军民团结。一是开展国防宣传。协调县委宣传部，利用融媒体微信公众号平台推广国防教育信息。开展全民国防教育日主题宣传活动。选派优秀民兵骨干定期到地方学校讲解军事、国防知识。组织“军营开放日”活动，定期邀请中小学生和党政机关工作人员参观军营，以宣传军营文化、加强军民团结、密切军地关系。二是开展优抚工作，开展为全县上年度立功授奖军人送喜报活动。结合“春节”“八一”建军节等时机，走访慰问驻军单位、伤残及困难退役军人、部分现役官兵家属，协调落实2名随军家属就业安置及7名现役官兵子女入学问题，隆重举行新兵入伍欢送仪式及退役军人欢迎仪式，营造尊崇军人浓厚氛围。在“雷锋月”来临之际，组织预定新兵、基干民兵开展看望孤寡老人、留守儿童等公益活动。三是参与乡村振兴。深入贯彻落实军队参与乡村振兴计划的指示要求，教育引导广大官兵，时刻把群众的冷暖放在心头，动真心、用真情为他们办实事解难题。定期深入村组和包抓贫困户，了解实际情况，持续抓好脱贫攻坚成果巩固，坚决防止返贫风险的发生。开展消费扶贫，大力支持贫困户、五保户发展养殖业。联合县人民医院开展“心系群众、关爱健康”义务巡诊活动，捐赠8万余元各类药品。深入帮扶村进行走访调研，针对帮扶村（定边县纪畔便民服务中心高庄洼村）特点和实际，共投入20余万元用于高庄洼村智慧安防系统、党建文化宣传阵地建设及村集体经济和贫困监测户养殖业发展。组织民兵预备役人员积极投身抢险救灾、植树造林、环境治理等活动，助力地方经济建设。

【荣誉展台】被榆林军分区表彰为“全面建设先进人武部”。

（王风岗）

退役军人事务

定边县退役军人事务局

党组书记、局长 刘玉祥 （ —2023.05）

叶肖雄 （2023.05— ）

副 局 长 王红梅 梁 博 卢星旭

专职党委副书记 高俊岗

【概况】定边县退役军人事务局成立于2018年12月17日，辖定边县退役军人服务中心、定边县革命烈士纪念馆2个事业单位，全系统共有干部职工57人，其中在职56人，离岗1人。

【思想政治引领】一是落实党内政治生活制度。累计组织召开党员领导干部民主生活会1次、组织生活会1次、党员大会6次、支部委员会12次、主题党日活动12次。党员干部深入民生社区开展“三问三访”工作。遴选优秀党员干部参加县委组织部举办的首届党务干部技能大赛。二是定期组织开展服务站交叉检查，深入示范型退役军人服务中心（站）创建活动，完成退役军人事务领域市域社会治理现代化试点工作检查。三是开展老兵宣讲实践活动，成立“戎耀三边”老兵宣讲团。常态化开展“红星闪闪耀三秦”志愿服务活动。

【就业创业】一是拓宽就业渠道。参加省市退役军人“集体进疆”政策宣讲会，上报6名自主择业退役军人参加陕西省退役军人就业创业创新能力提升研修班，对中小学教师资格证考取进行考前培训，组织86名自主择业退役军人参加职业技能提升项目制培训班。上报1家企业为2023年度“全国退役军人带动就业光荣榜”，上报1家企业参加陕西省退役军人创业创新能力提升研修班。二是落实民营经济高质量发展三年行动。联合税务部门组建定边县退役军人涉税费事项服务站，签署退役军人就业创业税费优惠政策《合作框架协议》。应邀参加“春风

送真情 援助暖民心”为主题的线上线下专项招聘活动。联合县人社局等部门，组织开展“‘职’等你来‘定’能功成”招聘活动，参加招聘会企业41家，提供就业岗位139人，达成就业意向89人。开展退役军人就业服务季活动，动员广大退役军人积极参加省厅举办的“戎耀三秦·职等你来”专场招聘会，参与招聘会企业201家，提供就业岗位462个，达成就业意向206人。应邀赴宁夏盐池参加2023“盐环定前”四县（旗）人才交流论坛。三是落实移交安置。对集中返乡的退役军人统一组织欢迎仪式，设立接待服务站，开辟绿色通道，赠送纪念品，张贴悬挂欢迎标语。推动实施退役士兵专岗归集制度，做好档案接收工作，精准掌握本年度内退役士兵、转业士官和军官人员数量，共接收退役军士156人，其中军队转业干部1人；大学本科退役士兵86人；转业士官8人（已安置）；自主就业退役士兵3月份19人、9月份42人。组织集中欢迎退役士兵返乡报到100多人次，与部队组织集中移交二批次，完成退役士兵返乡报到、登记、信息录入、自主就业退役士兵的一卡通办理工作。对接财政部门，为59名符合条件的自主就业退役士兵，发放自主就业退役士兵一次性经济补助金312.47万元。

【优抚优待】一是持续提升抚恤优待水平。足额发放各类抚恤金，为1527名优抚对象发放抚恤和生活补助金1688.47万元。为578名重点优抚对象资助参保（参合）17.74万元，为全县276名困难退役军人和其他优抚对象发放救助资金26.94万元。二是双拥工作持续深入。在“双节”期间下拨各乡镇困难退役军人和其他优抚对象生活补助资金200万元。端午节，开展关爱烈属慰问活动，走访慰问烈士遗属，送去大礼包和慰问金。为203户（534人）“两参人员”按时足额发放家庭生活困难补助金652149元；足额发放军休人员各项待遇。“春节”“八一”期间走访慰问驻定部队人武部、武警定边中队、消防救援大队，购买慰问品12.61万元；为20名春、秋两季困难新兵发放慰问金2万元；为18名现役军属发放慰问金1.8万元；为14个边海防官兵家庭发放慰问金与慰问品1.28万元；开展双拥文化进军营活动，为驻定部队人武部和武警中队采购日用礼包等2万余元。挖掘拥军商家潜力，成功打造定边首家双拥酒店。组织开展社会化拥军活动，为32家企业（门店）授牌，并签署合作框架协议。全面推进优待证办理工作，为7607名退役军人建档立卡，受理6676名人员优待证申领，发放优待证6093个。三是做好为立功受奖现役军人家庭庆送喜报工作。为全县16名立功军人家庭颁授了“功臣之家”牌匾，并发放慰问金1.6万元，完成率为100%。四是做好优抚对象的医后医疗保障工作。收集符合医疗报销条件优抚对象244人相关材料，按政策比例进行医后医疗补助，补助资金77.37万元，完成率为100%。五是推动建立退役军人关爱基金。组织开展乡村振兴陕西专场活动中开展关爱退役军人行动网络募集活动。共为54名退役军人申报省市县关爱基金22.1万元。开展困难退役军人先心病子女救助行动，将1名符合申报条件的退役军人家属上报为先心病救助对象，发放救助金5000元。

【聚焦“权益维护”】一是结合市域社会治理现代化试点工作，开展“春暖”百日大走访活动，县乡村三级全员参与，全面掌握部分困难退役军人的基本情况，分类建立台账，累计走访440人。二是开通网上信访渠道，加强信访办理和信访事项转办督办。成立“四清一联动”工作专班，每月召开专班会议，妥善处理参加1979年对越自卫反击战老兵历史遗留问题。三是联合各乡镇包抓责任人对重点稳控人员做好全国两会和欧亚峰会期间的信访维稳工作，就地解决信访问题。

【荣誉展台】荣获2023年度全省退役军人工作先进单位及2023年度全市退役军人工作先进单位。

（段微波）

公安·司法

公　安

定边县公安局

局　　长　刘长平（　—2023.08）
　　　　　　王　剑（2023.08—　）
政　　委　郭继东
副 局 长　解淳杨
专职副书记　刘耀罡
党委委员　卯学军　韩树旺　崔忠利

【概况】定边县公安局位于定边街道办长城北街291号政法大楼，六层结构，总建筑面积14298.47平方米。在职在岗人员1058人，民警236人（已录警授衔228人，未录警8人），未录警公务员10人，工勤人员56人，参照事业编制管理工作人员554人，协管员202人。共有内设机构33个，其中执法勤务机构和综合管理机构13个，派出机构20个（其中户籍派出所15个，石油派出所1个，森林派出所2个，看守所1个，拘留所1个）。33个内设机构中正科级建制21个（政工监督室、指挥中心、警务保障室、禁毒大队、治安大队、刑事侦查大队、经侦大队、国保大队、法制大队、环境与食品药品侦查大队、巡特警大队、交管大队、看守所、南关派出所、北关派出所、贺圈派出所、安边派出所、杨井派出所、城关森林派出所、安边森林派出所、网安大队）；副科级建制12个（砖井派出所、白泥井派出所、红柳沟派出所、姬塬派出所、张崾先派出所、白湾子派出所、油房庄派出所、郝滩派出所、石洞沟派出所、石油派出所、拘留所、堆子梁派出所）；无建制单位5个（派驻纪检组、督察大队、特警队、石油稽查专班、工会。其中督察大队已报编办，待批）。2023年，围绕“一条主线、四位一体、十项重点”总体思路，全力加强法治公安建设、智慧公安建设、基层基础建设、过硬队伍建设，以构建党建思政、警情指行、智慧案管、宣传运营、民意感知“五大中心”为抓手，全力以赴抓好防风险、保安全、护稳定、促发展各项工作措施落实，确保了社会大局持续安全稳定。

【安保维稳】严格按要求执行高等级勤务。突出重大活动和敏感节点，启动实战化指挥调度、社会面防控一级勤务高等级响应10次，全县未发生一起群体性事件和聚集上访事件。圆满完成春节、“两会”、中国——中亚峰会、中秋国庆及第三届“一带一路”国际合作高峰论坛等重大节日、活动安保维稳工作。

【“两大专项行动”】深入开展春季社会治安清查整治、春季安全稳定风险隐患排查治理专项行动，制定了动态日报、信息周报、经验交流、通报推动、督促落实等工作机制。累计排查网络安全、社会稳定、公共安全、队伍安全领域各类风险隐患108项，立行立改 104 项，列入清单持续盯办 4 项。累计投入巡防警力 5000 人次，组织开展清查 13 次，累计检查行业场所 234 家次，检查民爆单位 18 家次，整改问题隐患 150 余处，查处各类交通违法犯罪 321 起。

【“夏季行动”】将“夏季行动”作为推动全年工作的重要抓手，成立主要领导挂帅，分管领导亲自督导推动的组织机构，下设“一办九组”高效运转，实行日汇总、日研判、周总结、周通报，组织召开 8 次专题会议，扎实推进“夏季行动”深入开展。行动期间，共破获各类刑事案件 333 起，抓获 395 人，刑事拘留 231 人，逮捕 51 人，移送起诉 181 人，抓获网逃 40 人，挽回经济损失 360 余万元。其中破获 1 起省厅挂牌督办“7.10”破坏易燃易爆设备案，抓获犯罪嫌疑人 4 人，破案 15 起；发起王某贩卖毒品集群缉毒战役，抓获犯罪嫌疑人 13 人，刑事拘留 6 人，行政处罚 7 人；侦办“涉案 600 万元网络传销案”“杨某某非法吸收公众存款案”“特大团伙打孔盗窃原油案”等一批有影响的典型案件，有力震慑了违法犯罪分子，确保辖区社会治安安全稳定。共查处治安案件 273 起，行政拘留 322 人，罚款 132 人，其中黄赌治安案件 118 起，行政拘留 214 人，罚款 116 人。刑事、治安警情和刑事破案数、治安查处数呈现“双下降、双上升”态势，在全市考核中位列第三。

【打击违法犯罪】2023 年共立刑事案件 1412 起，破案 1217 起（包括协外案件 333 起），刑事拘留 571 人，逮捕 240 人，移送起诉 644 人，破案、刑拘、逮捕、起诉等四项主要打击数据较去年同期提升明显。破获电信网络诈骗案件 253 起，抓获犯罪嫌疑人 387 人，两项数据较上年同期均有大幅增长。定边县公安局与神木市公安局联合侦办的省“2022—08 号”案件成功侦破；对公安部经侦局线索进行了认真摸排梳理，成功破获一起涉嫌组织、领导传销活动案；成功侦破“7.27”开设赌场案，刑事拘留 3 人，行政拘留 50 余人；成功解救 2 名榆林籍被诱骗至缅北人员。查处治安案件 1508 起，查处违法嫌疑人 1274 人，行政拘留 871 人，治安案件发案数较去年同期下降 2.5%。

【油气区治安整治】持续推进打击涉油气违法犯罪，根据油气区治安状况特点建成 5 个油气区“智慧警务室”，实现了油气区发案率下降、破案率上升、油气企业内保安全保卫能力提升“一降两升”良好效果，有效维护了全县油气区持续安全稳定。破获涉油刑事案件 60 起，刑事拘留 70 人；查处行政案件 34 起，行政拘留 54 人；破获陕西省公安厅督办“7.10”破坏易燃易爆设施案件，受到省厅通报表扬；陕西省公安厅在定边县召开陕北油区打击涉油违法犯罪区域会战推进会，对定边严打涉油气犯罪工作成绩给予肯定。

【森林公安】以保障林区稳定为目标，坚持抓打击、促稳定、强基础，有力推进城关森林派出所、安边森林派出所的各项工作稳步向前发展。城关森林派出所、安边森林派出所共出动警力 1695 人次，出动警车 683 台次，破获各类涉林刑事案件 33 起，刑事拘留 17 人，逮捕 14 人，移送起诉 23 人。办理治安案件 16 起，行政拘留 16 人，抓获网上在逃人员 3 人。

【巡防管控】坚持社会面“三见警”巡逻常态化，每周研判警情，快速精准推送，实现了社会面防控机制化、体系化。坚持面上巡逻、设卡盘查相结合，合理调整巡防模式，科学优化充实巡防警力，划定 4 个网格警区、46 条必巡线、83 个必巡点，严格落实快速反应机制，强化显性用警，加强对中心区、人员密集场所、案件多发区域治安巡逻，做到有警处警、无警巡逻、囤警街面、快速反应，有力维护社会面持续稳定。共计出动巡逻车辆 3781 台次，人员 15100 余人次，盘查各类可疑人员 4217 人次、车辆 2739 台次。

【“四化建设”】按照既定目标和措施，划定“路线图”、制定“时间表”、拟定“任务书”，以“四个聚焦”为抓手，逐项抓推进，抓落实，抓成效，始终坚持以“严的标准”和“实的举措”有机融合，全面推进定边公安“四化建设”。 在基层基础标准化建设方面：贺圈派出所作为2022年县级重点项目，主体工程已完工；全县已建成19个社区警务室，32个农村警务室，151个警务工作站，已实现全县村组（社区）全覆盖；检查站完成了升级改造建设工程；执法办案管理中心完成升级改造，实现了执法办案全流程记录、全网络汇聚、全环节监管。在警务机制实战化建设方面：制定了与周边县公安机关警务联动工作机制，推动与邻县警务协作；南关派出所、北关派出所、贺圈派出所运行“两队一室”工作模式；科学布建警务室、警务站，已在城区19个社区全部配备1名民警，农村地区187个行政村，每个村已配备1名辅警，已完成挂牌工作。在科技应用智能化建设方面：积极推进视频专网建设，完成县局13个业务所队的视频专网开通应用工作；健全完善前端智能感知网络，新建城区41套高清人脸识别和视频补点监控点位，改造城区电子抓拍系统10套，完成了视频图像综合应用平台的升级；派出所已完成169个补盲监控点的自建、900路社会面监控的接入改造。在队伍管理规范化建设方面：组织开展党委理论学习中心组集体学习20次，周三局机关集中理论学习36次，不断夯实忠诚思想根基；按照《定边县公安局民辅警交流实施办法》，2023年共调整27名民辅警，新分配31名辅警、8名公务员；全面立足政治建警，规范辅警正规管理；优化暖警励警措施，激发队伍战斗力提升，开展集中送奖到岗3次，慰问个人13人；严格执法保安全，规范管理促提升，2023年共开展执法培训班21期600余人次，其中开展法律专项集中学习13期，组织法制员和案管员培训2次、政治轮训法制业务培训6期。

【规范化执法】执法办案场所智能化升级，执法办案管理中心在原有基础上，增配电子签名捺印板、刻录记、定位腕带等设备。看守所增配远程提讯设备一套，看守所与执法办案中心达成远程互通，进一步提升“一站式”办案成效。12个基层执法办案场所，5个正在升级改造中，并已将基层办案区监控视频纳入执法办案管理中心管理体系，实现了上下互联互通，有效管理，使执法办案管理场所水平得到有效提升。2023年上线运行定边县公安局智慧法制平台，通过智慧法制平台巡查接警4237起，受立案巡查1879起。

【矛盾纠纷排查化解】进一步坚持和发展新时代“枫桥经验”，持续深化“百万警进千万家”活动，会同有关部门深入排查各类矛盾纠纷，努力从源头上预防和减少社会矛盾。坚持和推动建立完善民调进所、律师进所等矛盾纠纷多元化解机制，进一步加强和规范治安调解与人民调解、司法调解的衔接，及时有效调解纠纷，化解矛盾，消除隐患。2023年共化解矛盾480条，化解率为99%。

【优化服务保障】全县户政窗口规范化建设率达到90%，14个户籍派出所硬件设施基本达到规范化建设的要求，全部开通居民身份证异地受理、挂失申报和丢失招领业务。全国范围内开具户籍类证明和6项户口迁移业务实现“跨省通办”。集中在办证大厅、各派出所设置“一窗通办”窗口，推行“一站式、一条龙”服务，简化审批手续，缩短办理周期，压缩办结时间。积极推动行政权力网上公开运行工作日常化，确保所有非涉密行政权力事项和非处罚类行政审批事项100％网上网下同步运行，完善各类行政审批服务事项300余项。积极主动上门服务企业，开展重点企业的安全生产大检查，指导企业完善内部安全防范。不断探索破解城市道路交通拥堵难题，在献忠路、南北大街、东西正街等路段设立严管街，增加城区交警警力，延长执勤时间、优化交通设施、开辟临时停车泊位路段。

【“一标三实”信息采集应用】开展“一标三实”基础信息清理、规范、修正等工作，对已采集信息进行核查修正，对未采集信息进行补充采集，对变动信息及时更新维护。在流动人口和出租房屋管理方面，以“底数清、情况明”为目标，进一步拓宽流动人口基础信息社会化采集方式，对流动人口和出租房屋进行全面摸底排查，准确、及时掌握流动人口和出租房屋的基本情况和相关信息。2023年共更新标准地址 679 条，更新维护实有人口 3833 条，更新维护实有房屋信息 5225 条，更新维护实有单位信息 1021 条，更新维护实有物品信息 1007 条，智能化社会采集 3180 条。

【公共安全监管】结合火灾防控工作，对定边县域内所有“九小场所”逐一进行了消防安全隐患大检查，共排查场所 2873 余家，下发整改通知书 38 份、处罚通知书 2 份。持续开展“护校安园”专项行动，严格落实校园周边“高峰勤务”和“护学岗”勤务机制，强化校园及周边巡逻防控和安全隐患排查整改，最大限度提高见警率和管事率，严厉打击涉校违法犯罪。全力整治校园及周边突出治安问题，坚决遏制涉校违法犯罪行为，有效化解校园不稳定苗头、不稳定事端，有效维护社会治安秩序。2023 年检查校园 201 所，排查治安安全隐患 21 处，现场整改 15 处，发放限期整改通知书 6 份，化解学校内部矛盾 9 起。深入开展“三电”领域安全保护工作，严厉打击盗窃破坏“三电”设施、窃电等违法犯罪活动。开展“三电”领域安全大检查 34 次，抽查 7 次，发现各类安全隐患 36 处，当场整改 33 处，限期整改 3 处。扎实开展全县道路交通安全治理工作，以“重大事故隐患专项排查整治 2023 行动”为抓手，扎实推动“减量控大”工作，坚持抓治理、除隐患，提前完成部省督办的 7 处事故多发路段治理任务，查处各类交通违法 60711 起，全县交通事故案发数、事故亡人数、受伤人数、财产损失四项道路安全指数同比大幅下降。

【党建“书记项目”】以党建“书记项目”为载体，建成集党史学教、党风廉政、公安警史、业务融合、党员活动等为一体的全县公安机关党建思政展厅，成为全局思想政治教育新阵地。基层所队借助该中心先后开展各类教育活动 32 批次，中心先后接待多批次省市领导和工作组。以学习践行党的二十大精神和干部作风能力提升年活动为载体，组织开展“学习二十大，公安怎么干”主题宣传教育活动，组织举办专题讲座 21 次，开展全警主题学习研讨活动 60 余次。各警种负责人结合本警种工作谈认识、谈体会、讲做法，推出系列视频访谈 32 期。聚焦队伍实际，组织开展了为期三个月的“抓党建，转作风，强素质，树形象”专项活动，坚持党建业务融合发展，素质作风整体提升，修订完善了一批队伍管理制度，集中整治了一批队伍顽疾，进一步理顺了队伍管理工作流程，队伍正规化建设水平得到了大幅度提升。警营文化焕发活力，先后举办全局性公安文艺活动 3 场次；制作队伍建设类抖音短视频 27 个，播放量超过 150 万+。组织队伍参加定边县干部职工运动会、干部篮球联赛、足球俱乐部赛，荣获团体表彰六次，警营文化建设取得了明显成效。

【“一室两队”】固化完善两队互为协同、一室支撑两队的警务运行机制。全力推动重心下移、警力下沉、保障下倾，警力保障更加充实，岗位职责更加明晰，以责任制为核心的警务机制更加科学，警务运行更加高效，实现“四化”工作目标，全面提升派出所实力、活力和战斗力。南关派出所、北关派出所、贺圈派出所已全面推行“一室两队”（综合指挥室、社区警务队、案件办理队）。其余派出所推行“岗位制”和“一警多能”模式。

【“五小警务”】认真践行 135 工作思路，持续推进“五小警务”工作，把提升人民群众获得感、幸福感、安全感和满意度作为工作的出发点和落脚点，全面强化社会治安管控能力，推动定边县治安环境持续向好。2023 年化解小风险 756 起、调解小纠纷 501 起、办理小案件 1235 起、解决小困难 465 起，在省市县各类媒体发布宣传稿件 31 篇，极大地解决了基层各类突出问题。

【公共宣传】打造了全市首家“宣传运营中心”，硬件建设和运维实力明显提升，全年宣传工作考评位列A组第一，共发表各级媒体稿件 1700 余篇，“五号一微”新媒体矩阵发布信息 2800 余条，“微信公众号”连续 12 个月位列全省月榜前 10 位，7 个月位列全市政法系统第一位，被评为“全省公安机关优秀新媒体账号”，连续三年受省厅表彰；抖音号连续 12 个月冲入全省榜单，稳居全市前列，被评为全省政法新媒体优秀抖音账号。宣传运营中心被确定为全市改革示范项目，上报省改革办。

【实战化练兵】立足实际，统筹协调，切实加强队伍实战化练兵基础提升工作，加强组织领导，统筹部署实施，坚持把队伍教育训练工作作为队伍建设的重要内容，抽调全局各警种业务骨干民辅警共30余人成立教官团，教官团下设心理健康教官组、业务技能教官组、实战技能教官组三个练兵组，负责常态化组织推进练兵工作。2023年4月12日，新的民警教育训练基地在县治沙实践教育中心成功揭牌并正式投入使用。轮训工作自2023年4月中旬开始，每期5天，每期培训民辅警60人，采取全封闭式管理。共开展6期轮训，受训360人。

【荣誉展台】被陕西省公安厅评为执法质量考评优秀单位。定边公安微信公众号被陕西省公安厅政治部评为全省公安新媒体绩效评估优秀微信公众号。定边公安抖音号荣获2023年陕西省政法新媒体抖音号榜单优秀新媒体账号。禁毒大队被陕西省禁毒委员会评为全省禁毒工作先进集体。治安大队被陕西省公安厅评为全省优秀公安基层单位。看守所协助破获的案件被陕西省公安厅监管总队评为全省公安监管部门协助破案优秀案件。法制大队付保金同志被陕西省公安厅记个人二等功1次。被榆林市委平安榆林建设领导小组表彰为平安榆林建设先进集体。被榆林市公安局评为2023年度全市先进单位、夏季行动先进集体。被榆林市第七次全国人口普查领导小组评为榆林市第七次全国人口普查先进集体。警务督察大队被榆林市公安局评为全市公安警务督察目标责任考核先进集体。禁毒大队被榆林市公安局评为全市禁毒工作优秀集体，被中共榆林市委政法委员会评为全市人民群众满意的政法单位。环食药侦大队被榆林市公安局评为全市打击制售假药劣药专项工作先进集体。治安大队荣获陕西省第十七届运动会筹办单位集体三等功1次。交警大队被榆林市公安局评为道路交通事故预防工作成绩突出集体。姬塬派出所被榆林市公安局评为全市公安派出所建设三年行动计划（2020-2022年）先进集体、全市十佳枫桥式公安派出所。姬塬派出所、贺圈派出所被榆林市公安局评为2023年度全市优秀基层单位。刑侦大队被榆林市公安局记集体三等功1次。被中共定边县委、定边县人民政府评为全县民族宗教工作先进集体、信访工作先进集体、武装工作先进集体；被中共定边县委、定边县人民政府、定边县人民武装部评为2023年武装工作先进单位。刑警大队、贺圈派出所被中共定边县委、定边县人民政府评为全县人民群众满意的政法单位。国保大队被中共定边县委、定边县人民政府评为平安建设先进集体。网安大队被中共定边县委、定边县人民政府评为全县网信工作先进集体。禁毒大队被中共定边县委、定边县人民政府评为全县禁毒工作先进集体。

（乔　丽）

司法行政

定边县司法局

党组书记、局　　长　朱镛宏
党组成员、机关党委书记　折小喨
党组成员、副　局　长　白晓波
党委专职副书记　高志兵

【概况】定边县司法局为县政府工作部门，加挂定边县社区矫正管理局牌子。下设15个职能股室，2个事业单位，19个基层司法所。内设县委依法治县办秘书科、办公室、行政复议应诉股、行政执法协调监督股、规范性文件审查备案股、普法宣传股、人民参与和促进法治股、律师工作股、公共法律服务管理股、政工办、财务装备股、案件审查和档案管理股、信息股、安置帮教工作股、创建股15个股室，下设公证处和法律援助中心两个事业单位，派驻19个副科建制基层司法所，监督指导陕西金赞、陕西三边和陕西言泽三个律师事务所。

定边县司法行政系统共有162人，正科级领导干部2人、二级主任科员6人、副科级领导干部22人、四级主任科员15人。其中16人离岗，26人退休，在岗60人。有政法专项编制47人，工勤人员25人，公益性岗位协管48人。在岗人员中，取得律师从业资格证6人、公证员资格证6人、法律服务工作者证39人。公证处，正科级建制，设主任1人，副主任1人，工作人员4人；法律援助中心，正科级建制，设主任1人，副主任1人，工作人员8人。

【主要职责】2019年机构改革完成重组后，定边县司法局是定边县人民政府工作部门，主管全县司法行政工作。中共定边县委全面依法治县委员会办公室（简称县委依法治县办）、中共定边县委普法工作领导小组办公室设在县司法局。负责统筹规划县政府行政规范性文件制定工作，协调有关方面拟订并组织实施县政府行政规范性文件制定规划和年度行政规范性文件制定工作计划。负责县政府重大行政决策、行政规范性文件的合法性审查；承办各部门行政规范性文件的备案审查工作；办理县政府及县政府办公室制定的行政规范性文件向市政府和同级县人大报送备案工作；承担行政规范性文件的清理工作。负责指导、监督全县依法行政工作。承担综合协调和指导监督行政执法工作，推进严格规范文明执法；承担组织协调和监督推进全县行政执法体制改革有关工作；指导、监督全县行政复议和行政应诉工作。承办县政府行政复议案件和行政应诉案件工作。拟订全县法治宣传教育规划，组织实施全县普法宣传工作。指导全县依法治理和法治创建工作；指导全县调解工作和人民陪审员、人民监督员选任管理工作。推进司法所建设。指导、监督全县社区矫正和帮教安置工作。负责全县公共法律服务体系和平台建设，指导、监督和管理律师、法律援助、司法鉴定、公证、仲裁和基层法律服务工作。负责本系统警车管理工作，指导、监督本系统财务、装备、设施、场所等保障工作。监督指导全县司法行政系统队伍建设、思想作风建设、工作作风建设。负责本系统警务管理和警务督察工作。指导和组织协调本系统的对外交流与合作工作。负责职责范围内有关行业、领域的安全生产工作监督管理，完成县委、县政府交办的其他任务。

【党建工作】在党组坚强领导下，全体党员、干部以高度的政治责任感和使命感，深入贯彻落实党的各项方针政策，全面推进党建工作，取得了显著成效。强化党建“一盘棋”，压实党建责任。本年度，坚持党组书记负总责、党支部书记具体抓的工作机制，将党建工作与业务工作同部署、同安排，确保层层抓落实。全年共召开党建工作专题研究部署会议5次，明确党建工作目标，细化工作措施，确保党建工作有序开展。深入学习宣传贯彻党的二十大精神。始终把学习宣传贯彻习近平新时代中国特色社会主义思想和党的二十大精神作为首要政治任务。全体党员、干部每周五集中学习成为一项制度，共开展集体学习22次，党组中心组集中学习20次。通过学习，全体党员、干部的政治素质得到了进一步提升，为推进党建工作奠定了坚实的思想基础。积极做好发展党员工作。严格按照程序、计划发展党员，坚持“成熟一个，发展一个”的原则，年内已确定入党积极分子1名，为党的事业注入了新的活力。

【法治建设】法律顾问全覆盖，全面保障依法履职。全县党政机关实现了法律顾问全覆盖，聘请了专业法律顾问，为机关依法履职提供了有力支持。法律顾问们积极参与政府行政规范性文件以及政策措施的制定，全面开展清理和修订违反公平开放透明市场规则的法规规章，从制度上保障各类市场主体平等权利。同时，依法制定涉权涉法文件，审核涉法性文件27件，规范性文件5件，严格执行“三统一”制度，行政规范性文件报备率达到100%。强化行政执法能力，推进法治政府建设。为加强行政执法能力，全县执法单位参加了行政执法能力专题培训会，并落实了行政执法三项制度。同时，派出21个专项工作组，进驻各执法部门单位，完成行政执法“三项制度”的专项监督检查，对发现的问题及时反馈、通报，并督促整改落实。此外，深入推进行政复议体制改革，加强行政复议案件办理质量，办理行政复议42件、行政应诉14件，落实行政机关负责人出庭应诉制度。智慧司法建设助力高质量发展，本年度，全县加强了智慧司法建设，年内投资50万元升级改造了智慧矫正中心，采购了智慧矫正设备，以信息化助推高质量发展。同时，严格规范执行社区矫正相关法规，细化社会调查评估标准，完善事项审批程序，为社区矫正对象制定精准的个性化矫正方案。全县社区矫正人员无重新犯罪发生。扩宽法律服务便民渠道，满足群众需求。为扩宽法律服务便民渠道，全县积极创新落实公共法律服务体系建设实施意见，解决山区县律师短缺问题。公共法律服务大厅效能得到提升，共办理法律援助案件751件，公证服务办理964件。此外，建成并运行的公共法律服务站19个，满足了县域群众的法律服务需求。同时，组织律师、基层法律服务工作者担任村（社区）法律顾问，开展法律宣传、纠纷调解等工作。各司法所还加强了对法律明白人的培养工程，提高了村民法律知识和自我保护意识。积极参与全县中心工作，贡献法治力量。积极参与了乡村振兴、环境卫生治理、中亚峰会安全维稳等中心工作。选派干部赴乡村振兴驻点（冯地坑镇任塬村和学庄乡刘庄村）工作，推动乡村振兴任务完成；组织干部参与县城环境卫生治理和文旅志愿服务；配合做好中亚峰会期间的安全维稳工作，开展“三问三访”和矛盾纠纷排查化解工作。开展“九率一度”巩固提升宣传工作，提升群众满意度。为提升平安定边建设知晓率和满意度，制定了“九率一度”巩固提升宣传工作方案，持续深入开展线上线下宣传，形成全方位多层次宣传效应。通过广泛宣传，不断提高宣传质量水平，增强了人民群众对平安建设的认同感和支持度。

【宣传教育】健全完善领导干部学法用法制度，本年度，全县各级党委（党组）中心组将习近平法治思想纳入重要学习内容，建立了领导干部应知应会清单，并通过陕西干部网络学院、法宣在线、学习强国等平台开展在线学法活动。通过这些举措，领导干部们深入学习了法治知识，提升了推进法治建设的能力水平。全县领导干部参加年度学法用法考试的参考率达到95%，及格率更是高达97%。落实“谁执法谁普法”普法责任制。为构建全县大普法工作格局，进一步充实完善了《定边县各部门单位“谁执法谁普法”普法责任清单》。依托“12·4”国家宪法宣传日、“3·8”妇女节、科技卫生文化三下乡活动、安全生产月等重要时间节点，开展了“法律进乡村”“法律进社区”等法律九进宣传活动，共计开展法治培训宣传753场次，受教育人数达32万余人。创新法治宣传形式。编排了普法宣传快板等法治文艺节目，并组织普法志愿者在全县19个乡镇（街道）开展巡演。这种群众喜闻乐见的方式，让法律法规的宣传更加生动有趣，法治理念更加深入人心。同时，还建成了《刑法》《行政法》《民商法》广场，修缮了鼓楼南北大街法治文化一条街，以及村级法治文化宣传栏、图书角等，使法治文化阵地提档次、有特色、全覆盖。扎实开展基层法治创建。定期听取民主法治示范村创建工作汇报，并指导17个乡镇打造创建了20个“省级、市级民主法治示范村”。同时，对全县1224名法律明白人开展了专项法律法规知识培训，提升了他们的法律素养和法治意识。社区矫正及安置帮教工作专业化、规范化。本年度，定边县司法局挂牌成立了社区矫正管理局，实现了矫正队伍的专职化，办公场所的标准化。联合县检察院、县公安局开展社区矫正执法检查，并定期开展社区矫正工作人员业务培训和特殊人群技能培训，以确保工作的专业性和规范性。同时，严格落实社区矫正对象警示教育制度，修订完善社区矫正日常管理规范，不断提高信息化管理水平。心理矫正在社区矫正、安置帮教和后续照管人员日常管理中的作用得到了突出，为维护社会稳定发挥了重要作用。开展了社区矫正对象集中警示教育4次，联合县检察院、县公安局进行社区矫正执法检查2次，并组织了2次社区矫正业务培训。矛盾纠纷排查化解工作。为构建多元化解矛盾纠纷调解机制，坚持和发展新时代“枫桥经验”，现已运行县、乡、村三级调委会205个。利用已打造的“驻社区、包部门、联乡镇”定边特色调解模式，进驻15个社区，联动19个乡镇、包联25个部门建立15个调解室，由40余名党员干部包抓共建。全年共排查矛盾纠纷

742 件，成功调解 733 件，调解成功率达到 98%以上。通过强化宣传引导、全面排查苗头隐患、狠抓矛盾化解、积极开展回访等工作，有力地维护了社会和谐稳定，助推了经济社会发展。

（王警周）

资源环境

国土资源

定边县自然资源和规划局
局　　长　李小涛
副 局 长　孙常青　朱晓健
党组成员　秦熙忠　高　扬　王翱翔　陈启东
党委委员、专职副书记　慕馥懋

【概况】定边县自然资源和规划局是县政府专门从事自然资源和规划管理的职能部门，正科级建制，由原定边县国土资源局和原定边县城乡建设规划局合并而成。下设自然资源和规划监察大队、地质环境监测站、国土储备中心（挂国土开发整理中心）、不动产登记服务中心、脱贫攻坚移民搬迁服务中心（挂国土生态修复评价中心）5个正科级事业单位，以及自然资源调查和权属纠纷调处中心、自然资源规划测绘服务中心2个副科级事业单位。

【规划管控】《定边县国土空间总体规划(2021-2035年)》完成意见征求和修改完善，通过县政府、县人大、市资源规划局及省自然资源厅审议，上报省政府待批；完成了定红路街景规划编制；开展了主城区和园区大比例尺地形图生产和更新工作；启动了控制性详细规划编制工作；指导审批各乡镇完成了2023年度45个村庄规划编制，为科学、有计划地进行村庄现代化建设提供了依据。全年办理城镇居民自建房建设工程规划许可证495件、办理建设用地规划许可证10件、办理建设工程规划许可证13件、办理临时建设工程规划许可证2件；完成个人自建房放线542项，完成个人自建房建设工程土地核验和规划核实12件，建设工程项目放线共计11项，完成建设工程土地核验和规划核实10件。

【耕地保护】落实党政同责要求，推动县乡党委、政府签订耕地保护目标责任书，带位置、带图斑下达耕地和永久基本农田保护任务。准备中央对省级政府耕地保护党政同责首次考核，“五个一票否决指标”全部达标；耕地和永久基本农田核实处置发现问题全部整改到位，实现全县耕地保有量402万亩，永久基本农田保护面积369万亩；严格落实耕地占补平衡管理，整改恢复林草地3643.71亩，完成了王滩子土地开发项目提升改造；报备补充耕地项目7个，新增耕地面积1878亩。健全完善了耕地保护措施，贯彻落实了耕地保护“田长制”和激励机制。

【要素保障】全年批准国有建设用地17宗3845亩，其中城市批次用地7宗165亩，单独选址项目用地9宗3680亩；批准集体建设用地110亩；办理预审与选址12宗528亩。划拨土地36宗23545亩，挂牌出让土地12宗435亩，定边县产业用地出让面积位列全国第二，创历史最佳；完成土地储备历史数据补录工作，处置批而未供土地23980亩，处置闲置土地542.61亩，超额完成上级下达的闲置土地和批而未供处置任务。探索推进“标准地”改革工作，配合园区推进区域评估工作；出让标准地一宗，面积265亩。审批临时用地共226宗，面积2789.89亩；征地总面积4873.52亩；完成教育、公益事业、城市基础设施、新能源等20多个重点项目用地征收工作，征借地1236亩，已支付土地补偿费及房屋等拆迁补偿费1.3亿元，代缴纳耕地占用税及相关规费2144.59万元。

【生态修复】《定边县国土空间生态修复规划2020年—2035年》编制工作获得批准，按照规划严格推进生态修复和监管。完成大唐定边风力发电有限责任公司定边双山等6个土地复垦项目验收工作，复垦土地1813亩；累计提取矿山地质环境治理恢复与土地复垦基金3636万元；通过平整围挡、清运垃圾、撒播草籽、洒水增湿等治理措施，对城区内的5宗国有储备土地及供而未用的国有裸露土地进行治理。

【执法监管】在城区范围内实现“全方位、无缝隙”网格化巡查，全年出动巡查车辆4263台次、巡查人员9322人次，发现新增建设用地155宗，下达《责令停止违法行为通知书》26次，《责令整改通知书》38次，制止6次，拆除9次，维护城市建设秩序；卫片执法监测图斑1223个，监测面积13125.27亩，全部完成外业举证及内业填报，违法占耕面积为35.57亩，完成整改42个，违法占耕比例降至2.01%，顺利完成省市下达整改任务。圆满完成自然资源督察核查反馈问题、自然资源部下发乱占耕地建房疑似图斑和省审计厅离任审计反馈共19813个问题的整改工作。

【营商环境】进一步优化不动产登记环节、流程，一周办结率有效提升，推行不见面办理，提供“一站式”服务、上门登记服务、自助查询服务、免费便民服务、登记预约服务、延时办理服务、“交房即交证”和“互联网+不动产交易办税登记一体化”服务，对老弱病残人群开辟“绿色通道”。实现交地即交证、全市通办、不动产登记与水电气同步过户、不动产登记个人转移土地出让金缴纳、不动产交易、办税、登记“一窗受理”改革目标，办理登记业务22130宗；持续推进农村房地一体确权登记发证工作，发证15544户；完成林权资料移交、登记、全库数据汇交和集体土地所有权登记数据更新汇交工作；将化解不动产登记历史遗留问题纳入县政府民生实事，完成首次登记18个小区，形成处置意见按证缴分离政策可办理的小区16个。

【安全发展】在地质灾害隐患大核查的基础上，对排查出的隐患点分级分类建立了台账，根据不同风险程度，分别制定了治理方案，最大限度消除地质灾害隐患，全力保障人民群众生命财产安全。9处极高风险隐患点已全部完成治理；70处高风险隐患点已治理35处；督导各乡镇完成中、低风险隐患点台账信息完善工作，并落实了县乡村三级责任人和监测员，观测点1108个，完成观测点台账信息，落实了乡村两级责任人和巡查人员，同时发放“一表两卡”，确保地质灾害隐患监测无死角无漏洞。持续加强非煤矿山安全隐患排查整治。针对春节、“两会”和冬春季安全防范工作特点，对县域内正在整改提升建设中的非煤矿山企业开展了安全生产隐患排查治理，确保了全年安全生产实现“零伤亡”。

【队伍建设】以党建为引领，以党风廉政建设和意识形态为抓手，深入开展学习贯彻习近平新时代中国特色社会主义思想主题教育，组织干部学习党的二十大精神和习近平新时代中国特色社会主义思想。广泛开展“支部书记讲党课、专业干部讲党内法规、领导干部讲形势政策”宣讲活动；定期开展业务知识培训学习，提高干部队伍履职能力。规范党员管理，落实“三会一课”制度，经常性地组织党员干部到社区开展“双报到”和志愿者服务活动。多渠道拓展干部晋升空间，积极向县委和市局党组争取干部职务职级晋升，其中向纪委监委推荐担任驻局纪检组副组长1名，向外系统推荐使用副科级干部1名，2名七级职员晋升为六级职员；对5名优秀驻村第一书记和工作队员予以职务晋升；向市局党组推荐任命党组成员1名，正科级干部5名，推荐使用副科级干部9名。

【荣誉展台】荣获县委、县政府目标责任考核、要素保障、创文、民族宗教等工作先进集体，荣获市自然资源和规划局矿政管理、地灾防治、国土空间规划、批而未供和闲置土地处置等工作先进集体。

（王振平）

环境保护

榆林市生态环境局定边分局

局　长　高如鹏（　—2023.07）

　　　　　赵　宁（2023.07—　）

副局长　李玉平　姬　烨

【概况】原定边县环境保护局成立于1990年，是定边县生态环境保护行政主管部门，于2020年11月机构改革，更名为榆林市生态环境局定边分局，编制8名。下设定边县生态环境保护综合执法大队，参公编制24名；定边县环境监测站，事业编制16名。

【大气污染防治】定边城区优良天数304天，同比增加5天，位居全市第四；空气质量综合指数3.49，同比改善11.4%，位居全市第三；PM2.5平均浓度24微克/立方米，PM10平均浓度55微克/立方米，臭氧平均浓度144微克/立方米，年均浓度均符合《环境空气质量》二级限值要求。一是贯彻落实生态环境保护攻坚行动。依据《定边县2023年生态环境保护二十五项攻坚行动方案》要求，制定大气污染防治工作方案，以城区及工业新区、周边乡镇为重点区域，聚焦春季扬尘污染、夏季臭氧及秋冬季细颗粒物污染，持续开展春季秸秆焚烧管控、夏季臭氧防治专项行动，通过实施具体攻坚行动并完成全局大气污染防治重点调度工作，完成蓝天保卫战工作任务。二是结合榆林市生态环境局重污染天气应急管控通知，及时启动重污染天气应急管控工作19次。三是完成大气污染治理（燃煤）锅炉提标改造项目，对2022年党政事业单位燃气锅炉低氮改造工程完成验收工作。四是督促完成非道路移动机械编码挂牌登记333辆，检测400辆。

【水污染防治】国控断面黑城岔水质断面去除本底值后达到Ⅲ类水质标准，省控断面北洛河周关水质断面、市控断面刘渠水质断面去除本底值后达到Ⅲ类水质标准。完成县城区马莲滩、白泥井镇衣食梁移民新区、白泥井镇衣食梁村、安边镇河脑村、石洞沟镇张寨子村等集中式饮用水水源地监测2次，县城马莲滩集中式饮用水水源地达标率100%。一是加强饮用水安全保障工作，开展城镇集中式饮用水水源保护区执法12次。加强对县城污水处理厂的监管和水质监测，不定期开展乡镇污水处理站执法检查。二是对县城建成区联合县住房和城乡建设局开展城市建成区黑臭水体自查工作，经排查无黑臭水体。三是开展入河直排口整治行动。全面完成排查工作，初步建立入河排污口名录。

【土壤污染防治】一是强化土壤污染源头管控，督促12家土壤污染重点监管单位开展自行监测和隐患排查工作，并按要求做好相关信息公开工作。二是以“一住两公”为重点，开展建设用地土壤污染状况调查，确保建设用地安全利用。全年完成审查“一住两公”建设用地土壤污染状况调查报告9份。三是开展农村环境综合整治工作，结合户厕改造进行资源化利用的模式，完成6个行政村的农村生活污水治理任务，并完成集中式农村生活污水处理设施排查整改工作。

【危固废污染攻坚】强化监督检查，制定并印发《榆林市生态环境局定边分局2023年危险废物专项治理及规范化环境管理评估工作方案》，进一步加强53家危险废物产生单位、7家危险废物收贮经营单位规范化管理；对检查中发现的各类问题建立了问题清单并进行通报督办。严格危固废监管。严把危险废物产生、贮存、处置三道关口，每月对各企业产废情况进行汇总统计，全年规范处置危险废物15万余吨；继续推进油气开采废弃物“三统一”处置工作，全年规范处置油气开采工业固废约40.16万吨。加强企业突发环境事件应急预案备案管理。完成应急预案备案74家，其中一般环境风险备案69家，较大环境风险备案5家。

【污染减排】制定了年度主要污染物减排工作方案，通过强化白泥井镇寨子村污水处理站运营，建设拓宽县城市政污水收集管网，实施郝滩、安边小学煤改气项目等减排措施，完成榆林市下达定边县化学需氧量消减49.6吨、氨氮消减1.6吨、氮氧化物消减40.3吨、挥发性有机物消减11吨考核减排任务。规范排污许可核发。严格按照“摸、排、分、清”四项工作步骤，完成了全县33个行业固定污染源排污许可清理整顿工作，同时积极指导企业网上申报，全年核发排污许可证21家，完成排污许可登记管理136家。

【环保审批】通过严把三道“关口”，建立动态管理台账，强化项目建设过程的分类跟踪监督，定期梳理符合验收条件的建设项目，加强竣工环保验收执法检查，严格落实“三同时”制度。全年共审批环境影响报告表90个。

【环保执法】一是有序开展日常环境监管。全年累计出动执法人员1400余人次，检查企业424家，检查污染防治设施24套。共发出责令整改通知书54份，行政处罚52起，移送公安机关6起，处罚款443万元。二是重视信用体系建设。将行政处罚、行政许可等信用数据及时上传榆林市社会信用体系服务平台，接受公众监督。上传行政许可类90条，行政处罚类52条。三是抓信访促进环境问题解决。共受理生态环境信访件154件，其中涉及噪声污染40件，大气污染39件，水污染2件，固体废物污染62件，其他污染3件，其他投诉8件，办结率100%。

【生态环境保护】第二轮省委生态环保督察方面，查处交办信访问题28件，已全部办结。省委生态环保督察整改反馈问题均已完成整改；第二轮中央生态环保督察方面，查处交办信访问题20件，已全部办结。中央生态环保督察整改反馈问题，定边县共涉及5项问题，其中共性问题1项，个性问题4项，共性问题已整改完成，个性问题全部配合市级牵头整改部门按时序有效推进。三是4月3日，黄河流域生态保护和高质量发展专项督查工作组入驻定边县，通过查阅资料、现场检查等方式进行督查，并于4月11日反馈了12个督查问题交办单，已全部按期完成整改。

【环境宣教】加强环保宣传。充分利用科技之春、生物多样性日、“6·5”世界环境日、全国低碳日、全国生态日等宣传活动，集中发放宣传资料5000余份，发放涂鸦袋、环保围裙、草莓包、折叠盆等环保宣传用品共3000份，推送环保短信60000条，制作宣传展板30块。积极开展宣传报道。以榆林市生态环境局定边分局门户网站为主要平台，及时宣传新颁布的生态环境法律法规和县域生态环境工作动态。全年在各类平台共发布63篇生态环境类信息报道。

【党建工作】以党的二十大精神、习近平总书记系列重要讲话精神以及习近平总书记6次来陕讲话精神为主要内容，采取集中领学、分散自学、党组织负责人讲专题党课、讨论交流研讨学等多种形式，不断提高党员干部政治思想觉悟。为增强干部职工廉洁自律意识和拒腐防变能力，组织观看了《芝兰花开》《借路敛财 自毁人生路》《高原之春》《浏阳河上》等警示教育影片。组织召开支部党员大会8次，党支部委员会12次，组织主题党日和各类集中学习教育活动10余次，支部书记讲党课4次。

【荣誉展台】被陕西省机关事务服务中心、陕西省发展和改革委员会、陕西省财政厅授予“节约型机关”称号；被榆林市生态环境局党组授予2023年度环境执法工作“先进单位”称号；被榆林市生态环境局评为2023年度榆林市环境应急管理先进单位、2023年度扫黑除恶工作先进单位；被定边县委、定边县政府评为定边县2023年度目标责任考核优秀单位。

（陈毛毛）

城乡规划与建设

城乡建设规划管理

定边县住房和城乡建设局
局　长　白昌盛　（2023.03—　）
副局长　韩　瑛　王生龙　纪宏飞

【概况】县住房和城乡建设局为县政府工作部门，正科级建制，挂县城市管理执法局牌子，位于定边县西环路，担负全县城市建设和管理等工作职责。局机关行政编制15名。设局长1名，副局长3名；直属机关党委专职副书记1名；总工程师1名。下设建设工程质量安全监督站、环卫园林所、市政设施服务中心、城市管理执法大队、房屋征收补偿与交易事务中心、住房保障中心共6个事业单位。县住建局深入学习贯彻落实党的二十大精神和习近平总书记来陕考察重要讲话精神，坚持以人民为中心的发展思想，紧紧围绕建设“五个定边”目标任务，大力推进城市更新三年行动，扎实开展住建领域安全隐患排查整治，较好地完成了各项工作任务。

【重点工作】全年负责推进重点建设项目8个，其中续建3个，新建5个，年度计划投资1.9亿元；负责推进的重大前期项目7个，总投资3.17亿元。民主路、献忠路西段已完工；市场路、胜利街主车道已通车；顺达南路等7条居民巷道完成建设；民族历史文化广场基本建成；明珠路高压电力走廊防护绿地景观广场基本完成土建及绿化工程；畜牧文化广场已进行部分原建筑物拆除及场地平整工作；城区绿化新植面积25000平方米，绿化改造提升面积9000平方米，目前建成区绿化覆盖率达到24%；12个停车场（点）完成停车位施划，投入使用；道沿以上停车位标识标线新划、补划项目已完成招标；献忠路中段城市更新示范街街景改造可行性研究报告已完成。此外，献忠路中段、新华街中段、育才路中段、雨污分流改造、中水回用等项目已启动前期工作。云腾花园等3个社会投资项目已完工。同时，稳步推进老旧小区改造，全面启动明珠花园、政盐小区、国税小区等10个老旧小区改造工作。

【安全生产监管常态化】常态化开展建筑施工、城镇燃气、自建房、老旧小区、市政设施等领域隐患排查力度，查处消防审验违法行为2起，全年共整治消除各类安全隐患400余个，有效遏制住建领域安全事故发生。

【建筑市场监管规范化】建筑业发展稳中有升，培育入库“五上”企业7家，在建基本级绿色建筑10个，建筑面积26.96余万平方米，在建装配式建筑7个，建筑面积18.78余万平方米，达到榆林市绿色建筑创建行动要求比例。开展农民工工资支付专项治理，未发现拖欠农民工工资情况。

【工程质量监管规范化】全年监管建设工程32个，其中：房建27个、市政5个，总建筑面积约55.76万平方米，总投资约17.99亿元，涉及施工企业30家，监理单位15家。严把基本建设程序关，突出抓好工程报建、招标投标、质量安全监督等关键环节，有效保障建设工程质量，并严格落实“六个百分之百”要求，确保最大限度地减少扬尘污染产生。

【住房、物业领域稳定健康发展】全年监管在建在售房地产项目6个、房产中介17家，管理租赁性保障房4831套，辖区有36家物业服务企业管理小区80个。通过深入开展住房、物业两个领域群众身边腐败和作风问题专项整治，确保行业稳定健康发展。一是房地产市场调控方面，出台《关于进一步规范商品房销售现场信息公开公示工作的通知》，对已取得预售证的房地产企业实行商品房预售资金监管，主要化解了天润华庭、顺新博悦等群众反映强烈的烂尾楼项目；配合历史遗留问题小组，化解房屋工程质量验收项目7个。二是房产交易方面，全年办理商品房合同备案894宗，二手房买卖合同网签备案423宗，二手房资金监管417宗，资金监管划转400宗，办理房屋租赁登记备案证明205宗，综合服务窗口被政务服务中心评为红旗窗口。三是公共租赁住房管理方面，进一步完善规章制度体系建设，制定《公租房“黑名单”》制度，发布了《关于拖欠房租、在承诺期内未退出、长期无法联系的承租户依规处置的公告》。持续提升公租房后期规范化管理水平，全年共入户检查7300余次，累计催收房租156万余元，清退收回公租房17套，租金补贴保障214户381人，发放资金45.71万元，新业小区1120套公租房已完成规划专项验收和分户验收，即将达到入住条件。四是物业服务标准化建设方面，出台《关于进一步加强物业管理工作的意见》，开展专项整治，解决了侵占业主公共收益、物业服务不达标等问题55个，追缴住宅专项维修资金396.1万元。积极推进“红色物业”建设，成立102个住宅小区党支部，初步形成了以社区党支部为核心，社区、业委会、物业企业“三方联动”的工作机制。

【优化营商环境】聚焦县营商办下达工作任务，编制发布用气标准办事规程，发布免于施工图审查清单，实施建设工程竣工联合验收，变企业“一对多”为部门“多对一”，切实减轻企业负担；协调众源天然气公司降低企业用气成本，并延续水电气欠费不停供政策，助力市场主体纾困解难。同时，聚焦主责主业，狠抓城市建设、行业监管和城市管理，持续优化住建领域营商环境发展硬基础和软实力。

【城市管理更加精细】一是环卫水平大幅提升。清扫保洁方面，城区清扫保洁面积726万平方米，采取“机扫＋人工”清扫的模式，实行主要街道、公园广场每日保洁时间大于16小时，背街小巷每日保洁时间大于12小时，县城区主要道路全部纳入机械化清扫范围，机械化清扫率70%。垃圾清运方面，日均收运生活垃圾300余吨；全年收运处理餐厨垃圾1100余吨；建成区非正规垃圾点减少40处；完成了城区范围内31处非正规建筑垃圾倾倒点清理整治。垃圾收集处理体系建设方面，建筑垃圾处理处置场完成竣工验收；建成垃圾分类示范点15个，打造成垃圾分类主题广场5个。公厕管理方面，管理水冲式公厕91座、垃圾转运站26座，均实行专人管理，全天开放。污水处理方面，污水处理厂板框脱水设施建设工程已投入运行，污水日处理能力3万吨，集中处理率达94%。二是市容市貌持续提升。城市管理执法实行分区域网格化管理，以巩固提升国家卫生县城成果及省级文明县城创建工作为主线开展市容市貌整治工作。重点对占道经营、乱停乱放等违规行为进行整治，市场经营秩序进一步逐步规范。对4个便民市场、19个临时摊点进行规范化管理，特别是西环路便民市场已打造成为“亮点工程”。三是市政设施“精修细护”。全年累计更换雨箅子178套、检查井盖125个，维修道路破损408处近2000平方米，检修路灯2300余盏，处理路灯箱故障200余次，城区亮灯率已达到98%以上。全县天然气用户约7.1万户，城区天然气普及率达到98%；制定了《城镇燃气专项整治方案》，排查燃气经营用户1323个、居民用户5307个、场站24座、管线850公里，发现隐患331项，已全部完成整改。

指导天然气公司严格入户检查全覆盖，还启动了城市燃气管道老化更新改造项目，总投资2876万元。为保障市政设施安全稳定运行，强化对市政道路桥梁、城市管网、路灯照明、城镇燃气等基础设施隐患排查力度，采取专项整治和日常养护相结合，全力保障市政设施平稳运行。四是多项措施保障顺利度汛。及时修编《2023年城区排水防涝应急抢险预案》，定期对城区易涝点、排水管网、雨水调蓄池、泵站等排涝设施进行巡查维护，发现排除9处隐患，完成了审化巷易涝点排水改造项目建设，积极参加了城市内涝及山洪防汛应急演练，全力保障城市安全度汛。

【信访维稳工作】全年共收到信访件2228件。其中网上信访和巡视组交办案件共65件，已办结62件，结案率95%。百姓问政及12345共收到信访件2163件，已办结2121件，正在办理42件，结案率98%。

【获奖情况】荣获陕西省防震减灾工作先进单位、榆林市防汛抗旱工作先进集体、定边县创建省级文明城市工作先进集体、定边县平安定边建设先进集体、定边县化解信访积案先进单位等荣誉称号；在定边县目标责任考核评比中，基层党建工作荣膺第一，安全生产工作位列第二；质安站荣获全省优秀建设工程安全监督机构、城管执法大队荣获全市城市管理执法工作先进集体。

（张为珍）

城市投资经营

定边县城市投资经营有限公司
董事长兼总经理 陈海春
副　　经　　理 白双林　王鹏程　杨仲钰

【概况】定边县城市投资经营有限公司（简称：城投公司）于2007年5月成立，属县政府国有独资企业，注册资金5000万元，下辖物业分公司、城建开发公司、工程管理公司、国有资产运营公司、城投工程管理有限公司、油气服务公司和兴定德力房地产开发公司。内设8个科室即办公室、财务科、人力资源科、投资规划科、审算科、综合科、工程科、技术科。现有干部职工72名，其中高级工程师2名，工程师5名，助理工程师9名，助工（建造师）3名，经济师1名。

【重点项目建设】南北大街商业楼决算工作。全年以来公司积极与各施工方对接协调，做好工程变更、误工损失等材料收集、梳理、整理、审核工作，目前正在送审阶段。钟鼓楼停车场项目。该项目已完成项目建议书批复、文物勘探批复、用地预审与选址意见书办理、立项批复、初步设计批复、水土保持批复、用地规划证件办理、稳评批复、环评批复、人防建议书批复、人防立项批复、划拨决定书办理、不动产证件办理等13项手续。由于信托公司（用地面积1295㎡）已拆迁未征收，影响项目建设及工程规划证件办理工作，待县住建局完成征收后，公司将及时办理施工图审查及工程规划证件。工业新区停车场二期项目。该项目已完成项目建议书批复、用地性质调规、文勘批复、稳评批复、水土保持批复、用地预审与选址意见书办理、可研批复、初设批复、环评批复、用地规划证件、划拨决定书、不动产权证书、工程规划证件、使用林地手续办理、招投标等工作。现已开工建设，截至年底已完成基础开挖、场地平整、配套用房等建设工作。8号楼商业广场项目。该项目已完成3：7灰土铺设完成、混凝土垫层铺设及部分石材铺装，现准备铺装剩余石材。园区标准化厂房项目。按照县政府2022年第8次常务会议纪要精神，由公司负责实施建设，截至年底已完成临时围挡安装、施工道路、用水、用电工程、项目部搭设、项目场地硬化等工作、基坑开挖、地基与基础工作以及部分钢结构主体工程。南北大街商业楼招商工作。为积极落实市县招商引资工作决策部署，尽快盘活闲置资产，公司成立招商小分队，采取“走出去”和“引进来”的方式，全力开展招商工作。2023年以来，已与江苏天赋新能源工程技术有限公司、上海阳光新能源公司、秸秆控股集团、莱福士百货有限公司、陕西自由森林家具有限公司、陕西客道商来农林发展有限公司进行合作意向座谈。截至年底已形成了各方关于商业楼投资意向书。南北大街遗留问题处置工作。根据省委巡视反馈问题整改要求，坚持“依法依规、实事求是、尊重历史、统筹兼顾”的原则，全力推动化解处置工作。同时，聘请了北京京师律师事务所律师团队，成立了工作专班，经过认真研判，反复商谈，法律论证，形成了科学、合理、合法的遗留问题解决方案。全年共召开南北大街领导小组会议 2 次，专项问题会议 1 次。截至 12 月底已化解台账内的遗留问题 10 件，正在化解的台账内遗留问题 4 件，已化解其他信访问题 4 件。物业管理工作。公司负责新安、康安、福安、瑞安四个住宅安置小区的物业管理工作。一是安装康安小区门禁系统，解决共院车辆管理难问题；二是杜绝住户私自在绿化区种植蔬菜问题，切实改善小区居住环境，提高居民生活质量；三是补修新安、福安小区路面塌陷的问题，切实改善小区道路交通环境，并解决业主出行安全问题；四是对康安、瑞安小区安装电动自行车充电桩，方便住户充电；五是对福安、瑞安小区西围墙进行拆除重建，及时排除安全隐患，解决了住户出行难问题。

（蔡源远）

农业与农村经济

基础农业

定边县农业农村局

局　长　罗志刚（　—2023.04）

　　　　　王学瑞（2023.04—　）

副局长　李　锋　丁　敏　侯江丽

【概况】定边县农业农村局是县政府的工作部门。2019年3月机构改革，将原县委农村工作部的职责、原县农业局的职责、原县发展改革局的农业投资项目职责、县财政局的农业综合开发项目职责、原县国土资源局的农田整治项目职责、原县水务局的农田水利建设项目和渔业生产等管理职责整合，组建县农业农村局。县委农村工作领导小组办公室设在县农业农村局，不再保留县委农村工作部、县农业局，撤销原县农业局加挂的县畜牧兽医局牌子。定边县农业局成立于1958年，时称定边县农林水牧局。1971年改为定边县农牧局。1995年与县畜牧局、农机局、农办合并为农牧局。1997年与县畜牧局分设后改为定边县农业局，行政单位，正科级建制。2010年政府机构改革，设立县农业局，加挂县畜牧兽医局牌子。

【农牧生产】面对夏季严峻的旱情影响，农业农村系统农技人员主动深入田间地头，及时指导农户进行科学抗旱，顺利完成了全年稳产保粮工作。据业务数据统计，全县农作物播种面积355.5万亩、总产量150.8万吨，粮食播种面积314.2万亩、产量87.9万吨，其中玉米种植面积159.7万亩、产量64.6万吨，马铃薯播种面积22.4万亩、产量（折粮）11.2万吨，荞麦种植面积89.4万亩、产量5.7万吨；油料种植面积19万亩、产量1.6万吨，蔬菜种植面积14.5万亩、产量45.5万吨，瓜类种植面积4.5万亩，产量13.3万吨。全县羊子饲养量190万只，生猪饲养量28.6万头，肉（奶）牛饲养量3.5万头，家禽饲养量141万，肉类总产量预计达2.5万吨，禽蛋产量预计达1万吨，奶类产量预计达5.5万吨，畜牧业整体发展稳中有进。受自然灾害和全国农畜产品市场价格持续低迷影响，全年农牧业总产值71.2亿元，其中种植业产值51.2亿元左右，畜牧养殖业产值20亿元左右，与往年相比，种植业有所下降，养殖业小幅提升，但都超额完成了任务。

【农业重点】稳定农业基本盘。新建高标准农田7.99万亩，项目建设成效显著，尤其在资金支出和项目配套落实方面，受到了省政府的通报表扬并给予了资金奖励；复耕石洞沟镇张寨子村废弃103座日光温室土地280亩；实施马铃薯良种推广工程1.1万亩，惠及脱贫户、监测户4929户；建设马铃薯原种繁育基地25亩，完成繁育脱毒原原种507.7万粒；示范推广大豆玉米带状复合种植2950亩；实施薯麦轮作项目9100亩；完成抗旱保粮玉米“一喷多促”项目49.3万亩；实施肉牛羊产业发展项目，补助肉牛906头、肉羊411只；完成陕粮农万头肉牛现代农业产业园养殖场改造工程，引进良种育肥牛1838头，配套种植青贮玉米2000亩；继续实施奶业生产能力提升整县推进和肉羊产业集群项目，围绕养殖场智慧化建设、草畜配套、品牌建设等进行项目补贴；成功申报八眉猪种质资源保护场建设项目，争取中央投资1000万元；实施渔业绿色发展项目，向水产养殖户兑付补助资金30万元；开展玉米机械中耕除草6000亩；实施粮改饲青贮饲料补助项目，推广青贮裹包技术，青贮饲草收贮量达到21万吨。下拨抗旱救灾资金502万，最大限度降低高温干旱雹灾损失。构建产业新格局。加强露地蔬菜产能建设，新建设施蔬菜大棚214亩，新建产地冷链设施25790㎡；完成改扩建净菜加工生产线7条、辣椒酱生产线3条，建设果树标准化基地607亩，果品冷藏库1000㎡，支持食用菌接种消毒生产线1条；因地制宜开展旱作节水农业，在灌区推广实施漫灌改滴灌5.36万亩、喷灌改滴灌3980亩、智能水肥一体化1700亩，在山旱地推广“四位一体”补灌6870亩、实施旱作农业集成技术10万亩；推广药用酸枣种植，完成苗木移栽9.88万株。提升农产品加工水平，启动“三边牧场”屠宰加工园区创建，积极做好国家数字农业创新应用基地项目建设。加强品牌市场营销，认定一家榆林特色农产品品牌形象示范店，举办红花荞麦节及特色产品营销活动。落实种业振兴行动，实施国家级八眉猪种质资源保护和定边红花荞麦育种基地建设。坚持绿色新理念。推进核心技术攻关，开展秦创原（定边）马铃薯产业链融合试验区建设，与西北大学、西北农林科技大学共同建立盐碱地治理示范基地1000亩。开展食用农产品“治违禁·控药残·促提升”三年行动专项检查，确保主要农产品农药残留长期稳定在低点。持续推广应用测土配方施肥、水肥一体化和病虫害统防统治技术，县内综合应用率分别达90%、31%和53%。实施残膜“以旧换新”项目，通过项目带动，实现农膜回收率达83%以上。深入推进农（兽）药包装废弃物回收无害化处理，建成包装废弃物回收点29处，回收农兽药包装废弃物17.3吨。实施畜禽粪污资源化利用整县推进项目，推动全县畜禽粪污资源化利用率达85%以上。建设和美新乡村。开展问题厕所整改“回头看”工作，累计摸排农村户厕17978座，发现问题厕所889座，全部整改到位。将13座乡镇污水处理厂移交第三方运营公司正式运营，16座垃圾填埋场已有两座投入运行，其余正在办理环保专项验收。采取“财政补贴+村民自缴”的方式，常态化开展农村人居环境整治工作。持续壮大农村集体经济，年内消除经营收益5万元以下的“薄弱村”11个，培育50万元以上的经济强村2个，建设农村闲置宅基地盘活利用试点村2个。切实做好“种粮一次性”“耕地力保护”补贴发放，共计发放资金1.95亿。实施郝滩镇郝滩村乡村振兴示范创建项目，打造产业振兴“样板村”。提高农民科技文化素质，年内培育高素质职业农民400人。

【农业重点工作】推广先进新技术。开展玉米绿色高质高效行动，建立万亩玉米集中示范片5个、千亩集中示范方20个、百亩绿色高质高效技术集成试验基地40个，辐射带动周边农户10万余亩，亩均增产玉米86.5公斤。开展化肥减量增效示范区建设，建立万亩“三新”技术示范区2个，辐射带动应用配方施肥技术312万亩，技术覆盖率达90%，减少不合理施肥量约0.8万吨。实施基层农技试验示范推广项目19项，包括旱作渗水地膜西瓜试验示范、富硒马铃薯试验示范、药用酸枣试验示范等。开展实用技术培训105场次，培训农民5471人次，发放宣传材料12300余份。打好种业“翻身仗”。完成“辽东黄谷子”“定边小黄玉米”“定边向日葵”品种展示保种工作，并示范展示马铃薯品种20亩、品种15个。完成国家糜子育种联合攻关项目市场流通品种评价试验工作，征集全国糜子品种30个，重点对“定边红糜子”“定边白糜子”“盐池红糜子”进行入库保存。完成滩羊、陕北细毛羊、八眉猪种质资源保护和利用工作，现有滩羊保种存栏624只，陕北细毛羊保种存栏610只，八眉猪保种存栏260头。圆满完成第三次全国畜禽资源普查工作，将全县31个畜禽品种录入全国畜禽遗传资源数据库，并编写完成陕北细毛羊、八眉猪的资源调查报告、资源状况报告和品种志。严把行政监督执法关。全年出动执法人员 675 人次、执法车辆 258 台次，检查农资门市 474 家、签订承诺书 345 份，累计立案查处违法案件 17 起，处罚资金 8 万余元，切实规范了农资市场经营秩序。开展以“打假护农在行动，放心农资进乡村”“消除农机安全隐患，保障农机生产安全”为主题的宣传活动，走访农资经营主体 120 余户，接待群众咨询 1400 余人次、发放宣传品 8800 余份、张贴宣传公告 360 余份。做好涉农纠纷调解工作，有效保障农民权益，及时化解纠纷 8 起，为农民挽回直接经济损失 43.35 万元。严控农产品质量源头。全年农兽药残留定性检测 3550 个样次、定量检测抽检样品 523 样次，省市监测 284 个样次,农残检测合格率稳定在 98%以上，有效保障群众舌尖上的安全。开展农产品追溯及承诺达标合格证应用工作，录入农产品追溯主体 200 余家，其中纳入追溯平台 144 家，合格证使用主体 20 余家，累计开具合格证 40 余万张，位于全市前列。开展优质农产品认证工作，完成了 778 亩薄皮甜瓜和 500 亩辣椒绿色食品认证申报工作，并指导榆林市恒盛生态农业开发有限公司完成了第三次有机产品认证。开展农产品质量安全宣传培训工作，全年完成乡镇农产品质量安全监管员业务培训 80 余人次，进企业面对面宣传培训 30 余次，发送宣传短信 35 万条，大幅提升群众农产品质量安全意识。抓牢动植物检疫工作。开展春秋两季防疫工作，全年免疫畜禽 524.36 万只（头、羽）次，免疫率、建档率均达 100%，免疫抗体合格率达 70%以上。推广“先打后补”养殖户 123 家，免费发放山羊痘苗、三联四防苗、羊支原体肺炎疫苗、传染性胸膜肺炎疫苗，进一步筑牢定边县动物“免疫屏障”。全年完成畜禽产地检疫 33.64 万只（头、羽），屠宰检疫 21.63 万只（头、羽），产品检疫 0.95 万吨，屠宰场非洲猪瘟检测 3155 批次，“瘦肉精”检测 3991 头份，合格率达 100%。适时开展“两病”监测，完成羊子布病检测 1.06 万只次，牛布病、结核病检测 1.9 万头，扑杀阳性牛羊 240 只（头）并全部无害化处理。开展病虫害统防统治工作，全年完成玉米、马铃薯防治面积 41.5 万亩，建立 5000 亩农作物病虫害绿色防控与统防统治融合推进示范区 1 个，实施马铃薯病虫害防治评价试验 21 亩、大豆玉米复合种植除草剂防治试验 7 亩、玉米“一喷多促”试验示范 650 亩，发布病虫情报 16 期，上报周报 80 余份，挽回粮食损失近万吨。扎实推进农村经改工作。开展农村集体经济合同清理规范专项行动，清收审查集体经济合同 5922 份，涉及金额 3.6 亿元，发现问题合同 4808 份，移交问题线索 5 条。完成村“两委”与集体经济组织主要负责人届中经济责任审计工作，审计资产总额 8.9 亿元。推广使用农村集体“三资”管理平台，使用率已达 100%。完成 2022 年国家森林督查整改图斑比对 532 个，纠错面积 100.12 亩；完成全年草原图斑比对 362 个，比对出草地面积 2060.21 亩；配合林业局比对出长茂滩林场土地确权面积 16976.04 亩，涉及农户 659 户。办结农村承包土地纠纷案件 4 起，开展相关法律法规宣传培训活动 2 次，发放宣传册 500 余份，受益群众 500 余人。审批农村宅基地 454 宗，完成整改农村乱占耕地建房违法图斑 24 个，坚决遏制耕地“非粮化”。结合高标准农田建设项目，推广“一户一田”3.01 万亩，探索解决土地经营细碎化问题。大力培育新型经营主体，年内认定县级示范家庭农场 30 家、市级 26 家、省级 3 家，认定县级示范农民专业合作社 12 家、市级 5 家，认定省级龙头企业 2 家，市级 4 家，推荐省级农业示范社会化服务组织 2 家，完成社会化服务 4.1 万亩，同时选聘新型经营主体“千员带万社”辅导员 20 名，促进新型经营主体高质量发展。提升农业机械化水平。争取上级农机购置补贴资金 3500 万元，全年补贴各类农机具 4800 台（套），受益农户、合作社等 3000 余家，综合农机化率达 78%。开展农机隐患排查及安全宣传 30 余次，发放宣传资料 1.3 万余份、宣传品 3000 余份，发送农机安全宣传短信 10 万余条，完成安全隐患整改 5 处，审验拖拉机 1500 余台。新办农机上户 727 台，培训拖拉机驾驶员 900 余人，重点在丘陵山区等机械化水平较低的地区示范推广各类适宜农机具 3000 余台，填补该区域部分农机具应用空白，解决无机可用问题。抓好农村散煤取暖安全。

坚决贯彻落实市县工作要求，组织各乡镇全面开展散煤取暖安全核查工作，对辖区内进行拉网式摸排，入户核查达5.6万余户，力争不漏一户一人，印发宣传资料6.2万份，组织宣传培训活动20次，建立问题台账122个，并完成整改。

【荣誉展台】被县委、县政府评为年度争资争项工作先进单位、专项工作考核（基层党建）第二名；被市农业农村局评为全市农业农村系统工作先进单位；县农牧技术推广中心被陕西省植保总站评为年度先进集体，被陕西省耕地质量保护与农业环境保护工作站评为2023年度先进单位，被榆林市农业技术服务中心评为全市农技推广工作先进集体；县动物疾病预防控制中心被中共榆林市委、榆林市人民政府评为榆林市定点帮扶和驻村帮扶工作优秀单位；县农业综合执法大队被榆林市农业综合执法支队评为年度全市农业综合执法工作先进单位，选送的农业行政处罚案卷在全省评查活动中获评优秀（最高等次）并被选送至农业农村部，同时在全省农业行政执法大比武中荣获二等奖；县园艺中心被陕西省园艺技术工作站评为年度先进集体，被榆林市蔬菜产业发展中心评为年度先进集体。

（王　磊）

乡村振兴

定边县乡村振兴局

局　　　　长　张定荣
党委专职副书记　张　鸣
副　局　长　蔡明津　韩晓伟
王靖伟（　—2023.09，挂职）

【概况】定边县乡村振兴局成立于2021年5月，由定边县扶贫开发办公室整建制重组，属县政府工作部门，正科级，共有行政编制7名，设局长1名，直属机关党委专职副书记1名，副局长2名。下设2个事业单位：扶贫开发信息监测中心，正科级，事业编制12名，设主任1名，副主任2名；社会扶贫网络信息中心，副科级，事业编制6名，设主任1名。内设综合股、党建股、财务股、规划计划股、宣传股、社会扶贫股、督查考核股、金融扶贫股、光伏扶贫股、扶贫开发信息监测中心、社会扶贫网络信息中心11个股室，共有在岗人员52人。设1个党支部，共有党员干部23名。

截至2023年12月，全县共有脱贫村73个，共有建档立卡脱贫户9613户35337人。共有监测对象614户1984人，其中：突发严重困难户297户978人，边缘易致贫户257户814人，脱贫不稳定户60户192人。全年识别纳入86户325人。目前已累计风险消除185户643人。

【责任落实】一是强化组织保障。适时调整县巩衔工作领导小组成员，建立县级领导包乡联村机制，调整防止返贫动态监测和帮扶工作专班，进一步夯实工作责任。2023年以来，全县坚持和完善“一周一计划、一月一推进、一季度一点评、半年一小结、全年一总结”工作思路。建立“第一议题”学习制度，深入学习贯彻习近平总书记关于“三农”工作重要论述和关于巩衔工作的最新指示和要求。践行“四个三”机制，省市巩衔工作会后第一时间召开县级会议推动工作落实，对中省市反馈各项问题清单第一时间安排部署、整改销号。二是强力推动落实。县委常委会、县政府常务会分别专题研究巩衔工作11次、9次，县巩衔领导小组会议研究部署相关工作7次，召开巩衔工作推进会议9次。在每月召开的全县月度现场会上，专题安排部署巩衔工作；每季度点评巩衔工作进展情况、分析存在问题，部署下阶段重点工作，确保巩衔各项工作压茬推进。印发《2023年度乡村振兴工作要点》《巩固衔接政策一览表》《乡村建设行动方案》《乡村振兴责任制实施细则（试行）》《定边县巩衔重点工作督帮工作方案》等一揽子指导文件和制度举措，确保各项重点工作有据可依、有章可循。同时，实行“月调度、季点评”，每月召开1次调度推进会，通报当月巩衔工作进展，安排下月重点任务；每季度点评巩衔工作进展情况、存在问题，安排部署下季度重点工作，确保巩衔工作有序推进。三是加强队伍建设。压茬轮换了83支驻村工作队和92名第一书记，完成驻村力量轮换交接，组织驻村考核工作，确定3个省级帮扶单位、6个市派帮扶单位、55个县级驻村帮扶单位优秀（好）等次，评定20名县级驻村第一书记、39名县级驻村工作队员优秀等次，提拔使用第一书记35人，工作队员23人。同时对131名考核优秀等次的省市县派驻第一书记和工作队员开展“实践实干”研学锻炼活动，采取课堂理论教学和现场观摩教学相结合的方式，组织第一书记、村支部书记、专业合作社负责人等454人分五期进行集中轮训，不断提升巩衔工作队伍的理论水平和实战经验。四是扎实整改问题。及时召开问题整改工作安排部署暨培训会议，推进中省市各级各类督查反馈问题高质高效完成整改；组织召开行业部门及乡镇问题整改推进会，压实部门整改责任，逐项制定具体整改措施；严格对照中省市各类反馈问题和督导发现问题，开展自下而上排查，全年共收到14批次中省市反馈问题，认领问题156条，已全部整改到位。

【政策落实】一是义务教育有保障。全面落实“四个七”（即控辍工作‘七长制’、保学工作‘七机制’、巩固拓展‘七包制’、质量提升‘七扶制’）工作机制，全力落实国家教育资助政策。高中资助3393人次、324.98万元，中职资助725人、71.93万元，义务教育资助17001人次、693.66万元，学前阶段资助5473人次、205.24万元；义务教育阶段享受营养餐改善计划26085人次、1304.25万元；雨露计划补助792人、255.9万元。加强教师队伍建设，招聘特岗教师18名，选派100余名中小学幼儿园教师参加国家级线上线下培训。投资940万元，购置中小学幼儿园办公设备和建设中小学校“三个课堂”“扶智平台”等。二是医疗健康有保障。继续落实“先诊疗后付费”、大病专项救治和慢病签约服务，落实大病专项救治1634人，落实慢病签约服务4139人，设置村卫生室200个，在岗乡村医生226名，继续落实“先诊疗后付费”，大病救治率、慢性病签约服务率、脱贫人口和监测对象参保率均达到100%。三是住房安全有保障。对14553户农村低收入群体逐户开展了住房核查工作，纳入农村危房改造、农房抗震改造计划194户（农村危房改造164户、农房抗震改造30户），已全部竣工验收并兑付补助资金。四是易地搬迁后扶有序推进。完善基础设施和公共服务设施。25个集中安置点基础设施全部配齐，配套幼儿园、小学、初中各12所，配备卫生室25个，建成农贸市场2个、养老服务中心1个。保障搬迁群众就业。建成大中型安置区园区及产业基地1个、社区工厂3个，吸纳劳动力269人（其中易地搬迁户70户）；充分发挥就业信息平台作用，促进自主择业4368人；设立公益性岗位，累计带动搬迁群众就业393人；输送搬迁人口省内县外就业340人、省外就业695人。积极促进社区融入。2个大型安置社区开设“一站式”综合服务窗口，方便搬迁群众办理生产生活等一般事项。五是饮水安全有保障。开展农村饮水安全敲门入户大排查工作，累计排查农村常住人口45935户。针对发现问题，定边县财政安排专项资金274.4万元新建水窖344眼、集雨场120处。申请农村供水抗旱应急工程市级资金134万元，新建水窖21眼、集雨场4处，更换管道19.8公里；利用中央水利发展资金50万元维修养护23处（新建水窖61眼、集雨场42处）。六是深化产业扶持促增收。壮大优势产业。新建高标准农田7.99万亩，新建设施蔬菜大棚214亩，完成改扩建净菜加工生产线7条、辣椒酱生产线1条。推广马铃薯良种1.1万亩、示范推广大豆玉米带状复合种植2950亩，实施薯麦轮作项目9100亩，玉米中耕示范作业6000亩，旱作农业集成技术10万亩。补助生产马铃薯脱毒原种薯507.7万粒、深松整地地力提升32万亩。实施喷灌改滴灌3980亩、漫灌改滴灌5.36万亩，建立高效节水示范核心区1700亩，建设“四位一体”旱作节水灌溉项目6780亩，完成村集体经济“消薄培强”村11个，实现收益85万元。七是稳岗就业不断深化。脱贫人口转移就业11167人，完成目标任务的103.6%。开展招聘活动。先后开展春风行动暨苏陕劳务协作、“深化劳务协作、助力乡村振兴”盐环定前4县

(旗)、“百日千万招聘专项行动”高校毕业生专场招聘等招聘活动。强化就业服务。发布就业岗位信息800多条,发放就业帮扶政策宣传材料7000余份;组织开展培训班71班次,培训脱贫劳动力253人。促进转移就业。加强苏陕劳务协作,输送劳动力35名;帮助202名农村劳动力实现就近就地就业;建成社区工厂和就业帮扶基地10家,吸纳脱贫劳动力就业231人。落实就业补贴。落实一次性求职补贴49人2.45万元、跨省就业一次性交通补贴1703人52.6万元。八是金融帮扶解决资金难题。12月31日,定边县脱贫人口小额信贷贷款余额11973.87万元,2598户;当年发放贷款金额9113.08万元。互助资金总额7813.86万元,已借出金额5639.4万元。

【工作落实】一是强化预警管理提高监测质量。强化政策宣传,通过实地入户、短信微信及公告栏等宣传方式对所有农户发放政策申报“明白纸”和监测对象发放享受政策“明白纸”全覆盖。扎实开展防止返贫监测帮扶集中排查,认定监测对象22户73人,认定整户无劳动能力兜底保障户74户118人,排查发现问题27个已全部整改完毕,更新系统数据1024条。充分发挥部门预警职能,下发任务提示书11次,反馈预警信息累计8199条。及时进行识别认定和风险消除,开展监测对象识别认定26个批次,累计纳入86户320人;因户施策精准帮扶,对于新纳入监测对象,及时落实帮扶措施,户均享受帮扶措施3条,开展监测对象风险消除13个批次,累计风险消除98户309人。及时开展脱贫户与监测对象自然增减,脱贫户自然增加288人,自然减少575人,监测对象自然增加11人,自然减少60人。二是强化项目资金管理运行发挥应有效益。采取“自下而上申报、自上而下审核”的方式,结合定边县实际,调整完善入库项目334个,切实提高入库项目质量。全年安排中省市县衔接资金23129万元。实施280个巩衔项目,实施项目全部完工。资金支出完成年度目标任务。截至12月31日,定边县共形成扶贫项目资产2100余个,资产价值23.07亿元,其中经营性资产5.39亿元,公益性资产15.78亿元,到户类资产1.91亿元,三是深化宝定协作,助力共同富裕。畅通流通环节,开展产销对接,推进消费帮扶,全年消费帮扶累计金额达6000余万元。深化“放管服”和投资便利化改革、创造良好营商环境,吸引落地企业4家,完成实际投资额6.9亿元。促进干部人才交流,派出2名挂职干部赴宝应开展挂职学习,14名专业技术人才赴宝应县进行交流。积极动员社会力量参与帮扶,已到位各类援助资金1710万元,支持14个项目在县域内顺利实施。四是通过借“光”发力,壮大集体经济。总投资3.2亿元,建成光伏扶贫电站41座,截至目前光伏电站纯收益18721.09万元,全部拨付至各乡镇,实现全县行政村光伏收益全覆盖。惠及全县185个行政村,平均每村每年约有14万元的集体经济收入,有效地壮大了村集体经济。充分利用光伏电站收益资金,开发乡村公益性岗位233个。五是强化舆论宣传营造浓厚氛围。成立乡村振兴宣传工作组,聚焦防返贫动态监测和帮扶、易地搬迁后续扶贫、扶贫资产管理、驻村帮扶、项目资金管理等重点工作,全力讲好定边乡村振兴故事。挖掘形成“三位一体”保障激励干部、“新模式”趟出发展新路、“榫卯式”乡村捆绑发展模式、“新引擎”激活党建密码、“多元化”开展基层轮训及党建引领基层治理“自主化”发展的典型经验模式,截至年底,累计在中央和省市各级各类媒体刊发宣传稿件1249篇。

【成效巩固】一是以新模式趟出发展新路,形成互惠共赢发展格局。2023年全县建档立卡脱贫户人均纯收入18712元,防返贫监测对象家庭人均纯收入14027.06元,较上年有上升趋势。将发展壮大村集体经济作为巩固拓展脱贫攻坚成果同乡村振兴有效衔接的必由之路,突出党组织引领示范作用,依靠自然资源优势,坚持因村因地制宜,通过借“企”生财,利用定边县八福原生态农业有限公司使定边县38个村实现了代养分红,形成了以分工协作为前提、以规模经营为依托、以利益联结为纽带的农业经营组织联盟。借“光”生力,总投资3.2亿元,建成光伏扶贫电站41个,平均每村每年约有14万元的集体经济收入,有效地壮大了村集体经济。借

"地"生金，推行"党支部＋企业+村经济联合社+农户"的发展模式，借助本镇本村涉农企业投资发展资本，推进村集体经济入股合作，盘活闲置土地资源、优化种养结构、发展特色产业，借"地"生金，形成村、企、户共建互惠共赢的有效发展格局。二是以"榫卯式"发展模式，建设宜居宜业和美乡村。坚持以"守底线、抓发展、促振兴"为主线，紧扣"建设富裕、绿色、文明、幸福、魅力'五个定边'"目标，聚焦乡村发展、乡村建设、乡村治理"三大行动"，着力打造三种"榫卯式" 发展模式，为全面推进乡村振兴打造新引擎、增添新动能。乡村"村支部带头人+党员"模式：在全县范围内遴选出70个行政村，每村投资30万元用于发展肉羊或肉牛养殖产业，并通过"借羊（牛）还羊（牛）"或"借羊（牛）还钱"模式，带动广大村民发展养殖业；"面子+里子"模式：深入推进乡村厕所革命，大力开展人居环境整治、全面提高群众文化素养，凝聚乡村共同体意识，提升公共服务设施；"基层党组织+乡贤"模式：进一步凝聚发展智慧、汇集乡贤力量，鼓励走出家乡的乡贤广泛参与乡村产业发展、基层建设工作，通过项目回迁、资金回流、人才回乡等方式助力家乡发展，走出一条"乡贤+"助力乡村振兴的发展新路。三是以"新引擎"激活党建密码，推进基层治理"自主化"发展。创新乡村治理机制及手段方法，通过树立文明风尚，发挥"三治"作用、创新数字化赋能等创新方向和路径，强化党建引领，大力开展新时代文明实践活动。充分发挥驻村帮扶力量，全力融合村庄"三治"，为脱贫户和易返贫致贫户落实帮扶联系人，制定巩固提升和帮扶方案，印发脱贫攻坚同乡村振兴到户政策一览表、定边县巩固拓展脱贫攻坚成果同乡村振兴有效衔接政策应知应会手册和定边县巩固脱贫攻坚成果助力乡村振兴工作手册，并通过组织村支书和驻村力量对所有农户开展遍访工作，及时发现问题，及时解决问题，推动帮扶政策落实到位。举行定边县防止返贫监测和帮扶专题宣传活动，通过聘请说书团队、设置咨询台、摆放展板、悬挂横幅、发放宣传册及宣传品、现场解答等多种方式向广大群众普及宣传和解读政策，逐步实现乡村社会"向善治理""善者治理"和"善于治理"，着力推进和美乡村建设。提升群众对帮扶政策的知晓率和满意度，让村民群众的获得感、幸福感、安全感更加充实、更可持续、更有保障。

【荣誉展台】被陕西省委、省政府评为"陕西省乡村振兴工作先进集体"；被榆林市巩衔领导小组办公室授予"榆林市'饮水思源头 致富感党恩 脱贫群众讲故事比赛优秀组织奖"；荣获2022年度目标责任考核优秀部门；荣获定边县2022年度新闻宣传先进集体；荣获定边县2022年度精神文明建设先进单位；荣获2022年度专项工作考核：巩衔工作一等奖；荣获2022年度农业农村工作先进集体。

（李其蔓）

林 业

定边县林业局

局　　长　陈登科

专职副书记　马应虎

副 局 长　魏藏湖　贾文亮　冯国春

【概况】定边县林业局是县政府工作部门，为正科级，局机关行政编制11名。局下设办公室、财务股、生态修复股、资源股、林长办、生态办、科教股、法制股。局下属单位11个，分别为林草工作站、林草资源保护工作站、林木种苗工作站、森林生态管护站、林草病虫害防治防火工作站、长城林场、大河畔林场、乱井子林场、郝滩林场、长茂滩林场、马莲滩国家沙漠公园办公室。

【生态修复】全年计划完成营造林及种草面积13.1万亩，草原改良2万亩，实际完成营造林和种草17.24万亩，完成任务的131%，其中完成营造林13.24万亩，完成草原改良4万亩，实施生态廊道绿化89.3km，景观提升改造城乡校园绿化8所，建设县直机关义务植树基地550亩。总投资1.3353亿元，其中中央预算内投资5600万，市级投资4154万元，县财政投资587.86万元，社会资本参与生态建设投资3012万元。落实“以草定畜、舍饲养殖”项目补贴工作，全年投入1915.5万元对牧草种植、饲料存贮进行补贴，推动草畜平衡。具体为：一是投资5600万元，完成白于山区河源梁涧区陕北地区退化生态系统治理与修复项目，实施人工造林3万亩，封山育林3万亩，退化林修复4万亩。二是投资443.83万元，市财政投资423万元，县财政投资20.83万元，完成乡村道路绿化75.7公里，栽植国槐、白榆22680株。三是投资452.63万元，市财政投资440万元，县财政投资12.63万元。完成长城林场养马场工区绿化项目。四是投资1026.91万元，市财政投资941万元，县财政投资85.91万元，完成白于山区综合配套高质量造林示范项目，造林面积3417亩。五是投资296.26万元，市财政投资280万元，县财政投资16.26万元，完成白湾子等8所学校校园绿化及景观提升改造工程。六是投资546.75万元，市财政投资527万元，县财政投资19.75万元，完成长茂滩林场、郝滩林场等国营林场三林提升改造（定边县国有林场林分提升改造工程）。七是投资758.43万元，其中市财政投资720万元、县财政投资38.43万元，实施白泥井镇金伊湾村、同心干村、梁湾村三林提升改造（陕蒙边界防止二次沙化提质增效造林项目），营造林总面积12308亩。八是投资286.07万元，市财政投资273万元，县财政投资13.07万元，完成砖井镇西关村景观提升改造工程。九是投资320.52万元，市财政投资300万元，县财政投资20.52万元，完成张崾先镇贾塬村绿化项目，通过营造经济林，增加农村产业收入。十是投资55万元，市财政投资50万元，县财政投资5万元，完成长茂滩林场绿化项目，造林1050亩，栽植樟子松、柠条4.5万株。十一是投资55万元，市财政投资50万元，县财政投资5万元，完成郝滩林场绿化项目，在郝滩林场康坑营林区造林895亩，栽植油松、柠条3.8万株。十二是投资154.46万元，其中市财政投资150万元、县财政投资4.46万元，完成红柳沟镇高圈、贺圈村内四条乡村道路13.6公里道路绿化工程。十三是投资336万元，完成县级义务植树基地建设项目550亩，栽植白蜡、丝棉木、樟子松等树种13650株。十四是投资3012万元，共计社会资本参与生态修复建设项目4800亩，实际完成5000亩。投资569.42万元，完成定边县草原生态修复治理项目，实施草原生态修复治理面积40000亩。

【森林资源管理】完成2018-2022年森林督查和打击毁林专项行动“回头看”植被恢复工作。为了巩固森林督查整改成果，林业局成立五个巡查督导组，8个办案组，采取“分区块、逐图斑”督查督导的办法，对历年森林督查图斑整改情况进行了“回头看”，要求各乡镇、林场对历年森林督查图斑植被恢复成活率不高的，及时利用春秋两季开展了多次补植补造工作，巩固植被恢复工作成果。同时由县林业局牵头，组织财政、自规、环保、审计等部门组成5个联合验收组，对植被恢复地块植被恢复情况和围网情况进行了综合抽查验收。为确保植被恢复图斑收得回、管得住，县政府投资1925.2172万元，实施了林草信息化监管项目，对定边县历年来5亩及5亩以上共995个森林督查植被恢复地块安装视频监控系统1577路，搭建监控平台，实现森林资源变化早发现、早解决、早查处，已安装完成1200余路。高质量完成2023年下发的森林督查违法图斑整改工作，经现地自查，违法违规使用林地细斑25个，面积34.9亩，办理行政案件18个，行政处罚18人，上交罚款29.2238万元。完成2022年以来草原违法图斑整改工作，现地自查已完成并全部上传草原资源监管平台，完成率100%。林业局前期已提前安排技术人员逐图斑、逐地块对下发疑似图斑开展现地核实调查工作，详实掌握变化图斑现状、变化原因、责任单位等基础信息，并将疑似毁草开垦的以林长办文件下发至各涉及乡镇，要求提前监管、及时回收，为图斑监测核实举证做好准备工作。对于涉嫌非法使用草原的图斑，执法人员已开展案件查办工作。严格落实省市县封山禁牧政策。夯实封山禁牧主体责任。建立镇、村、组三级包抓责任制，对羊子实行“跟户盯羊”政策，林草资源重点管护区域划分到组，充分发挥村民小组长一线管护作用，从扶贫光伏收益中安排一定资金用于村民小组林草资源管护支出。积极开展交叉联片执法，加大巡查力度，重点打击林草重点管控区域的偷牧夜牧现象，按照封山禁牧条例相关规定，顶格处理，决不姑息迁就。全年共巡查发现偷牧乱牧羊子457群，罚款30.707万元。扣减各乡镇封山禁牧工作责任金60万元。纪委监委问责相关责任人17人。积极开展湿地保护。定边县湿地面积共计2.37万亩，主要位于盐场堡镇和白泥井镇境内。其中盐湖湿地面积为79545亩，包括11个盐湖，列入省级重要湿地名录有莲花池、花马池、苟池、滥泥池、明水湖、公布井共6个湿地。通过散发传单、摆放展板等多种形式，广泛宣传湿地资源在保持水源、净化水质、蓄洪防旱、调节气候和维护生物多样性等方面的多种生态功能。7月2日开展“依法保护湿地，守护生命之源”为主题的大型宣传活动，重点宣传湿地类型、功能、效益、法规及保护湿地的重大意义，全面提高全民保护湿地的意识和自觉性，努力营造爱护湿地、保护湿地的良好氛围。林草防火工作各单位按照横到边、纵到底、不留死角的原则，对林业安全生产和森林草原防火隐患进行自查。同时对排查出的隐患问题进行了及时整改，对隐患整改未落实的，明确专人、落实专责督促整改。严格执行24小时值班制度，在人口密集广场、林区主要路口、林区重要区域悬挂防火宣传横幅80余条；发放安全生产宣传资料3000余份、安全生产及森林草原防火法律法规宣传单2000余份；路口设立临时防火检查点10个；出动宣传车15辆，沿全县主干道持续开展安全生产及防火宣传30余次，大大提升了全民对安全生产和森林草原防火的意识。2023年全县林草火灾零发生。有害生物防控工作，严格落实防控责任，扎实推进各项工作，较好地完成了各项工作任务。在松褐天牛和美国白蛾发生期间，悬挂松褐天牛诱捕器、美国白蛾诱捕器和双条杉天牛诱捕器共计40套，其中美国白蛾诱捕器主要挂设在外调苗木重点绿化区，松褐天牛诱捕器主要挂设在马莲滩森林公园、城郊防护林等松科植物造林区。在所属辖区内定期进行巡查，完成对松材线虫病、美国白蛾的日常监测工作。截至年底未发现松材线虫病和美国白蛾。

【党的建设】以“三会一课”和“主题党日”为主要内容，开展主题党日活动12期，召开党员大会4次，党课教育5次，民主生活会2次，学习交流会3次。以“三个年”建设为抓手，以开展干部能力提升年为契机，大力抓好干部队伍建设，以转变作风强素质抓廉政防腐为重点，有力强化了干部能力提升，增强了干部工作的积极性。全年开展干部培训2次，听党风廉政课2次，收看警示教育片4次，扎实开展了毁林开垦领域群众身边腐败和作风问题专项整治工作。

（刘晓锋）

水利水保

定边县水利局

党组书记、局长 王 军

党组成员、副局长 李 勇 郭 鑫 惠晓东

党 组 成 员 白启胜 吴瑞宏

党 委 副 书 记 高雅茹

党 委 委 员 汪 渊

【概况】定边县水利局是政府专门从事水行政管理事务的职能部门，共有下属事业单位 6 个：城乡供水工作站、水资源服务中心、水土保持工作站、引黄建设服务中心、水旱灾害防治中心、河湖水库与移民工作站；企业 1 个：自来水公司。主要职责是保障全县水资源的合理开发利用，水利设施、水域及岸线的管理与保护，监督全县重要河流、湖泊、水库、滩涂的治理和开发，负责水土保持、水利工程移民管理、水利科技、防灾减灾以及农村水利等工作。全系统共有 451 名干部职工，其中：在职人员 231 人，离退休人员 222 人、高级工程师 15 人，中级工程师 20 人。

【重点项目】2023 年，按照“节水优先、空间均衡、系统治理、两手发力”的工作方针，在县委、县政

府的正确领导下，在上级业务部门的大力支持下，紧扣“五个定边”发展要求，发挥“水利工程补短板、水利行业强监管”作用，通过全体干部职工的共同努力，各项工作成效明显。实施了无定河源头水生态治理工程，2022年大中型淤地坝及病险淤地坝加固，2022年坡耕地水土流失综合治理、陡沟调蓄水池库区流域防洪综合治理工程、节水工程、水利设施应急提升工程，2023年坡耕地及大中型淤地坝，2023年淤地坝除险加固、砖井镇“水电双控”农业节水灌溉建设工程、城北防洪排洪工程。

【安全饮水】按照《定边县水利局防止返贫动态监测和帮扶机制工作方案》，每半月对供水单位出现的供水问题进行实时监测，拓宽风险预警维度，展开全面筛查。对出现供水临时反复问题，及时采取了新建供水设施、扩大引黄供水范围、维修管网、临时送水等措施予以解决，确保恢复正常供水。制定并印发了《定边县农村饮水安全保障方案》，确保农村群众饮水安全得到保障。“两不愁三保障”农村饮水安全排查。组织开展了2023年春秋季农村饮水安全全覆盖敲门入户大排查和农村饮水安全问题排查整改工作，累计排查农村常住人口45935户160587人，排查集中供水户17969户63584人、分散供水户27984户97003人。对排查出的问题，落实市、县专项资金458.4万元新建水窖365眼，新建集雨场124处，更换管道19.8公里，维修养护23处予以解决。完成水质检测工作。根据省水利厅《关于进一步规范农村饮水安全水质检测工作的通知》及中省市后评估工作要求，为保障农村饮水水质检测的常态化、规范化，促进水质达标，确保水质安全，联合卫健局开展了2023年全县农村饮水水质检测工作，共出具198份水质检测报告。巩固脱贫成果，助力乡村振兴。派出驻村工作队3支，分别进驻安边镇杨岭村、安寺村、白泥井集镇集中搬迁点，充分发挥驻村工作队的作用，真正达到听民意、摸实情、办实事的效果。

【党建工作】一是抓思想建设。印发了2023年党建工作要点，对夯实责任传导压力、完善机制强化保障等方面提出了明确要求，进一步强化抓党建的主体意识和责任意识。以“主题教育”活动为契机，坚持把学习贯彻习近平总书记最新重要讲话重要指示作为“第一议题”和中心组学习的核心内容。通过理论学习、中心组领学、党小组集体学、交流研讨、自主学习等方式相结合，切实推动党员干部学深悟透习近平新时代中国特色社会主义思想。二是抓组织建设。印发《关于调整党组成员支部工作联系点的通知》，夯实党组抓党支部建设的主体责任。利用“三会一课”和学习强国及干部网络学院平台，召开专题宣讲会，学习党的创新理论，认真贯彻落实主题教育工作部署，进一步统一思想、凝聚共识。定期召开支部党员大会、支部委员会、党小组会，按时上好党课，同时结合平时工作做好党员主题日活动。严格按照党费收缴管理制度的有关规定，每月按时收缴党费，实行专人管理。2023年纳入积极分子8名，转预备1名，转正1名，严格按照党员“三类五星”评比办法，每季度开展1次评比活动。三是抓作风建设。扎实开展干部作风能力提升年活动，学习习近平总书记关于作风建设的重要论述，开展“追寻红色记忆，赓续红色血脉”主题党日活动。制定调查研究实施方案，依托在职党员干部进社区“双报到”，深入一线开展调查研究，摸排问题总结经验，解决群众诉求。选优派强驻村工作队，以党建引领抓书记项目建设，明确党组书记为项目日常监管直接责任人，书记项目稳步推进，在发展中服务和改善民生。四是抓党风廉政建设。严肃党内政治生活，召开专题民主生活会，开展批评和自我批评，全面从严治党持续强化，印发《定边县水利局领导班子2023年度全面从严治党主体责任清单的通知》，履行全面从严治党主体责任，加强对全面从严治党工作的领导。配合纪检部门履行职责，建立廉洁教育常态化机制，开展涉水领域群众身边腐败和作风问题专项整治工作，形成清廉从政、清廉从业的良好风尚。

【水资源管理】一是强化组织领导。报请县政府出台了《2023年定边县地下水资源综合治理工作方案》，成立了定边县地下水资源综合治理工作领导小组，加快地下水保护和治理工作，逐步恢复地下水水位。二是安装取水计量设施。2023年在北部平原区10个乡镇40个村选定“以电折水”系数率定典型井40个，安装在线计量取水口40个；对取用地下水水量较大的区域内农业灌溉水源井安装“水电双控”计量设施500套；为了动态掌握全县地下水位变化，建设地下水水位监测井10眼、监测站网1处。三是大力推广节水农业。积极引导农民调整种植结构，扩大低耗水和耐旱作物种植比例。全年压减水浇地7.97万亩，压减水量2198.15万立方米，用水总量控制在1.76亿立方米。四是严格监督执法。加大对违规取用地下水行为的查处力度，定边县于2021年8月16日起停止新增取水审批，共开展水行政执法巡查28次，查处水事违法案件29起，焊封农灌井80眼、封停城区管网覆盖区自备水源井64眼，共处罚款77万元。五是加大宣传力度。充分利用“世界水日”、“中国水周”、全国城市节水宣传周等时机开展系列宣传活动，广泛宣传《中华人民共和国水法》《中华人民共和国黄河保护法》《地下水管理条例》等法律法规，发放宣传册13000余册、节水宣传水杯3000个，制作展板20块、横幅16条，进一步提高广大居民节约用水意识。六是开展水土保持遥感监管。全年共下发遥感监测图斑43个，全部核查后发现3个需要整改。截至年底，完成整改2个，正在整改1个。七是开展水土保持监督检查。全年检查生产建设项目53个，下达整改通知13个。收缴水土保持补偿费5721万元。

【水旱灾害防治】严格落实两座水库、136座大中型淤地坝“三个责任人”，汛前对水库、淤地坝、山洪灾害等水利设施进行全面排查，发现安全隐患问题38处，全部整改到位。同时建立“风险隐患清单”“责任整改台账”，并发放山洪灾害明白卡5000余张。完善水旱灾害预警发布机制，落实水库调度运用计划，组织编制水库、淤地坝等防汛防洪预案方案，强化应急处置能力。落实县级水利设施水毁维修资金360万元，组织实施水库和淤地坝水毁修复及山洪灾害系统检修维修，确保汛期正常运行。

【河（湖）长制】县境内流域面积在50km²以上的河流40条，1km²以上盐湖4个，水库2座。全县共设总河湖长2名，县级河湖长13名，乡（镇）级河湖长22名，村级河湖长108名，建立了以县、乡(镇)、村三级河湖长为主体的河湖长制体系，严格落实巡河巡湖制度，均更新了河（湖）长制公示牌及警示牌，及时提醒各级河（湖）长按时巡河（湖）并进行督促检查，持续开展河湖“清四乱”工作。制作了河湖长制宣传片。水利部反馈定边县妨碍河道行洪卫星图斑126个，于5月30日前已全部完成整改销号工作。在汛期多次技术指导河道堰塞湖疏通，确保了河道安全渡汛，保障了河湖“水清、岸绿、河畅、景美”。

【安全生产】一是加强组织领导。成立水利大排查领导小组，并召开安全生产专题会，深入学习贯彻党的二十大精神和习近平总书记关于安全生产重要论述，认真落实县委、县政府工作要求和85条具体举措，重点关注水库、水利设施、供水大排查工作和消防安全工作。二是贯彻落实。按照水利重大事故隐患专项排查行动要求，对八里河、水库、淤地坝、城乡各供水水厂、在建工程等水利设施安全生产进行排查，形成工作日志60余次，发现一般隐患5处，已整改完成并建立台账。同时开展水利行业领域安全大核查，防溺水排查涉水问题170个，发现隐患问题24个，均已整改完成。三是加大排查工作。 在“五一”、“国庆”、高温时段、汛前等重要时间节点扎实开展安全大排查工作，督促水利生产经营性单位开展隐患排查整治，落实有效防控措施，保障安全生产。四加强安全宣传。6月份是全国第22个“安全生产月”，以“人人讲安全、个个会应急”为主题，开展一系列宣传教育活动，参加水利部组织开展2023年全国水利安全生产应急管理培训课程和水利“六项机制”网络答题；观看《生命重于泰山》警示片等，增强“时时放心不下”的责任感，提高全体水利干部安全意识和水利从业人员安全意识和能力。

【百姓问政】紧紧围绕“百姓问政”工作是和群众

的连心桥，是为人民群众提供了便捷、快速解决问题的渠道，通过群众反映的问题，发现工作中的不足，不断提高工作水平。对群众的投诉和反映，第一时间指定专人受理、了解情况、查找政策依据。截至年底，在“百姓问政”平台和“12345”便民服务热线接收咨询求助531起，均已办理完结，群众对处理结果表示满意。

【营商环境】按照营商环境提升年工作要求，进一步优化行政审批办理程序。全年共收到各类申请49件，均已办结，其中防洪影响评价报告批复5件，取用水许可审批2件，水土保持方案审批9件，水土保持方案报告表审批33件。

【荣誉展台】被中共定边县委、定边县人民政府评为“全县新闻宣传工作先进集体”；被中共定边县委办公室、定边县人民政府办公室评为“全县农业农村工作先进集体”；被中共定边县委评为“2022年度书记抓基层党建述职评议考核先进党组”；被中共定边县委、定边县人民政府评为“2022年度扫黑除恶斗争工作先进集体”。

（张　锐）

引黄工程建设

榆林市引黄工程建设管理局

党总支部书记、局长　王　皓
副　局　长　高雄彪　寇启平
　　　　　　常在清　苗野青
总　工　程　师　高俊岩

【概况】榆林市引黄工程建设管理局为榆林市水利局下属正县级事业单位，市编办核定事业编制50名，有正式职工49人，领导职数为局长1人，副局长4人，总工程师1人。内设机构为19个，科级职数共19正16副，实配19正11副。分别为：办公室、计划科、技术科、建管科、保障科、质监科、运行科、调度科、机电科、财务科、资产科、东线引黄管理处、西线引黄管理处、牛家口泵站、王家场泵站、宋家堡泵站、板窑水厂、辛圈水厂、砖井水厂。主要职责是负责全市黄河引水规划、建设管理和运营，黄河引水工程水量调配、运行安全监管提供技术支撑和服务保障；参与榆林重大引调水及供水骨干网络工程前期和建设指导工作。

【抽供水任务】积极协调宁夏回族自治区水利厅盐环定扬水管理处，确保年度用水指标，全年盐环定管理处分配定边引黄工程总调水量为710万立方米，较2022年增加190万立方米。加强工程管理维护和运行工作，确保全年抽供水工作安全稳定运行。3月初开始对横跨省内外的工程沿线机电设备和主输水管道进行检修维护，各调蓄池及时进行清淤、清理和设备维护，为抽水运行做好准备工作，全年顺利完成4轮抽水任务，共计750万立方米，供应黄河原水600万立方米，确保定边县域年度用水需求。

【项目建设】定边供水提升改建牛宋王泵站工程顺利开工建设。该工程涉及跨省项目备案和征借地审批事项，各类林业、用地手续办理异常困难，市引黄局成立工作专班，克服诸多不利因素，紧盯目标、多措并举，及时完成项目前期审批工作，于2023年6月30日正式开工建设。截至年底，泵站工程新建宿办楼主体封顶，已开始进行室内外装饰装修工程；主厂房基坑混凝土浇筑完成。管道工程正在进行管线清表、沟槽开挖和球墨铸铁DIP管、钢筒混凝土PCCP管安装等工作。计划于2024年10月底主体工程建成投入运行，工程建成后，将解决原工程因建设标准低、设备老化导致的提水及输水能力不足问题，根据县城用水需求，可有效利用好2466万立方米年分配总水量。陡沟调蓄池及充放水管道工程宁夏盐池段4.8千米全面开工建设。截至年底，陡沟调蓄池工程完成池底工程100%、池岸工程100%、堤防工程99.7%，主体工程于2021年10月底建成，当年实现检验性蓄水，至今已连续蓄水3个年度，总蓄水量达950万立方米。充放水管道工程陕西段于2020年10月完成全部建设任务后即投入运行，实现安全无事故运行4个年度，已充分发挥使用功能；宁夏盐池段4.8千米征借地手续，吴忠市自然资源局2023年8月批复，与村镇两级办结征借地手续后9月22日全面开工建设。

【机关建设】坚持以习近平新时代中国特色社会主义思想为指导，以深入开展主题教育为主线，始终把政治建设放在首位，不断促进党建和业务工作深度融合。突出思想引领，淬炼政治品格。认真学习党的二十大精神，开展党员教育活动，把学习二十大报告、《习近平著作选读》《习近平新时代中国特色社会主义思想专题摘编》以及习近平总书记关于水利工作的重要讲话、重要指示精神作为学习重点，通过多种形式，使党员干部深刻领会思想精髓，吃透精神实质，把握核心要义。突出政治引领，淬炼担当本领。局班子成员坚持做好专题研讨、专题调研及专题党课。党员干部立足工作岗位，围绕本科室出现的新情况、遇到的新问题，补短板、强弱项、破难题。同时，发挥特长优势，结合“双报到”、结对帮扶、志愿服务等，帮助群众解决一些实际困难。充分发挥党员、干部的先锋模范作用。扎实开展干部作风能力提升年行动，紧扣市委市政府部署的中心工作、东西线项目建设、抽供水工作等，巩固拓展作风建设专项成果。集中解决了红柳沟张新庄村、贺圈镇红庄村近5000亩高标准农田用水难题，全面满足中垦智慧牧场饲养奶牛用水，为定边县域乡村振兴、营造招商引资良好环境提供水资源支撑。

（程晓晶）

工业·商贸·服务

工业经济管理

定边县工业商贸局
党委书记、局长 屈彦智
党 组 书 记 刘相东
副 局 长 马 燕 景常义 张彦文
专职副书记 吕立广
党 委 委 员 郑小军 王瑞波

【概况】定边县工业商贸局是县政府调节工业经济运行的综合经济部门之一，正科级单位。负责组织拟定全县工业、能源、商贸、民营经济、盐业等行业规划及政策；贯彻执行相关行业政策和法律法规，推进产业结构战略调整和优化升级，监测、分析和预测行业态势；推进信息化和工业化深度融合；负责全县工业、能源行业的管理工作；负责提出全县工业、信息化固定资产投资规模和方向、县级财政性建设资金安排的意见，按照中省市规定权限审核申报全县工业和信息化固定资产投资项目；贯彻国家高新技术产业中涉及生物医药、新材料等的规划、政策和标准并组织实施；贯彻执行有关中小企业、非公有制经济的法律法规和方针政策，实施产业引导、政策扶持，培植经济主体；指导中小企业的直接融资和间接融资工作；负责中小企业信用担保的发展和融资担保机制的建立；协助市工业和信息化局对在定的无线电、公用通信网、互联网、专用通信网运行及电信与信息服务市场进行监督与服务，协调县内电信资源分配，推进电信普遍服务，保障重要通信。同时还承担着定边县石油天然气开发建设项目管理领导小组办公室相关职能。领导班子成员8名，二级主任科员2名，副科级待遇4名，机关工作人员51名（党员44名），下属事业单位2个（工业服务中心、商务服务中心）。

【主要经济指标】全县规模以上工业总产值完成332.04亿元，同比下降 15.3%，其中长庆油田在定产值183.14亿元，下降17.1%；延长油田定边采油厂产值62.51亿元，下降15.9%；省电力公司产值12.24亿元，增长14.7%；县本级64家规模以上工业企业产值74.15亿元，下降13.8%。规模以上工业增加值同比增长3.9%。全县原油产量644.93万吨，同比下降3.5%。其中长庆在定原油产量442.98万吨，下降5.4%；延长油田定边采油厂原油产量200.10万吨，增长0.8%；华北石油局定边采油厂原油产量1.85万吨，增长41.3%。天然气产量5.15亿立方米，下降14.0%。液化天然气产量27.43万吨，下降27.8%。新能源发电量73.92亿度，增长0.7%，其中太阳能发电量15.53亿度，增长8.0%；风力发电量58.39亿度，下降1.0%；食用盐产量23375.44 吨，增长37.3%；非食用盐产量60067.86吨，下降1.7%；乳制品产量3665吨，增长34.7%；工业锅炉产量184.72蒸发量吨，下降8.3%。全县社会消费品零售总额完成51.83亿元，同比增长6.3%，全市排名第3位。其中，限额以上消费品零售额12.86亿元，增长5.7%；中石油在定实现成品油零售额3.45亿元，增长15.7%；中石化在定实现成品油零售额0.62亿元，增长9.5%。

【油气产能建设】针对油气稳产压力，县委、县政府把“稳油增气”作为全年工业稳增长工作重中之重来抓。积极支持企业实施增产措施，开展页岩油开采、水平井建设和老井技术改造。开展定期调度，积极组织各审批部门加快审批速度。县委、县政府会同市工信部门赴省工信厅、相关领导多次赴延长集团和长庆油田总部争投资、争项目，争取本地油服企业工作量。多方面努力，全力稳定全县工业基本盘。全年及时研究各类井场申请826个，主动保障协调，加快井场手续办理速度，保障各企业加快新打井工作，尽可能加快新井投产。定边县工业商贸局为195个新井场办理了开工令、为245个增打井场办理了施工手续。全县新打油井532口、气井29口，其中，延长新打油井346口、气井19口，长庆新打油井186口、气井10口。

【民营经济】定边县工业商贸局严格落实中省市各级出台的稳企惠企政策，精准落实落细各项优惠政策，切实减轻企业负担。积极落实《定边县人民政府办公室关于印发定边县进一步加大对中小企业纾困帮扶力度的实施方案的通知》《定边县商贸领域提质升级促消费稳增长若干措施》等文件政策，助力县内企业高质量发展。全年共下达各企业各级各类项目奖补资金1744.149万元，其中县级703.54万元、市级843.1万元、省级197.5万元。积极培育帮助主体，全年累计减税2474.82万元；累计为中小企业、个体工商户发放信用贷款1138家3.89亿元；农商行运用再贷款政策共发放小微企业贷款1044家4.47亿元；召开政银企对接会，鼓励金融机构提供优惠、便捷的融资支持。选聘了33名大学生到定边县非公企业和社会组织工作。积极帮助企业主体，落实减税降费、贷款融资、银政企对接等政策措施。全县年度新增私营企业1002户。

【稳外贸政策】落实外贸惠企各项政策，全力帮助企业做好项目争资争项服务。指导协助陕西丰源粮油有限公司申报陕西省外经贸发展专项资金49.9万元；组织外贸企业参加了全省外贸新业态培训、国际贸易知识培训、跨境电商知识业务培训等各类培训4场10人次；组织县域企业参加了第133届线下广交会、2023年度境外重点展会；鼓励企业利用展会抢市场、扩渠道、增客源。全县新增出口外贸企业1家，全年外贸进出口总额达到7349万元。

【全面促进消费升级】依据榆林市人民政府出台的21条奖励措施，定边县结合实际制定印发了《定边县商贸领域提质升级促消费稳增长若干措施》，利用三年时间，政府拿出真金白银奖补限上社零企业及个体，鼓励限下企业及个体积极入统。开展了“券享生活·福惠万家”消费券发放活动，政府投入资金600万元，于6月至12月在全县范围内开展发放电子消费券促消费活动，累计发放消费券508万元，带动2995万元。成功举行“寻味盐州”名小吃大赛，报名企业百余家，包装培育一批具有地方特色的名小吃。积极加快县域商业体系建设，推动农村消费提质增效，建立以县城为中心、乡镇为重点、村为基础的县域商业体系。成功申报并确定为2023年县域商业体系建设行动县。

【紧抓安全环保工作】定边县工业商贸局在开展好日常例行检查的基础上，持续开展了油气长输管道领域大排查、油气及油气长输管道企业交叉检查、餐饮服务业燃气安全排查等专项排查。其中，油气长输管线领域大排查工作共发现一般隐患121条，已全部整改完毕。油气及油气长输管道企业交叉检查中发现一般隐患110条，2023年度已全部整改完毕。加油站发现一般隐患35条、商超发现一般隐患10条，已全部整改完毕。6月份以“人人讲安全，个个会应急”为主题开展安全生产月活动，联合国家管网北方管道呼和浩特输油气分公司油房庄作业区、延长石油管道运输第一分公司、属地派出所等部门，先后在白泥井镇、砖井镇管线沿线村庄开展田间地头精准入户宣传活动，活动共发放宣传册1000余份、宣传品500余份。组织延长石油集团管道运输第一分公司定靖输油站开展大型应急演练1次，通过演练提升应急处置能力，加强部门沟通协作能力和应急救援水平。

【盐务工作】认真履行盐务管理职责，加大监管力度，保证盐业市场稳定。全年完成配给各类食用盐1154.9吨。积极开展了食用碘盐宣传，向群众介绍识别真假食盐的方法以及食盐的存放、科学食用加碘盐等知识。

【信息化建设】积极开展了第九批电信普遍服务项目建设，全年共建设6个基站。为8个行政村申报第十批（2024年）基站项目并获批，计划2024年投入建设8个基站。编制了2023年实施数字乡村建设发展任务清单，加强农村信息基础设施建设，加大宽带网络升级改造，全面推进乡村振兴工作。组织定边县众源天然气、定边乳品公司等5家企业负责人参加了榆林市数据管理能力成熟度评估模型宣贯培训会议，大大提升了企业数据管理能力。

【党建工作】一是加强理论学习。坚持把学习贯彻习近平新时代中国特色社会主义思想作为党委（党组）、领导班子、“三重一大”、周例会、党支部“三会一课”等会议“第一议题”，党委牵头制定本年度理论学习中心组学习计划、方案，全年召开党组（党委）理论学习中心组集体学习12次，党的二十大精神、主题教育专题学习累计超10次。同时，组织3名党员参加全县首届党务知识竞赛，4名党员干部参加县委组织部学习强国挑战赛并获得优秀。二是压实全面从严治党主体责任。专题研究全面从严治党工作2次，研究部署党风廉政建设工作2次，科学制定、细化分解党风廉政建设工作任务，印发了《定边县工业商贸局2023年从严治党、党风廉政建设和反腐败工作要点》，提升拒腐防变的免疫力。三是开展好“干部作风能力提升年”活动。聚焦工贸领域存在的能力短板弱项和作风突出问题，结合主题教育，制定对照检视问题整改台账，在提升政治能力、提升落实能力、提升创新能力、实干担当等方面，开展专题研讨2次。建立对照检视问题7个方面14个问题，制定整改措施22项，即知即改问题3个，已全部整改完成，同时修订完善规章制度5项。四是加强警示教育。组织全体党员干部观看警示教育片，累计播放警示教育片3场次。以《党的十九大以来陕西省查处作风问题典型案例选编》案例为警示，教育广大党员不断提高政治站位和政治觉悟，使其心有所畏、言有所戒、行有所止；同时结合纪律教育宣传月，开展党内法规制度、国家法律法规知识测试，全系统共72人参与了纪律教育知识测试。

（王亚栋）

产业园区

定边县产业园区管理委员会

党工委书记 高生龙

管委会主任 蒋登峰

党工委副书记 侯亚西

管委会副主任 顾雪峰

【概况】定边县产业园区是陕西省第一批重点建设的县域工业园区之一，总规划面积20.5平方千米，由西片区（核心区）、东片区和化工产业片区三个板块组成。定边县产业园区党工委、管委会是中共定边县委、定边县人民政府派出机构，副处级建制，设党工委书记1名，管委会主任1名，管委会副主任1名，核定事业编制38名。设置5个内设机构，即党政综合办公室、经济发展和招商服务部、规划建设部、公用事业和营商环境服务部、安全环保部，均为副科级建制。产业园区基本形成以新能源装备制造、油田技术服务、绿色食品加工等为核心的多元产业格局。

【经济发展】2023年定边县产业园区完成固定资产投资17.7亿元，同比增长44.9%，工业企业应交税金总额1444.16万元，同比增长9.3%。

【园区规划】《产业发展规划》已完成编制，《总体规划》完成编制说明书、图纸等中期成果和园区评审定稿工作。新规划包含东片区（原农业园区）、西片区（原工业新区）和化工园区（原工业新区化工产业区）三个板块，规划总面积20.5平方千米，进一步明确园区“绿色能源科创新城、区域协同发展引擎”的总体愿景，以及打造新能源产业融合引领区、秦创原“双碳”成果转化先行区和陕甘宁蒙交界高质量增长极的“两区一极”发展目标。

【招商引资】2023年定边县产业园区共签约项目11个，引资额193.16亿元。其中签约合同项目9个，引资额99.38亿元，超额完成市下达任务；签约协议项目2个，引资额93.78亿元，超额完成市下达任务。新开工项目8个，超额完成市下达任务2个。策划包装项目5个，项目概算39亿元，超额完成市下达任务。招商项目到位资金13.18亿元，完成市下达任务3亿元的439.33%、县下达任务11.6亿元的113.62%；其中省外到位资金9.71亿元，完成市下达任务5亿元的194.2%、县下达任务8亿元的121.38%；省内到位资金3.47亿元，完成市下达任务2亿元的173.74%、县下达任务3.6亿元的96.39%。

【项目建设】2023年完成社会投资建设项目13个，其中已建成投产项目3个、在建10个，年度完成投资14.78亿元。一是年产300套风电叶片制造基地建设项目。二是年产6万吨光伏工业铝型材料项目。三是榆溪希望城商住小区项目。四是风机重型塔架生产基地厂内扩建项目。五是光伏支架生产基地建设项目。六是大型报废车辆拆解项目。七是高占比荞麦挂面加工项目。八是荞麦深加工工厂建设项目。九是5G智能终端制造产业项目。十是年产4.8万吨锂电池负极材料建设项目。十一是年产6万吨重型非标压力容器制造项目。十二是稀土铝合金电缆项目。十三是8万头肉牛现代化屠宰加工厂建设项目。重点建设项目6个，其中建成2个、在建4个，年度完成投资1.88亿元。一是定红路市政工程。二是标准化厂房建设项目。三是科技十二路东段市政工程。四是定边县展览馆布展装修项目。五是白泥井移民新城雨水中水综合利用一期项目。六是中粮路、三边路建设工程。

【企业发展】产业园区现有企业100家，其中建成企业41家，高新技术企业6家，科技型中小企业14家。培育市级以上科技创新平台载体2个，其中企业技术中心2个。

（贺岁霞）

烟草专卖

定边县烟草专卖局（分公司）

书记、局长、经理 周　磊
副　局　长 赵振瑞
副　经　理 王玉梅

【概况】定边县烟草专卖局（分公司）下设综合办公室、客户服务部、物流中转站、专卖监督管理股共四个职能股室，共有在岗职工37人。单位驻地为定边县长城北街202号。

【主要职能】贯彻执行党的路线、方针、政策，贯彻执行市局（公司）和辖区政府的各项决定，组织、策划、统筹各项工作；组织宣传、贯彻实施烟草专卖法律法规，就有关烟草专卖管理执法、监督、检查工作向市局和管辖区政府请示和汇报；负责组织制定辖区烟草专卖行政执法、普法、培训的工作计划和措施，对实施过程进行检查、监督；组织、调动和协调烟草专卖行政执法力量，在管辖区范围内开展烟草专卖行政执法活动，严厉打击违反烟草专卖法律法规的行为；依照《烟草专卖行政处罚程序规定》及时对辖区范围的违规案件作出行政处罚决定。对大案、要案或受社会关注的事件，依法组织行政处罚、行政听证、行政诉讼和行政赔偿等的讨论和处理；加强烟草专卖执法队伍建设，组织执法人员参加政治学习、普法教育、法律法规业务培训；

负责管辖区范围内烟草专卖零售许可证的管理工作；负责组织对所辖烟草行政执法各岗位职责履行情况的考核评价，指导、监督、检查行政执法责任制落实的情况；对内部规范经营情况实施监督，维护烟草市场正常流通秩序；负责专卖执法人员岗前资格培训、保证执法人员持证上岗；协调上、下级，内、外部工作关系，优化管理制度，为烟草专卖管理执法环境创造良好条件；负责组织审查本级烟草专卖行政执法案件，实施错案责任追究；执行市公司规定的业务流程，按照流程规范运作，执行市公司既定的营销策略，落实市公司下达的各项目标任务；负责客户关系管理工作，按照客户分类情况为本区域零售户提供差异化、个性化服务；维护本区域客户档案资料，负责零售客户的测评；负责落实卷烟品牌培育，做好品牌的宣传、促销、推广和维护；负责按照国家局、省局“按客户订单组织货源”业务流程开展本辖区市场需求预测工作，采集、分析市场信息，预测市场走势；组织开展本单位员工的思想教育、业务培训和绩效考核等管理工作。

【市场管理】全年，共查获涉烟案件84起，涉案金额100.046万元，涉案卷烟95.654万支，其中真烟案件71起、案值93.934万元，假烟案件13起、案值6.112万元。共出动执法人次757人次，检查户数996户次，出动车辆391台次。共完成办理延续零售许可证换证1697户，新办89户，变更34户，依申请歇业42户，责令停业整顿1户，责令整顿恢复营业21户，审批注销许可证50户。

（许　潇）

石油工业

延长油田股份有限公司定边采油厂

厂　　长　李兴斌
党委书记　刘力鹏
副 厂 长　刘力鹏　杨士元
　　　　　　赵　月　张　彬
　　　　　　白玉虎　王宇平
　　　　　　吴世峰　梅进华
纪委书记　刘　勇
工会主席　韩生亮
总工程师　张新春
总地质师　张　彬
总会计师　姚建包
安全副总监　郭　强
副厂级协理员　张　彦

【概况】采油厂成立于1993年（前身为定边县石油钻采公司），按照“贷款起步、旧井垫底、以油养油、滚动发展”的经营战略，在无资金、无技术、无设备的情况下，改造边缘残次井9口，拉开了定边地方石油开发的序幕。二十余年来，全体干部职工埋头苦干、顽强拼搏，走过了自钻自采、规模经营和科学管理的奋斗历程。陕北地方石油重组后，定边采油厂依靠科技进步，强化自主创新，开发与管理并重，开源与节流并举，实现了持续跨越发展。2006年生产原油52万吨，2008年建成100万吨级油田，2010年跨上150万吨台阶，2012年跻身200万吨级油田行列，连续12年稳产200万吨。主要从事石油勘探、开发、原油储运和井下作业等业务，设单位（科室）53个，共有在岗职工5379人、油水井12709口，是陕西延长石油集团油田公司所属三个200万吨级采油厂之一。控制资源面积2458平方千米，探明含油面积674.08平方千米，探明地质储量4.03亿吨，动用含油面积882.54平方千米、动用石油地质储量37458.83万吨。

【勘探开发】坚持“稳常增非”，完成钻探井16口，新增探明含油面积26.74平方千米、地质储量1200万吨。顺利取得9个区块采矿许可证。常规油藏在五兴庄延10、学庄延9、白马崾先延6等获得突破。集中优势资源推动难动用油藏整装开发，罗庞塬页岩油大井组完钻投产水平井18口，单井日均产油24吨，罗平30-2井最高日产123吨。东仁沟长6油藏开发试验区大斜度单井产量为常规井3-4倍。深化精细注水，自主编制11个重点区块开发调整方案，恢复注水井268口，完成投转注131口，统层调层254井次，检管、洗井1881井次，水驱面积增加26.2平方千米，注采对应率提升1.2%，水处理能力和注水能力分别提升17.2%、2.6%。大力实施“项目+人才”培养模式，自主研发推广使用缝内转向压裂、乳化酸解堵等工艺151井次，增油3.78万吨。探索试验氮气泡沫驱等三采技术，合作开展10个区块采收率提升工作。

【原油生产】面对产能异常被动局面，明确“三步走”提产思路，坚持向技术问计、向生产问效，实行机关与基层结对共建、捆绑考核，压茬推进两轮劳动竞赛，日产量提升近700吨，突破6000吨大关，达到最高水平。抓老井稳产：精细油井管理，严格关停审批，保障电力供应。推进机采效率优化，泵效提升7.92%，免修期提升84天。治理恢复停躺、套损、大修井632口，增油4.4万吨，油井开井率同比提升6%。在三个采油队试点下放修井作业及配属车辆调度权。抢抓故障井修复和停躺井治理，常规修井平均每口加快2小时。抓新井建产：完钻投产油井249口，产油12.07万吨。大斜度井作业周期缩短76天，新井投产用时减少3天。完钻储备井194口。抓技措增产：实施750井次，增油12.23万吨。开展技术大比拼、助力稳产增效活动，评选优秀方案80份。抓管护保产：开展油区治安秩序专项整治，实行厂领导带班夜查制度，配合公安机关取缔收油场及流动倒油窝点19处，收缴原油174吨，处理涉案职工6人。

【综合管理】扎实推进“三个年”活动，树立大抓落实、大干实事的鲜明导向。加快转变生产运行模式。扩大视频监控覆盖面，东仁沟油区油水井全部实现远程在线管控，樊学、罗庞塬、五兴庄、张崾先采油队推行集中加温脱水及“中心巡护+专业班”模式，盘活40余人。张崾先区块管输化项目可研编制通过集团评审。启动数字化油田方案编制。强化投资成本管控。优先保障生产急需项目，累计完工43项。高小湾变电站、罗庞塬地面工程前期工作取得新进展。推行“钻井工程总承包”和“压裂试采投产总承包”模式，产建EPC总承包迈出实质步伐。制定落实成本费用内控指标，抓实3个方面28条管控措施。自主研发新型高效加温装置，有效回收利用油田伴生气，燃料费节支1644万元。狠抓质量监管，清退不合格化工助剂1612吨、管杆1924吨、抽油机和抽油泵811台，挽回经济损失2012万元。认真做好新区域接收管理。主动对接落实，圆满完成延安公司5座增压站、173个井场、371口油水井接收任务。同时，设备管理、招标造价等均取得新成效。

【安全环保】梳理整合HSE管理体系，建立落实全员岗位安全生产责任制清单。分级分类开展内外部培训5.6万余人次。推进重大事故隐患专项排查2023行动和场站安全风险评估工作，系统治理重大隐患2项，落实停产井风险管控措施。扎实开展外包作业专项整治，抽查检查外协单位资质证照、安全生产许可证等488家，退回整改122家。开展自查自纠和督查检查1200余次，整改问题隐患2752项。汛期识别一般及较大风险地质灾害点218处，维护拦油土坝32座。推进“小班组、大安全”建设，举办评比活动，创建示范班组17个。实行输油水管线四级包抓巡查机制。引进污油泥集中筛选工艺技术，合规处置5.9万吨。第一批306个污水池治理项目正在招标。开展应急实战演练93场。统筹加强交通、消防、治安维稳等工作，安全生产大局保持稳定。

【党建工作】扎实开展学习贯彻习近平新时代中国特色社会主义思想主题教育，实行“清单”式工作制度，高质量完成问题整改12项，专项整治问题1项，调研协调解决问题40项，修订完善管理制度15项。建立落实全面从严治党主体责任清单，严格执行党委会“第一议题”制度，严肃党内政治生活。成立产能提升督查工作专班和党员突击队、夺油上产攻坚组，现场督查解决问题47项。印发《干部作风能力提升年落实方案》，开展中层干部综合考核，对7名中层干部进行约谈提醒。深化作风纪律整顿，强化政治监督，抓实日常监督，从严执纪问责，立案审查调查6件，处理处分9人。创建油田和厂级标杆党支部3个。创意短视频《一颗螺丝钉的使命》荣获中宣部学习强国平台短视频征集展示活动入围作品奖，被集团授予“特殊贡献奖”。开展建厂30周年系列活动，群团统战工作富有成效，凝心聚力、推动发展。

【生产经营指标完成情况】生产原油：200.098万吨。销售收入：62.53亿元。利润：7.93亿元。上缴税费：14.89亿元。固定资产投资：13.05亿元（2022年度投资）。

（冯娟娟）

天然气

定边县众源天然气有限公司
总经理 薛 成

【概况】定边县众源天然气有限责任公司，紧跟国家产业结构性调整的步伐，于2003年注册成立，注册资金6000万元。公司主要业务涵盖天然气供应、长输管线、天然气门站、城市管网及庭院入户安装等，公司下辖CNG加气站3座，CNG/LNG混合加气站2座。公司设立党支部、工会、妇女工作委员会、办公室、监察室、财务部、安监部、工程技术部、售后部、营业部、内刊编辑部等。公司有员工200余人，年天然气供应量近1亿立方米，年均缴纳税费近2000万元。

【业务发展】天然年作为新型能源，从起步之初就备受社会各界的普遍关注。由于历史原因，受气源紧张的限制，一度制约了气化工程的发展，为了争取更多的用气指标，公司多次在政府的支持下与上游供气公司磋商，为当地争取到了基本的用气指标，在气源相对保障的前提下，为“气化定边”建设工程的发展奠定了坚实的基础。截至12月底，共铺设天然气管线800多千米，城区天然气用户达7.3万户，城区天然气用户普及率达到97.5%以上。乡镇用户达1.8万余户。

【履行社会责任】公司先后为100多名贫困大学生捐助学费累计60多万元；为助力医疗事业发展先后为定边县人民医院、安边镇中心卫生院捐赠医疗设备、救护车等共计300多万元；捐助成立“公民道德建设基金”100万元；抗击疫情期间，向定边县慈善协会捐款捐物50多万元，向蓝天救援队及定边县街道办卫生服务中心各捐赠汽车一台，共价值30万元；多年来一直坚持进行扶贫帮困，走访慰问，结对帮扶等公益工作。为助力定边县文明城市建设，丰富群众精神文化生活，公司筹措资金捐建了定边生态文化九曲广场、三边五福广场两座广场，并为两座广场分别修建了停车场，使两座广场的配套体系更加完善。

【荣誉展台】被定边县人民政府评为“安全文化建设先进单位”“非公有制企业结对帮扶最佳企业”“经济发展贡献先进企业”；被榆林市安全生产委员会评为“榆林市安全文化建设示范单位”；被榆林市乡村振兴局授予“优秀帮扶企业”；被榆林市市委、市政府授予“文明单位”等光荣称号。

（訾肖扬）

食盐化工

延长石油定边盐化工有限公司
党委书记、总经理 冯建亮
副总经理 韩世斌
纪委书记 张延军
总会计师 张 娟
总经理助理 谢宗涛 宗恒泽
副总师 马 珩 张 强

【概况】定边县产盐历史悠久，源远流长，始于秦汉，昌于隋唐，盛于明清。延长石油定边盐化工有限公司是陕西省唯一的湖盐生产基地，国家食盐定点生产企业，国家商务部应急商品生产企业。1873年，随着中国近代工业发展，清朝官方在定边开设盐业局，定边盐场开始经营生产。以习仲勋任主席的陕甘边区苏维埃政府于1934年成立的陕甘边区盐场堡盐场为始建，是中国革命历史上第一个“红色盐场”。1936年6月定边解放以后，时任中央经济部部长的毛泽民来到定边，成立了三边贸易公司从事盐业生产。抗战时期，王震将军率“三五九旅”在定边盐湖开展的打盐大生产运动成果，被毛主席誉为“中央第一财政”。1987年时任国家副主席的王震将军题词“陕西省定边三五九盐化厂”。在中国人民革命史上，定边盐湖作出过重大贡献，特别是在抗日战争时期，陕甘宁边区在国民党的军事包围与经济封锁中财政极度困难，在毛主席“艰苦奋斗，自力更生”的号召下，党中央审时度势，英明决策，开发定边盐湖，所采捞的原盐一部分作为解放区居民用盐和军用食盐，一部分通过边区贸易变现作为军饷和换取解放区紧缺的医疗、日用品等，有力地支援了中国革命事业。当时的定盐开采归中央直属的三边公署管理，毛主席在一次谈话中坚定地说：“盐池是边区的命脉，三边是延安的门户，是中央第一财政……”。

延长石油定边盐化工有限公司前身为定边长城盐化公司，2011年9月，定边县人民政府将职工所持的股权，以国有职工身份置换收回，企业整体划转至陕西延长石油（集团）公司，划转后由集团公司盐化工项目筹建处（后更名为盐气化工公司）代为管理；2014年初，盐气化工公司撤销，定边盐化工公司划归延长集团炼化公司管理，现为炼化公司的二级单位。

【资产情况】公司拥有14个天然盐湖，湖盆总面积为98平方公里；现探明资源总储量为3101.8万吨，其中氯化钠含量1825.66万吨，硫酸钠含量339.69万吨，氯化镁含量201.64万吨，硫酸镁含量731.36万吨，氯化钾含量3.45万吨；建有盐田4100亩，硝田1200亩；全年总资产7745万元，实现总产值3935万元，上缴税费310万元；现下设2个原盐生产厂，一个年产10万吨食用盐生产厂，一条工业盐洗涤线。

【产品情况】公司现有产品主要分为三大系列：一是“塞雪”牌食用盐系列，品种有粉洗碘盐、粉洗腌制专用碘盐、天然精选湖盐、绿色粉洗碘盐等。二是工业盐系列，品种有洗涤工业盐、日晒工业盐。三是多品种盐系列，品种有洗浴盐、畜牧盐、雪晶盐、炖肉盐、热敷盐、果蔬清洗盐、湖藻盐、低钠盐、海水晶、湖晶盐等等。

【盐品供应】全年生产原料盐8.98万吨，生产食用盐2.34万吨，生产非食用盐6万吨；销售各类盐品7.43万吨；营业收入5363万元（其中非主营业收入1719万元）。在产品生产过程中加大监管力度，增加检验频次，把好产品出厂关，确保了产品出厂率100%，为广大群众提供合格放心的产品。同时，新产品不断充实市场，根据市场和客户的需求积极开发定制产品，不断满足市场个性化的需求，长期保障着陕甘宁蒙晋豫冀等市场的供应。

【转型发展】一是坚持依托盐湖资源着力发展盐光互补、红色旅游、智能养殖及生态种植业。充分利用盐湖自然资源保护好、利用好国家工业遗产和军工遗产，优化实施红色教育基地项目建设工作，着力加大红色培训教育工作的宣传推广力度，逐步将定边盐化工挂牌为“延长石油集团党员干部教育培训基地”，同时着力申报“陕西省爱国主义教育基地”。二是依靠盐湖水域和滩涂的资源优势，创造条件，加快推进“保护传承红色工业遗产文化——打造盐光风储一体化基地”项目，逐步推动分布式光伏、大光伏项目，争取项目早日立项落地，推进杂盐无害化处理项目。三是依托红色盐湖独有的卤虫资源以及多年积累的南美白对虾养殖经验，建设农业友好型的光伏大棚。四是外包业务稳步推进，持续发展好、承接好榆林炼油厂俄罗斯进口原油接卸项目业务、硫磺接卸以及保洁、消防等劳务外包业务，在增加新的经济增长点的同时，为陕西省深度融入共建“一带一路”大格局，打通工业内外双循环和保障能源安全作出积极贡献。五是积极配合盐化工项目转型工作，优化盐化工停建项目转新材料的项目方案，力争在新能源、新制造、新材料等绿色产业上寻找转型发展突破口。

【党建工作】公司全面强化党建工作职责，落实从严治党，抓好组织生活制度，持续完善和巩固各党支部的标准化建设成果，强力推进“不怕困难”特色党建融合与生产经营活动，持续推进机关作风建设，进一步加强党员领导干部的思想政治教育，建立保持党员先进性教育和长效性机制。纪委加大监督执纪问责力度，广泛开展廉洁宣传教育，增强党员干部廉洁从业意识。用好用足“两书一通报”，加大纪律审查力度，深入开展“再监督”工作，加强队伍建设，严格落实党风廉政建设责任制，为企业的生产经营工作及转型发展保驾护航。同时，做好困难职工帮扶、走访慰问工作；畅通职工诉求通道，发挥好基层与领导沟通联系的纽带作用，组织开展好劳动技能竞赛及各类活动，做实做细“送温暖”“送清凉”“困难职工帮扶”活动，维护职工切身利益。

【荣誉展台】顺利通过了ISO9001国际质量管理体系认证、环境认证及食盐定点企业换证审核，公司“塞雪”商标为陕西省著名商标，“塞雪”牌粉洗盐为陕西省名牌产品，食用盐为“国家绿色食品”；被列入国家工业遗产，被榆林市委、市政府评为榆林市文明单位；获得国家军工遗产单位、中国石化工业文化建设先进单位、陕西省工业运行监测工作先进单位、榆林市健康企业建设示范单位称号；被榆林市关心下一代工作委员会评为榆林市青少年教育基地，粉碎洗涤盐被评为“榆林名优特新新产品”。

（杨　涛）

电力工业

国网定边县供电公司

总经理、党委副书记　徐建宏（2023.12—　）
马岩浩（　—2023.12）
党委书记、副总经理　姬　强（2023.12—　）
徐建宏（　—2023.12）
党委副书记、纪委书记、工会主席　王世宏
副总经理、党委委员　韩忠民　杜海峰
副　总　经　理　张艳龙（　—2023.11）
张　峥（　—2023.11）
刘高民（2023.04—　）

【概况】国网定边县供电公司成立于1977年，承担着全县19个乡镇36万城乡居民的供电任务，服务客户17万户。公司有全民职工162人、供电服务职工163人、党员81人，下设职能部门6个、业务支撑机构3个，供电所15个、班组11个，党支部5个。

【党建工作】主题教育见行见效，学思想、强党性、重实践、建新功，扎实开展“3+3”专项行动和系列活动，走访乡镇党委政府、村委会203次，重点客户和重点项目17个，收集诉求建议67条、制定措施65条，评选“双满意”干部员工13人。党建引领不断深化，深入推进“旗帜领航”工程，优化党支部设置，实现共产党员服务队全覆盖，建成党员活动室2个，开展党员违章“说清反思”10人次；“抗旱保粮”等主题传播成效明显，累计在省级及以上媒体发稿21篇。从严治党纵深推进，配合完成省公司党委巡察，针对44项反馈问题，制定整改措施144项，问责25人；扎实开展违规吃喝等4个专项整治，常态开展警示教育，严肃查处各类违规违纪问题。队伍建设持续加强，树立鲜明的选人用人导向，选任、交流五级领导人员5人，调整班组长、所长20人；建成营配实训基地，线下集中培训23期、1140人；修缮改造6个供电所，实施15个供电所饮水净化工程；举办文体活动8次，关爱慰问职工700人。

【安全管理】安全责任压紧压实，聚焦领导、专业、关键人员、全员“四个责任”，修订发布全员安全责任清单，开展“一把手讲安全课”、专业部门讲安全典型违章库培训活动。智能安全工器具室改造接入14个。组织触电急救、消防等演练5期。现场安全严抓严管，严格执行“四双管理”、“四个管住”、“十不干”和标准化作业，常态开展“四不两直”检查，

省市公司查处违章61项，自查违章203项，创建市级无违章作业现场2个，违章考核183人次。圆满完成全国“两会”、中高考等重要保电工作。配网管理持续加强，开展重过载、低电压深度治理，改造老旧线路4条，安装10千伏调压器5台，解决8条10千伏线路低电压、重过载问题；累计治理重过载台区209个、低电压台区293个。安装一、二次融合开关168台，覆盖率62%；坚持一停多检，频跳线路治理率50%、隐患整改率100%。有效应对极端天气引发的大范围电网设备覆冰。

【电网建设】规划引领作用突出，滚动修订“十四五”配电网规划，编制年度10千伏及以下配电网发展规划。制定电网攻坚方案，倒排工期，实施县域电网建设补强工程。属地协调成效明显，积极开展330千伏尖山—夏州前期青赔及占地协调；110千伏杨井变电站完成土地手续办理，施工现场完成基础浇筑；协调解决110千伏油房庄变电站、35千伏冯地坑移动变电源接入问题。配网建设全面提速，新建配网工程115项，开工88项，完工84项，投资完成率95%；新建110千伏移动车载变1座，新建10千伏线路6条；TTU安装2473台，覆盖率67.77%。以大会战模式完成129定边线改造。组织精干施工力量支援吴起配网大会战。实行“四率合一”监测分析全过程管控、各专业协同，投资管控水平持续提升。

【经营管理】挖潜增效成果明显，开展资金安全自查互查，强化成本费用预算执行进度管控，资金支付准确率、成本使用效率有效提升；完成2023年1.04亿元配网项目转资，工程物资压降2536万元；充分发扬“三千精神”，追回兴源物业全部陈欠电费，实现见底清零；按期完成旧纳税主体注销；配合完成“市审县”专项审计工作；对标促融“三个一台区线损治理”典型经验被评为省公司优秀典型经验。基础治理卓有成效，狠抓同期线损治理提升，强化日监测、日通报、周管控、月考核，累计更换电能表15.2万只，10千伏分线线损达标率100%，台区线损达标率92.26%，城南、杨井供电所3次入选国网百强；深化数据专项治理，10千伏及0.4千伏设备采录全部完成，整体数据治理率97.9%。

【优质服务】营商环境不断优化，加强“三零”政策宣传，实施先接入后改造，全力满足低压客户接入需求，利用应急资金累计为23位客户解决业扩配套线路问题，为160千伏安及以下小微企业提供免费接入保障；持续提升办电便利度，优化线上办电功能，提升办电效率，实现“刷脸办电”；促请出台投资界面延伸政策。助力地方彰显担当，围绕绿色定边建设，积极做好分布式光伏并网服务，做到应接尽接、能并尽并，提供批量报装、批量结算服务，具备接入条件的374户分布式光伏全量并网。服务攻坚取得成效，全面落实供电服务八大攻坚战，建立“营配舆”联动机制，严格执行“三先三后”要求，降低客户停电感知，深入开展微服务，客户满意度显著提升，学庄供电所实现“三零”。

（柴阳阳）

机械制造

定边县热宝锅炉机械制造有限责任公司

董 事 长 张春梅
总 经 理 南山琳
党支部书记 李 敏
工 会 主 席 张秋霞

【概况】定边县热宝锅炉机械制造有限责任公司是由原陕西省定边机械制造厂（定边县锅炉厂）于2004年政策性改制后成立的股份制民营企业，工厂位于陕西省定边县工业新区（装备制造区），拥有土地94亩，注册资金5000万元，是集研发、制造、销售、安装于一体的锅炉生产、压力容器制造、油田装备制造、节水生态厕所制造、水处理设备制造的专业企业。公司拥有先进的各类焊接、机械加工、制造、修理设备，以及10项专利，2项软件著作权。定边县热宝公司有员工28人，下设七个职能部门，即办公室、生产部、技术部、质检部、财务部、市场部、物资供应部与管理、产品售后服务部。

【产品及市场】定边县热宝锅炉机械制造有限责任公司产品有三大系列。常压热水锅炉系列：①燃气锅炉，②燃煤锅炉，③电加热锅炉，④电磁加热锅炉，⑤全预混冷凝低氮锅炉，⑥兰炭锅炉。环卫设备系列：①干旱高寒地区节水生态厕所，②拖挂式卫生间，③环卫值班室。油田装备系列：①泄油器，②水套锅炉，③立式分离器，④野营活动房，⑤储油罐。产品的主要市场：①定边县以及周边县，②延长油田的定边、志丹、杏子川采油厂，③中石化的第二采气厂及长油田。

【工会建设】定边县热宝锅炉机械制造有限责任公司工会注重围绕公司中心工作，组织和举办形式多样的各类活动，鼓舞和激发广大员工的工作积极性，倡导爱岗敬业工作热情，以及团结协作的团队精神，从而推动定边县热宝锅炉机械制造有限责任公司企业文化建设和发展。

【技术创新】热宝公司开发出拥有自主知识产权的节水生态厕所。双旋风燃煤锅炉正在研制之中。

【社会责任】在抗击新型冠状病毒肺炎疫情的斗争中，公司主动承担社会责任，向县农业农村局、县住建局、惠民医院、靖王高速收费站定边站及307国道二楼检查点的防控一线人员捐赠价值12万元的医用口罩、医用酒精、方便面、矿泉水等防护及生活用品，更好地保护防疫一线工作人员。在脱贫攻坚工作中，公司投资4.6万元给定边县学庄乡高庙湾村购置配套办公设施。

（张春梅）

佳益能源

定边县佳益能源开发有限公司
总 经 理 王克忠
副 经 理 沈海红

【概况】定边县佳益能源开发有限公司经2011年7月11日定边县人民政府常务会议及2012年5月18日定边县党政联席会议研究决定成立。作为县属国有独资公司明确经营范围及职责为：对县域煤炭资源及天然气进行管理；理顺对定边县边缘残次井管理体制，与长庆、延长油田合作，将其废弃井低产井进行技术改造；开发利用定边县的风能、太阳能、生物质能等新型能源。公司于2012年6月13日完成注册。内设5个科室：办公室、新能源科、安保科、法务科、财务科。有干部职工22人，其中总经理1人、副经理1人。

【思想政治建设】以学习贯彻党的二十大精神为主线，坚定拥护“两个确立”，坚决做到“两个维护”，结合公司实际，不断完善学习计划。干部作风提升年结合“四史”常态化学习，积极开展以党的二十大精神为主线的专题学习，学习时由公司班子成员及各科室科长轮流安排领学，也可由个人交流学习，灵活学习形式。开展学习教育活动12次，开展调研报告讨论会，党支部组织全体党员干部职工赴杨井镇沙渠村教育培训基地研学，由原靖边县人大主任主讲，对佳益能源全体党员干部进行了“提升能力素质”专题培训。

【工作概括】根据县政府的统一部署，为保障新能源项目尽快落地，公司主动作为，积极协调，确保项目建设用地落在实处。上年公司按照省发改委备案坐标完成定边隆武新能源500兆瓦发电项目位于红柳沟镇沙场村、赵尔庄村、黄尔庄村、蔡圈村及盐场堡镇杜井村、波洛池村共11676亩土地租赁工作。以上项目第一笔土地租赁款已向村民拨付完毕。积极配合镇村两级组织全程跟踪服务，保障光伏项目按计划实施。充分发挥佳益能源公司作为项目企业与乡、村的桥梁作用，做好搭桥牵线工作，动员企业支持助力地方经济发展，及时履行合同，兑付项目租地款。 确保有序、文明、和谐的项目建设环境，为提升定边县营商环境尽一份责任。

（杜男男）

供销合作商业

定边县供销合作社联合社

主　　任 王　宏

监事会主任 崔德荣

副 主 任 白　润　李宗隆

【概况】定边县供销合作社联合社为政府单设机构，是县域供销合作社的管理机构，是做好“三农”工作的重要载体。其主要职责是规划、组织实施新农村现代流通服务网络工程建设，指导县域供销合作社开展合作与联合，建设运转高效、功能完备的农村现代经营服务体系，构建以农业生产资料、农产品经营（电子商务）、日用消费品、再生资源、烟花爆竹为主的五大经营网络体系，构建以社属企业为中心、乡镇配送中心为骨干、村级网点为终端的连锁配送网络体系，促进城乡经济社会协调发展。从“三农”工作大局出发，持续深化综合改革，完善体制机制，拓展服务领域，各项工作取得了显著成效。

【服务体系建设】做好农资销售及督查工作。完善市补化肥组织供应工作机制及组织供应工作任务，及时指导农资公司销售市补化肥18918.92吨；开展市补化肥销售督查工作，成立督查组，对各乡镇农资销售网点市补化肥销售情况进行了督查。

【拓宽流通渠道】做好农特产品的推广促销工作。制作涉农企业宣传片短视频50余个，在互联网平台进行参展展播；利用供销社农展中心实体店、电商公司平台，开通抖音、快手、拼多多、微信视频号、小红书等平台网络账号，通过网络视频平台宣传定边农产品的地理优势、优质产品，截至12月播放量总数达1380万余次；开展直播带货，在拼多多平台就“定边红葱”等产品进行推广销售。在拼多多平台中搜索“陕北红葱”等关键词，搜索结果前10排名中有5-6家产品为“定边红葱”；在拼多多平台“葱头畅销榜”中，“定边红葱”农产品占3席；在拼多多平台“葱头好评榜”中，“定边红葱”农产品占2席。截至目前，销售额实现29.73万元。

【组织体系建设】投资78.7万元，新建苟池供销社生产车间225m²，室外工程4140m²，旱厕一座15.81m²；投资33.6万元，新建红柳沟供销社再生资源库房300m²；投资32.1万元，新建杨井供销社现代物流库房301m²；投资175.95万元，新建海子梁供销社营业房一处780m²；发展杨井镇五里涧村、沙渠子村级供销社2个。加大中药材初加工项目建设步伐。一期投资42万元，启动中药材初加工分拣建设项目，在苟池建设中草药厂房360m²，主要用于实施中药黄芪、黄芩、板蓝根、生地柴胡等多种药材的根、茎、花、叶及果实挑选、整理、捆扎、切片及烘干等初级处理。二期投资78.7万元，新建生产车间360m²，室外工程4140m²，旱厕一座15.81m²；投资30.2万元购置中药材烘干、切片、分拣等设备。

【“三位一体”合作试点】在总结复制成功经验，即在白泥井镇开展“三位一体”综合合作试点工作的基础上，又拓展 5个乡镇，对乡镇镇村两级供销社、农民合作社、农民进行信用信息采集录入工作。截至年底，信用信息采集录入工作累计覆盖6个乡镇45个行政村450余户，发放惠农贷款5400余万元。

（杨薇宇）

家乐贸易

定边县家乐贸易有限责任公司
总　经　理　王道程
执行总经理　王爱臻

【概况】定边县家乐贸易有限责任公司成立于2000年4月1日，旗下拥有家乐超市公司(29家分公司)、好家乐时代百货公司、家乐物流公司、新家乐国际影城公司、爱家乐餐饮公司、艺家乐广告公司、家乐民用建材有限责任公司、陕西家乐商业有限公司、家乐食品厂等经营主体，总资产过亿，高级管理人才30余人，解决近千人就业问题。

【经营管理】家乐公司在借鉴现代零售业连锁经营管理经验基础上，建立适合公司发展的营运管理架构。实行总部调控，统一管理、统一采购、统一配送、统一核算、统一价格。对商品进、销、存以及财务核算和经营分析信息化作业，形成一套完善的连锁经营管理体系。

【业务拓展】盐池世纪商业广场于2018年1月开业，是盐池县唯一一站式集吃、住、玩、乐、购为一体的大型商业综合体，位于主干道交汇处，交通便利，连接新旧两区。家乐超市位于盐池世纪广场店一楼、门店面积有1200平方米。从位置选择到紧锣密鼓的装修，历经月余最终在2023年11月8日盛大开业。11月8日至12日家乐超市盐池店开业期间各项数据再创新高。单日进店顾客10000+，单店新增会员1000+，蔬菜出货35吨、水果出货20吨、米面油出货28吨、猪肉5吨、活鱼3.5吨、鸡蛋2吨、自制麻花3吨。家乐超市盐池世纪广场店开业，是家乐超市地理位置的一次重大跨越，家乐超市的消费者不再限于定边县区域内，受众更加广泛。

【帮扶助学促振兴】2023年8月29日，定边县郝滩镇高寨则村举行“情系学子献爱心，帮扶助学促振兴”活动。家乐公司为9名家庭困难大学生每人捐赠助学金2000元，共计捐赠助学金18000元。家乐公司现场给予困难大学生们发放了整件的矿泉水、牛肉面、果汁。

【情系困难员工】2023年12月23日家乐超市时代广场店的员工家人在从西安返程途中出现重大车祸，均在重症监护室。家乐公司总部各部门员工及各个门店、各分公司主动捐款共计2万元。

【渠道共赢】2023年5月21至22日期间，众商汇董事长袁旭敏、品类管理专家马元及广州宜客多超市、山西大鲜丰、临猗百大、山东日照新世纪、河北好上嘉、甘肃尚好佳、鄂尔多斯金鼎亨超市等数十家零售企业人员到家乐超市交流指导工作。

(张旭栋)

餐　饮

五洲餐饮服务有限责任公司
董事长　李明斌
总经理　李　南

【概况】定边县五洲餐饮服务有限责任公司1997年创办，是一家以经营中餐、火锅为主的大型餐饮服务公司，已发展成为集餐饮、商务休闲、住宿、茶艺、娱乐、会议接待为一体的综合性酒店。五洲餐饮总部设于工业园区科技三路，公司经营有五洲一店、五洲二店、五洲生态园大酒店、五洲食品加工厂、定边县塞丰农业发展有限责任公司，总投资额达3.6亿元。五洲餐饮先后被授予“中国名火锅”“全国诚信经营示范户”“陕西省服务名牌”“陕西餐饮品牌30强企业”“陕西省明星私营企业”“榆林市餐饮20强企业”“榆林市食品A级单位”“榆林市诚信纳税户”“定边县十佳企业”等诸多荣誉。

【主要业务】 餐饮服务；食品生产；食品销售；烟草制品零售；住宿服务；洗浴服务；日用百货销售；针纺织品销售；会议及展览服务；非居住房地产租赁等。

【社会效益】 员工300多名，公司累计解决就业近万人次，累计发放工资3亿多元，先后吸纳建档立卡贫困户百余人。公司先后为灾区人民、困难学生、大病患者、孤儿院、慈善协会、体育事业、民间艺术发展、困难职工等捐款捐物300余万元，累计缴纳税费3600余万元。

【荣誉展台】 3月被定边县工业商贸局、定边县餐饮协会、首届榆林市名小吃（定边赛区）“寻味盐州”名小吃大赛组委会评为首届榆林市名小吃（定边赛区）“寻味盐州”名小吃大赛“最佳农家特色奖”“最佳营养搭配奖”“最佳创意盐州奖”，被定边县工商业联合会、定边县总商会评为2022年度“优秀会员企业”“优秀行业商会”；5月被榆林市商务局评为首届榆林市名小吃大赛决赛“银奖”。

（郑 伟）

交通·邮政·电信

交通运输

定边县交通运输局

党组书记 局 长 薛　诚（　—2023.04）

张　铮（2023.04—　）

党委专职副书记 宗林泽

副　　局　　长 安国才　韩尼春

总　工　程　师 李爱军（　—2023.04）

【概况】 定边县交通运输局是县人民政府的行政职能部门，是贯彻执行中、省、市交通工作方针、政策、法规并监督实施的机构。具体负责本县辖区交通规划、公路建设、养护、管理和运输管理工作，正科级建制。下辖定边县农村公路养护发展中心、定边县道路运输发展服务中心2个事业单位、定边县交通运输综合执法大队1个综合执法机构。

【公路建设】 一是年度计划投资3.5亿元，其中：迎宾大道、安边至白泥井27.3公里三级公路改造工程、农村公路破损路段整治工程26.6公里、2022年第二批通村组水泥路65公里完工通车，砖井至武峁子17.3公里三级公路改造工程、2023年30户以上自然村通硬化153.2公里、通村联网工程52.8公里开工建设。二是积极协调保障国道307靖边东坑至定边彭滩段改建工程，已完成桥涵、部分路基工程。三是全力推动项目前期工作，省道552定边机场连接线项目有序推进，已取得稳评、二级水源保护地、下穿铁路的相关批复，正在办理土地预审、文评等项目前期手续；省道217十里沙至东园子、海子梁至衣食梁二级公路、王盘山至樊学段、北园子至周台子、油房庄至纪畔、海子梁至摆言坑三级公路改建工程等项目前期工作正在积极推进。

【公路养管】 一是坚持农村公路日常养护市场化模式，公开采购农村公路日常养护、补坑槽、小型维修企业4家，划分3个片分区进行规范化、专业化养护，及时修补坑槽病害，消除道路安全隐患，疏通边沟涵洞排水设施。二是年度计划投资8000万元，实施新增省道及农村公路大中修、预防性养护工程50公里、省道危桥改造4座、村道安全生命防护工程129公里、道路安全隐患整治441处，推动路面技术状况逐年上升，农村公路技术状况优、良、中等路率达到80%。三是落实农村公路县、乡、村三级“路长制”，按照“县乡道县管、村道乡村管”的原则和“以奖代补”的激励机制，开展路域环境综合整治劳动竞赛活动，组织动员各乡镇农管所对农村公路沿线垃圾堆放、乱搭乱建、占道经营进行集中清理，打造“畅、安、舒、美”的道路环境。

【道路运输】 一是加强运力调配，科学安排车辆班次，制定完善应急预案与运输保障，圆满完成了重大节日期间的客运保障工作。二是针对公交长期运营亏损的问题，研究调整公交补贴方案，补贴资金增加为840万元，化解了公交停运信访矛盾，确保了行业稳定有序。三是对公交IC系统进行升级，倡导群众优先乘坐公共交通出行。四是改善农村客运班线运力结构，完成了线路审批、更新、车辆更换等工作，制定了《定边县建制村通村客车运营实施方案》，进一步提高通村客运补贴，巩固全县185个建制村、集中安置点通客车成果。五是建设城市客运智慧平台，完成了平台搭建工作，正在进行车载终端设备安装更新，提高行业监管服务水平。六是健全普通货物运输企业备案制度，组织开展普通货物运输企业年审工作，同时完成收集、统计、上报危险货物运输企业信息数据报表工作。

【交通执法】一是开展交通运输执法领域突出问题专项整治工作。聚焦人民群众反映强烈的道路客运、城市客运、超限超载运输等热点，制约规范公正文明执法的堵点，制约执法监督体制的难点。二是持续开展道路客运市场整治行动。进一步规范道路客运市场秩序，强化路面巡查管控，严厉打击非法营运车辆、严厉打击威胁人民群众生命安全的“百吨王”超限超载行为，全年共计办理客货类行政执法案件742件，其中客运类案件231起（非法营运案件30起，违规客运案件38起，违规出租车案件53起，投诉股受理处置出租车罚款110起），占比31%；货运类案件511起（超限运输案件384起，货物扬撒案件2起，不按规定检测车辆类案件57起，其他类案件68起），占比69%。同时，受理处置各类群众投诉214起，其中处置12345便民服务热线投诉116起、百姓问政26起、0912-3736000投诉热线72起，群众满意率达90%以上。三是规范驾驶员培训行业经营行为和市场秩序，全面清查驾培场所。重点强化对未取得驾培经营许可擅自从事培训活动的“黑驾校、黑教练、非法培训点、非法招生网络平台”，予以严打和取缔。

【安全工作】在交通运输系统开展了各类安全生产活动。制定了各项活动实施方案，组织开展“平安春运”“季度安全生产大检查”“道路交通安全生产大排查大整治行动”“安全生产月”等活动，以“两客一危”、重点路段、在建工程、燃气安全、邮政快递安全为重点，开展安全生产检查，确保各项工作落到实处。深入开展客运企业安全监管专项工作。针对“10.1”重大客运安全事故、宁夏燃气安全重大事故，对所有客运企业进行大排查，对所有驾驶员进行一次面对面安全警示教育，对所有动态监控设备进行一次全面检查，对所有客运企业安全制度落实情况进行一次全面检查，确保道路客运安全有序运行。开展道路交通安全核查问题整改工作。2022年道路安全核查问题隐患1254处，截至年底累计整改完成1112处，占比89%；全年排查20处安全隐患问题，已全部整改验收合格。加强工程建设安全管理。对工程项目安全管理机构、规章制度、安全生产教育培训、专职安全管理人员及设置齐全醒目的警示警告标志等内容进行了检查，保障所有在建工程安全顺利进行。加大安全生产宣传力度。充分利用网络媒介、站牌站点、公共交通电子显示屏、户外文化墙等宣传阵地，开展宣传活动，提高安全意识。

【党建工作】一是抓好学习教育。年初制定了全年理论学习计划，将“第一议题”落在实处，落实好党员领导干部学习教育。深入开展干部作风提升年活动，制定实施方案，集中查摆问题，认真落实整改，提升干部作风。严格落实组织生活制度，召开民主生活会2次，组织生活会1次，开展“七一走访慰问困难党员群众”等主题党日活动12次。扎实开展学习贯彻习近平新时代中国特色社会主义思想主题教育，集中学习了《二十大报告》、《中国共产党党章》、《习近平著作选读》第一卷、第二卷，组织党组织书记讲党课4次，为民办实事17件，认真查摆问题并建立整改台账。落实全面从严治党“两个责任”，加强党风廉政建设。通过观看警示教育片、踏寻红色教育基地等形式，铸牢干部思想防线；运用“第一种形态”，及时提醒干部廉洁自律，筑牢“第一道防线”。

【“四好农村路”】坚持“四好农村路”示范创建

工作，按照管理养护规范高效、公路质量基础牢靠、路域环境整洁优美的要求，对照全市示范乡镇、美丽农村路验收评定标准，补齐短板弱项，完善硬件设施，规范软件资料。

【乡村振兴】一是认真落实好返贫动态监测机制，加快推动实施通村通畅项目，继续落实通村客运补贴机制。二是做好驻村帮扶工作，选派3名第一书记、6名工作队员，其中副科级干部5名，做好帮扶郝滩镇伙草涧村、樊学镇焦掌村、姬塬镇徐阳湾村各项工作；同时，加强驻村工作的调研指导，经常性到村开展走访调研，了解村情民情、驻村工作情况，帮扶联系人能够坚持每月进村入户，加强与包抓户的联系沟通，帮助他们解决实际困难，确保帮扶责任压实到位。

【风险防范】一是完成创文创卫等创建相关工作；二是扎实做好综治维稳、平安建设、扫黑除恶等工作；三是扎实做好行业环保工作，按照要求做好行业领域大气污染防治扬尘整治工作，累计排查企业25家，检查存在问题40条，下发整改通知书25份，已全部完成整改；四是认真做好邮政业安全发展工作，完成了邮政业安全发展中心挂牌，明确了相关职责，配齐了工作人员，组织开展全县寄递企业起底排查工作；五是高质量完成人大代表建议、政协委员提案回复13件，各类投诉、求助业务100余件。

【荣誉展台】被陕西省田径运动管理中心榆林市体育局表彰为榆林市《国家体育锻炼标准》达标测验赛定边站团体一等奖。被中共定边县委、定边县人民政府表彰为定边县年度生态环境保护工作先进单位。被榆林市交通运输局表彰为年度交通运输工作目标责任考核先进单位。被榆林市交通运输局表彰为年度农村公路“四好农村路”建设先进单位。

(张　强)

邮　政

中国邮政集团有限公司陕西省定边县分公司

支部书记总经理　屈建军

副总经理工会主席　刘　勇

副　总　经　理　党春晖

【概况】定边县邮政分公司下设综合办公室、市场营销部、金融业务部，辖区内5个金融网点，1个营业网点，1个农村支局，1个邮件处理中心，1个速递揽投部，7个社会区域加盟点，19个邮政所。县内干线邮路两条，日均邮路长度732公里。日均进口邮件15000余件，日均出口邮件8000余件；定边县邮政分公司承担着全县所有的企事业单位、1个街道办事处、18个乡镇185个行政村及人民群众的用邮服务工作。

【企业收入】全年累计实现收入3733万元，年增幅12.01%。其中代理金融业务全年实现收入2478.33万元，包括：代理储蓄实现收入1892.12万元，代理保险实现收入365.21万元，理财业务实现收入21.16万元，其他实现收入199.83万元。截至12月31日，公司储蓄余额规模为130594万元，时点余额年增19726万元，同比增长7578万元；价值存款时点净增12136万元，同比增长2051万元。寄递业务全年实现收入387万元，增幅12.76%，包括：国内标快实现收入180.66万元，增幅15.29%；快递包裹实现收入206.35万元，增幅10.68%，国内普包实现收入2.76万元，其他业务实现收入56.74万元。全年芝麻香瓜累计寄递2178件，实现收入8.44万元，中秋月饼累计寄递3.2万件，实现收入16.67万元，政务大厅专递实现收入1.33万元，省寄身份证寄递项目实现收入7.65万元，法院文书、政务、公安、政府项目寄递实现收入17.9万元。陕北农特产品羊肉、酿皮、粉条等项目寄递实现收入150余万元。文化传媒业务全年实现收入272.22万元，增幅41.54%，包括：函件实现收入41.28万元，报刊发行实现收入157.63万元，增幅4.65%，集邮实现收入73.86万元。渠道平台业务全年实现收入134.92万元，增幅28.22%；其中增值业务实现收入4.95万元，分销配送实现收入129.97万元，增幅27.88%。

【普遍服务】加强邮政普遍服务、机要通信保障、党报党刊发行、邮票发行、扫黄打非、禁毒等各项工作。一是严格落实《通信服务质量考核办法》，规范业务操作流程，形成了“培训—落实—督导—回头看”的工作机制。二是全面加强指标达标，围绕“四确保、六严禁”工作目标，扎实开展了“服务质量提升”和“投递质量提升”专项行动，严格按照要求开展工作，积极安排培训和检查，提高各项指标达标率。三是严格落实实名收寄、收寄验视、过机安检“三项制度”，强化邮件收寄源头管控，防止假验视、假实名、假安检，坚决防止各类禁寄物品流入邮政寄递渠道。四是持续做好巡视专用信箱邮件服务保障工作。机要通信安全保密、万无一失。全年未发生重大服务质量问题引起的客户投诉及媒体曝光事件。

【乡村振兴】按照上级部门《服务乡村振兴战略行动方案》目标，定边分公司全面深化产业协同、强化农村服务、落实三大领域地域目标，积极宣传定边农特产品，围绕邮乐直播、社区团购、邮乐小店三大渠道，推广邮政特色“社区团购”模式，打造电商+金融+寄递业务协同发展场景。主动与县政府沟通，在北二环建成了冷链仓储中心，进一步降低寄递损耗，全面推进服务乡村振兴落地见效。完成白泥井镇邮政所、砖井镇邮政所成标准化建设，乡镇支局和综合便民服务站全面叠加代收代投自提，中邮E通系统应用达到100%。

【三级物流体系建设】乡镇普遍服务网点建设已达到100%，行政村村邮站建设已达到100%，根据三级物流体系建设要求，定边县邮政分公司在白泥井镇海子梁村、衣食梁村，砖井镇黄湾村、闫塘村以及安边镇的东关村、西关村建立村邮站投递示范点，并为村民提供生活消费品、农资以及邮件、快件收寄、处理等服务，促进城乡双向流通。实现了邮政“最后一公里”服务。

【绿色邮政】定边县邮政分公司认真落实行业绿色发展“9218”重点工程要求，落实绿色邮政建设行动要求，积极推进绿色包装、绿色运输和绿色金融，塑造“效率、和谐、可持续、负责任”的绿色邮政品牌形象。寄递业务电子面单使用率达到100%；窄胶带使用率达到100%；电商快件不再二次包装率达到90%以上；绿色包装箱销售实现了全覆盖。

【安全工作】定边县邮政分公司全面落实集团公司和省市分公司安全生产要求，聚焦“人身、邮件、金融、消防、交通、信息、机要”领域安全。一是严格落实消防安全规定，对办公大楼、生产班组、员工集体宿舍等场所不定期开展安全检查，就发现安全问题及时进行处理。二是全面做好营业场所、业务库、自助银行的报警、监控、对讲、门禁设备测试和日常检查维护工作，强化实体防范建设，确保营业场所安防设施、业务库安防设施100%达标，确保监控、报警、出入口控制等技防设施按照属地监管部门要求100%达标。三是全面做好重大节假日期间寄递安全，保障了中国—中亚峰会期间、第19届亚洲运动会和第4届亚洲残疾人运动会、文博会期间的邮政寄递渠道安全和服务保障工作，圆满完成国家重大活动期间邮政安全服务保障工作。

【荣誉展台】荣获了全市“2023年度普遍授信整村开发标兵奖”荣誉称号、榆林市“2023年度双示范工程项目奖”荣誉称号、榆林市“创建平安邮政优秀单位”荣获称号；揽投部荣获榆林市“先进集体”荣誉称号；安边职工小家荣获陕西国防科技工业“先进职工小家”荣誉称号。

（吴巧蓉）

电 信

中国电信股份有限公司定边分公司
党支部书记、总经理 安进东
副 总 经 理 范桂铭 高海霞

【概况】中国电信定边分公司以让客户尽情享受信息新生活为使命，赓续“听党指挥 信念坚定、一心为民、变革创新、崇尚科技、安全畅通”红色电信精神，全年紧紧围绕省、市公司工作会精神及县委、县政府发展思路，深入贯彻落党的二十大精神，坚持党建统领、守正创新、担当作为，全面贯彻新发展理念，深入学习领会习近平总书记关于国企改革发展和党的建设的重要论述，关于网络强国、科技创新、网信安全的重要论述，切实用习近平新时代中国特色社会主义思想武装头脑，指导实践，推动工作，持续深化云转数改，更好地为地方经济建设作贡献，企业高质量发展取得了新成效。公司下设一室三中心（办公室、综合维护中心、营销中心、政企营销中心），6 个支局，38 个五级片区，3 个综合化维护片区。有合同制员工 43 人，非合同制员工 41 人，装维人员 37 人，综维人员 15 人。

【网络建设】不断提升县域通信网络整体承载能力，持续优化网络，改善服务感知，满足群众光纤上网需求，搭建网络平台，发挥电信网络优势，服务地方城乡经济建设。全年建设千兆小区17个，5G基站45个，发挥通信主力军作用，配合定边县重大项目和重大活动的通信保障工作，按照乡村振兴战略部署对农村重点乡镇5G覆盖。

【经营管理】紧紧围绕“学思想、强党性、重实践，建新功”，自觉用习近平新时代中国特色社会主义思想指导各项工作，坚持学思用贯通、知信行统一，将其转化为坚定理想，锤炼党性，指导实践，推动工作的强大力量。秉承“用户至上，用心服务”的理念，优服务，提能力，第一时间响应客户反映问题，聚焦客户投诉服务缺陷、短板问题，努力提升客户服务感知；加强网信安全客户信息保护，严格落实实名制，配合落实反诈工作，严把入网关；持续推进数字乡村建设，直面问题抓执行，统筹牵引重实效，创值引领产数业务再提速。

【党建工作】坚持以习近平新时代中国特色社会主义思想为指导，深入贯彻落实党的二十大精神，扎实开展学习贯彻习近平新时代中国特色社会主义思想主题教育，深入推进云改数转战略，持续弘扬奋斗者文化，干字当头，砥砺奋进。通过支部夺旗、主题党日、党建翼联、党员争先、群团共促等方式，进一步凝心聚力。主题教育开展以来，公司将解决群众急、难、愁、盼问题列入“我为群众办实事清单”，发挥头雁效应，2023年，支部书记与定边北关派出所党支部签订了《党建翼联合作书》，通过联学、联建、联动、联享，提供视联网智慧化服务，为智慧派出所技防建设助力，提升综合治理水平，助推社会综合治理，彰显企业责任与担当。

【急难险重】履行国企责任，开展志愿者活动；成立电信铁军攻坚突击队，在应对防汛抗洪、通信保障等急难险重任务时，党员同志勇挑重担、冲锋在前、吃苦在前，承担攻坚克难排头兵重任，用实际行动诠释责任与坚守，把党员的优良作风播撒在工作岗位上。

【荣誉展台】被中共定边县委、定边县人民政府、定边县人民武装部授予“优秀拥军企业”；被中共定边县委授予“落实全面从严治党主体责任优秀单位”。

（李 霞）

广电网络

陕西广电网络传媒（集团）股份有限公司定边县支公司

党支部书记 尹建国
党支部委员 张万里　杨学庭
总　经　理 尹建国（　—2023.05）
　　　　　　柳　文（2023.05—　）
副　经　理 柳　文（　—2023.05）
　　　　　　张万里（　—2023.05）
　　　　　　李世乾（2023.05—　）
经理助理 李世乾（　—2023.05）
　　　　　　付　凯（2023.08—　）
　　　　　　杨建东（2023.08—　）

【概况】陕西广电网络传媒（集团）股份有限公司定边县支公司（简称：陕西广电网络定边县支公司）从定边县广播电视局分离独立运营，于2001年10月11日挂牌成立，挂牌时原名称为陕西省广播电视信息网络股份有限公司定边县中心。2003年7月，脱离定边县财政，9月更名为陕西省广播电视信息网络股份有限公司定边县支公司。2007年更名为陕西广电网络传媒股份有限公司定边县支公司。2009年按照中共陕西省委文件《关于加快推进省直文化单位体制改革的实施意见》（陕发〔2009〕10号）文件，公司名称变更为陕西广电网络传媒（集团）股份有限公司定边县支公司。2022年4月27日，中广电移动网络有限公司陕西分公司注册成立。公司下设综合管理部、大众业务部、集团业务部、融媒体5G业务部、工程运维部等5个部门，有正式员工33人，其中党员12人。

【网络建设】在原有网络设施基础上对城区进行光纤网络升级改造，全年共完成光网改造主终端1139户，建设千兆小区15个。至年底，共有中心机房1个、乡镇机房19个，光交35个、城网交接箱257个、接入节点1250个、铺设光缆总长度1590公里。5G业务发展5173张。

【网络支撑】陕西广电网络定边县支公司是陕西省定边县行政区域内唯一合法的有线电视网络运营商，也是定边县电子政务网、公安网、综治网、金财网、金融专网、北斗测绘专网、地震网等专网专线保障支撑企业，同时也是定边县“雪亮工程”实施主体、定边县媒体融合统一平台的建设单位。

【经营收入】 全年经营收入2033.2万元。至年底，数字电视用户21828户、宽带用户6165户、卫星直播用户48000户。

【应急广播】11月底完成定边县城区应急广播系统建设（二期）项目验收并投入使用，城区应急广播覆盖县委、县政府、街道办，150个小区，21个广场及城区主干道；年底完成老少边应急广播19个乡镇、185个行政村的平台及终端建设，并投入使用。应急广播实现了定边县应急预警信息发布、应急节目制作播发、辖区内应急广播资源管理、应急广播发布流程控制、发布资源调度、值守监看、应急广播消息分发传输等主要功能，进一步提升了基层应急管理的能力水平，更好地满足政府需要、社会需要和群众需要，为乡村振兴和现代化乡村治理提供有力保障。

【广电扶贫·宽带乡村】保障定边县73个脱贫村146条无线WIFI热点，2500户衣食梁、新乐小区移民区有线电视用户，5875户农村脱贫户卫星电视用户。

【党建工作】公司党支部围绕中国广电5G一体化发展总体目标和广电融媒体集团发展战略，制定绩效考核制度，不断推进市场化管理，确保全年经营任务指标圆满完成。支部严格按照上级党委“第一议题”制度，深入学习贯彻习近平新时代中国特色社会主义思想、党的二十大精神，通过“三会一课”、主题党日、红色教育、技能比武等全方位提高党员素质。

【荣誉展台】获得陕西广电网络传媒（集团）有限公司大众业务五强支公司、管理提升五强支公司、经营发展十强支公司等奖项。

（万　茸）

移动通信

中国移动通信集团陕西有限公司定边分公司

总 经 理　王文州

副总经理　武　强

【概况】中国移动通信集团陕西有限公司定边分公司成立于2000年4月，隶属中国移动通信集团陕西有限公司榆林分公司，国有独资企业。分公司下设四个部室，8个生产班组。有合同制员工53人，派遣制员工12人。定边移动积极贯彻落实“五个定边”建设要求，全力构建基于5G+算力网络+智慧中台的“连接+算力+能力”新型信息服务体系，大力推动5G新基建，深入推动信息产业转型升级，截至年底，定边移动的个人通话客户数20.71万户，家庭宽带6.72万户，全年运营收入1.78亿元，树立了良好的社会形象，实现了企业效益和社会效益的双丰收。

【网络建设】定边移动网络覆盖全县所有乡镇和行政村，在基础通信网、传输网、城域网、IT业务支撑网不断完善的基础上，网络建设覆盖再提升，截至2023年，累计建成5G基站451个，初步实现了县城、乡镇及主要行政村的覆盖；全年建设传输光缆皮长约461千米，新增规划建设完成并投入使用综合业务基房2个，提高了业务承载能力。有线光纤网络累计建设1768个小区，全年新增1.2万个信息点。

【渠道建设】成立5个农村支局和2个城区支局，县城设立自办营业厅1个，以积极的政策创造灵活就业岗位，形成超80家长期合作伙伴、120人的直销团队和超100人的网络运维队伍，提供就业岗位超300个，覆盖各乡镇及部分规模较大的行政村。

【业务创新】定边移动依靠强大领先的无线网络和覆盖城乡的有线宽带，全面推进5G+AICDE等信息技术在市域治理、市场监管、智慧社区、智慧交通、智慧医疗、数字乡村等领域的融合创新，探索市域治理现代化建设。包括智慧政法平台、智慧环卫、智慧医疗、智慧校园、智慧城管、智慧社区、智慧工业、智慧农业、智慧消防、智慧安防小区、智慧监管平台（智慧应急平台、智慧市场监管平台等）、智慧园区、智慧金融、智慧路灯、智慧井盖、智慧智能视频分析、智慧媒体等领域融合应用。截至2023年，已接入平安乡村监控摄像头3万户，自研数字乡村平台服务七大数字乡村振兴要求，做到一屏管全镇，产品覆盖100%乡镇及70%行政村；K12校园学生证助力校园安全、家校互通，全年支撑电子学生证设备0.2万台，并且在每年开学对新生进行持续支撑设备。

【党建工作】定边移动党支部设有一名书记，两名支部委员，有19名党员。2023年，定边分公司党支部学习贯彻习近平新时代中国特色社会主义思想，助推各项工作提质增效。一是号召全体党员职工开拓创新、埋头苦干、奋勇争先，推进信息化数字化。二是进一步强化国有企业的政治责任感，以加强党的领导为根本，扎实做好国企党建各项工作，确保公司高质量发展。三是开展“网络强国”专题研讨，并以学促干，推动公司网络基站建设选址、家宽TOP故障小区整治、弱光整治、装机及时率和满意度提升等工作。全年累计开展“第一议题”学习22次、党员大会9次，包含专题研讨4次，党课4次，警示教育7次。

【荣誉展台】被定边县委、县政府授予“优秀部门”称号；被中国移动陕西公司授予“陕西移动先进基层党组织”“最暖心小小家”称号；被中国移动榆林分公司授予“先进基层党支部”“先进集体”称号；被中国移动榆林分公司评为“服务技能大赛团队第二名”。

（鲁开明）

联 通

中国联合网络通信有限公司定边分公司
总经理、党支部书记 何树兵

【概况】中国联合网络通信有限公司定边县分公司（简称定边联通），于2001年4月15日成立。公司下设有要客、商企、公众、交付支撑四个网格，以及1个自有营业厅。公司在册职工总计62人（其中合同制员工25人，派遣制员工37人）。在县委、县政府的关怀及各部门的大力支持下，全体员工上下一心、团结奋进，全年完成收入6410万元，网上用户移动业务9.4万户，宽带1.6万户。

【网络建设】全年共开通共享5G基站34个（涵盖126个小区），开通4G基站112个，其中包含900M站点110个（涉及332个小区），4G扩容小区7个，室外微基站3个，开通OLT设备85套，其中10GEOLT46套。完成了交换机及OLT上行的扩容升级30处，完成OLT双路电保护改造19处，光损用户数约达1400户，全年成功建设FTTH端口8016线。

【数村建设】以党建领航铸魂作为指引，以数智专业赋能作为特色，以助农实践项目作为抓手。积极践行央企责任，大力助推定边县乡村振兴建设。2023年，在定边县域乡镇农村新建109个LG900基站，当前网络覆盖达到了90%，同时启用了19套OLT设备。通过人员下沉、以店包片、渠道补盲、一村一策等手段，全年数村平台达到了39个，渗透率达89%，覆盖人口超过8.7万。实现了乡镇三务公开、乡村治理、美丽乡村、供销服务、邻里互助、大屏展示、居敬泽惠养老服务、公共区域实时视频查看等功能，为提升乡村治理水平和推动数字化新思路提供了强有力的保障。

【业务创新】为加速传统产业的数字化转型，推动数字经济领域牵引项目的建设进程，定边联通凭借大数据、云计算、物联网以及人工智能的资源与技术优势，助力定边县八福原生态农业有限公司的信息化发展。借助算法、云台、传感器等物联网系统的支撑，达成了养殖场环境、温度、湿度的智能监测。不但推动了农业生产方式的转变，完成了传统农业向智慧农牧业的升级转变，同时也为全县的数字经济建设树立了成功的范例，吸引了更多的资金与技术向数字经济领域汇聚。

【优质服务】联通营业厅秉承“百倍用心10分满意”的服务宗旨，不断提高团队素质，塑造公司形象，用心打造“智慧、亲和、有温度”的服务体验。为打造高品质服务，营业厅率先提出“服务向前延伸一步”，走进社区、广场、养老院等解决老年智能技术困难，提供“一站式服务”，共有1000余名老人得到了帮助。

【荣誉展台】被中共定边县委、定边县人民政府授予“年度目标责任考核优秀部门”荣誉称号。

（栾椿雁）

综合经济管理监督

发展与改革

定边县发展改革和科技局

局　　长　杨　帆

副 局 长　张振兴　王　斌　杨晓莲（女）
乔　昊　钟景林　高彩霞（女）
张克军

专职副书记　马宇洁（女）

【概况】定边县发展改革和科技局成立于2019年3月20日，是定边县机构改革新组建部门，由原发展改革局、科技局、粮食局、物价局、招商局组建而成，为正科级行政机构，对外挂定边县粮食和物资储备局牌子，是定边县政府直属的宏观经济管理部门。下设6个事业单位，其中正科级建制5个，分别为：重点项目建设服务中心、招商服务中心、粮食和物资收储检验中心、经济和科技信息中心、机场铁路协调服务中心。副科级建制1个，为价格认证中心。

【计划执行情况】地区生产总值（GDP）完成420.11亿元，增长4%；县本级固定资产投资完成102.61亿元，增长8.1%；剔除财政体制改革因素影响，地方财政收入完成17.09亿元，同比增长10.1%；社会消费品零售总额完成51.83亿元，同比增长6.3%；城镇居民人均可支配收入完成39522元，同比增长6.5%；农村居民人均可支配收入完成20721元，同比增长7.8%。

【经济社会发展】一是加强经济政策统筹协调。开展全县“十四五”规划实施中期评估工作，会同第三方编制单位，对“十四五”规划纲要实施情况进行全面评估，优化调整发展思路、主要指标和重大项目，提出后半期工作的建议，形成中期评估报告。制定2024年国民经济和社会发展计划，提出GDP等各项主要经济社会指标年度目标，强化经济运行调度，每月开展经济形势分析，密切掌握经济运行动态。二是推动县域经济高质量发展。动态完善“一县一策”事项清单，提出了16条定性目标任务和19条定量目标，建立县域首位产业项目库，围绕县域首位产业（马铃薯、荞麦）开展了专题调研，争取到位2023年度省级县域经济高质量发展专项资金4500万元。协调各单位做好县域经济高质量考核各项任务指标报送，定边在全省2022年县域经济高质量发展考核中排名第8位，跃升西部百强县第65位。

【项目推进】出台了《定边县高质量项目推进年行动方案》，成立了由定边县委、县政府主要领导任组长的高质量项目推进年工作领导小组和工作专班，进一步夯实各单位的职责和工作任务。紧盯国家重大战略、重大规划，对标地方政府专项债券、中央预算内投资、政策性开发性金融工具等投融资政策。持续滚动做好项目储备，已纳入高质量项目储备库项目700余个，总投资943亿元。抢抓中央预算内投资、专项债券、新增中央投资等政策机遇，积极争资金、争项目，策划储备中央预算内投资项目110个，总投资89.1亿元；策划储备专项债券项目38个，总投资64.2亿元，通过国家发改委审核项目16个；策划申报万亿元国债项目98个，总投资100.3亿元，通过省级审核67个，持续促进高质量项目“四个一批”的良性循环，争取到位中省专项资金5.58亿元。建立117个县级重点建设项目审批事项台账603项，抽调8个要素保障部门12名工作人员集中办公，对“市、县审批事项台账 ”进行指导督办。出台《发改科技系统干部包抓包联2023年重点建设项目责任制实施方案》，选派发改科技系统110名干部对全县117个年度重点项目进行督导服务，筹备组织召开9次重点项目集中开工、观摩活动，定期召开项目调度会，及时掌握各重点项目工作动态，16个市级重点项目开复工15个，开工率93.8%，完成投资101.4亿元；117个县级重点项目开复工106个，开复工率91%，完成投资129亿元，超额完成120亿元年度计划任务。

【营商环境】成立了定边县营商环境突破年工作领导小组，制定印发了《定边县优化营商环境突破年工作实施方案》《定边县营商环境领域专项治理方案》《定边县营商环境突破年宣传工作方案》《定边县进一步优化营商环境四十五条措施》等重要文件。制定完善了营商环境特约监督员评价制度、季度点评工作制度、年度考核办法等，通过市营商环境工作任务调度平台，对46条“营商环境突破年”任务、16条专项治理任务每月调度两次，对142条“审批不见面”任务、营商环境50条措施每月调度1次，形成了问题有台账。大力推广“榆林营商”微信小程序，统一制作标识牌、桌卡、即时贴等600余件分发各部门单位。加强与市场主体的沟通，协调在定边融媒开办营商环境专栏，组织召开4次营商环境新闻发布会，召开政企座谈会3次，倾听企业意见。健全营商环境、百姓问政、12345“三位一体”营商环境诉求处办机制，建立了纪检监察、检察监督联动机制，在县政府网站、定边融媒等发布征集营商环境问题线索公告，共收到投诉举报50件，办结50件，向定边县检察院移交问题线索2条。开展项目审批提速行动，持续开展县级领导干部包企业、包项目、解难题“双包一解”活动，常态化开展不见面开标和远程异地评标，全面推行“联审联批”“容缺审批”“承诺审批”“多评合一”，率先启用红蓝审批专用章。开展政务服务提标行动，制定印发《副科级及以上领导“走流程、坐窗口、优服务”活动实施方案》，体验营商环境，现场解决问题12件。

【新能源产业】一是壮大新能源产业。加快推动2021年—2023年在建、待建新能源项目，华能杜井100MW风电项目、华能100MW、国能100MW、华润50MW光伏已建成并网，全县新能源并网规模5180MW，全年发电量89.73亿度。二是推动新能源全产业链项目引进，中材风机叶片、重型风机塔架扩建、光伏管桩厂、支架厂、光伏铝型材项目等一批新能源延链、补链项目相继开工建设，形成了新能源配套产业和风光发电共同发展的新格局。

【乡村振兴】一是强化苏陕协作工作。宝应、定边双方政府两地互动交流趋向日常化，召开两地联系会议2次，宝应县结合定边产业所需，选派19名专业技术人才到定边工作。定边县选派挂职干部2名、专业技术人员12名到宝应开展交流学习。争取到宝应援助定边产业发展资金410万元、社会帮扶资金216.9万元，全数用于产业帮扶和教育帮扶项目，实现了本地基础设施的升级改造。争取省级苏陕协作资金1300万元,实施了产业帮扶项目3个，带动脱贫户4473人增收受益。二是扎实开展易地扶贫搬迁后续扶持工作。基础设施和公共服务补短板方面，完善新乐社区、衣食梁移民社区内配套基础设施；产业培育方面，实施“产业清零”计划，实现搬迁户的产业全覆盖。就业帮扶方面，通过各类公益性岗位安置易地搬迁脱贫劳动力，充分发挥社区工厂吸纳脱贫劳动力就业的引领示范作用,鼓励全县就业扶贫基地、社区工厂加大吸纳易地搬迁劳动力，全年吸纳搬迁劳动力108人。三是大力推广以工代赈。争取以工代赈预算内投资284万元，储备市级以工代赈项目40余个，向上申报市级以工代赈项目4个，谋划实施的杨井镇高天梁、樊学镇宋山至胡高湾、白湾子镇姚台村三条新修村组道路项目相继完工，发放劳务报酬433.8万元，带动群众务工人数646人。

【招商引资】以“引进大项目、培育新产业、打造新集群”为重点，坚持把“九大产业提升工程”和“十条重点产业链”作为主攻方向，投资2000万元用于链主型项目、头部企业项目和总部经济项目优惠政策兑现，定制化投资机会清单、产业链招商图谱和投资优惠政策。制定出台《定边县2023年外出“大招商”活动方案》，县级领导外出开展招商活动46次，召开视频会议座谈30余场次，考察调研了金风科技风机制造、山东信发集团高纯晶硅和工业硅、山东鲁宝高端智能装备制造产业园等116家企业95个项目，组团参加第十七届榆林国际煤博会、陕西•定边县重点产业推介恳谈会、陕西·福建重点产业合作恳谈会、第七届丝博会、粤港澳大湾区重点产业等招商活动，累计签约项目26个，投资总额达到438.55亿元。全年招商引资实际到位资金142.57亿元，完成市上下达任务130亿元的110%；实际利用外资完成904万美元，完成市上下达任务900万美元的101%。

【科技工作】一是推动秦创原创新驱动平台建设。聚焦“三大目标”任务，打造定边县立体联动“孵化器”4家、成果转化“加速器”5家、两链融合“促进器”1家，完成了科技平台建设示范点工作；完成评审2个秦创原项目，在市级平台发布技术需求。加快科技型企业培育认定工作，通过公示认定的科技型中小企业51家，成功认定高新技术企业8家；加速打造三支队伍，新增科技经纪人40人，新引进3名高层次人才，新增“科学家+工程师”队伍1支。二是发挥科技助农惠农兴农作用。引进瓜菜、春小麦、滑子菇、玉米、小杂粮、油料加工等方面的农业新品种、新技术、新设备继续开展试验示范及推广工作。加大旱作集成农业的试验示范工作，在杨井镇、安边镇、砖井镇等地推广种植渗水地膜粮饲兼用玉米4000亩、渗水地膜糜子和渗水地膜谷子1000亩，为实现科技惠民目标奠定了坚实的农业科技基础。三是组织参加第30届杨凌农高会，12类100余种农特产品参展亮相，定边县荣获本届农高会“优秀展示奖”。

【价格工作】每周对重要农副产品、农资、建材等40多个品种价格开展定期监测，发布8期《定边价格信息》。全年受理完成刑事及行政涉案财物价格认定139件，涉案标的金额924.35万元。其中涉刑事及治安案件129件，涉案标的金额771.15万元；涉行政案件9件，涉案标的金额137.7万元；涉纪委案件1件，涉案标的金额15.5万元。积极与定边县人民法院立案庭对接，进一步明确了“总对总”在线诉调的受理渠道、受理程序、受理范围等。进一步深化“法院+价格认证”的合作模式，推动价格争议纠纷调解在诉源治理方面发挥更大作用。开展了城镇供水成本定期监审工作；形成公共交通运营成本调查报告，完成定边县客运出租汽车运价调整；调整了非居民天然气终端销售价格。

【粮食工作】一是贯彻落实粮食省长安全责任制。共储备原粮11000吨，其中小麦8000吨，玉米3000吨；储备应急成品粮油1470吨，其中面粉800吨，大米500吨，食用油170吨。开展2023年储备粮轮换，对达到轮换期限的3000吨小麦、3000吨玉米进行轮换。二是加强粮油质量检查。完成政策性粮食库存检查1次，对县级储备粮检查14次、应急成品粮油检查10次，确保县级储备粮数量足额、储存品质达标。维护粮食市场流通秩序，共检查商品荞麦14059吨、玉米11432吨、社会储备粮600吨。做好军粮供应工作，完成全年军粮供应任务。

【社会信用体系建设】一是加强“双公示”数据治理。开展“双公示”季度核查、培训、指导等工作，组织召开了两次“双公示”信息报送培训，“双公示”数据累计上报3591条，其中行政许可信息上报3005

条，行政处罚信息上报586条。二是建立健全信用核查机制。制定了《关于在行政管理事项中使用信用记录和信用报告的实施意见》，在政府采购、招标投标、土地资源交易、政府资金奖补、干部选拔任用等各项行政管理活动中使用信用报告或查询信用信息的基础上，将公职人员调动、发展党员、预备党员转正、协会成立、规上企业奖励、劳动模范申报、文明家庭申报、各类表彰等都纳入信用核查事项内，累计对2076位个人和236家企业进行了信用核查，将市场主体的信用状况作为管理决策的重要参考。

【经济体制改革】确定了22条经济体制和生态文明体制改革工作任务，其中承接中省市任务18项，自主改革任务3项，小切口改革任务1项，均按照时间节点全部完成。出台了《定边县深化“亩均论英雄”综合评价改革工作方案》，7家企业被评为榆林市“亩均效益”A类企业。“标准地+承诺制”改革，积极推进工业项目“标准地+承诺制”改革，制定印发了《定边县深化推进“标准地”改革工作实施方案》。

【生态文明建设】一是有序推动冬季清洁取暖改造。积极推进燃气管网延伸和电网设施提升，全年铺设燃气管网139公里，改造电网140公里。深入实施户用清洁取暖改造，探索开展新能源（太阳能光热+空气源热泵）试点取暖，实施公共机构清洁取暖改造12家，外墙保温改造506户，户用清洁取暖改造8822户，新能源（太阳能光热+空气源热泵）试点取暖改造近200户。二是强化能耗审查。对71个项目完成了能耗核查，核查能耗共计56.2987万吨标煤。强化重点领域节能监管，特别是延长油田、长庆油田各采油厂单位用能监管，32家规上企业接入市智慧能源管理平台，推动能耗“双控”逐步向碳排放“双控转变”。

【荣誉展台】被榆林市委、榆林市政府评为2022年度全市招商引资先进集体。被榆林市委、榆林市政府评为2022年度全市争资争项先进集体。被陕西省成本调查监审局评为2022年全省农产品成本调查工作优秀集体。被中国杨凌农业高新技术成果博览会筹委会评为第三十届农高会优秀展示奖。

（田文凯）

统计管理

定边县统计局

局　　长　苗巧丽
副 局 长　曹学虎
党组成员　张　伶　高士瑞
党组成员、党委专职副书记　陈玉财

【概况】定边县统计局是县政府工作部门，是定边县人民政府主管全县统计工作和国民经济核算工作的正科级建制职能部门，内设办公室、财务股、综合核算股、农业农村股、工业能源股、投资建筑股、贸易服务股、劳资社科股、网络信息股、法规监督股等10个股室。主要负责全县国民经济的核算和评估，国民经济资料的搜集、分析、整理及编印工作，组织实施人口、经济、农业三大普查和人口变动、农村住户等抽样调查工作，组织开展“五上”企业联网直报工作，依法监督统计调查对象如实提供统计资料等。下设定边县普查中心和定边县社会经济调查队两个正科级事业单位。

【综合核算】全县实现生产总值（GDP）420.11亿元，比上年增长4.0%。其中，第一产业增加值37.11亿元，增长4.2%，占县生产总值比重为8.8%；第二产业增加值281.89亿元，增长2.3%，占县生产总值比重为67.1%；第三产业增加值101.10亿元，增长7.0%，占县生产总值比重为24.1%。非公有制经济实现增加值104.69亿元，占县生产总值比重为24.9%。按常住人口计算，人均生产总值123434元。

【农林牧渔】农林牧渔业总产值66.12亿元，比上年增长4.8%，其中农业产值45.62亿元，增长4.7%；林业产值0.90亿元，下降2.6%；畜牧业产值16.54亿元，

增长4.1%；农林牧渔服务业产值3.06亿元，增长3.7%。全县粮食总产量37.89万吨，比上年增长0.9%；油料产量1.73万吨，增长3.9%；蔬菜产量28.61万吨，增长5.2%。全县羊子饲养量128.43万只，增长6.8%；生猪饲养量21.04万头，增长2.1%。全县肉类总产量18979吨，增长6.5%；禽蛋产量9176吨，增长0.3%；牛奶产量28576吨，增长90.0%。畜牧业产值16.54亿元，占农林牧渔业总产值的25.0%。

【工业和建筑业】全年原油产量644.93万吨，天然气产量5.15亿立方米。全县风力发电装机并网2960兆瓦，光伏发电装机并网2220兆瓦，规模以上新能源企业发电量73.92亿度，是陕西最大的风光发电基地。2023年规模以上工业总产值332.04亿元，比上年下降15.3%，其中，上级反馈企业产值257.90亿元，下降15.7%；县级联网直报企业产值74.15亿元，下降13.8%。按不变价格计算，规模以上工业增加值比上年增长3.9%。全县所属建筑业企业实现增加值1.96亿元，仅占GDP总量的0.5%。

【固定资产投资】全县计划总投资500万元以上项目投资额比上年增长8.1%，其中城镇项目投资额增长9.3%，房地产开发项目投资额下降10.3%。从三次产业投资增速看，第一产业项目投资额增长217.4%，第二产业项目投资额增长2.4%，第三产业项目投资额增长16.8%。

【贸易】全县社会消费品零售总额51.83亿元，比上年增长6.3%，其中，限额以上消费品零售额12.86亿元，增长5.7%。

【财政和金融】全县财政总收入31.14亿元，增长15.2%，其中，一般公共预算收入11.55亿元，下降25.6%。剔除财政体制改革因素影响，一般公共预算收入17.09亿元，增长10.1%。一般公共预算支出60.72亿元，比上年增长12.5%。2023年末，全县金融机构各项存款余额321.75亿元，比上年末增长6.5%；金融机构各项贷款余额184.94亿元，增长17.1%。全县金融机构存贷比为57.5%。

【交通运输】全县等级以上公路总里程3675公里，其中，高速公路147.5公里，国道199公里，省道226.5公里，县乡公路676公里，村道1666公里，产业道路760公里。

【人口】全县总户数为106763户，户籍总人口361132人，比上年末增加148人，男女性别比为108:100，其中乡村人口311146人，占86.2%；城镇人口49986人，占13.8%。

【居民收入】全县城镇常住居民人均可支配收入39522元，比上年增加2401元，增长6.5%；农村常住居民人均可支配收入20721元，比上年增加1508元，增长7.8%。城乡居民人均收入比为1.91，比上年缩小0.02。

（苗仲鸿）

审计监督

定边县审计局

局　　　　长　刘彦璞（　—2023.05）
　　　　　　　　薛　诚（2023.05—　）
党组成员、副局长　王小平（　—2023.04）
　　　　　　　　苗建华（　—2023.04）
副　局　长　李卫兵
党组成员、总审计师　王　宁
党组成员、审计事务服务中心主任　边庆伟
专职副书记　苏培祥
总　会　计　师　曹志平
总　经　济　师　王　虎

【概况】定边县审计局组建于1983年9月，2019年3月机构改革“三定方案”确定机关行政编制16名。2019年9月组建县委审计委员会，为定边县委议事协调机构。办公室设在定边县审计局，主要负责定边县委审计委员会日常工作。2018年3月设立了定边县

固定资产投资审计办公室，2020年7月事业单位改革更名为定边县审计事务服务中心，为局机关下属事业单位，正科级建制，核定事业编制11名。定边县审计局有在职干部职工60人，其中：公务员15人，事业人员17人（包括审计事务服务中心14人），工勤人员6人，协管员15人、临聘人员7人。在职审计人员中有审计师、会计师等中级及以上职称6人，初级职称4人。局机关内设政务办公室、党建办公室、后勤管理室3个政务党务事务科室及审计一室、审计二室、审计三室、审计四室、审计五室、审计六室和法规审理室7个业务科室。

【工作概述】组织实施审计项目695个，其中同级财政预算执行审计12个，乡镇财政决算审计6个，领导干部经济责任审计30个，领导干部自然资源资产离任（任中）审计2个，财政投资项目审计639个，上级审计机关安排的专项审计（调查）项目6个。

【同级预算执行审计】根据《中华人民共和国审计法》《审计法实施条例》《国家审计准则》《陕西省财政预算执行情况及其他财政收支情况审计监督条例》等法律法规，积极开展年度县级预算执行和其他财政收支情况审计。在组织对县本级2022年度财政预算执行和其他财政收支情况审计的基础上，重点对教体局、卫健局、林业局、住建局等11个单位开展部门预算执行审计。对安边镇、姬塬镇、杨井镇等6个乡镇开展财政决算审计。

【投资项目审计】依据《审计署关于进一步完善和规范投资审计工作的意见》《陕西省国家建设项目审计条例》《定边县人民政府关于印发定边县政府投资项目管理办法（试行）》（定政发〔2022〕199号）积极开展政府投资项目审计。在全县中介公司备选库中抽取了30家具有审计服务资质和社会信誉度良好的中介公司参与财政投资项目审计。共完成投资审计项目639个，报审资金总额66980.01万元，审定资金总额65066.33万元，审减资金总额1913.68万元，总核减率2.85%。

【经济责任审计】依据《党政主要领导干部和国有企事业单位主要领导人员经济责任审计规定》及其《实施细则》和《陕西省党政主要领导干部和国有企业领导人员经济责任审计实施办法》要求，依法履行审计监督职责。按照县委审计委员会的审批安排，统筹协调审计力量，聚焦主责主业，对司法局、农业农村局、杨井镇、姬塬镇等30个部门和乡镇的主要领导干部任期经济责任进行审计。开展2个自然资源资产离任审计项目。审计过程中，除了抓好被审单位的财政财务收支审计外，还把机构设置、编制使用、“三公”经费等作为重要内容纳入审计范围，把对领导干部的经济责任审计与财政收支审计相结合，将自然资源资产离任审计纳入领导干部经济责任审计，与其所领导部门的预算执行审计相结合。

【民生审计】开展了以下6项工作：一是2022年度网络安全和信息化建设专项审计；二是全县基层三保（保基本民生、保工资、保运转）专项审计；三是全县优化营商环境情况专项审计调查；四是全县高质量项目推进年专项审计；五是全县国有企业资产负债损益审计；六是全县干部作风能力提升年推进落实情况审计调查。

【自身建设】每周一审计工作例会开展集体学习，坚持“第一议题”制度。按照县纪委统一安排，扎实开展警示教育活动，坚持把以案促改警示教育抓在经常、融入日常，充分利用反面教材，以案为鉴，举一反三，从反面典型中得到教育、受到警醒。同时开展了第六个纪律教育学习宣传月活动。推动党建工作与审计事业发展同向发力、双融双促、同频共振。按照全县“三个年”活动工作要求，第一时间召开动员部署会议，及时传达会议精神，结合审计工作实际制定审计局“三个年”活动工作方案，以干部作风能力提升年活动为抓手，聚焦强化组织领导、深化理论学习、实化作风建设。

【党建工作】坚持党建工作由主要负责人亲自抓，年初召开专题会议，对全年党建工作进行安排部署，明确党建工作目标任务，落实责任，制定年度党建和党风廉政建设计划，把党建工作纳入重要议事日程。层层签订党风廉政建设责任书，构建起上下同心、齐抓党建的良好机制。坚持把全面从严治党要求落实到机关党建各项工作中。坚持“走出去、请进来”，采取集中学习与个人自学，学习培训与交流研讨等灵活多样的方式，认真抓好党员干部的政治理论及审计业务知识培训。完善各项党建工作制度，强化制度的执行力，推进党建工作管理规范化、制度化。坚持和完善支部委员学习制度，教育引导党员干部始终铭记党员身份，立足自身岗位，无私奉献，创先争优。“围绕审计抓党建，抓好党建促审计”的书记项目，推动基层党的建设与审计事业发展同向发力、双融双促、同频共振。发挥好基层党组织的战斗堡垒作用和党员的先锋模范作用。

（高　洁）

市场监督管理

定边县市场监督管理局

负 责 人　刘相东（　—2023.03）
局　　长　户海青（2023.03—　）
副 局 长　李韦东（　—2023.01）
高海昀　邢甲荣
米建成（　—2023.01）
李世明　高牛宝
冯宇兴（　—2023.04）
沈志彦　郑　宣　李兴平
党委委员　康　健
总工程师　白云飞
总药剂师　艾　丽
稽查专员　郑鹏飞

【概况】定边县市场监督管理局于2019年3月15日挂牌成立，主要承担全县食品、药品、重点工业产品及特种设备安全监管和相关环节消费者权益保护工作。2023年，单位内设办公室（新闻中心）、人事股、财务股、政策法规股、信用监管股、食品应急协调和生产监管股、食品流通和餐饮服务监管股、市场和网络交易监管股、知识产权和广告监管股、质量和计量监管股、药品和医疗器械监管股、特种设备安全监察股13个股室，下设城区所、盐场堡所、贺圈所、安边所、红柳沟所、杨井所、白泥井所、白湾子所、砖井所、郝滩所、市场监管综合执法大队、质量技术和食品检验检测中心、消费者权益保障中心、市场服务中心14个事业单位。

【信用监管】印发了《进一步推进市场监管领域部门联合“双随机、一公开”监管工作的意见》，对各部门“双随机、一公开”工作进行规范。将企业信用风险分类管理运用于“双随机、一公开”监管，合理调整抽查比例和频次，实施差异化监管。2023年度开展跨部门联合“双随机、一公开”抽查检查21项，抽查市场主体75户；市场监督管理局开展本部门“双随机、一公开”抽查检查18项，抽查市场主体694户。利用企业信用信息公示系统加大宣传力度，推进市场经营主体年报工作，共完成2022年度年报任务：企业5790户，公示率92.47%；农民专业1188户，公示率80.92%；个体工商户18453户，公示率72.86%。

【食品安全监管】建立完善分层分级、层级对应食品安全包保工作机制，全县4439户食品生产经营市场主体分A、B、C、D四个级别匹配了市县乡村对应的四级包保干部，按照规定时间节点100%完成了每季度督导检查任务。确定了4个领域12家具有代表性的食品生产经营企业为示范企业进行样板打造，组织开展特色食品小作坊提档升级工作，按照全县小作坊总数6%的比例确定首批21家小作坊组织实施。推进重点品种产品追溯工作，将定边县乳品实业有限公司接入了食品工业企业质量安全追溯平台管理。加强重点部位、重点领域、重点时段监管，先后组织开展了粮油市场、节假日食品安全、校园及周边食品安全等各项食品安全专项整治行动10余次，对发现的问题进行了闭环整改。共完成食品（食用农产品）抽检监测任务737批次，开展“你送我检”活动检测送检样品53批次。完成两会、中高考等各类重大活动保障任务9次。牵头组织开展厉行节约制止餐饮浪费工作，对29家存在餐饮浪费行为的餐饮服务经营者下达责令整改，给予行政处罚12起。

【药械安全监管】在药品经营企业开展信用等级评定工作，分级分类评价153家药品经营企业，其中A级企业151家，B级企业2家。对全县186家医疗器械经营企业开展分级监管，实行二级监管企业12家，一级监管企业174家。开展医疗美容行业突出问题专项治理工作，完成4家医美机构注射用A型肉毒毒素追溯平台入驻并实行产品追溯。聚焦重点品种和关键环节，开展药品、医疗器械经营与使用、化妆品“一号多用”等专项检查，下发责令整改书10份，办理案件14起。药械化不良反应监测上报工作，共上报药品不良反应412例、医疗器械不良事件102例、化妆品不良反应18例。

【特种设备安全监管】开展重点时间段、重大节假日、重大行动特种设备安全检查和保障工作，先后组织开展了元旦、春节、6月安全生产月、中高考等时段特种设备安全检查工作。抓好特种设备定期检验工作，提醒企业对快要到期的特种设备提前一个月提出检验申请，督促特种设备使用单位及时组织人员参加上岗培训考试。组织开展了特种设备证后监督检查、黑气瓶专项整治、电梯安装质量监督检查等专项检查行动，发现电梯隐患14条，6户燃气具销售单位安全隐患，全部整改完成。

【产品质量安全监管】结合工业产品生产许可证管理办法，把监管重心放在“查隐患、促整改”环节上，在日常巡查中，重点加强了对“安全隐患”的排查和梳理。针对涉及社会关注度高、问题反映突出的家用燃气器具、消防产品、电线电缆等产品，开展强制性认证产品监督检查，严防“三无”产品、不合格产品上市销售。加大工业产品抽检力度，共抽检工业产品238批次，其中不合格产品4批次。配合县教体局对全县中小学12批次学生校服进行抽样双送检。

【市场秩序整治】开展转供电加价治理排查工作，组织召开了天然气计量和价格收费行政约谈会，开展涉企违规收费检查。开展了“春节”期间计量专项监督检查、加油机计量专项监督检查、粮食购销领域计量专项监督检查等各类计量专项检查。组织开展了广告专项检查和检验检测、认证机构出具虚假报告等问题专项检查，严厉打击治理市场领域各类违法行为和突出问题。聚焦公用事业等重点领域，加强了垄断及限制竞争线索摸排，摸排问题线索3条，撤销了燃气管理部门燃气燃烧器具质量审核登记。共办理普通程序行政处罚案件70起,共计罚款33.72万元，没收违法所得（非法财物）31.02万元。

【消费维权工作】通过全国12315投诉平台共受理消费者投诉举报1622件，为消费者挽回经济损失约18.04万元，承接、转办12345便民热线工单791件，受理的投诉及时处置，按时办结。围绕人民群众日常吃、穿、用等民生消费需求，开展“放心消费”创建活动。组织开展“线下七日无理由退货”活动，鼓励、指导7家经营状况、经营行为良好企业、个体工商户积极开展放心消费单位申报。开展线上消费纠纷调解服务（ODR)，完善消费纠纷在线投诉和处理机制，实行线上云端调解，培育发展了定边县好家乐时代广场有限责任公司等4家连锁ODR企业，实现在线消费纠纷调解。

【质量品牌建设】2023年全县商标新注册72件，截至2023年底全县共有注册商标2726件，共有有效发明专利43件，有效发明专利授权量107件，每万人口发明专利拥有量1.1件。探索开展企业知识产权质押融资，上报定边县国泰贸易等6家质押融资意向企业。推进质量基础设施“一站式”服务，定边县质量技术和食品检验检测中心完成了7项新建检定标准前期准备工作，完成食品实验室标准化升级改造，检定计量器具17843件。启动了“智慧监管”2期项目，平台至2023年底共接入学校食堂、大型餐饮服务单位、商超、食品加工企业和作坊、校外托餐机构300余户，其中学校食堂接入率为100%，重点环节食品安全监管效能得到提升。

（宗志鹏）

应急管理

定边县应急管理局

党委书记、局长 卢 军

副 局 长 王 凯 曹向峰

王少波 曹 贵

党 委 委 员 齐振龙

综合执法大队队长 李治军

综合执法大队党支部书记 李树江

应急救援保障中心主任兼党支部书记 郭 磊

应急救援队队长兼党支部书记 高润平

【概况】定边县应急管理局于2019年5月6日挂牌成立，为县政府工作部门，正科级建制，行政编制12个。下设3个事业单位，分别为定边县应急管理综合执法大队，副科级，编制19个。主要负责贯彻落实国家、省、市有关应急管理工作的法律、法规、规章、国家标准、行业规范和政策。负责全县安全生产监管日常执法工作和安全生产监督检查工作。定边县应急救援保障中心，正科级，编制11个。主要负责贯彻执行国家有关防汛抗旱、防灾减灾、抗震救灾、地质灾害、森林草原灭火的方针、政策、法律、法规和行业规范及安全技术标准，开展执法监督检查；水旱灾害应急工程、地质灾害应急治理工程和森林草原火灾防控工程建设，并组织抗旱应急供水调度；建立自然灾害灾情监测预警体系，对各行业主管部门单位所报的预警信息进行汇总和分析，为各类灾害和突发性事件的应急救援提供保障服务；应急物资储备、调拨和分配，做好应急资金管理和应急物资保障工作。定边县应急救援队，正科级，编制11个。主要负责县域内矿山、危险化学品、工贸等行业生产安全类等突发事件应急救援；森林草原火灾以及水旱、地震、地质灾害等自然灾害突发事件救援；县域内其他各类事故救援及预防性检查工作；全县应急救援队伍的培训以及应急救援新技术装备的推广。全系统共有工作人员110名，其中公务员10人，均为大专以上学历。

【党建工作】围绕“三有三强三结合、五抓五促总提升”内容，创建了“党建+N”的工作模式，研究出台了《定边县应急管理局绩效考核办法（试行）》《关于举办应急管理干部能力提升班的实施方案》《定边县应急管理干部实战大练兵（2023-2025年）实施方案》等系列方案，选派12名党建指导员到业务股室和执法中队任职，充分发挥党委全面监督、支部日常监督、党员民主监督作用。年内，共计组织开展集体学习39次，理论学习中心组集体学习11次，党员讲党课32场次。开展廉政警示教育活动6次，通报嘉奖7次30人，督查通报17期。

【安全生产】全县共发生各类生产安全事故1起，与上年同期相比少发生5起，同比下降83.3%；死亡0人，与上年同期相比少死亡4人，同比下降100%；受伤1人，与上年同期相比少受伤4人，同比下降80%；实现了事故起数、死亡人数、受伤人数“三下降”。认真贯彻国务院安委会安全生产“十五条硬措施”及定边县85条具体举措，制定出台了《定边县委县政府领导安全生产责任清单》《定边县安全生产责任追究办法》等文件，实行一月一推进、一月一通报机制，并与全县各乡镇、20个重点行业部门，签订了《定边县2023年应急管理综合目标责任书（任务书）》，实行“安全生产、防汛抗旱、森林草原防灭火、防减救灾、应急救援”等为一体的“一票否决”考核机制，形成企业、行业部门和属地“党政同责、一岗双责、齐抓共管、失职追责”的安全生产责任链条。同时，紧盯非煤矿山、危化、工矿商贸等重点领域，以及对中国·中亚峰会和各节假日等重点节点，组织开展全县性安全生产大检查行动15次，专项整治及联合执法行动65次，累计检查生产经营单位522余家次，立案查处334家，下达整改指令书641份，其中“互联网执法+”39份。突出“人人讲安全、个个会应急”安全生产月活动主题，以党的二十大精神暨安全生产“六进”、5·12防灾减灾日、6·16安全生产月等系列宣传教育活动，坚持线上与线下宣传相结合，发放安全宣传书籍5万余册，宣传单10万余份，宣传纪念品8000余件，解答群众咨询安全问题100余条，省市应急局门户网站发表报道31篇、微信平台发表报道50篇，推送安全提示、预警信息30万人次，营造出“人人讲安全、事事重安全”的氛围。

【隐患排查整治】结合县域实际，制定印发了《定边县重大事故隐患专项排查整治2023行动实施方案》，建立“三天一汇总、一周一汇报”机制，并组建3支共计32人的执法小分队开展排查检查。共排查检查各类生产经营单位3463家，排查发现一般问题隐患1669项，已完成整改1655项，整改率99.2%，排查发现重大隐患37项，已全部完成整改，整改率100%，并就重大事故隐患进行企业和企业主要负责人“一案双罚”2次、移送司法机关2人，行政处罚25家（次）。

【防灾减灾救灾】结合县域实际，制定《定边县关于加强基层应急管理体系和能力建设实施方案》，完成了20个乡镇“应急管理办公室”挂牌工作，设立了各村（组）应急管理站，在全县形成了县、乡、村三级应急管理网格；进一步推进信息化建设，完成了县应急指挥中心平台二期升级改造，实现了应急值守、平战调度、远程可视、指挥决策等功能；积极争取到中省市级冬春救助资金3335.78万元，救助受灾和困难群众累计达15万余人次，同时，建立了县包乡（镇）、乡包村、村包户“三级包保”机制，落实责任人439人，并对全县99户“四靠”户逐一建立台账，全年未发生洪涝灾害伤亡事件，安全度汛零伤亡；在森林草原防灭火期间，紧盯火灾敏感时段开展督查检查，累计出动车辆640余台次、人员3400余人次，整改火灾风险隐患84个，并开展了“鲜花换烧纸、赠送烧纸盆、提锹带水祭祀”活动，累计发放鲜花8万余株、铁桶4700余个、铁脸盆6300余个、铁锹2225余把、纯净水3万余瓶，有效防范了森林草原火灾的发生，守住了森林草原火灾“零发生”的底线。充分利用宣传海报、乡村大喇叭、微信公众号等对森林草原防灭火、防汛抗旱、防灾减灾救灾的应急应会知识进行宣传，累计发放宣传海报2万余份、宣传手册5万余份，发送安全提示信息80万余条。

【应急救援】完成全县突发事件总体预案以及自然灾害类、事故灾难类、公共卫生事件类、社会安全事件类4大项44个专项应急预案和各乡镇应急预案编制工作，完善了《定边县防汛应急预案》《2023年度定边县城防洪应急预案》等9类预案；建立了非煤矿山、气象灾害、水利、危险化学品等19个领域，共计51名应急管理专家库，整合了全县专（兼）职企业应急救援队伍，规范专（兼）职、社会应急救援队伍34支，组建了205支2460人的镇、村应急救援队伍，组织开展了能力提升专题培训班4期，线上培训2期，培训人员160余人次，储备了三大类61项共计5万余件应急救援物资；不断完善自然灾害和意外事故救助体系，为全县40.1万人口购置了200.5万元“五元民生保险”，极大地提升了灾害救助质量和风险抵抗能力。

【防汛演练】7月6日，在献忠路广场举行了定边县2023年防汛综合应急演练。此次演练由县政府、县防指主办，宣传部、应急局、住建局、水利局、街道办、贺圈镇联合承办，共计18个部门、5家驻定企业、13支抢险应急队、559名工作人员参与。

（李　勋）

财务·税务

财　务

定边县财政局

党组书记、局　长　张宝生（2023.05—　）
直属机关党委书记　苏喜卫（　—2023.05）
副　　局　　长　白　远
总　会　计　师　郑志远
总　经　济　师　张渊博
党　组　成　员　常庆生
孙雪瑞（2023.09—　）

【概况】定边县财政局属政府综合经济职能部门，下辖国库集中支付中心、财务规范化服务中心、政府采购中心、财政绩效评价中心、非税收入事务中心、会计事务中心、农业财务服务中心、国有企业综合服务中心、政府投资项目预算评审中心等9个事业单位；代管金通融资担保有限责任公司、金恒资产投资运营有限责任公司2个县政府直属国有企业；局机关内设办公室、党建办、预算股、国库股、经建股、社保股、行政政法股、教科文股、城投股、资产和采购管理股、财务股、信息股、综改股等13个股室。系统共有在职干部职工290人（含财政和统计所45人），党员148人。

【财政收入】全县财政总收入完成31.14亿元，较上年同期增长4.1亿元，增幅15.15%。其中地方一般公共预算收入完成11.55亿元，同比下降3.98亿元，降幅25.62%。剔除财政体制改革因素影响，完成17.09亿元，同比增长1.56亿元，增幅10.05%。各项税收完成7.72亿元，下降37.6%，其中：增值税2.17亿元，下降21.81%；企业所得税4792万元，下降39.33%；个人所得税850万元，下降47.53%；资源税7037万元，下降76.37%；城市维护建设税1.13亿元，增长34.71%；房产税1714万元，下降3.05%；印花税1633万元，增长18.85%；城镇土地使用税1.58亿元，下降38.01%；土地增值税1878万元，下降17.81%；车船税3408万元，增长4.86%；耕地占用税3471万元，增长14.37%；契税3611万元，增长63.69%；环境保护税114万元，无增长变化。非税收入3.83亿元，增长21.45%，其中：专项收入1.04亿元，下降41.62%；行政事业性收费收入1.89亿元，增长423.51%；罚没收入3019万元，下降16.56%；国有资源（资产）有偿使用收入5844万元，下降8.94%。

【财政支出】一般公共预算支出60.82亿元，比上年增支6.86亿元，增长12.71%。一般公共服务支出6.75亿元，增长8.94%；教育支出10.72亿元，增长4.21%；科学技术支出1233万元，增长16.21%；文化旅游体育与传媒支出8511万元，增长54.35%；社会保障和就业支出8.16亿元，增长16.34%；卫生健康支出6.25亿元，增长15.83%；节能环保支出1.15亿元，下降

40.95%；城乡社区支出3.18亿元，增长15.43%；农林水支出13.47亿元，增长19.88%；交通运输支出2.55亿元，增长60.44%；自然资源海洋气象支出8605万元，增长92.85%；住房保障支出1.58亿元，增长18.66%。

【财政改革】一是强化预算绩效管理。持续推动形成“事前、事中、事后”的绩效管理闭环；开展马莲滩国家沙漠公园养护、定边县详细规划采购和“语文整体改革”等项目事前绩效评估，涉及财政资金4282万元，评估核减金额1182万元；对巩衔资金、革命老区转移支付等80个重点项目支出开展绩效评价，涉及资金9.79亿元；预算绩效管理工作被市财政局评为优秀等次。二是优化项目评审流程。研究制定《关于进一步优化政府投资项目预算评审工作的通知》，严明评审范围、评审时限、评审程序、价格确认以及报审有关要求，实行一次性告知和容缺办理，评审时限大幅压减，评审效率进一步提高；完成评审项目170个（其中自评8个），审查金额23.67亿元，审定金额21.82亿元，审减金额1.85亿元，平均审减率为7.8%。三是规范政府采购行为。常态化开展不见面开标和远程异地评标，实施“互联网+政府采购”行动；审核、备案政府采购项目预算金额5.88亿元，审核后预算金额5.51亿元，节约资金3734万元，节支率6.29%；政府采购脱贫地区农副产品完成交易620笔1232.84万元，占年初预留份额217.35万元的567.2%。四是深化预决算公开。完成全县69个一级预算部门和296个二级预算单位2023年度预算公开和2022年决算公开工作；建立“台账销号、协调排查”工作机制，受到榆林市财政局充分肯定，作为典型在全市进行推广。五是稳妥推进国资国企改革。研究起草《定边县县属国企改革工作方案》《定边县县属国有企业负责人薪酬管理暂行办法》和《进一步加强国资国企监督管理实施意见》，明确改革重点、规范薪酬分配、实施有效监督，加强国有资产资金管理，履行出资人职责，建立健全现代企业管理体制。六是助力企业健康发展。分9个工作组深入全县72家中小微企业开展“财税政策进企业、优化环境促发展”走访调研活动，听取意见建议。落实融资贷款担保金额300万元；办理政担合作“惠农e贷”新增批量担保业务821笔，承保金额1.8亿元；办理银担合作“县域振兴批量贷”业务38笔，承保金额1816万元；向56家企业返还稳岗社会保险费270万元，惠及职工6826人；申报2023年度中省市中小企业各类项目16个，涉及企业44家，申报资金635万元；下达各类奖补资金4595万元，涉及企业209家；安排电子消费券发放补助资金600万元，撬动社会消费3600万元；将采购限额标准以上未达到公开招标数额的99个项目全部预留给中小企业，采购总金额9414万元；将达到公开招标适宜由中小企业提供的23个项目，预留给中小企业金额7053万元，预留份额66.89%；累计新增减税降费1.5亿元。

【财政监管】一是加大财会监督力度。研究制定《定边县财会监督专项行动工作方案》《定边县预算执行监督专项行动方案》，聚焦重点任务，加强财会监督，强化财经纪律约束，健全长效机制。坚持以强有力的监督检查推动财政资金更好发挥效益，先后安排粮食专项资金使用情况、2023年度会计和评估监督专项监督检查以及22个部门单位2021年决算公开和2022年预算公开的真实性检查，开展乡镇实有资金账户结余清理工作，19个乡镇（街道）共上缴结余资金191.67万元。二是严控政府债务风险。加强政府债务风险日常监测和统计分析，稳妥推进债务化解。三是扎实推进专项整治。开展财政衔接补助资金管理使用专项检查和财政惠民补贴“一卡通”管理问题专项整治，通过下达督办函、开展“回头看”等举措，提高巩衔资金使用效益，规范“一卡通”管理工作，“一卡通”发放财政惠民补贴资金49项共计6.32亿元；做好脱贫人口小额信贷逾期化解工作，截至12月底，逾期率控制在0.17%，工作成效受到县委、县政府通报表扬。四是加强内控体系建设。完成全县326家行政事业单位2022年度内部控制编报工作。

【财政荣誉】荣获2023年度全县目标责任考核优秀单位、2023年度争资争项优秀单位、2023年度巩衔工作优秀单位、2023年度宣传思想工作先进单位、

2023年度统战工作先进单位、财政管理绩效综合评价工作市级优秀等次。被中共榆林市委、榆林市政府授予“全市驻村帮扶工作先进集体”荣誉称号。被中共榆林市委平安榆林建设领导小组授予“2023年度平安单位”荣誉称号。

（李佳锶）

税　务

国家税务总局定边县税务局

局　　长　刘生华（　—2023.08）

　　　　　　高　飞（2023.08—　）

副 局 长　米入缸　马如骋

　　　　　　白天明　高国瑞

纪检组长　李　姣

【概况】国家税务总局定边县税务局在职在编干部153人，其中：公务员128人（平均年龄40岁），工勤人员25人；全日制研究生6人、在职研究生9人、大学本科84人、大专21人、中专及以下18人；注册税务师4人。县局机关内设13个职能股室，1个信息中心，11个派出机构。全县有管户14863户（其中一般纳税人1880户，小规模纳税人12983户），辖区内有24户企业入围全国重点税源。管理养老保险缴费单位326户，企业631户；城乡医疗参保30.3万人。

【组织收入】组织各项收入（剔除留抵退税因素）39.92亿元，其中税收收入（剔除留抵退税因素）27.36亿元（县级税收收入11.57亿元）。

【《意见》落实】深入推进税务领域“放管服”改革，聚焦“四精”管理，通过创新措施多管齐下，推进“5c+5r”征管质量监控评价工作，开展“慧办平台”（金税四期税务人端）上线推广工作，建设“枫桥式”税务分局，设立“税费争议咨询调节中心”，并按期召开纳税人缴费人座谈会，吸纳“金点子”，同时联合开展“365”黄河“几字湾”毗邻县税务局税收战略合作暨党建联学共建活动，坚持聚财与生财并举，积极争取多方支持推动税源建设，切实优化税源发展环境，主动服务培育壮大税源，促进县域经济科学发展。

【党建工作】坚决贯彻坚定不移全面从严治党战略部署和完善税务系统全面从严治党体系“六个更加强化”工作安排，认真落实全省“三个年”活动要求。以“三个学”为先导，坚持以党的创新理论凝心铸魂；以“三个一”为载体，全面加强政治机关建设；以“三项活动”为抓手，推动主题教育见行见效；以“两个责任”的落实，推动党的建设高质量发展。陕甘宁边区红色税史馆先后被榆林市委精神文明建设指导委员会、定边县委宣传部、榆林市税务局分别确定为“新时代文明实践基地”“定边县爱国主义教育基地”“榆林市税务系统干部教育培训基地”，被陕西省税务局确定为全省税务系统“践行中国税务精神学习教育基地”。《红税定边》专题片在榆林一套、榆林二套播放后，受到广泛好评。5月14日，《陕西日报》专题报道了定边县税务局政治机关建设阶段性成效。

【税收宣传】强化宣传培训，深化便民春风行动，开展“新春暖税户”“中小企业服务月”“全国第二届个体工商户服务月”政策宣传培训活动。举办纳税人学堂培训，组织开展“局长解难题活动”、税费服务体验师活动、民营企业税收营商环境体验活动，成立“定边县退役军人涉税费事项服务站”。全面推广数字化电子发票，让纳税人缴费人尽早实现数字化转型，进一步降低民营企业制度性交易成本。有序开展“营商环境体验官”活动，聚焦纳税人缴费人所需所盼，拓展创新服务举措，推动系列减税降费政策更好落实落细。不断加强与工商联合会的联系，联合开展纳税人学堂培训，进一步提高了企业的税法遵从度。深化“银税互动”，助力民营经济发展。

【队伍建设】建立“人才数据库”“人才业绩库”，

结合成长档案和考核结果进行研判，好中选优、优中选强，对不同表现的青年干部进行“靶向培育”。依托陕甘宁边区红色税史馆，立足本土红色文化资源，积极开展税务人才高地建设，设置“学、寻、践”3阶段能力提升实践项目，承接举办全市各县税务系统干部能力提升班，为榆林税务系统的干部队伍建设贡献定边力量。定期开展青年干部纪法知识测试活动，将纪法知识学习情况作为青年干部述责述廉的重要内容，帮助青年干部树牢纪律规矩意识。深入实施结构性交流，实现干部队伍资源的合理配置。

（付柏仁）

金融·保险

金　融

中国人民银行定边县支行

行　长　张　宏
副行长　张兴国　汪敬渊
书　记　赵晓鹏

【概况】中国人民银行定边县支行于1986年12月12日恢复成立，是中国人民银行总行在定边县境内唯一的派出机构，专职行使中央银行职能。主要职责有：负责在辖区内传导货币政策，监督管理金融市场，实施信贷政策窗口指导。负责防范和化解系统性金融风险、维护辖区金融稳定。分析、研究辖区内经济金融征信业务，负责辖区内人民币管理与流通，保障辖区现金供应。维护辖区内支付、清算系统的正常运行，负责对大额资金异常流动的监测。经营定边县国库业务，承办上级行交办的其他事项。设四股两室：综合业务股、国库会计股、货币发行股、保卫股、办公室、纪审室，有干部职工21人。

【业务管理】在绿色信贷、两项货币政策工具等方面履行金融支持政策，加大信贷政策和产业政策的协调配合，引导辖区金融机构优化信贷投向，支持地方经济转型升级。创新金融产品和服务，助力普惠金融发展，推动和加大对民营企业、小微企业、“三农”等薄弱领域和重点领域的金融支持力度。通过货币信贷政策“窗口指导”、建立约见谈话制度等渠道，调整优化信贷结构。强化征信管理，开展金融生态环境建设，推动新型支付工具宣传和推广活动。加强国库管理，推动金融IC卡的普及，配合上级行健全存款保险制度。至年末，全县金融机构各项存款余额321.75亿元，同比增加19.72亿元，增长6.5%；各项贷款余额184.94亿元，同比增加26.98亿元，增长17.08%。

（汪敬渊）

中国工商银行股份有限公司定边县支行

行　　长　纪风力
纪检书记　邹雅楠
行长助理　蔡　雯　李长江

【概况】中国工商银行股份有限公司定边县支行成立于1985年，2005年10月中国工商银行改制为股份有限公司。定边县支行有员工50人，本科以上学历人员占全行总人数98%。支行内设综合管理部、市场营销部，下辖营业室、长城街支行、新区支行。

【业务发展】存款业务：全行储蓄存款余额42.17亿元，较年初净增5.1亿元，增幅12%。储蓄存款年日均余额40亿元，较年初增长4.78亿元。对公存款降幅明显。12月末，对公存款余额8.62亿元，较年初负增长1.48亿元，降幅17%；其中公司存款4.03亿元，较年初增长0.14亿元，增幅3%，机构存款4.6亿元，较年初负增长1.62亿元，降幅35%。资产业务：全年支行各项贷款余额48.87亿元，较年初增长3.19亿元，增幅6.98%。存贷比达到95.62%。12月末，个贷余额1.86亿元，较年初增长1628万元。其中，个人住房贷款8000万元，较年初减少1567万元；个人消费贷款9272万元，较年初增长2395万元；个人经营性贷款1358万元，较上年增长801万元。发挥票据贴现优势，支持小微企业复工复产。12月末，实现票据贴现量9535万元，实现利息收入115万元，向小微企业提供票据贴现支持累计18户。中间业务收入：累计实现中间业务收入1413万元，目标任务完成率113%，超额完成年初分行下达任务指标。三方绑卡净增22058张，完成全年目标任务的551.45%，工银信使客户5200户，代理保险、理财、基金、贵金属等业务均有较好发展，新拓商户1245户，目标任务完成率1245%。收单市场快速上量，全面释放综合业务收入。经营效益：全行实现净利润7108.83万元，增长了51.13万元，增幅0.72%，目标任务完成率达139.39%。上缴当地税费92.8万元，目标任务完成率185.6%。

【**荣誉展台**】荣获中国工商银行榆林分行2023年个人金融业务旺季营销竞赛“先进支行”一等奖；荣获中国工商银行榆林分行2023年管理优秀奖。

（李　娜）

中国建设银行股份有限公司定边县支行

行　　长　赵　宁

副 行 长　张文瑞　蔡国洋

【**概况**】中国建设银行股份有限公司定边县支行成立于2012年6月18日，是建设银行陕西省分行恢复的第一家县城支行，位于定边县新区明珠西路高尔夫花园商住楼。支行下设综合业务部、支行营业室、中心广场支行三个部门。有正式员工28人，本科及以上学历28人，中共党员16人。全年，一般性存款233622万元，其中企业存款66840万元，个人存款166782万元；贷款余额183638万元，其中公司类贷款101320万元，个人贷款82318万元。

【**业务发展**】全年累计投放公司类非贴贷款101320万元，主要为定边县昂立光伏科技有限公司、陕西定边清洁能源发电有限公司、陕西华电定边风力发电有限公司等风、光企业贷款，均为绿色信贷。小企业方面：共投放普惠金融贷款460户，贷款余额21658万元。个人类方面：住房按揭类贷款全年投放453户12932.66万元，其中一手房按揭贷款投放124笔4345.66万元，二手房按揭贷款投放327笔8499万元；个人信用卡分期贷款完成5707万元。

【**企业文化建设**】支行始终将党建确立为全行重点工作，落实“三会一课”制度，党支部深入开展学习贯彻习近平新时代中国特色社会主义思想主题教育，在分行党委的带领下，制定支行的主题教育活动方案，开展主题教育活动，分别以《党章》《条例》《准则》以及二十大精神等模块为主题进行学习并集中研讨，发挥支部党员的先锋模范作用，分配任务时党员同志承担比普通员工更多的任务，作为榜样标杆带领非党员员工共同进步。推进普惠金融与乡村振兴战略，抓好普惠金融重点产品营销拓展，围绕贷款投放、减费让利、纾困解难、助农取款服务点建设等方面，助力小微企业、个体工商户、农户，进一步缓解企业经营困难与资金压力；巩固线上小微快贷等成熟信用产品的发展，扩大包括信用快贷、云税贷等小微快贷客户基础，通过客户基础的扩大持续提升授信客户与贷款投放，同时运用善担贷、善新贷等新模式为企业增信，运用网点综合化经营思维加强产品组合配置做实普惠基础产品，全年累计新增普惠贷款授信客户103户，贷款净新增6183万元。强化党风廉政教育，通过多次会议传达分行党风廉政建设工作会议暨案例警示教育大会精神，号召全行员工提高政治站位。执行“三会一课”制度，开展每年一度的民主评议党员和评选“一先两优”工作。

（李　琪）

中国农业银行股份有限公司定边县支行
行　　长　李鹏程
纪委书记　付冠华
副 行 长　刘　雄

【概况】中国农业银行股份有限公司定边县支行成立于1979年。2009年1月15日由国有独资商业银行整体改制为股份有限公司。有在岗职工69人，内设风险管理/运营财会/综合管理部、公司业务部、个人金融部三个部门，辖支行营业部、西正街支行、长城街支行、新区支行、贺圈支行五个营业网点。

【主体指标】各项存款余额64.08亿元，较年初减少0.48亿元。其中，个人存款余额38.23亿元，较年初增加3.91亿元；对公存款余额25.85亿元，较年初减少4.39亿元。各项贷款余额15.54亿元，较年初增加5.16亿元。其中，个人贷款余额5.27亿元，较年初增加2.39亿元，法人贷款余额10.3亿元，较年初增加2.77亿元。全年实现中间业务收入1051万元，营业收入1.26亿元，净利润7309万元。

【乡村振兴】结合定边农业产业发展特点和农村地域分布情况，周密制定建档方案，及时组建以党员干部为骨干、老中青搭配的6个三农服务突击队，常态化开展农户信息建档，持续做大惠农e贷规模，不断提升农行服务乡村振兴质效。截至年末，全行农户贷款较年初净增2.18亿元，余额3.23亿元，增量和余额均位列全市农行第一。

【服务实体经济】聚焦石油、新能源、农业产业等重点领域，加大项目贷款、绿色信贷、普惠、个贷等投放力度，信贷资金精准投向实体经济质效显著提升。全年投放个人网捷贷款4917余万元，新投放普惠法人贷款3182万元，投放经营性固定资产贷款、中期流动资金贷款合计6.49亿元。

【风险防控】至年末，全行不良贷款余额464万元，较年初下降181万元，不良率为0.33%；完成表内不良资产清收处置545万元，表外不良资产清收处置471万元。围绕员工异常行为风险、信贷业务风险、银行柜面操作风险、侵犯客户信息风险、安全保卫领域风险五个方面问题，定期开展全面排查，及早发现和化解潜在风险隐患。

（张亚申）

中国农业发展银行定边县支行
行　长　张学毅
副行长　闫一鸣

【概况】中国农业发展银行定边县支行成立于1996年12月，是设立在定边县的唯一一家农业政策性银行，主要职责是按照国家法律、法规和方针、政策，以国家信用为基础，筹集资金，承担国家规定的农业政策性金融业务，代理财政支农资金的拨付，为农业和农村经济发展服务。内设综合部、客户部两个部门，在职员工15名。

【党建工作】全行党员13人，党员占比约87%；组织党员干部按时参加网络培训学习，坚持每日在“学习强国”“智慧党建”等APP中学习相关政治理论知识，引导全体党员不断增强党性修养和工作履职能力；扎实开展主题教育工作、警示教育工作及主题党日活动，全年共开展主题党日活动12次，发表对外宣传报道52篇，切实提高党员干部思想自觉和行动自觉，增强“四个意识”、坚定“四个自信”、做到“两个维护”，立足岗位作贡献。

【业务指标】至年末，各项存款8194.17万元，各项贷款余额38379.46万元(含农发基础设施基金)，贷款具体占比为：地方储备粮油贷款2566.9万元、县级调控粮油贷款1032.5万元，共占比9.38%；小微企业贷款1850万元，占比4.82%；产业化龙头企业贷款31911.06万元，占比83.15%；农发基础设施基金1019万元，占比2.65%。

【金融服务】全力服务国家粮食安全。持续做好对定边县聚丰粮食购销储备库贷后管理工作，加强粮食收购资金贷款监管，夯实封闭运行管理，确保定边县储粮油数量、质量完好，粮油承储安全，保证全县粮油市场平稳。全年向该企业累计发放贷款2279.4万元，支持其原粮及成品粮油收购。全年支持累计收购小麦3000吨，玉米3000吨，米面油共计750吨，并在收购过程中帮扶定边县贫困户6户；精准服务具有特色优势的小微企业，并鼓励小微企业积极参与“万企兴万村”行动，为推动农村经济发展、提高农民生活水平、促进乡村全面振兴蓄势添力。全年累计支持小微企业4户（其中包含定边县“万企兴万村”试验示范项目企业3户），累计发放小微企业贷款1850万元，较年初净增650万元，累计带动当地脱贫人数17人，并与其签订就业协议，积极帮助贫困户增收，扶贫质效显著提升；为不同客户制定服务方案，对有开通该项业务需求的客户，主动上门服务，完成银联入网、生成收单二维码等一系列工作，并现场操作演示，帮助客户快速掌握具体操作。同时对于所有客户通过扫码收单产生的第三方支付机构手续费予以减免，真正做到让利企业，全年共计减免手续费21.93万元。全年营销新客户5户，累计到账资金1357.45万元，年末留存余额1334.66万元；积极做好扫码收单服务业务，收单金额共计8348.13万元，同比增长843.75%，产生日均存款金额5235.08万元。

（冯阳阳）

长安银行股份有限公司定边县支行

行　长　安晓旭

副行长　魏仓虎　方　科

【概况】长安银行定边县支行位于定边县长城南街锦绣豪庭1号商住楼一、二层，成立于2014年4月11日。支行内设一室两部：营业室、业务部、综合管理部，共有员工16人，其中本科学历15人，硕士研究生学历1人。

【党建工作】中国共产党长安银行股份有限公司定边县支行支部委员会成立于2015年6月27日，有正式党员7人。切实履行支部书记抓党建“第一责任人”职责，积极探索理论学习和业务学习的方法路径，始终把党建工作摆在首位，推动全面从严治党任务落实，坚持党建工作与支行各项工作同谋划、同部署、同推进，助力党支部建设水平再上台阶。2023年支部党建工作思路：坚持擦亮“五味”党建品牌，牢固树立“四个意识”，建立“敬业奉献”党支部。

【指标情况】截至2023年12月底，支行存款余额17.55亿元，同业占比为5.55%；其中对公存款余额4.53亿元，同业占比为4.91%；个人存款余额13.01亿元，同业占比为5.81%。存款余额较年初新增4.31亿元，同业占比19.25%，新增同业排名第二。支行贷款余额11.54亿元，同业占比为6.24%，同业排名第四。贷款余额较年初新增9.32亿元，新增同业排名第一。

【金融服务】加大对小微、民营企业信贷支持力度，通过特色小微信贷产品“药供贷”及“医保贷”，对防控医疗器械、药品及相关物资的科研、生产、购销防护用品等市场主体及医院、药店提供快速、便捷的融资服务。支持企业在网上申请“优税e贷”，采取线上和线下两种方式，满足客户的多样性融资需求。降低企业融资成本，不向小微企业收取贷款承诺费、资金管理费，减少小微企业、民营企业融资过程中的附加费用，降低融资成本。根据定边县域涉农经营主体实际经营情况，在数次实地走访、调研的基础上，积极向上级行申请，创新研发信用贷款产品“惠农贷”，用于满足定边县广大信用良好的涉农经营主体对信用贷款的强烈需求。

【荣誉展台】入选榆林市发展和改革委员会“榆林市2023年度信用建设优惠案例”，获榆林市银保监局“榆林银行业小微企业金融先进单位”称号，获中共定边县委、县政府“2022年度目标责任考核优秀部门”称号。

（闫晓菲）

定边农村商业银行股份有限公司

董 事 长 刘富国
行　　长 梅　霄
监 事 长 贺亚平
纪委书记 刘　涛
副 行 长 李志文　郝星星　高生华　白　诚

【概况】陕西定边农村商业银行股份有限公司（以下简称“定边农商银行”）是经中国银行业监督管理委员会批准成立的地方性股份制商业银行，于2011年10月16日正式挂牌开业，是西北五省第一家由统一法人社直接改制的农村商业银行。内设15个一级职能部门、8个管理中心，下辖31家营业网点，有员工400余人，是定边县唯一遍布城乡的金融机构。

【党建工作】定边农商银行党委强化法人治理，完善体制机制，促进党建业务融合，通过创造性开展系列活动，切实增强党组织的向心力和战斗力，使业务发展的前沿堡垒更加牢固，并坚持“严管就是厚爱”的主基调，精准运用监督执纪“四种形态”，锲而不舍落实中央八项规定及其实施细则精神，全面从严治行持续向纵深推进。

【业务指标】各项存款余额123亿元，较年初增加3.31亿元，占全县金融机构市场份额38.91%；各项贷款余额71.97亿元，较年初增加4.62亿元，占全县金融机构市场份额38.92%。定边农商银行积极打造家门口的银行，2023年，全年精心打造金融服务e站示范点10个、标准点15个，实现城区内千米一网点，乡镇网点全覆盖，168个村级助农服务点打通了农村金融服务的最后一公里。全年共缴纳各项税费3503万元，为县域经济持续发展贡献了农商力量。

【金融服务】坚守“专心银行、良心银行、贴心银行、放心银行”发展定位，秉承“四求四不”经营理念，坚持以客户、群众的金融需求为中心，回归本源、专注主业，全力以赴支农支小支实。全年授信客户净增4000余户，贷款客户净增7000余户，共创建信用村77个、信用镇4个，更好地满足乡村振兴多样化、多层次的信贷需求。围绕县域首位产业、农业产业特色化及优势产业开展信贷支持，全年普惠小微贷款净增4.17亿元，先后参加并组织召开银企座谈会5次，对接发放企业贷款2.18亿元，对县域53家不同企业开展预授信8.87亿元，已用信6亿元，以精准、高效、有力的金融服务为县域经济发展源源不断地注入金融“活水”。全力做好春耕备耕、“三夏”生产、秋收秋播等金融服务，推动人员向下沉、服务广覆盖和产品新突破，实体贷款较年初增加5.22亿元。妥善完成存量首套住房贷款利率调整，消费贷款净增4.05亿元。

【文化建设】通过改善基层条件、解决员工合理诉求、开展庆“七一”、义务植树、职工趣味运动会、主题演讲比赛，增强员工归属感和凝聚力。党员干部“双报到”，进社区服务开展“三问三访”、爱心捐款、垃圾清扫、环境治理、安全隐患大排查，用心用情解民忧、纾民困、暖民心。开展爱心助考，召开客户经理座谈会，提升便民服务，优化结算服务，强化队伍建设，持续做好信贷服务保障。

（王　丹）

保　险

中国人寿保险股份有限公司定边支公司

经　　理 刘　伟
经理助理 任　凯

【概况】中国人寿保险股份有限公司定边支公司是定边最大的商业寿险公司，属中国人寿保险股份有限公司在定边县的分支机构。内设经理室和5个部门。截至2023年底，签订劳动合同11人，其中经理室2人、营销部3人、收展部1人、机构部2人、客户服务部4人、综合部2人。销售队伍系统人力211人，其中营销系统人力193人、主管队伍31人；收展系统人力18人、主管队伍2人。公司有9个独立经营职场。

经营范围有人寿健康意外伤害保险等各类人保业务、人身保险的再保险业务、各类人身保险服务、咨询和代理业务等。

【基层党建】党支部共有党员6名，其中支部书记、组织委员、宣传委员、纪委委员各1名，积极分子3名。2023年开展学习贯彻习近平新时代中国特色社会主义思想主题教育，全年召开党支部大会12次、民主生活会1次，开展主题党日活动2次，党员双报到4次。

【主要业务】全市唯一一家D5类公司，全年实现总保费11200万元，全年理赔金额2823.46万元。其中个险渠道，新单期交保费达成3024.52万元，三五年期保费达成1224.52万元，标保保费达成870万元，保障型保费达成388万元，短险保费达成421.15万元；团险渠道，全年实现保费274.88万元，其中学生险44.81万元，农村小额保险115万元，计生保险11.94万元，老龄保险15.6万元，法人业务32.5万元，其他业务55.03万元；银保渠道全年实现期交保费45.6万元。客户服务部全年赔付理赔款2823.46万元，所有案件应赔尽赔，无未决赔款。

【荣誉展台】定边县人民政府授予中国人寿定边支公司“2023年度定边县金融业支持地方经济先进单位”。

（潘 洁）

中国人民财产保险股份有限公司定边支公司

经　　理 魏小栋

副 经 理 田云瑞

业务主管 刘 剑

【概况】中国人民财产保险股份有限公司定边支公司（简称人保财险定边支公司），是目前县域最大的国有财产保险公司。有员工26人，营销人员35人，社会各阶层保险联络员500多人，下设城关、安边、砖井三个乡镇保险营销服务部。2023年公司保费收入6325.31万元，代缴车船税730万元，支付赔款3362.5万元，累计提取未决赔款准备金1614.18万元。综合赔付率54.03%，综合成本率74.61％，实现利润1437.82万元。

【主要业务】主要开办机动车辆交强险、商业险、企业财产险、家庭财产险、企事业单位雇主责任险、学生幼儿意外伤害和团体人身意外保险、校方责任保险、火灾公众责任保险，民生类保险、政策性能繁母猪、奶牛、玉米和马铃薯保险等三百多个险种。

【农业保险】保费累计收入961.3万元，承保玉米、马铃薯、农业设施大棚、能繁母猪、育肥猪、仔猪、奶牛、奶山羊、公益林保险，为6424户农民提供3.5亿元风险保障。农险接案2584件，理赔支出1077.76万元，简单赔付率112.11%，受益农户4411户次，截止12月31日立未理案件37件，当年结案率98.5%，理赔案件0投诉，获农户及村委会锦旗3面。

【科技创新】以移动终端设备为依托，通过前端APP与后端集中审核系统相连接，实现移动查勘、移动理算、快速理赔的养殖险远程理赔系统项目；由台账式管理到空间信息化管理转变的“按图承保、按图理赔”项目；精确承保、快速理赔的“天空地”一体化的立体服务体系项目；科学使用“耘智保”验标承保；以猪脸识别、电子签名、系统风险数据筛查、OCR票证识别为代表的人工智能衍生技术辅助应用项目；以智能养殖系统、电子耳标为代表的“物联网”技术应用项目。

【乡村振兴】为定边县户籍人口36万人、外来流动人口3.5万人提供了“五元民生” 政府救助保险业务，累计为全县居民提供了1000万元的风险保障。

（陈 瑞）

中国太平洋财产保险股份有限公司定边支公司

经　理 高旭东

【概况】中国太平洋财产保险股份有限公司定边支公司（简称太平洋产险定边支公司），经中国保监会批准成立于2005年1月25日，公司位于定边县长城南街271号，有在编员工12人，劳务派遣4人，营销及代理人员150余人，公司下设综合部、理赔部、交叉销售部、个人代理部、电网销部、车商部、农险部等七个职能部门，另农险部下设定边镇三农服务站、砖井镇三农服务站、红柳沟镇三农服务站。

【主要业务】开办机动车辆保险、财产保险、农业保险、货物运输保险、企业财产保险、安全生产责任保险、雇主责任保险、产品责任保险、机器损坏险、建筑工程安全生产责任保险、人身意外伤害保险、政保业务、家财险及健康保险等，满足各层次、各行业保险需求。

【经营状况】全年保费收入4561.3万元，年度业务较同期增长402.18万；总赔款支出2724.65万，代征代扣上缴地方财政车船税538.46万元。

【金融服务】防贫保项目总保费收入300万元，进村入户摸查为全县建档立卡户、边缘户、监测户、低保户赔付到账580个案件，支付赔款275余万元，最大限度减少贫困增量；中标榆林市门诊慢特病项目第三标段，组建了定边县医疗保障门诊慢特病项目服务队伍，全面负责此项目的实施与运行，为参保人提供更加优质的服务，实现“参保人员满意、政府部门放心、医保事业发展、保险企业成长”多方共赢；政策性农业保险总保费1380.6万元，已发生理赔金额1205.5万元，其中“保险+期货”生猪价格保险项目主要由中期期货和政府出资，有效对冲了养殖企业的价格波动风险，同时对脱贫户单独开通承保理赔绿色通道，为提高羊养殖户养殖技能，联合榆林市羊产业发展中心，编制了《羊养殖安全生产手册》，分发各养殖户，有效降低了死亡率，实现风险减量；积极推进数字化转型，通过“保险+科技+服务”的经营模式，推进重载货车全流程风险管理服务，对5吨以上重载货车安装太好保设备，通过摄像头判断前向碰撞风险并使用主动制动手段，结合线上风控、线下风勘两支团队，为客户提供风险识别、风险消减、安全培训等主动风险减量服务，免费为陕西博达石油工程技术服务有限公司、定边县森豪威油田钻井工程运输有限责任公司、定边县新润货运有限责任公司等安装太好保设备103台，实现了营运货车出险率和致死率双降的目标。

【荣誉展台】6月份被定边县人民政府评为“2022年度金融业支持地方经济发展先进单位”。

（王馨敏）

教育·科技

教　　育

定边县教育和体育局

党组书记、局　　长 蒋登峰
党组成员、副 局 长 高小平（　—2023.04）
吕宏斌　李立辉
党组成员、专职副书记 牛世凯
党组成员、工会主席 刘午亭
党组成员、办公室主任 沈春华（4月离任办公室主任）

【概况】定边县教育和体育局内设办公室、人事股、基教一股、基教二股、基教三股、计财股、安全股、职成教股、集中核算中心、党建办等10个股（室）以及教育工会，下设教育质量评估监测中心、教学研究室、招生考试中心、体育运动中心、学生后勤服务中心、继续教育中心、青少年校外活动中心、电化教育中心8个单位。共有中小学、幼儿园114所，其中普通高中3所、完全中学1所、职业中学1所、特殊教育学校1所、初级中学8所、九年一贯制学校7所、公办小学31所、民办小学1所、公办幼儿园30所、民办幼儿园31所。在职教职工4796人，专任师4477人，其中幼儿教师546人、小学教师1814人、初中教师1362人、高中教师492人、特殊教育学校教师29人、中职教师234人。在校学生共67948人，其中普通高中生5818人、职业高中生2430人、初中生13818人、小学生33387人、幼儿12495人。

【德育教育】推动学校思政课和课程思政建设工作，分别在第二中学、向阳小学组织开展“全县义务教育阶段教师课程思政培训”活动。在彩虹小学举办全县“加强党建引领推进红色文化基因进校园暨新时代中小学思政课建设培训”活动，聘请县内优秀教师进行示范教学及专题讲座培训，部分中小学参照活动流程，开展思政课区域教研活动，培养思政课骨干教师队伍。依照“1155”德育模式，与多部门联合举办德育活动。本年度与县普法工作领导小组、县司法局联合开展“2023年春秋季两次‘法律进校园’宣传活动”，与县文明委联合开展“童心向党”“扣好人生第一粒扣子”等主题教育活动。常态化开展清明节、端午节等“我们的节日”主题活动和志愿服务实践活动。组织中小学学生开展“同讲普通话 筑梦新时代”主题演讲比赛活动，组织开展定边县2023年“承传统文化 讲中国故事”主题英语读书活动。各学校举办运动会、艺术节、读书节、科技节等校园活动。举办各类德育评选活动。先后表彰奖励320名“定边县2023年度校园十佳之星”和210名“定边县2023年度优秀少先队员”，完成市级推荐工作；表彰奖励县级“诗词大会”“成语大会”“汉字书写大会”学生144名，教师36名。在全市诗词大会中，定边县田园小学取得第二名；在全市成语大会中，定边县第二中学、定边中学分别取得初中组第一名、高中组第三名。与定边县壹心语心理咨询中心合作，为城区中学生开展心理量化筛查、集体讲座等心理服务。组织116名班主任、专兼职心理健康教师参加线上远程学习和线下集中培训。组织参加陕西省第二届中小学“阳光心灵 与你同行”心理健康大展演活动。组织16名班主任和心理健康专兼职教师参加榆林市教育局组织的2022年中小学教师心理健康培训项目。全县中小学均建立心理咨询室，配备专兼职心理健康教师，11月份与榆林市第五人民医院联合对第五中学和定边中学的全体学生开展心理筛查。

【队伍建设】年内主要从校长领导力、骨干教师专业能力、新入职教师胜任力、心理健康教师专业能力、教师信息技术应用能力等方面，采取“请进来”与“走出去”相结合的方式，组织开展高中校长、中层管理干部及班主任教师新高考综合改革专题培训、心理健康指导师培训、新任教师岗前培训、专业技术人员继续教育培训、德育校长及中层管理干部外出培训、县级室坊站成员培训、新课程标准培训、中高考研讨会等教师培训工作，培训教师5000余人次。遴选992名教师参加国培计划和省培项目线上培训，选派398名教师参加国培计划和省培项目线下培训。举办县级“教学能手”第五批“学科带头人”和第二批“名师”评选活动，评出中小学、幼儿园、职业高中教学能手58人，学科带头人29人，名师5人。开展省市级教学能手候选人专题培训活动，向市级教学能手评选推荐人选20名，有15名选手获得市级教学能手称号。举办2023年定边县中小学班主任基本功比赛，71名选手中42名取得奖励。组织县级室坊站成员4次外出培训，分别赴浙江嘉兴、宁夏银川、四川成都、福建厦门更新室坊站建设理念，名师工作室积极开展研课磨课、课例研究、送教送培等活动。

【学前教育】全县61所幼儿园中有省示范园3所（县幼、三幼、五幼），市级一类园6所（二幼、安边镇中心幼儿园、砖井镇中心幼儿园、衣食梁幼儿园、白湾子幼儿园、定边镇星星幼儿园），二类园41所，三类园7所，未入类园4所。公办园在园幼儿数占比60.88%，公办园占比同比上年度秋季提高8.71%，公办园在园幼儿数占比同比上年度秋季提高13.53%，幼儿人数比上年度秋季减少3473名。陕西省学前教育文化建设示范基地2所（县幼、五幼），陕西省级乡镇村级幼儿园一体化管理试点基地2所（贺圈学区幼儿园、安边镇中心幼儿园），陕西省幼儿园家园共育试点示范基地1所（三幼）。普惠性幼儿园59所，营利性幼儿园2所，普惠性在园幼儿占比为96.74%。推进学前教育事业优质普惠发展。4月份召开定边县2023年学前教育工作会暨安吉游戏推进会。教育部、省厅“安吉游戏”推广指导专家及西安市未央区教体局先后到定边县调研学前教育及“安吉游戏”实验区工作情况。5月份，对2018年已认定的定边镇星星幼儿园等6所民办幼儿园进行普惠性复验工作。10月份，对定边县北关幼儿园等7所幼儿园开展幼儿园分类评估创建及复验工作。开展规范幼儿园办园行为专项督查活动。出台《定边县教育和体育局关于开展学前教育游戏课程化评估的通知》《定边县教育和体育局关于“聚焦教师观察能力、促进儿童学习发展”工作实施方案》。

【义务教育】继续推进“课堂革命·陕西行动·榆林实践”。开展2次全县落实“双减”推进高效课堂建设经验交流现场会，集中展示全县学校落实“双减”和推进“三个课堂”建设的显著成果，分别展现高效课堂教学模式、学科集体备课活动的典型做法。组织全县初中校长赴河北宁晋、河南三门峡学习高效课堂建设成功经验，召开外出学习成果转化专门会议。开展教师新课标测试活动，组织全县教师进行“新课程标准应用及课程方案测试”工作。召开义务教育共同体联盟核心校区域教研专题工作会，印发《进一步加强区域示范教研工作的通知》。全县16个区域教研体共开展示范教学61场次，公开教学51场次，专题讲座59场次，研讨交流63场次，参与教师1987人次。组织部分校长及一线教师赴广东深圳、山东青岛、广东江门学习语文整体改革先进教学方法及策略。举办定边县义务教育“语文整体改革”启动仪式暨专题培训活动，语文整体改革组核心专家先后2次深入14所义务教育学校开展进校指导专题培训活动，指导语文课堂26节，专家示范教学12节，专题讲座11节，实操训练2节。规范全县语文整体教学的基本课型，帮助语文教师快速掌握语文整体改革的教学方法。STEM教育工作创新开展，8所学校被授予陕西省STEM教育实验学校。落实《定边县义务教育发展共同体捆绑考核方案》，各共同体学校积极开展示范教学、集体备课、跟岗学习、送教下乡、专题培训、德育交流等教育教学活动，组织举办各类比赛、课例评选等竞赛活动，全年，共同体开展活动180余场次，参与交流教师超过3000人次。开展中小学教育教学质量视导工作，各学校聚焦课堂教学改革、教育教学质量提升、社团建设、文明礼仪教育等方面的落实情况，助推学校内涵发展。全年分两次对全县义务教育学段的部分年级进行质量监测。坚持巩固“双减”“五项管理”成效，组织开展第三批义务教育学校“作业管理示范学校”评选活动和第三届义务教育学校作业设计案例评选活动，新华小学被授予定边县作业管理示范校称号。开展“双减”教研大视导活动。通过答疑解惑、经验介绍、成果推广等形式，指导学校日常教研工作。同时，进一步推广“双减”优秀典型宣传案例，“双减”优秀典型案例多次被市教育局推送至市内交流。10月份，组织48名教师参加定边、靖边、横山三县（区）联合开展的中小学幼儿园教育教学常规亮点观摩活动。印发《定边县2023年小学新生入学实施方案》和《定边县2023年初中招生工作实施方案》，坚持以“户籍登记为主、住房登记为辅、就业经营为补充”确定新生录取批次的原则，优化招生片区，增加学位供给，严格控制大班额，有效应对了二孩政策实行以来的第一个高峰期。不再审批面向义务教育阶段的学科类培训机构，学科类培训机构全面清零。已通过各类平台公布了五批校外培训机构“白名单”，开展机构资金收费监管，利用节假日、休息日期间督查检查培训机构170余次。

【职业教育】职教中心开设幼儿保育、电子商务、计算机应用、化学工艺、汽车运用与维修、城市轨道交通运营服务、作物生产技术、畜禽生产技术、机电技术应用、智慧健康养老服务、光伏工程技术应用等11个专业，共招858名学生。继续与天坤国际教育集团、宁夏昱辉教育咨询有限公司等企业签订合作协议，在校外实习实训、订单培养、实习实训基地建设等方面开展合作。继续与榆林职业技术学院、杨凌职业技术学院等院校开展合作，通过专业共建、师资共享、实习实训设备等资源共享，专业教师能力、实训条件等有了新的突破。分别组织159名学生赴苏州光卓通信技术有限公司、东南（福建）汽车工业股份有限公司等企业进行岗位实习。制定《定边县职业教育中心优质中等职业学校建设方案》及作物生产技术、畜禽生产技术、化学工艺（油气方向）、光伏工程技术应用等4个专业的优质专业建设方案，并全面实施“双优”学校建设项目。本年度，职教中心完成2期801人农作物种植技术培训，2期605人农作物病虫害防治培训，同时完成学生1+x职业技能等级证考证培训405人（其中教师培训考证共计62人次），教师1+x师资培训27人次，完成各类培训任务1838人次。全年开展职业技能短期培训3400余人次。完成1+x试点申报和1+x师资培训工作。组织159名学生赴苏州、宁夏、福建等地企业跟岗实习。职教中心被评为陕西省高水平示范性中等职业学校，光伏工程技术与应用、化学工艺（油气方向）专业入选陕西省高水平示范专业。

【成人教育】组织开展高中校长、中层管理干部及班主任教师新高考综合改革专题培训、学前教育游戏化课程建设及园长能力提升培训、定边县心理健康指导师培训、新任教师岗前培训、专业技术人员继续教育培训、德育校长及中层管理干部外出培训等教师培训工作，培训教师4696人次。学历教育全年招收新学员308名。11月15日至19日，开展社区教育培训活动，组织冯地坑镇郭畔村30名农民赴杨凌示范区及周边地区进行培训学习观摩，学习新型种植养殖技术。

【特殊教育】特殊教育学校2023年度末注册学籍学生115人，其中在校学生57人、送教学生36人、在外康复21人、休学1人。每月两次送教工作任务，全年参与送教工作教师24人，送教663人次，每次送教时间90分钟。与残联、各乡镇学区协作，“一生不落”做好适龄残疾少年儿童的摸底、评估和档案建设工作。贫困学生家庭资助政策落实到位，学生应助尽助，结对帮扶工作开展有序。定边县特殊教育学校申报创建的2022年度市级文明校园通过测评。

【体育运动】第二中学设立奥体班，拓宽体育后备人才培养路径；先后举办中学生三人篮球、校园跳绳和啦啦操等各类青少年体育赛事；组织400余名运动员参加榆林市2023年青少年锦标赛，取得团体总分第五名。举办榆林·定边第三届“盐化杯”环千年盐湖山地自行车越野“一县一品”精品赛事，吸引来自12省45支车队、近500名运动员参加；成功举办定边县“盐湖杯”羽毛球邀请赛、定边县首届女子趣味运动会、陕西省首届“延长石油杯”三人篮球联赛（定边赛区）、庆“五一”干部职工乒乓球比赛、“庆五一 颂党恩”退休干部职工门球赛、“体彩杯”青少年跆拳道公开赛、定边县干部职工（五级五长）运动会、定边县“体彩杯”乒乓球邀请赛、定边县“底定边疆杯”毽球邀请赛、定边县“体彩杯”钓鱼比赛、定边县首届中青年篮球联赛、定边县老年人体育项目展示活动（太极拳、太极剑、太极扇、广场舞、健身操、队列操等项目）、定边县“迎国庆 工会杯”干部职工乒乓球赛、定边县首届“体彩杯”中小学生棋类联赛、定边县首届“慈善杯”象棋大赛、“工会杯”定边县首届职工五人制足球比赛、“12·5”国际志愿者日暨志愿者趣味运动会、2023年“体彩杯”门球比赛、2023年“体彩杯”轮滑公开赛、定边县“体彩杯”首届社区运动会等20余项体育活动。争取全民健身设施专项经费150万元，为50个行政村、社区和健身广场配置全民健身设施。

【校外活动】青少年校外活动中心兴趣特长班培训分音乐、美术、科技、体育四大类，开设专业26个，全年培训学员3721人次。3月，举办“喜迎二十大 唱响新时代”线上合唱展演和作品评选活动。4月，组织青少年活动中心声乐、舞蹈、口才、剪纸、跆拳道等多名专业教师，走进贺圈小学、白泥井小学、郝滩小学、海子梁小学、红柳沟小学、冯地坑小学、安边学区、刘峁塬小学等多所学校开展送教下校活动。5月13日，举行第六届“跃动的音符——筝霸天下”古筝专场大赛。5月21日，举办“旋风少年”跆拳道大赛。7月20日至25日，组织14名孤儿、无人抚养儿童及其他困境学员参加省教育厅举办的“护航成长筑梦未来”公益研学夏令营活动。7月25日，举办以“童心永向党 筑梦新时代”为主题的第八届文艺汇报演出活动。10月，举办第八届“小百灵”杯声乐大赛。11月，举办第八届“红色经典 声动我心”朗诵大赛。12月，举办第六届街舞大赛。

【信息化建设】组织实施定边县2023年初中信息技术学业水平考试，全县平均分为9.4分。组织参加各级各类线上线下培训16次，参培教师600余人次。组织开展2023年中小学（中职）微课与信息化教学创新大赛作品征集活动，遴选获奖作品185件（微课110件、学科系列微课程10件、创新课堂8件、数字故事45件、案例12件），其中32件作品在市级评选中获奖。配合市教育技术中心开展2023年中小学实验教学说课评选活动，有20个作品获奖。参加榆林市第三届教育技术论文评选活动，有15篇论文获奖。组织24名教师参加榆林市中小学科普资源助力“双减”科学教育资源和案例活动，有11名教师获奖。举办2023年新媒体新技术教学应用竞赛活动，何泽等34名教师获得不同等次奖励，田园小学等3个发展共同体被评为优秀组织奖。组织参加榆林市中小学生微电影创作展映及影评征集活动。组织参加榆林市第七届中小学（中职）微课与信息化教学创新大赛，各系列获一等奖6件，二等奖14件，三等奖14件。指导定边中学、第七中学完成“智慧校园”示范校创建工作。

【教研教改】推进“课堂革命·陕西行动·榆林实践”。召开全县落实双减推进高效课堂建设经验交流现场会，集中展示学校落实“双减”和推进“三个课堂”建设成果，分别展现高效课堂教学模式、学科集体备课活动，呈现学生社团开展常态，分享高效课堂教学模式、集体备课实施策略、“双减”工作具体做法。组织全县初中校长赴河北宁晋、河南三门峡学习高效课堂建设成功经验，召开外出学习成果转化会议，全面深化自主式、合作式、探究式教学。组织全县教师进行“新课程标准应用及课程方案竞赛”工作。继续加强区域示范教研工作，将高中、初中、小学、幼儿园各学段共划分为16个区域教研体。下发《关于进一步加强区域示范教研工作的通知》《关于进一步加强学前教育自主游戏区域教研活动的通知》，全年开展示范教学61场次、公开教学51场次，专题讲座59场次，研讨交流63场次，参与教师1960人次。加大新样态、新教育建设，全面推行语文整体改革。组织部分校长及教师赴深圳、青岛、江门学习语文整体改革教学方法及策略。举办定边县义务教育“语文整体改革”启动仪式暨专题培训活动及入校指导问诊活动，语文整体改革组核心专家先后2次深入14所义务教育学校，开展专家示范教学12节，专题讲座11节，实操训练2节，指导语文课堂教学26节。STEM教育工作创新开展，全县有8所学校被授予陕西省STEM教育实验学校。开展学前教育“名园+”区域大教研活动，推广自主游戏优秀案例。举办定边县第六届幼儿教师专业技能大赛，评选出2个集体奖，28个综合奖，17个单项奖。年内县级课题申报376项，立项256项，结题185项；市级课题申报260项，立项126项，结题119项；省级申报45项。教育教学成果评选工作评选出683篇优秀作品，优秀组织单位6个，获奖作品择优在2024年《定边教育》推广交流。2023年高质量编印《定边教育》共4期。搭建共同体优质教研自主平台，各共同体大力开展区域教研、课例研讨、送教下乡、综合实践、思政教育等活动100余次，参与交流教师超过3000人次。

【教育督导】完成义务教育优质均衡发展达标校创建工作，制定《定边县2023年义务教育优质均衡达标学校监测工作实施方案》，督促指导红柳沟镇小学等7所义务教育学校完成优质均衡达标工作。开展“双减”和“五项管理”专项督查。组织7个督学责任区，督学24人，以作业管理、高效课堂建设、课后服务、规范办学等为主要内容，按照“四不两直”的方式对全县48所义务教育学校进行督导，指出158条具体问题，提出137条整改意见，学校整改完成率达到85%以上；开展面向义务教育学校老师和家长的网络问卷调查，回收教师调查问卷2364份，学生家长调查问卷28947份，发布《落实“双减”政策 规范从教行为》1号预警和《严格规范教师从教行为 切实减轻学生课业负担》3号预警；加大对在职教师违规办班补课或参与校外培训机构兼职补课的查处力度。组织工作人员在节假日期间采取明察暗访方式巡查小区和课外培训中心，重点督查在职教师违规补课和校外培训机构兼职情况；各责任区督学积极配合教体局核实省市县百姓问政情况，并予以核实答复，年内5人次计入《师德考核负面清单》。开展“316工程”督评工作，督评义务教育学校18所（其中小学11所，九年一贯制学校7所），幼儿园31所（其中民办24所已完成，公办7所正在进行）。开展校园安全专项督查，安排责任督学先后4次对所辖向阳小学等19所小学、学区校园及周边环境安全进行督导检查，发现问题56条，现场指导解决问题41条，限期整改问题7条。完成4个季度挂牌督导工作。

【惠民工作】发放学前教育阶段“家庭经济困难幼儿生活补助”5473人次，发放资金205.24万元；发放义务教育阶段“家庭经济困难学生生活补助”17001人次，发放资金693.66万元；发放高中阶段“普通高中国家助学金”3393人次，发放资金324.96万元；受理大学生信用助学贷款2911人次，发放成功2898人次，发放金额3070.98万元。本年度应回收贷款学生人数2056人次，应回收金额838.03万元，贷款回收率95%以上；职教中心发放“中职国家助学金”725人次，发放资金71.93万元；完成“2022年普通高校家庭经济困难新生入学项目——滋蕙计划”的评审、上报、发放工作，省内、外学生合计资助249人次，发放金额13.85万元；完成中央专项彩票公益金“励耕计划”的收集汇总、评审、公示、上报工作，推荐困难教师50人，资助金额51万元；审核上报定边县大学生学费补偿72人，资助金额125.12万元。学生营养改善计划享受总人数26085人次，支出营养膳食补助资金1304.25万元；春季学期配发作业本45010人次，合计金额167.82万元；秋季学期配发作业本47329人次，合计金额177.05万元；完成上一年义务教育阶段学生一、四、七年级校服发放。

【党建工作】邀请县委宣讲团成员讲授习近平总书记历次来陕考察重要讲话精神。把意识形态工作纳入年度党建工作要点，认真落实党组书记“第一责任人”、分管领导“直接责任人”、班子成员“一岗双责”责任制，全年研究部署意识形态工作2次。组织机关党员干部及部分学校党员教师参加“定边县深入学习宣传贯彻党的二十大精神九曲学习长廊”活动。组织劳模事迹“进学校、进机关、进企业”宣讲活动。印发《中共定边县教育和体育局直属机关委员会关于进一步加强和规范党支部换届工作的指导意见》，推进换届工作制度化、规范化。组织各党组织书记、党员领导干部、优秀共产党员、老党员等讲党课，推进党的创新理论进校园、进课堂。印发《党员教育管理办法》，加强党费收缴管理、规范党员组织关系转接，开展党员“三类五星”评定管理、党员示范岗创建等工作。组织城区党务干部专题培训150人次，组织全系统党组织书记网络培训20人次。任届期满的第五中学、新乐小学、第二幼儿园等14个支部进行换届选举。通过组织演讲比赛、踏足红色教育基地学习感悟等形式进行主题党日活动。抓好教育领域专项整治，成立工作专班，研究制定实施方案，围绕8方面问题，细化30条举措。专项整治期间先后召开专题会议15次，其中专班会议3次，局党组会10次，督导培训部署会2次，开展廉政谈话6人次。针对63所校外培训机构的从业人员管理、安全管理、违规收费等内容进行检查，发现10余条问题，全部整改到位。开展师德师风大整顿专项行动和规范教师从教行为专项整治，处理各类违规违纪人员9人。开展教育乱收费专项排查，推进“清廉学校”建设，印发《2023年“清廉学校”建设工作计划》《中共定边县教育和体育局直属机关委员会关于2023年廉洁文化建设的通知》《定边县清廉学校建设示范校创建活动工作方案》，加强廉洁文化校园建设。通报2起较为严重的违规违纪典型案例，组织1067名党员干部观看《“小权利”背后的“大任性”》等警示教育片。规范婚丧事宜，印发《定边县教育和体育局关于做好婚丧事宜报备工作的通知》，严格落实“两报告一承诺”等制度。围绕“421”党建工作思路，开展“一校一品”党建文化示范校创建活动，重点打造向阳小学“阳光党建”文化品牌，推进党建与业务深度融合。推进“双培养”工作，将11名骨干教师发展成党员，33名党员教师培养成教学骨干。

【安全工作】校园安全工作严格夯实“一岗双责，党政同责，齐抓共管”的安全监管职责，将全县所有学校划片分区，建立领导包片、督学责任单位包校的校园安全网络管理体系。制定下发《安全工作“一岗双责”工作职责》《领导干部和机关股室学校安全工作责任清单》《定边县中小学、幼儿园日常安全管理及学生安全教育工作实施方案》《定边县2023年学校安全管理工作实施意见》等制度性文件。通过政府购买服务，为城乡学校配备239名专职安保，按标准配齐配足防卫器械，争取县级资金258万元建立校园安防平台，视频监控、一键式报警全部与公安联网，实现学校封闭化管理，各学校均设立校园警务室和护生岗，配合公安部门落实“护校安园”“高峰勤务”警力布防机制，全面完成校园安全“四个100%”及“三防”建设。加强校园欺凌治理和暴力防范，制定校园欺凌专项治理行动实施方案，成立治理校园欺凌事件领导小组，明确职责任务。全面落实最高检“一号检察建议”，对全县所有学校及培训机构的6940名密切接触未成年人的所有工作人员在县检察院和公安局分别进行预防性侵害、虐待、拐卖、暴力伤害等违法犯罪查询。开展校园安全常规排查整治4次，发现一般隐患500余条，及时整改。开展校园安全专项排查整治3次。成立校园消防安全隐患大排查大整治工作领导小组，按照《全县校园消防安全隐患大排查大整治实施方案》，通过学校自查、督学责任单位抽查、教体局督查相结合的方式，对全县中小学幼儿园、校外培训机构、体育场馆的消防安全隐患进行大排查大整治，发现一般隐患23处，已全部整改。成立了由局党组书记、局长为组长的“定边县教体系统燃气安全专项整治工作专班”，组建三个专项检查组，按照《全县教体系统燃气安全专项整治工作实施方案》，分别对使用燃气的82所学校、1家下属单位、8所培训机构进行全面细致的专项排查整治，发现一般隐患14条，全部整改。对校园周边环境、流动摊点等进行常态化排查整治。重大事故隐患专项排查整治2023行动省级交叉检查中发现隐患11条，其中重大隐患2条（三中1条、八幼1条），一般隐患9条（三中6条、八幼3条）；全省安全生产督导检查发现一般隐患2条（三幼）。所有被发现问题都已整改。加强师生安全教育培训，结合“13530”安全教育模式（即：每节下课前1分钟、每天上午和下午放学前3分钟、每周五放学前5分钟、寒暑假和节假日放假前30分钟，对学生进行安全提醒和安全教育），重点宣传防溺水、防火、防电、防校园欺凌及地震避险、食品安全、上下学交通安全等方面知识。组织全县中小学、学区、幼儿园校（园）长，分管安全副校（园）长，督学责任区工作人员、校园安防平台管理员等360余人参加“定边县教体系统安全管理人员能力提升培训”。

【教育工程建设】全年纳入县级重点项目14个，其中，续建项目3个，重点新开工项目11个，总投资7.02亿元。续建项目包括学前教育基础设施建设项目、中小学信息化建设项目、农村学校提升改造。包括第九幼儿园建设项目、第十二幼儿园建设项目、中小学信息化建设项目、白泥井镇中心小学男生公寓楼建设项目、堆子梁学校学生公寓楼建设项目。重点新开工项目11个。包括迁建第五中学建设项目，选址于检察院西侧，占地85.66亩，建设为标准化初级中学，规模为48个教学班，可新增学位2160个，总投资1.5亿元；第五小学扩建项目，选址于芙蓉园小区南侧，占地50亩，建设为标准化完全小学，规划36个教学班，可新增学位1620个，总投资9000万元；迁建贺圈小学（第六小学）建设项目，选址于贺纪路东侧，占地86亩（十五幼儿园预留9亩），建设为标准化完全小学，规模为36个教学班，可新增学位1620个，总投资8500万元；新华小学（第十一小学）建设项目，选址于新华街北段西侧，占地75.13亩，建设为标准化完全小学，规模为36个教学班，可新增学位1620个，总投资8000万元；惠民小学（第十二小学）建设项目，选址在南环路北侧，占地42.2亩，建设为标准化完全小学，规划36个教学班，可新增学位1620个，总投资8000万元；中小学校采暖、照明设施改造工程；优质教育均衡创建项目；学前教育普及普惠创建项目；新建（改扩建）学校设施设备采购项目；体育运动中心渗漏维修及锅炉更换项目、高中振兴计划项目，足额完成固定资产投资任务2.3亿元，超额80万元完成年度争资争项任务（年度下达争资争项任务9920万元）。

【招生与考试】全县普通高校招生考试报名人数为3015人，其中文史类671人，理工类989人，艺术文473人，艺术理67人，体育类124人，单招类691人。春季参加高职分类招生录取449名，实际参加2023年普通高考的考试人数为2566人，同比2022年增加197人。高考专科以上录取考生2524人，其中提前本科录取293人，提前专科录取40人，单设本科录取193人，一批本科录取219人，二批本科录取656人，高职（专科）录取441人，单招本科录取36人，单招专科录取171人。高校专项录取24人，提前单独录取本科2人。初中学业水平考试6462人，其中九年级2554人，八年级3908人。高中学业水平考试报名人数12707人次，其中思想政治科1815人次，历史科1820人次，地理科1818人次，物理科1805人次，化学科1809人次，生物科1827人次，通用技术科1813人次。成人高考报名698人，其中专升本476人，高起本37人，高起专185人。

（齐彦敏）

新华书店

陕西新华发行集团定边县新华书店有限责任公司
经　理　任栗平
副经理　李增华　贺　文　齐冰阳

【概况】陕西新华发行集团定边县新华书店有限责任公司（以下简称定边县新华书店）创建于1941年，有职工22人，公司下设综合办公室、财务室、教材科、门市部。公司主要经营一般图书、多媒体影像、报刊杂志等，同时承担全县中小学教材教辅发行任务。现设立营业门市两处，一门店位于县城繁华区东正街广场内，二门店位于新区定中校园。定边县新华书店新建综合办公楼于2023年3月20日正式搬迁至定边县英华路，规模1栋5层，总面积5399.1平方米，总投资金额2060万元。

【教材发行】完成营业总收入3574万元，同比增长7%。承担定边县中小学教材教辅发行的任务，为定边县39所小学、16所初中以及4所高中共计发放教材教辅155.79万册，完成教材教辅销售2854万元。

【政治宣传】《习近平著作选读》第一卷、第二卷各4480套，完成销售4480套；《习近平新时代中国特色社会主义思想学习纲要》完成销售6060册；《中国式现代化面对面》，销售1200册；《2023年全省党员干部学习丛书》完成销售27套。

【社会职能】4月23日至5月22日定边县新华书店以“奋进新征程，阅享新时代”为主题开展了为期一个月的图书惠民展销活动，销售合计124959元。定边县新华书店与定边县图书馆合作，为全县185个农家书屋采购图书，合同金额为432641元，实现了经济效益和社会效益双重丰收。

【队伍建设】经由榆林市新华书店领导班组成员多次来定边县新华书店摸排考察，并通过上会、访谈等多种方式认真研讨，最终通过民主选举方式确定了齐冰阳、贺文同志为定边县新华书店新增的两位副经理。

【党风廉政】认真组织学习县委、纪委各项文件精神，严格按照文件要求开展各项工作；并于每周一、三、五开展学习活动，全面深入学习《习近平著作选读》第一卷、第二卷，强化定边县新华书店自下而上监察制度，严守纪律边界，深入开展党的优良传统和作风教育，全面划分领导班子责任清单。

（任　洁）

科普宣传

定边县科学技术协会
主　席　王文军
副主席　蔡晓博

【概况】定边县科学技术协会（简称定边县科协）是中共定边县委领导下的人民群众团体，是科技工作者之家，是发展全县科技事业的重要社会力量和科普工作的主力军，肩负着党和政府联系科技工作者桥梁和纽带的职责，坚持为科技工作者服务、为创新驱动发展服务、为提高全民科学素质服务、为党和政府科学决策服务。有干部职工12人。

【科普活动】以“科技创新引领，城乡融合发展”为主题，定边县科协在政府广场举办了第三十一届“科技之春”综合宣传月活动，本次活动共设立20多个咨询服务点向当地群众传授和普及科技、科普知识，宣传活动发放宣传资料1万余份、宣传品2000余份，义诊服务1000余人次，展出科普展板20余块。第七个“全国科技工作者日”活动中，定边县科协组织拍摄录制了5名在全县各领域建设发展中，扎根基层、坚守岗位的科技工作者先进事迹。在政府广场举办以“提升全民科学素质，助力科技自立自强”为主题的2023年定边县全国科普日主场示范活动，累计发放安全生产、食品安全、燃气安全、种养殖等科普宣传资料、科普宣传品10000余册（份），义诊1000余人，展出了“科技工作者风采录”系列展板10副，燃气安全展板10副。

【科技三下乡】一是深入实施农村科学技术普及工作。组织各乡镇科协、各农技协、科普示范基地开展农民实用技术培训20余期，参训农民1000余人。二是立足全县实际，组织编印《燃气安全常识》《秋冬季传染病防控知识》手册各1000册。

【青少年科普】一是开展“科普大篷车校园行”活动。先后深入刘峁塬小学、堆子梁镇学校、盐场堡镇小学、张崾先镇小学、纪畔小学、彩虹小学、西关小学等18所中小学校开展科普大篷车进校园活动，展示航模飞机、四足机器人、表演机器人、移动式球幕影院、3D展板等多种科普展品，受众师生8000余人。二是组织向阳小学、西关小学、西正街小学、贺圈小学等6所学校80余名青少年参加榆林市第十三届知识产权杯青少年机器人竞赛活动；组织第二中学、田园小学、彩虹小学等10余所中小学49名学生参加榆林市第二届青少年魔方比赛。三是联合定边县教体局在彩虹小学举办青少年科技创新大赛、“七巧科技”竞赛表彰会，累计表彰300余人；举办全县青少年机器人辅导员培训班，60余人参加培训；开展定边县第二届青少年科技创新大赛，征集各类作品300余项，向市科协推荐各类作品191项。四是定边县科协对定边中学百米科普画廊进行了全新改造，宣传内容以荣获“共和国勋章”和“七一勋章”的科技工作者为主。

【全民科学素质】一是特邀县医院肾内科主任王磊和妇幼保健院呼吸内科主治医师刘淼林为兴源社区居民开展两场健康知识讲座，主要以肾脏病人的一般护理常识、心脑血管疾病预防、传染病预防、科学饮食、科学健身等知识为主要内容。二是特邀中华全国总工会女职工健康知识讲师团专家成员李喜英在贺圈镇郑圈村为村民举办女性健康知识讲座，100余名妇女聆听讲座。三是在第五幼儿园和西关小学开展“秋冬季传染病防控知识进校园”讲座，妇幼保健院儿科主治医师王浩和儿童保健科医师燕海玲就孩子们的生长发育特点和常见传染病类型为宣讲内容。

【示范载体和队伍创建】一是大力培育、扶持鼓励农技协、科普示范基地发展。推荐陕西三边牛业有限公司、陕西农顺升农业发展有限责任公司参加榆林市2023年“基层科普行动计划”项目评选活动，获奖补资金10万元。二是科技人才队伍素质持续提升，完成“榆林市第十七届自然科学优秀学术论文评选”工作，其中刘建强、赵振彪、夏妮论文荣获榆林市第十七届自然科学优秀学术论文三等奖。

（王海洲）

气象监测与服务

定边县气象局

局　长　高建伦

副局长　薛斌武　秦慧杰

【工作机构】定边县气象局建于1956年9月，现位于定边县迎宾路，观测站海拔高度1368.5米，经度107°36′，纬度37°36′，属国家基准气候站。定边县气象局属科技型、基础性社会公益事业单位，科级建制，有在岗职工22人，内设办公室、综合服务股、气象依法行政管理办公室。主要工作职能：气象法规建设、气象行业规划、气象防灾减灾、气象业务管理、气象科技攻关与成果推广、气象宣传教育，为定边建设和社会生活提供气象服务保障。

【气候概况】定边县属半干旱大陆性季风气候，总体呈“暖干化”气候特点，即变暖后气候变得更加干燥和不稳定。主要特征是四季分明，温差较大，气温偏寒，干旱少雨，蒸发量大，光照充足；四季呈春迟秋早、夏短冬长；春风秋凉、夏旱冬寒。春季降水偏少，气候干燥，受西风气流影响，定边县大风、沙尘天气频发；春、夏季交替期间出现旱涝急转，局地极端天气频发；秋季受高空槽冷高压引导强冷空气南下影响，易出现霜冻天气；冬季受寒冷变性极地大陆性气团控制，出现低湿、寒冷的气候特点。历年（1991年—2020年，下同）平均气温9.3℃，年较差为30.2℃，平均总降水量346.9毫米，主要集中在7月—8月，占年总降水量的56%；蒸发量2304.3毫米，是降水量的6.6倍，6月蒸发量相对较多，为358.1毫米；平均风速2.9米/秒，年最多风向西风；平均气压863.6百帕、相对湿度50%；主要气象灾害有干旱、大风、高温、暴雨、暴雪、寒潮、霜冻等。

【气候综述】年日照时数2637.3小时，与历年平均值2718.3小时相比，偏少81.0小时。年平均气温10.4℃，与历年平均值9.3℃相比，偏高1.1℃；其中冬季（2022年12月—2023年2月）平均气温-3.3℃，与历年平均值-4.8℃相比，偏高1.5℃；春季（3月—5月）平均气温11.2℃，与历年平均值10.9℃相比，正常略偏高0.3℃；夏季（6月—8月）平均气温23.1℃，与历年平均值22.0℃相比，偏高1.1℃；秋季（9月—11月）平均气温10.6℃，与历年平均值9.2℃相比，偏高1.4℃。本年极端最高气温为35.2℃，出现在8月3日；极端最低气温-23.3℃，出现在12月21日。年内总降水量373.8毫米，与历年平均值346.9毫米相比，偏多8%。冬季（2022年12月—2023年2月）平均降水6.8毫米，与历年平均值2.7毫米相比，偏多152%；春季（3月—5月）平均降水28.8毫米，与历年平均值19.1毫米相比，偏多51%；夏季（6月—8月）平均降水70.4毫米，与历年平均值65.5毫米相比，偏多7%；秋季（9月—11月）平均降水18.6毫米，与历年平均值28.3毫米相比，偏少34%。月最大降水量98.1毫米，出现在7月；日最大降水量32.2毫米，出现在8月25日；本年度最长连续无降水日数为26天，分别出现在2022年12月18日—2023年1月12日、2023年2月13日—2023年3月10日。年内出现大风14天，最大风速12.0米/秒，出现在4月28日；极大风速21.8米/秒，出现在4月26日；出现扬沙7天。本年度日照偏少，气温偏高，降水时空分布不均，出现旱涝并存，造成大面积农作物受灾。

【主要天气】主要气候特征表现为：降水、气温均较历年偏高、光照偏少，出现干旱、大风、沙尘暴、暴雨、暴雪、寒潮、大雾、冰雹等灾害性天气。干旱：5月开始气温偏高，降水偏少，蒸发量大，土壤缺墒较重，全县出现轻到中度气象干旱，部分乡镇出现重度气象干旱，部分粮食作物受旱严重。冰雹：7月20日，城区降冰雹，直径约3毫米；7月24日，姬塬镇、樊学镇、红柳沟镇部分村降冰雹，直径约2—5毫米；8月4日，樊学镇降冰雹，直径4—5毫米，强对流天气造成部分地方作物倒伏减产。暴雪：2月、4月出现暴雪天气，共发布暴雪蓝色预警信号2期、暴雪黄色预警信号3期。暴雨：受西风槽和低层切变共同影响，9月8日14时—9日08时，定边县出现降水天气过程，累计最大降水量樊学50.1毫米；其中，累计降雨量大于50毫米站点1个，40毫米—50毫米站点3个，小于40毫米站点21个。大风：年内出现大风14次，1月1次、4月5次、5月3次、6月2次、8月1次、11月1次、12月1次，全年最大风速为12.0米/秒，出现在4月28日，风向西风；极大风速21.8米/秒，出现在4月26日，风向西风。全年共发布大风蓝色预警信号44期、大风黄色预警信号4期、大风橙色预警信号1期。沙尘暴：4月出现沙尘暴天气1次，共发布沙尘暴黄色预警信号5期、橙色预警信号1期。大雾：9月出现1次大雾天气，最小能见度482米。寒潮：年内出现17次寒潮天气，主要集中在春秋季节。全年共发布寒潮蓝色预警信号12期，发布寒潮黄色预警信号4期、寒潮橙色预警信号1期。

【防灾减灾】针对全县旱情、冰雹等灾害性天气开展人工增雨（雪）、防雹等工作。全年协调宁夏飞机增雨作业9架次，实施地面人工增雨、防雹作业30次，累计消耗火箭弹132枚、三七高炮弹106发，防御范围内无雹灾，全年无人影安全事故发生。年内完成县域内所有国家站的现场标校，自动站传输及时率100%。建成视程障碍天气现象仪1套、花粉自动监测设备1套、区域自动站15套；多次联合农业部门开展农情调查。年内启动应急响应命令21次，发布各类预警信号156期，制作发布各类服务材料1250余期，及时开展重大天程复盘与技术交流，递进式气象服务保障定边“盐化杯”山地自行车越野赛、第三届红花荞麦节等圆满成功。

【获奖情况】荣获全市气象部门综合考评优秀单位、专业气象服务先进集体、气象业务服务先进集体、发展地方气象事业先进集体、精神文明创建工作先进集体、宣传思想工作先进集体、优秀青年理论学习小组称号；获全县2022年度目标责任考核优秀单位和2022年度全县农业农村工作先进集体称号。

（展晓伟）

文化·旅游

文广旅游

定边县文化和旅游文物广电局

局　　长　郭曙光（2023.03—　）
党委副书记　郑万里（　—2023.01）
副 局 长　者飞鸣（　—2023.01）
　　　　　蔡生智　梁小宁（女）
党委委员　李保国（　—2023.01）
　　　　　张　鹦（　—2023.01）
　　　　　张雪峰

【概况】定边县文化和旅游文物广电局（文旅局）成立于2019年3月，是原定边县文体广电局与定边县旅游局撤销后整合而成的县政府工作部门，正科级行政单位。局机关设有办公室、党建办、项目办、财务股、机关事务股、公共文化股、旅游股、文物和长城保护利用股、市场行业股、校外培训机构管理股、宣传股、机关工会、广电安全股、郝山发射台共14个股室。有局长1名，直属机关党委副书记1名，副局长2名，党委委员1名。局属正科级财政全额拨款事业单位2个，分别是定边县图书馆、定边县文化馆；局属副科级财政全额拨款事业单位4个，分别是定边县文化市场综合执法大队、定边县文物保护中心、定边县旅游服务中心、定边县广播电视信号传输发射中心。

【重点项目】一是定边盐场堡长城遗址公园项目：该项目为国家发改委确定的国家级重点项目，项目总占地面积946亩，总投资1.23亿元，获批中央预算内资金8000万元。项目分两期建设，该项目于2021年10月开工，一期长城遗址公园生态停车场和长城文化主题陈列展示馆项目主题已建成，累计支付中央预算内资金2056.92万元。二期工程在办理涉及长城保护范围及建控地带用地文物报批手续工作中。二是定边县三河源水文化广场项目：该项目位于长城街东侧沙石梁巷内，依托原自来水公司旧址进行规划建设，总投资677.44万元。该项目年内已完成主体建设，正在推进展厅布展工作。三是安边、郝滩长城遗址和营堡设置保护围栏项目：为加强定边县长城保护工作，落实市委长城保护专项巡查问题整改，实施该项目。该项目全长83673.3米，其中安边段56168.8米、郝滩段27504.5米，项目总投资397.17万元，上年11月开工建设，5月18日完成建设，年内已完成竣工验收。四是加快布局以盐湖特色康养小镇为代表的文旅康养产业。为做好盐湖文旅项目开发，加快推进定边盐湖文旅康养小镇项目规划、建设，提升定边县文旅产业发展，11月7日，由定边县人民政府与榆林市旅投公司签订了定边盐湖文旅康养小镇《战略合作框架协议》。

【文化工作】一是全面落实图书馆、文化馆、博物馆“三馆”免费开放。“三馆”年均接待群众10万余人次。图书馆全年接待读者11.5万人次，借（还）图书62498册次，赠送图书1930册，修补破损图书3351册次；文化馆非遗综合展厅、书画摄影展厅、阅览室、视听室、排练厅等场所均免费对外开放。开展剪纸、柳编、书画、霸王鞭、陕北大秧歌、器乐辅导、非遗传承人等80次培训，累计培训人次达3000余人，创作各类文艺作品100余幅；博物馆全年接待人数达2.8万余人次，其中青少年参观人次5000人次。二是有序推进图书馆、文化馆总分馆制建设。已建成县图书馆总馆1个、各类分馆82个；已建成县级公共文化馆总馆1个，乡镇文化馆分馆20个，村（社区）文化馆分馆50个；为定边县部分乡镇、行政村购置一批群众文化活动设备。三是推动数字文化建设。图书馆已建成数字互动体验室，室内藏书1万册，配置电子棋、数字国画体验机、太空听书椅、VR阅读蛋椅和AI光影阅读等现代化的数字设备。文化馆指导拍摄定边县采油场展览馆、陕甘宁边区红色税史馆、传承人传承保护短片等，组织非遗皮影、木雕传承人开展全民艺术普及课堂、全民艺术普及课程录制等工作。四是开展“陕北榆林过大年”春节系列文化活动及定边城区主街道及部分广场春节亮化工程，活动期间共开展非遗项目展演50余场次，为广大市民群众送春联、剪窗花、送窗花、送福字3万余份。实施政府购买文化惠民工程，全年累计开展文化惠民下基层演出192场次，受益群众3万余人次。举办千人健身广场舞展演活动，“大地欢歌 四季村晚”定边县乡村文化活动年启动仪式，近千人参加活动展演。开展群众文化活动，让优秀文化文艺走出去、迎进来。赴绥德参加道情皮影非遗展演、鄂托克前旗参加道情皮影戏文化交流活动，组织参加榆林市第二届广场舞大赛并荣获二等奖，霸王鞭等非遗文化走进央视CCTV11乡村大舞台，开展农民丰收节“陕甘宁蒙四省（旗）文艺演出”活动。开展多姿多彩的阅读推广活动。举行了第十四届全民阅读文化节、第十一届陕西省阅读文化节等系列活动，其中包括《国风少年》传统文化诵读展演、第五届“丝路朗诵大赛定边赛区”活动、“六一有约 书香有礼”主题阅读推广活动、“小小讲书人”诵读分享会活动、九九重阳节·老年读者阅读推广活动、“书香进校园 读书伴成长”阅读推广活动、“公益图书进社区”阅读推广活动、“给党说说心里话”主题诗词朗诵会、“荞麦花绘本故事进校园”阅读推广活动等。推进非遗保护和传承。组织剪纸艺人送春联送窗花，组织定边霸王鞭舞进校园，组织陕北大秧歌、广场舞、器乐辅导等培训，累计培训80余次，受益1200余人次，举办“文化和自然遗产日”非遗宣传展演活动，期间开展定边非遗美食现场展销，免费发放定边麻花、定边炉馍馍、定边刘窑香醋等非遗小礼品1000余件，受惠群众达3万余人。

【旅游工作】一是推进全域旅游创建。依托定边县万亩花海、千年盐湖、百年鼓楼、长城古堡等特色旅游资源，打造精品旅游线路，谋划红色旅游、康养旅游、冰雪旅游等一批特色旅游项目。年内由文旅局主要领导带队先后赴山西运城盐湖、平遥古城、山东淄博、波罗古城等地进行实地调研，学习先进经验及典型做法，开展项目策划、文旅宣传。二是完善旅游基础设施建设。定边县文化和旅游文物广电局先后在苟池盐湖、五里墩、三山堡、三五九旅打盐旧址、砖井堡、柳树涧堡、中央红军入陕第一站（铁角城）等景点共安装5块旅游线路景点指示牌；在苟池盐湖、塞上森林小镇、马莲滩公园、三五九旅打盐旧址共安装了4台旅游监测设备。三是开展文化旅游系列活动。4月，开展“春天有约，杏花不误”长城脚下杏花香旅游宣传活动；五一期间，在塞上森林小镇举办定边五一出游季“春暖花开，我要旅游”文旅宣传营销推广活动；8月，以发展乡村旅游促进定边县乡村振兴为重点，定边文旅局联合定边县农业农村局联合举办“清爽榆林”——中国·定边第六届红花荞麦文化旅游节暨农民丰收节系列活动，活动被市委、市政府表彰为2023年“清爽榆林”文化旅游季优秀活动。全年累计为游客发放文创产品5000余份，《旅游资源册》500余本，《旅游法》2000余册。全县全年共接待游客187万人次，同比增长24.67%，实现旅游收入8.2亿元，同比增长36.67%。四是加大文旅推广力度。拍摄《又见荞麦花》《清爽定边心悦花海——美食篇》

《盐州秋辞》等视频，充分利用学习强国、定边文旅、定边融媒等网络平台和宣传媒介进行投放，定边文旅视频号播放量突破40万余次。

【文物及长城保护】一是加强组织领导，建立长效机制。充分发挥定边县文物（长城）保护工作领导小组及文物（长城）保护联席会议制度作用，落实《定边县进一步加强文物保护利用改革的实施方案》《定边县长城保护行动方案》等文件，完善长城保护协同机制和长效机制。将文物（长城）保护工作纳入到年度目标责任考评体系，落实乡镇属地管理责任和部门监管责任。二是加大巡查检查，做好长城保护工作。印发《定边县文化和旅游文物广电局关于进一步规范长城巡查工作的通知》，成立由文旅局文物和长城保护利用股、文化综合执法大队、文物保中心专项巡查队伍，每月对各乡镇长城保护工作进行巡查，做到乡镇一月1巡查，文保员一月4巡查，全年巡查9800人次。三是强化部门联动，加快项目文勘办理。加强部门之间的联动协调，同时，根据工作实际，制定建设用地文物审核转报程序流程图，简化办理程序，明确办理人员、联系方式、办理时间。四是加强重点文物保护，注重文博单位安全管理。实施安边、郝滩长城围栏等保护设施围挡，实施三山堡东墙南瓮城抢险加固工程，对砖井段、贺圈段长城的5处存在水毁安全隐患的段落设置防水堤坝，对贺源畔红军医院旧址、稍沟塬彭德怀前敌指挥部旧址进行抢险加固。在博物馆、各文保单位成立微型消防站，制定消防、突发事件等各类应急预案，建立健全值班值勤、安全检查等各项安全管理制度。全年安全检查共108次、排查问题隐患4项、整改4项，举办消防演练3次，消防培训103人次。五是创新宣传途径，加强文物保护宣传。组织定边县第十二小学、刘峁塬小学、油坊庄小学、纪畔小学等2000多名师生走进博物馆进行研学。先后走进姬塬小学、刘峁塬小学，开展“流动博物馆”进校园文物宣传活动，开展文博知识宣传、红色文化展览、爱心捐赠等活动。同时，依托“5·18”国际博物馆日 “文化和自然遗产日”等活动做好主题宣传，发放《文物保护法》、定边长城古堡（鼓楼）拼图、定边景点魔方、定边旅游画册（手绘地图、宣传折页）、文创手提袋等宣传品8000份（册），向社会投放文物（长城）保护宣传短信80万条。

【广播电视信号传输发射】一是推进定边县应急广播体系建设。发展智能化广播，应急广播体系基础设施已搭建完成，建立县级广播平台，完成1097个应急广播终端安装工作。二是加强广播电视服务升级以及运行维护。实施第四代北斗“户户通”试点安装工作。完成邢梁广播电视发射台机房防水修缮和铁塔维护、郝山广播电视发射台电力改造以及UPS电源的安转工作。三是广播电视覆盖率不断提升。广播电视节目综合人口覆盖率分别为98.1%、98.7%。

【文化旅游市场监管】一是实行网格化监管，强化日常监管。建设全面覆盖、职责明晰、分片包干、责任到人的文化市场监管网格，健全监管责任网格化、监管执法规范化的管理制度。二是加强执法检查，及时消除安全隐患。制定并印发《定边县文化和旅游文物广电局关于加强全县文化旅游领域安全生产及隐患排查工作的通知》，进一步明确任务、夯实责任，牢固树立“隐患就是事故”理念，围绕重点领域、关键环节。三是规范旅游市场和校外培训机构经营管理。四是积极开展校园周边文化环境集中整治工作。制订《校园周边环境集中整治行动方案》，开展校园周边环境整治，全年累计检查营业场所520家余次，出动执法人员800余人次，与各娱乐场所签订安全责任书30余份。先后发放各类宣传单1600余份，宣传海报800余份。

（刘巧瑞）

文联工作

定边县文学艺术界联合会

主　席　曹　瑞（　—2023.09）
牛怀军（2023.09—　）

副主席　蒋智强

【概况】定边县文学艺术界联合会(简称“县文联”)，成立于2010年10月，联络统领全县各文艺协会和文艺爱好者，致力于定边县文艺事业的繁荣与发展，有定边县作家协会、定边县书法家协会、定边县摄影家协会、定边县美术家协会、定边县曲艺家协会、定边县手工艺协会、定边县音乐家协会、定边县旗袍协会、教育书法研究会、硬笔书法协会。参公事业单位，领导职位一正一副，有公务员4名，协管员10名。

【主题教育】认真落实上级有关部署，牢牢把握“学思想、强党性、重实效、建新功”的总要求，组织开展多种形式的学习活动，定期安排领导讲党课，通过每周三集中学习，其余时间自己学的方法，开展专题学习、交流、研讨等。

【春联进万家】1月13日，举办“我们的节日·春节——笔墨凝书香，春联进万家”送春联活动。组织书法家协会部分会员在长城社区开展送春联活动。

【书法进校园】3月16日开展了学习宣传贯彻党的二十大精神——“我们的中国梦•文化进万家”学雷锋书法进校园活动，书法家协会老师们深入书法课堂，书协主席围绕汉字结构、书法技巧、文化传承以及握笔、运笔等方面为学生们详细讲解相关知识。

【《白于山》季刊】《白于山》季刊作为定边文化领域的地方刊物，自2011年创刊，累计发行52期，由《塞上》创新改版为《白于山》杂志，始终坚持党的文艺工作“二为”方针和“双百”方向，坚持服务大局服务人民的办刊宗旨，经过全新改版，从版面设计到内容编排不断创新、与时俱进，每一期都以最新的形象、最优美的文字、最丰富的内容呈现给读者。

【“5·23”纪念活动】为纪念毛泽东《在延安文艺座谈会上的讲话》发表81周年，定边县文联、定边县作家协会联合举办纪念“5•23”讲话精神座谈会、《地椒花开》等书籍座谈会，文联全体干部及作协的老师们重温《在延安文艺座谈会上的讲话》，就《白于山》《地椒花开》两本书籍进行交流。

【双拥文化进军营】6月12日，文联组织协会会员开展双拥文化进军营活动，定边退役军人事务局干部职工、武警官兵参加本次活动。活动现场，来自县文联的书画爱好者现场创作并将作品赠予在场人员。

【文化惠民】9月22日开展“文艺下乡润民心 乡风文明促振兴”志愿服务活动，文联向王滩子村捐赠书画作品、图书，给老党员赠送书画作品和生活用品。

【举办培训】定边县文联带领各协会本着“请进来，走出去”的原则，组织开展各类项文艺培训活动，其中：书法协会全年举办三期罗小平老师培训班，参训会员100余人次，书法进校园培训三期；美术家协会每周五开展免费书画专题培训活动；手工艺协会开展“匠心传承 巧手慧心”公益刺绣培训活动。

【摄影家协会】摄影协会名誉主席钟子俊的脱贫攻坚摄影作品被中国摄影家协会永久收藏。协会副主席张辉组织的金秋摄影采风活动给会员搭建了相互学习的平台。

【作家协会】出版《边地》杂志一期，发表会员小说5篇，诗歌36首，散文22篇；会员在省、市级文学刊物共发表小说、散文等25篇（首）；谷彩琳出版散文集《土生土长》；武丽出版长篇小说《如梦令》。定边作协出版定边文丛《时光的叙说》一套三本。

【美术家协会】高彬同志以“黄土魂 大漠风 花鸟情”为主题的“高彬山水花鸟画作品展”在定边和榆阳区分别展出。11月份，以“我为群众办实事”为主题的书画下基层送温暖活动走进定边县石洞沟镇、砖井镇。

【曲艺协会】6月参加非物质文化遗产传承日演出。7月份参加定边荞麦花节的节目录制,协助县委宣传部举办脱贫攻坚“美德少年”评选活动。

【手工艺协会】6月参加非遗纪念日活动。11月非遗进长城社区，柳编、剪纸进创业社区。

【书法家协会】3月“温情传千里·尺素抵千金”榆林市第六届妇女书法作品网络展，康晓云作品获优秀奖，高冬梅、王冬梅入展。5月入展“庆五一·颂党恩”全国职工书法作品展。6月李国梁、杨勇、高冬梅、徐瑞珍作品入展榆林市“学习传承柳青精神·谱写新时代创业史”主题书法展。9月康晓云作品入展全国第五届书法作品展。12月王春龙作品入展“简述中国”全国简牍书法大展。

(陈姮宇)

卫生·计生

卫生健康

定边县卫生健康局

局　　长　王惠茂
党委书记　沈效亮（　—2023.01）
党委副书记　文　林
副 局 长　苏　强（　—2023.01）　张　琰

【概况】定边县卫生健康局为县政府卫生健康行政主管部门，正科级单位。内设14个股室，下设8个局属单位：县人民医院、中医院、妇幼保健院、疾病预防控制中心、卫生监督所、地方病防控中心、卫生健康服务中心、人口发展与老龄服务中心。全县共有3个县级公立医院，1个街道办卫生服务中心，20个乡镇卫生院（含分院），200所村卫生室，10个医务室，6个民营医院以及56家个体诊所；全系统注册执业医师（助理医师）1020人，注册护士1456人，高级专业技术人员150人，中级专业技术人员378人，初级专业技术人员1107人；核定床位共1563张。

【健康定边建设】累计申报创建健康机关143个、健康社区13个、健康村庄113个、健康学校48个、健康家庭20865户，创建健康医院23个、健康企业18个、健康军营1个、健康主题公园1个、健康小屋1个。创建省级卫生先进单位5个、市级卫生先进单位3个，省级卫生村9个、市级卫生村3个，并培育有条件的乡镇争创国家卫生乡镇。在各类公共场所和大众传播媒体设立健康教育宣传平台，原创制作2个宣传片，在城区各街道制作相关宣传栏200余块，更换健康教育宣传栏100余块，发放宣传资料2000余份、宣传品500余份，提供咨询服务100余人次。

【医疗服务】探索公立医院高质量发展的路径，对2022年度公立医院高质量发展情况进行评价，并且每季度进行医改重点任务监测、公立医院综合改革绩效考核。三家县级公立医院与省内外10多家三级医院常态化开展对口帮扶、医联体、专科联盟等协作，选派专家团队定期来定边县坐诊、手术、教学。县医院被市卫健委纳入三级医院管理，巩固胸痛、卒中、创伤“三大中心”建设，并顺利通过省级复审。中医院顺利通过二甲复审，并完成“两专科一中心”建设项目申报工作，借助医联体及专科联盟等平台，提升风湿病专科、老年病科、针灸康复科、治未病科、脾胃病科等服务能力。妇幼保健院加入“西部眼科联盟”，推动全县儿童、青少年近视预防工作。贺圈镇卫生院达到省级优质服务基层行推荐标准；投入904万元为乡村两级医疗机构配备急救和诊疗设备；抽调县级医疗机构28名卫生专业技术人员，到21家乡镇卫生院做好对口帮扶。中医院与西安市第五医院签约加入“西北风湿免疫专科联盟”；持续深入推进国医大师李佃贵传承工作室、国家级名老中医冯兴华传承工作室建设。全年开展坐诊活动25次，诊疗1050余人次。开展中医药进社区、进学校等活动，累计组织中医进社区活动9次、进校园5次，中医药健康知识讲座9次、乡镇巡回义诊2次，累计服务群众6500余人次。通过榆林市事业单位公开招聘和陕西省县及县以下医疗卫生机构定向招聘，为全县8所乡镇卫生院招聘9名专业技术人员，为县医院引进高层次人才1名，通过县级“自主临聘”方式为3家公立医院和10所乡镇卫生院临聘40名专业技术人员，招聘8名应届大学生村医，签订农村订单定向免费培养医学本科生5名。

【公共卫生服务】一是做好居民健康档案管理。对辖区内的无效档案进行了全面的清理，全年建立居民电子健康档案323249份，校正的居民规范化电子健康档案252153份，居民规范化电子健康档案覆盖率达74.21%。二是加强重点人群健康管理。全县0—6岁儿童健康管理率95.68%、孕产妇管理率92.47%、65岁及以上老年人健康体检率71.99%、高血压患者规范管理率87.58%、Ⅱ型糖尿病患者规范管理率82.32%、严重精神障碍患者规范管理率94.83%。开展老年人中医服务28762人次，0—36个月儿童中医药健康管理4436人次。三是持续做好巩衔工作。对全县脱贫人口、监测对象四种慢病患者4139人全部落实慢病签约服务政策。对1623名30种大病患者，全部落实大病专项救治政策。

【疾病防控】严格落实新冠病毒感染“乙类乙管”的防控策略和艾滋病、结核病等疾病专防策略，在县人民医院设置HIV暴露前后预防门诊，同时，全县21家乡镇卫生院均设立了艾滋病检测点，开展艾滋病初筛。结合老年人健康体检，对全县10176名65岁以上老年人开展结核病潜伏感染筛查，原创制作2个肺结核防治宣传视频。定期开展霍乱、手足口病、腮腺炎、食源性疾病的监测，规范处置各类疫情。对全县27家预防接种单位开展考核验收，定边街道办事处卫生服务中心成功创建市级示范化预防接种门诊。全县免疫规划疫苗接种71378针次，11种疫苗单苗接种率均为98.69%以上，非免疫规划疫苗54756针次。慢性病综合防控示范区建设工作达到省级慢性病综合防控示范区考评标准，被授予“省级慢性病综合防控示范区”称号。

【项目建设】县人民医院整体搬迁项目主体工程已完工，该项目已完成总工程量的85%。中医院国医馆项目及室外附属工程已完成。地方病防控中心P2+生物实验室项目主体工程已完成。中医院维修改造项目纳入2024年重点项目盘子。全年争取到县人民医院专项债券资金8500万元、县中医医院专项债券资金3500万元，全部用于大型医疗设备购置；争取到省级预算内基建资金290万元，用于安边镇中心卫生院能力提升改造项目。

【全生命周期健康服务】全年孕前优生优育检查1775对，婚前医学免费体检810对，完成宫颈癌和乳腺癌筛查各6647人，为待孕妇女免费发放叶酸10571瓶，为婴幼儿免费发放营养包28524盒，产前血清学筛查和新生儿疾病筛查率均达到98%以上，提供艾滋病、梅毒和乙肝母婴阻断项目免费咨询、检测3744人次。规范托幼机构卫生保健人员工作流程，及时巩固、更新托幼机构卫生保健人员的业务知识，全年开展各类培训、宣传8次，参与人员1141人次，先后3次对各托育机构进行食品安全卫生、消防安全等检查。新创建17家老年友善医疗机构，老年友善医疗机构建成比例达到80%以上；申报西关社区为2023年省级老年友好型社区创建单位；组织申报创建第二批医养结合服务中心4家，养老机构和医疗卫生机构已实现100%签约合作；全年参与年检老年人27175人，发放老年人生活保健补贴1443.93万元。完成工作场所职业病危害免费检测30家，监管涉及危害企业104家，网上申报率100%，监督检查覆盖率100%。在定边采油厂开展了2023年《职业病防治法》宣传周活动启动仪式，进厂宣传3次，发放宣传资料8000余份。

【地方病防控】对县域全境进行全面的鼠情踏查，根据踏查结果，确定盐场堡、石洞沟、砖井和堆子梁等4个乡镇为2023年定边县鼠疫监测点。同时在重点村聘用16名鼠情网格管理员并进行专题培训，2023年各医疗机构均未报告鼠疫病例或疑似鼠疫病例。处置布病聚集性疫情1起，对11个监测点进行人间布病流行病学调查和血清学研究；对137个历史病区进行水质监测；采用五种药物组合治疗氟骨症患者13305例，总有效率为96.89%，对18个乡镇137个历史氟中毒病区12068名8岁—12岁的在校学生进行氟斑牙覆盖式检查；随机抽取5个乡镇，对105名孕妇、210名学生开展了甲状腺肿调查、尿碘检测和碘盐检测调查工作。

【卫生监督】对全县医疗机构、医疗美容、餐饮具集中消毒服务单位开展专项监督。全年出动卫生监督员250人次，监督执法车辆67台次。监督检查公立医院、个体诊所、商场超市等各类机构73家，下发《卫生监督意见书》52份。组织开展中小学校春季开学前后的卫生监督检查、生活饮用水日常监督检查，检查中小学校102家、托幼机构130家、集中式供水单位40家、二次供水单位92家、各类医疗机构280家、公共场所655家。下达卫生监督意见书291份，对存在问题机构责令限期整改，立案处罚2起，警告16户，罚款3户，罚款35000元。督促各乡镇卫生监督协管员按时对食源性疾病、饮用水卫生安全、学校卫生服务协管、非法行医及采供血信息、公共场所卫生、职业卫生、计划生育开展巡查，全年完成电子系统审核4327件。

（刘　磊）

定边县计划生育协会

常务副会长　马晓梅

党 组 书 记　高　翔

【概况】定边县计划生育协会（以下简称“县计生协会”）成立于1989年，为县委领导下的群众团体，依靠广大会员动员群众推进人口发展、生殖健康、计划生育和家庭幸福的群众组织，承担计划生育奖扶特扶公共服务、宣传教育、生殖健康咨询服务、优生优育指导、计划生育家庭帮扶、权益维护和流动人口服务等重点任务。编制8名。

【党建工作】落实第一议题制度，深入学习党的二十大精神和习近平总书记历次来陕考察重要讲话精神。落实从严治党主体责任，严格落实领导班子成员“一岗双责”和民主集中制原则。落实党员领导干部双重组织生活制度、“三会一课”、主题党日制度。深化党员干部到社区“双报到”“三问三访”，推进模范机关创建工作，推进干部作风能力提升年各项工作。开展大走访、大调查，形成《定边县计生特殊家庭养老现状调研报告》。

【奖励扶助】全面完成全县奖励扶助对象申报工作。全年农村部分计划生育家庭奖励扶助对象1007人，奖励扶助金120.84万元；农村独女户家庭奖励扶助对象199人，奖励扶助金23.88万元；特别扶助对象62人，扶助金64.92万元；农村独生子女（双女）父母参加城乡居民医疗保险补助对象8990人，补助金35.96万元；农村独女、双女户家庭奖励扶助对象928户，奖励扶助金92.8万元；独生子女保健费对象1930户，保健费金额99.845万元；双女保健费对象230户，保健费金额7.51万元；上学资助对象47人，资助金19.9万元；城镇居民独生子女父母补助金对象125人，补助金16.775万元。共16000余人次，奖扶资金482.43万元。中央补助资金111.96万元，省级补助资金101.45万元，市级补助资金9.91万元，县级配套资金259.11万元。

【宣传服务】在“3·8”“5·29”“7·11”“12·1”深入乡镇、社区开展系列大型宣传服务活动，发放奖励扶助政策、优生优育、家庭健康、法律法规等宣传资料，发放水杯、脸盆、洗手液等宣传品，在各级网站发布工作信息92篇，其中中国计生协会1篇、省级12篇、市级43篇、县级38篇。

【计生特殊家庭】开展“暖心行动”，出资5.7万元资金，走访慰问48户计生特殊家庭；在新乐社区开展“亲情关怀 暖心行动”座谈会，向51户计生特殊家庭发放电饭锅、炉馍、面等慰问品。完善特殊家庭联系人制度，出台《定边县计划生育特殊家庭包抓联系工作方案》(定计生协〔2023〕23号)，落实“三级”包抓工作机制。通过登门走访、电话联络等方式，对全县48户计生失独家庭落实“三个一”工作模式。开展计生特殊家庭上门慰问、心理咨询、权益维护和宣传服务培训活动，联合榆林市计生协会特邀高新医院专家对常住定边的计生特殊家庭开展健康体检。履行家庭医生签约服务责任，将全县计划生育特殊家庭成员作为重点对象，优先纳入家庭医生签约服务，家庭医生签约服务率达80%。联合中国人寿定边支公司为全县特殊家庭免费赠送计生家庭互助保险。开展冬季“送温暖”活动，为计生特殊家庭成员赠送羽绒服，米、面、油等物资。力争政府支持，出台《定边县计生失独家庭养老工作实施意见》(定政办发〔2024〕8号)，落实计生失独家庭“一对一”联系、养老安置、医疗保障、殡葬救助、健康服务等工作。

【计生困难家庭】出资4万余元资金，看望慰问计生困难家庭、“三留守”人员、困难老人等52余户(人)。开展“金秋助学”，为9名计生困难家庭学子发放助学金。关爱孤寡老人活动，深入定边和雅医院开展“粽情端午 欢聚一堂”端午节座谈会。开展健康幸福家庭评选，评选出7户“计生健康幸福家庭”。设立生育关怀专项资金，扶持9户计生家庭创业发展。

【优生优育】深入优生优育阵地举办优生优育知识讲座。为促进青少年全面健康发展，特邀国家二级心理咨询师李亚飞老师深入刘峁塬小学开展“用爱陪伴 用心守护——留守儿童心理团辅”活动，深入堆子梁中学开展“青春那些事”青春期心理健康知识讲座。多次与中省市计生协会协调，争取妇幼健康工程公益项目奶粉。

【计生家庭保险】加强与保险公司联手合作，探索建立多元化险种、多渠道筹资、多措施帮扶、精准化保障模式，建立“财政出资+个户筹资”的保障模式，计划生育家庭互助保险参保人数3918人。全年理赔计生家庭补偿136户，理赔金额173521元，赔付率147.6%。

【荣誉展台】4月，被榆林计划生育协会评为“2023年度计划生育家庭奖励扶助工作先进集体”；被榆林市计划生育协会、中国人寿榆林分公司评为“2023年全市计划生育家庭保险工作二等奖”。

(刘红蕊)

疾病预防

定边县疾病预防控制中心

主　　任　马维林

副 主 任　左占荣　封申伟

工会主席　陈　潇(女)

【概况】定边县疾病预防控制中心是实施疾病预防控制与公共卫生技术指导和服务的公益性事业单位。隶属县卫生健康局，正科建制。有职工69人，其中专业技术人员43人(高级职称5名，中级职称8人，初级职称23人，其他人员7人)；中心下设11个科室，即行政办公室、免疫规划科、检验科、卫生科、健康教育与促进科、职业病防治科、传染病防治科、结核病防治科、慢性病管理科、财务科、后勤科。主要承担全县突发公共卫生事件处置、疾病预防与控制、健康危害因素监测、疫情处置及传染病管理、实验室检测、从业人员健康体检和为基层提供技术指导服务等重要职能。

【体系建设】一是购置传染病应急处置车1辆、疫苗冷链车1辆，保障疫苗规范储运和疫情应急处置需要。二是升级电子健康证管理系统，实现网上预约、体检、领取电子健康证明“一站式”服务。三是11月中旬，通过检验检测机构资质认定复查评审，提升中心检验检测服务水平。四是成功创建省级慢性病综合防控示范区。五是对县乡村三级疾病预防网络基础设施进行升级维护，做好多种传染病监测预警。六是选派专业技术人员外出培训学习，全年参加省、市、县组织的各类专业技能培训32期60余人次。七是定期对基层卫生院和县级医疗机构开展疾控业务技术指导和培训。全年开展综合技术指导4次，举办基层公卫人员参加的疾病预防控制业务培训会5次。八是加强物资储备，提升应急反应能力，确保在应对突发公共卫生事件时，能够快速、高效响应。

【免疫规划】全年报告免疫规划疫苗接种71378针次，11种疫苗单苗接种率均为98%以上。脊灰疫苗补充免疫接种2649人，接种率95.6%。完成重点人群乙肝查漏补种859针次，1967年至1974年出生的目标人群乙肝疫苗补种744人次。接种非免疫规划疫苗54756针次。报告接种异常反应38例(其中新冠疫苗异常反应1例，免疫规划疫苗异常反应37例)，均为一般反应。全年报告疫苗针对传染病77例，其中流行性腮腺炎病例47例、百日咳病例30例，现场疫情处置技术指导10次。完成县乡冷链运转12次，为全县接种单位配送免疫规划疫苗79460支，非免疫规划疫苗58335支。

【传染病报告与疫情处置】全县报告法定传染病3130例。其中报告乙类传染病11种2489例，死亡7例，报告发病率为689.50/10万。报告发病数居前五位的病种依次是：新型冠状病毒感染1832例、肺结核203例、梅毒146例、布病146例、病毒性肝炎82例。报告丙类传染病7种641例，报告发病率为177.57/10万。发病率较高的病种依次是：流行性感冒300例、手足口病193例、其他感染性腹泻病96例，其他传染病水痘272例，无甲类传染病报告。完成霍乱监测50人，结果均为阴性；采集手足口病咽拭子标本103份进行病原学检测，其中肠道病毒CVA6型88例；食源性疾病报告426例；处置各类聚集性疫情17起（其中食源性疾病聚集性事件3起，水痘疫情7起、新冠肺炎聚集性疫情1起、聚集性流感疫情6起）。均已规范处置，未造成疫情进一步扩散。

【重点传染病防治】艾滋病管理：开展艾滋病病毒携带者和病人“一对一”关爱工作，对全县65岁以上老年人展开筛查工作。定期对病人进行随访、发放抗病毒治疗药物，按时进行CD_4细胞检测。全年完成咨询检测771人。高危干预1476余人次，共发放安全套2000余盒。结核病防治管理：全年定点医院门诊接诊病人1565例，确诊治疗管理病人104例（病原学阳性73人、阴性31人），阳性检出率为70.1%，可疑肺结核患者追踪整体到位率80.6%，规范管理率100%；对病原学阳性病人密切接触者筛查142人。处置学校结核病疫情3起，初高中学生PPD筛查共21132人，确诊2人。水痘防控：学校水痘发病率较高，针对初中及幼儿园聚集性病例，疾控中心组织免费接种应急水痘疫苗208针次，与教体局、各医疗机构召开学校传染病防控联席会议，进行流行病学调查并督导学校进行疫情处置工作。

【慢性病防治】全县高血压患者管理25734人，规范管理率87.58%，血压控制率85.30%；Ⅱ型糖尿病患者管理9545人，规范管理率82.32%，血糖控制率79.35%；严重精神障碍患者在册1199人，其中在管1146人，报告患病率3.31‰。

【检验检测】全年完成水质检测322份，其中“陕西省生活饮用水卫生监测项目”水样检测96份，学校二次供水检测20份，农村地区安全饮水检测206份。完成从业人员健康体检25708人次。

【职业病管理】全县报告职业健康检查个人档案卡6174张，其中疑似职业病病例（尘肺病）1人，接到职业性有害因素监测卡282条。调查辖区医疗机构开展放射工作基线和职业性放射性疾病监测8家，委托第三方完成30家企业职业病危害因素监测工作。

【病媒生物监测】按照《定边县病媒生物检测工作方案》要求，于4月至11月对城区开展病媒生物监测，掌握城区病媒生物的数量、分布及季节变化，为全县开展病媒生物防制工作提供技术支撑。

【健康教育宣传】全年通过微信公众平台推送科普知识、党建宣传、疫情防控、工作动态、新闻报道等内容178篇；印发疾控信息61期；创办专题宣传专栏6期；中心开发“视频号”以短视频方式传播健康知识，全年制作发布健康知识及疾控动态短视频17个，累计播放10000余次。通过悬挂横幅、发放宣传册、免费义诊、健康咨询、线上有奖问答等形式开展“3·24世界防治结核病日”“全国肿瘤防治宣传周”“4·25全国儿童预防接种日”“12·1世界艾滋病日”等大型卫生主题宣传日11次，发放宣传彩页、宣传品共计7900余份。

【荣誉展台】荣获榆林市现场流行病学调查技能竞赛二等奖、2023年全市疾病预防控制工作考核优秀等次。

(白　静)

妇幼保健

定边县妇幼保健院

党委书记、院长　李彦玉

党委副书记　王慧娟

纪委书记　慕晓鑫

党委成员　边正强　白福堂

副院长　王希龄(女)　武军　高齐

【概况】定边县妇幼保健院成立于1974年，隶属县卫生健康局，正科级建制，属于公益性事业单位。医院建筑面积5383平方米，编制床位120张，开放床位76张。设有12个行政职能科室、8个医疗医技科室、10个临床科室。高级职称18人，中级职称55人。

【班子建设】8月份，医院第二届工会委员会任期届满，经院党委会研究决定，并报县总工会批准，根据《基层工会选举办法》有关规定，医院组织召开全体会员大会，选举产生了第三届工会委员会：工会主席白福堂同志，委员武军、钟红艳同志；经审委主任邹奇拯同志，委员付帅、曹玮璇同志；女工委主任黄茉莎同志，委员艾佳乐、赵国霞同志。

【医疗服务】全年医院接待门诊患者101622人次，住院患者1450人次。妇产科管理危重孕产妇(橙色、红色、紫色)126例。优化、创新了孕妇学校授课内容方式，运用网络平台，进行线上、线下授课22期。新开设不孕不育门诊，就诊人次296例，成功助孕19例。妇产科全年活产361例，其中顺产241例、剖宫产120例，开展宫腔镜手术28例，腹腔镜手术8例，刨削48例，盆底治疗1153人次，新开展腹直肌分离治疗445人次。儿科对托幼机构教师体检273人次，儿童体检4000人次，陆续开展了母乳分析、肺功能检测、血气分析、新生儿神经行为测定、脑干诱发电位、NO测定、脑电图等新项目，新开设了儿童保健科及儿童预防保健发育监测、膳食指导、儿童营养与喂养咨询室，主要为儿童提供健康检查、营养评价、身高促进发展管理、心理健康促进等儿童保健服务。中医内科开展督脉灸、任脉灸、穴位贴敷、中药热奄包等中医特色疗法，全年进行督脉灸、任脉灸诊疗911人次，穴位贴敷、中药热奄包诊疗524人次。新开展西医内科的建设，配有副主任医师的人才资源，打造中西医全覆盖的临床建设。全年为新生儿建证400人次，建卡752人次，接种免疫规划疫苗17352剂次，非免疫规划疫苗10598剂次。

【妇幼卫生指标统计】孕产妇保健：全县活产数2391人，产妇2375人，系统管理2169人，产妇系统管理率90.7%；早孕建册人数2211，早孕建册率92%，孕产妇接受产前血清学筛查人数1466，产前筛查率95%，筛出无脑儿1例和1例21三体综合征(已引产)；产后访视孕产妇2214人，产后访视率92.5%，住院分娩活产数2391，住院分娩率100%，剖宫产1133人，剖宫产率52%，筛查评估高危孕产妇发现黄色1545人，橙色304人，红色1人，紫色93人，高危孕产妇管理率100%；孕产妇艾滋病、梅毒和乙肝检测3744人，检测率100%；孕早期检测率97.7%，无孕产妇死亡。儿童保健：全县0—6岁儿童22539人，健康管理

21565人，0—6岁儿童健康管理率96%；新生儿访视人数2234人，访视率93%；0—6岁儿童眼保健覆盖率95.6%；0—3岁儿童5008人，系统管理4092人，0—3岁儿童系统管理率81.7%；中医药管理人数4436，中医药管理率88.5%，筛出高危儿童1197人，高危儿童管理率100%。五岁以下儿童死亡8例，死亡率3.34‰；婴儿死亡7例，死亡率2.9‰；新生儿死亡6例，死亡率2.5‰。出生缺陷6例，缺陷发生率25‰，新生儿遗传代谢性疾病筛查率98%，筛查出苯丙酮尿症1例，甲状腺功能低下减低症5例；新生儿听力筛查率97.8%，新生儿先天性心脏病筛查率97.5%。婚孕检项目：孕前优生检查1775对，完成全年任务80%，发现高风险103人，高风险发生率2.9%；婚前医学检查810对。

【为群众办实事】全年进行义诊活动5次，进行偏远农村妇女“两癌”筛查120次2427人。

【医疗对口支援】与西北妇女儿童医院、银川市妇幼保健院的医疗协作交流。利用医院远程会诊服务平台，组织各专业医务人员与专家线上会诊交流。全年参加远程专题讲座295余次、远程会诊疑难病例2例。西北妇女儿童医院先后派驻本院2名妇产科专家长期坐诊、带教，银川市妇幼保健集团先后派出6名儿科、产科等专家来本院坐诊、带教。按照苏州援陕项目安排，由扬州市宝应县妇幼保健院派驻本院援榆医疗专家2名，对检验科和影像科进行为期半年的带教坐诊。4月份，与西安市中心医院举行（西北眼科学科建设联盟）合作签约暨授牌仪式；10月份，与西安市第四人民医院（西部眼科联盟）合作签约，签约后，西安市中心医院和西安市第四人民医院眼科将定期派遣专家对本院眼保健科的管理、技术、人才培养、学科建设等方面给予指导与支持。10月份，加入“西部发育行为专科联盟单位”，西北妇女儿童医院将定期派遣儿童保健专家来本院坐诊、带教、培训，并协助科室建设。

【荣誉展台】4月，被榆林市健康榆林建设工作委员会办公室和榆林市卫生健康委员会评为“示范单位”。

（王慧娟）

重点医院

定边县人民医院

院　　长　张少雄
党委书记　丁银山
副 院 长　贺　伟　张鸿翔　姬兴军
纪委书记　何晓军
工会主席　孙春霞（女）

【概况】定边县人民医院始建于1941年，是集医疗、急救、教学、防保为一体的二级甲等综合医院，医院科室设置齐全、医疗设备先进、技术力量雄厚，是全县的医疗服务中心。有职工1210人，其中正式职工407人、临时工703人、离退休人员100人，卫生技术人员819人，有高级职称78人、中级职称130人。编制床位600张，实际开放床位639张。设有临床科室25个、医技科室11个、职能科室11个、护理单元21个。医院全年总收入4.99亿元（含财政补助），其中业务收入3.28亿元，门诊人次498588人次，住院人次23664人次，急诊人次51782人次，门诊手术例数5633例，住院手术例数4227例。

【党建工作】以党的二十大精神为指引，扎实开展学习贯彻习近平新时代中国特色社会主义思想主题教育，深入学习领会习近平总书记关于主题教育重要讲话精神，紧紧围绕“学思想、强党性、重实践、建新功”总要求，认真贯彻落实上级党委决策部署，将推进主题教育与医院党建工作、医疗业务、就医服务等工作紧密结合，互促并进。开展党委专题学习4次、研讨1次，各党支部集中学习13次、讲党课11次。医院党委紧扣医院高质量发展主线，将推进主题教育为民办实事与改善患者就医体验紧密结合，进一步优化就诊流程，提升医疗服务能力。

【专科建设】加强胸痛、卒中、创伤“三大中心”建设，开启多学科协作模式；加强肿瘤科、介入科、骨科、疼痛康复科等重点学科建设。

【人才培养】引进原榆林市第二医院神经外科副主任（血管组组长）、卒中中心副主任、在职医学博士夏志强同志；选派36名年轻骨干卫生专业技术人员作为专科建设重点培养人才到三甲医院进修学习；新招聘36名卫生专业技术人员。

【整体搬迁】县医院整体搬迁建设项目于2020年6月3日开工，按照三级医院标准建设，占地13.4万平方米(201亩)，总建筑面积95678平方米，总投资6.61亿元，病床1000张，计划于2024年底竣工并投入使用。

【公益活动】组织对口帮扶医疗专家和县医院医务人员到乡镇卫生院和社区开展“党建引领践初心”“我为群众办实事”“科技之春下乡”等义诊活动，同时采用线上线下培训和集中授课等方式，提升基层卫生院诊疗服务能力。

【作风整治】深入学习贯彻党的二十大精神和习近平总书记关于作风建设重要论述，全面落实“全省干部作风能力提升年”活动要求，开展群众身边腐败和作风问题专项整治工作，围绕干部作风能力提升年活动部署要求，以患者为中心，深入整治医疗行业不正之风和行业乱象，加强医院作风建设，建立健全作风建设长效机制，持续优化诊疗流程，规范诊疗行为，增强服务意识，提升患者就医满意度和获得感。

（陈学敏）

定边县中医院

党委书记、院长 倪国栋
党委副书记 武志龙
副院长 丁航山
纪委书记 高宇
工会主席 张瑜
支部副书记 孙海云

【概况】定边县中医院始建于1986年，是一所集医疗、急救、教学、预防、保健、康复于一体，以中医药特色为主的二级甲等中医医院，属于公益2类事业单位，是榆林职业技术学院医学院教学医院，被国家卫生健康委能力建设和继续教育中心认定为基层西学中能力建设工程带教基地。医院占地面积12950平方米，建筑面积19856.13平方米，编制床位260张，实际开放床位260张。核定编制17人，在岗职工379人，其中卫技专业307人，高级职称26人，中级职称114人，初级职称171人，硕士研究生13人，全国基层名老中医药专家1人。设置职能科室12个，开设急诊及门诊诊室25个、临床病区8个、医技科室7个，设麻醉科、手术室。建立了国医大师李佃贵传承工作室、国家级名老中医冯兴华传承工作室及西安市第五医院“西北风湿免疫专科联盟”王氏、徐氏风湿流派工作站。门诊设中医综合治疗区，病区均设立中医治疗室。医院配备GE16排螺旋CT、GEX射线骨密度检测仪、东芝DR、飞利浦彩色多普勒超声仪、奥林巴斯腹腔镜、开立胃肠镜、远程动态心电图等医疗设备。2023业务收入1.69亿元（含药品补偿3343.1万元），同比增长87.3%；医疗收入9385.41万元，同比增长43.88%；门急诊281110人次，同比增长24.4%；出院10158人次，同比增长76.6%；手术679例，同比增长43.9%。

【等级复审】8月24日至8月25日专家组进行现场评审，顺利通过第二次二甲等级复审。

【中医药工作】打造中医药特色优势，将中医药服务项目开展情况纳入绩效考核分配，鼓励科室大力开展中医诊疗项目和中医护理操作技术，运用中医药适宜技术和中药，开展中医适宜技术47项，中医非药物疗法97147人次，开展中医护理技术19项，中医护理操作28426人次，中药处方181092张。做好国医大师李佃贵传承工作室、国家级名老中医冯兴华传承工作室诊疗工作，每周邀请陕西省名老中医坐诊，共22名专家坐诊18次，诊疗750余人次。实施中医药文化传播行动，开展中医药进社区、进学校等，宣传中医药适宜技术、健康素养知识技能等，传播中医药文化知识、推广中医药保健技能，提升中医药健康素养，全年组织中医进社区、乡镇巡回义诊、便民义诊活动20余次，累计服务群众近3700余人次，开展中医药健康知识讲座12次，中医药文化进校园5次。开展2023年定边县中医药适宜技术培训，组织县级公立医院、社区卫生服务中心、乡镇卫生院、村卫生室、民营医院、个体诊所等医疗卫生机构的中医药专业技术人员及助理医师、乡村全科助理医师、执业医师260余名人员，学习《中医概论》《中医药相关知识》《经络穴位与小儿推拿》《拔罐、督灸》《铍针解结止痛技术》《电磁针贴技术》《耳穴贴压技术》七项内容。

【科室建设】开设风湿免疫科，3月9日加入“西北风湿免疫专科联盟”，8月31日引进西安市第五医院王氏、徐氏风湿流派工作室定边分站，推广风湿免疫疾病中医特色疗法，共10名专家坐诊7次，诊疗300余人次。完善全国基层名老中医药专家传承工作室和榆林市名中医工作室建设，提升糖尿病、高血压、高血脂等慢性病及其并发症中西医结合、中医为主的特色诊疗能力。

【队伍建设】分批次选派20名临床、护理专业技术人员至陕西省中医医院、宁夏医科大学总医院、西安交通大学第一附属医院、榆林市中医医院、宝应县中医医院长期进修，学习内科、儿科、眼科、核磁医疗技术和肾透析专科护理等，选派15名临床、护理专业技术人员至陕西省人民医院、唐都医院、西安市第五医院、榆林二院短期进修，学习妇产科、新生儿科医疗技术和急诊急救、风湿病专科护理等，2名临床专业技术人员攻读硕士研究生，1名攻读博士研究生。按需引进专业技术人员，通过县级公立医院自主临聘方式引进17名，通过临时用工方式引进10名。

【项目建设】自筹800余万元，实施更换信息系统项目。实施3500万专项债券购置大型医疗设备项目，并自筹256万元，购置了1.5T超导核磁、64排螺旋CT、高端彩色多普勒超神系统等47台医疗设备，申请2023年中央医疗服务能力提升（公立医院综合改革）直达补助资金60万元，购置免疫印迹分析仪、特种蛋白分析仪等5台设备，完善了放射科、检验科、透析室、超声科等科室医疗设备配置。国医馆建设已完成主体工程、室外辅助工程、室内装饰装修。

（何文达）

医疗保障

定边县医疗保障局

局　　长　牛国斌
党委书记　赵振宏
副 局 长　王翠茹　刘学渊
专职副书记　高育才
党组成员　刘为邦　黄文汇

【概况】2019年3月15日，定边县医疗保障局挂牌成立，办公场所位于西环路医保办公大楼。承担着全县城乡居民、干部职工的基本医疗保险筹资、待遇保障、医保基金监管、定点医药机构管理、医药耗材采购等工作任务。主要承担全县医疗保障政策制度落实、医疗保障经办服务和基金监督管理等职能。内设办公室、党建办、财务管理股、待遇保障股、法规稽查股、医保基金股、网络建设统计股、药品招采股、宣传教育股、乡村振兴办等10个股室，全系统干部职工128名，监管29家定点一二级医疗机构、108家定点零售药店（包括6家门诊慢特病定点零售药店）、202家定点村卫生室。

【党建工作】贯彻落实定边党建“五个一”和医保党建“12393”发展理念，适时召开作风整顿大会，研究处理违法违规线索，全年多次召开廉政专题和作风整顿会议，无违规违纪现象发生。将意识形态工作纳入机关党委重要议事日程，认真落实常态化制度化学习制度。共青团定边县医疗保障局委员会申报创建“全国青年文明号”。通过“互联网+党建”，整顿基层党组织软弱涣散突出问题，履行第一责任人主体责任，形成“主要负责人”抓“总”、党务分管领导抓“常”、党务工作者配合抓“细”的齐抓共管制度。结合“干部作风提升年活动”，开展医保系统“党员示范行动”。

【医保筹资】全年县域城乡居民参保人数29.09万人，参保完成率99%，征缴基金2.82亿元；城镇职工医保参保单位550个，干部职工参续保3.45万人，参保完成率100%，征缴基金2.57亿元。

【医保基金监管】定点医药机构医保服务协议签订率100%。按时完成医保基金上解和预防工作，开展一次打击欺诈骗保整治全覆盖工作。城乡居民住院和门诊全年累计报销21.3万人次，医保基金支出1.95亿元。干部职工住院、门诊（急诊）和个人账户报销24.3万人次，基金支付1.98亿元。

【药品采购与结算管理】完成国家组织药品集中采购工作，全县公立医疗机构中选药品采购完成率达90%以上。重新规划药械采购和使用程序，完善医疗机构药械集中结算支付、统一配送机制。多次组织召开全县价格采购专题会议并出台公立医疗机构和配送企业进一步规范药品及医用耗材备案采购配送管理办法（试行）、动态调整药械货款结算等实施方案。全年药品集采工作进行到第七批，涉及453个品规的药品，平均降价超过50%；高值耗材集采工作主要集中在县医院和中医院，涉及心血管介入类、骨科植入类、人工晶体类、口腔类、吻合器类、电动腔镜类等六大类。开展全县公立定点医疗机构第一二四批续签和省际联盟国家集采药品医保资金结余留用工作，年度结余留用资金约208.6万元，第五六批已完成测算。

【网络信息建设】2021年至2023年，县财政为全县20个乡镇医保服务站、19个社区、204个医保服务室投入建设经费40余万元，制作悬挂统一门牌、工作职责、组织机构，上墙悬挂各类制度守则。推动医保服务“放管服”改革，第一季度已完成定边县“智慧医保”报销终端在县域38家定点一、二级医疗机构的普及使用。

【乡村振兴】脱贫人口、农村低保户等6类特殊人群51514人完成100%参保缴费任务，并按照财政补贴有关政策完成分类资助工作。继续对6类特殊人群实施大病保险倾斜政策，起付标准降低50%，最低报销比例达65%，报销比例在城乡居民大病保险基础上相应段提高5%。对防返贫致贫预警监测1903名特殊困难大病患者，除正常范围费用经一站式报销后，剩余符合规定的纳入扩大医疗救助范畴落实医疗救助政策。扩展门诊慢特病鉴定、审核延伸至各乡镇卫生院、新乐社区县医院分院和衣食梁移民社区县医院分院，执行“一站式、一窗口、一单式”鉴定报销管理模式。分别对砖井镇候场村、堆子梁镇王滩子村、贺圈镇五兴庄村、姬塬镇官峁村开展医保政策宣传下乡义诊活动，协调县交通部门落实官峁村至苗大渠6.7千米乡村水泥道路硬化。

【政策宣传】通过定边县医疗保障局微信公众号发布新闻报道、政策宣传125篇，总点击阅读量超过10万次。榆林市医保局公众号转载1篇、定边融媒转载1篇，今日头条转载7篇，搜狐、百度各1篇。建立抖音、快手、视频号新媒体宣传平台，宣传医保政策播放量累计9万次。

（马瑞峰）

人民生活和社会保障

人力资源和社会保障

定边县人力资源和社会保障局

局　　长	钟子俊（　—2023.04）
	刘彦璞（2023.04—　）
党委书记	温永明（　—2023.04）
副 局 长	牛　岗　申　坪
	叶肖雄（　—2023.04）
党委专职副书记	石双丽
党组成员	张明亮

【概况】定边县人力资源和社会保障局是主管全县人力资源和社会保障行政事务的职能部门，行政编制12名。内设九股一室：综合办公室、人事人才股、计财股、就业促进股、工资福利股、专业技术人员和职业能力建设股、劳动关系和政策法规宣传股、社会保险管理股、档案信息股、党建办。下设7个事业单位（其中正科级6个，副科级1个）：定边县劳动保障监察大队、定边县劳动人事争议仲裁院、定边县人才交流服务中心、定边县公共就业创业服务中心（挂定边县职业技能培训中心牌子）、定边县工伤保险经办中心、定边县机关事业单位和居民社会养老保险经办中心、定边县人事信息服务中心（挂定边县干部职工档案信息中心牌子）。全系统有职工199人，其中党员121人。

【人事人才】通过多途径组织考（面）试招聘活动9场次，招录各类工作人员479人，其中教育356人、卫生91人、其他行业32人。与盐池县、环县、前旗建立了“盐环定前”县际创新创业及人才交流论坛。实施事业单位管理岗位职员等级晋升制度，19名同志晋升至9级职员。职称申报实现线上申报、审核、批复、电子证书打印“全程网办”，通过职称等级认定1066人，其中初级634人、中级179人、高级253人。发挥宝定劳务协作优势，组织开展专业技术人员互相交流学习33人次。修订《定边县政府系统加强一般工作人员管理补充规定（试行）》，办理进修学习42人、请销假1335人次、退休168人。制定引进教育部直属六所师范大学2024届公费师范毕业生来定任教实施方案，对引进5名符合条件的人员分别给予20万元的安家费优惠政策。对人大代表、政协委员提出的9条人事人才意见建议进行专题答复。建立大中专高校毕业生档案人才库，库存档案20537份，其中硕士研究生178份、大学本科生7380份、大学专科生10179份、中等专科生2800份。全县月最低工资标准提高至2160元，企业货币工资增长基准线调整为6.5%。调整事业单位一般工作人员和工勤人员艰苦边远地区补贴人均增加55元，年人均工资增长为82元。为上年考核优秀的1255名同志人均发放考核奖3000元。工资定级105人。审批各类津贴3522人次，乡镇补贴1894人次，护理费49人，丧葬费、抚恤金、遗属补助101人，60年代精减人员提高生活补助56人。公立医院事业编制人员和主要负责人收入水平分别增长34.4%和24.4%。

【就业再就业】城镇新增就业3260人，失业人员再就业1222人，就业困难人员再就业303人，农村劳动力转移就业5万人，城镇登记失业率控制在3%以内。年内中省市县下达就业专项资金1.05亿元，划拨相关补贴支出0.97亿元，惠及68家企业，5845名劳动者。发放创业担保贷款2926万元，带动就业280人。对应届高校毕业生进行实名登记、跟踪回访服务702人次。扩大青年就业见习单位覆盖范围至80家，帮助193名高校毕业生参加就业见习。安排30名未毕业大学生到政府部门开展为期1个月的暑期实践活动。向68家企业发放稳岗返还9700万元，惠及职工5845人。落实失业登记人员和就业困难人员定期联系制度，跟进服务失业登记人员439人次。面向社会公开招聘城市创建综合治理监督服务员、网格管理员、保洁员共计48名。推进标准化创业孵化基地建设1个，入驻企业13家，吸纳就业140人，补助36.85万元。组织各类技能培训71班次2800人，其中脱贫劳动力297人。服务、指导辖区内开展技能等级认定，考核技能人才256人，核发技能等级证书249本，其中高级证书50本、技师证书199本。建立“就业创业服务中心+人力资源公司+乡镇就业服务平台”三级就业服务网络，动态掌握劳动年龄段内1227人的就业失业状况、技能水平、求职意向、创业意愿和培训需求，组织招聘宣传活动7场次，发放各类资料1.4万份、信息500多条，提供面对面就业指导260次，吸引571家企业参与并共提供就业岗位信息1990条，现场达成就业意向2000余人，实现就业271人。

【社会保险】全县征缴各类社会保险基金总收入2.595亿元，总支出5.373亿元。其中机关事业单位养老保险参保达1.67万人、待遇领取0.42万人，城乡居民养老保险参保15.38万人、待遇领取5.53万人，工伤保险参保6.37万人、享受待遇115人，失业保险参保1.72万人、享受待遇55人。受理工伤案件733起，提出工伤认定申请667起，已认定607起（含工亡10起），不予认定3起，案件撤销48起。“中人”办理在职转退休业务371人。成立社会保险基金管理巩固提升行动领导小组，制定实施方案，及时稳妥清理自行出台的违规政策，全年核查各类疑点数据571条，查摆问题10条，已整改9条，追回违规领取社保基金42.72万元。推广社会保障卡“一卡通”功能应用，制卡规模32.28万张，机关事业单位、居民社会养老保险待遇加载率分别达到100%、86.1%。城乡居民养老保险基础养老金标准调整至每人每月193元；退休人员基本养老金调整水平按照2022年退休人员月人均基本养老金的3.8%执行，退休人员年调资人均增加185元；失业保险标准提升至每人每月1944元；工伤员工月伤残津贴分别提升至60元—90元6个等级，供养亲属抚恤金月人均调整增加45元，生活护理费按照3个标准分别调整至2322.9元、3081.2元和3839.5元。

【劳动维权】劳动人事争议仲裁案结案率100%，劳动人事争议调解成功率80%，劳动保障监察举报投诉案件结案率100%，拖欠农民工工资举报投诉案件结案率100%，劳动保障监察监管信息上线率90.95%。实施劳动关系“和谐同行”行动，制定《和谐同行企业培育共同行动计划》《维护新就业形态劳动者保障权益实施办法》，培育企业1家。检查辖区内428家用人单位的招用工行为，未发现未经许可和登记擅自从事职业中介活动的企业。对2家劳务派遣企业开展劳务派遣截滞留稳岗返还资金专项清查，涉及稳岗返还资金95.01万元，全部符合发放条件，未发现截滞留问题。完善在建项目农民工工资支付“八项制度”4家，指导3家用人单位建立了特殊工时制度。设立调整根治欠薪领导小组，整合24个部门合力，定期深入重点行业、重点项目涉及的企业、工地走访，开展重大专项检查6次。优化农民工工资保证金制度，收缴保证金247笔1006.16万元。办理劳动用工备案企业2315家，涉及农民工1.5万余人。依法列入拖欠农民工工资“黑名单”企业1家，并上传至“信用陕西”平台。协同监管、联合执法，打击恶意欠薪行为，向公安机关移送案件4起，涉及劳动者18人，涉及金额18.38万元。推动完成134家用工企业劳动保障守法诚信等级评价工作，其中被评为A类企业75家、B类企业59家。成功办理欠薪线索898件，为996名农民工追回工资1131.97万元。开展各类大型宣传活动6次，发放各类宣传材料1.7万份，窗口接待、电话咨询等方式为解答劳动者或用人单位问题近2000余条，深入到乡镇、企业、工地宣传30余次，发放各类资料6万份。通过设立法律援助工作站、设立绿色通道、建立院长负责挂牌督办制、启动快办简易程序方法，受理劳动纠纷案件270件，已办结261件，法定结案率100%，调解率80%，涉及劳动者315人，涉及金额1208万元。

【乡村振兴】实现转移就业5万人（次），易地搬迁转移就业4368人（次）。聚焦全年脱贫人口务工规模不低于上年指标要求，实现脱贫人口务工规模达1.11万人。推进苏陕协作，采取“点对点”模式转移至宝应县实现就业33人。为563人发放跨省就业一次性交通补贴18.7万元。将职业技能培训工作由县级培训机构逐步转移到企业、乡镇、社区，实现到企业培训25场次、乡镇培训9场次、社区4场次。建立就业帮扶基地和社区工厂动态退出机制，正常运营13家，从业人员140名。实现劳动者、企业、机构互选，选聘培训技师25人。利用中盐集团对口帮扶机制，在8个乡镇设点对基层干部、带头人、青年企业家、青年人才等728名乡村人才进行12批次专业培训。审批乡镇补贴1894人次。派驻2个工作队6人分赴短涧子村、王盘山村开展定点帮扶工作。

【党建工作】成立了领导小组，制定实施方案，出台工作要点，完善制度，制定清单。坚持“三会一课”制度，召开专题部署会10次、集中宣讲4次、集中学习48次、集中讨论12次、系列实践活动4次、人均撰写心得体会5篇、“学习强国”党员参与度100%，双报到党员108名。建立党员活动室1间，制定党员培训实施方案，吸纳积极分子4名，发展党员3名。领导班子累计讲党课12次、专题辅导4次，深入社区调研4次、组织代表座谈5次、解决群众问题6项。开展“人社工作进园区”局领导大走访活动，制定实施方案，成立局领导走访小组对县域6家重点企业进行实地走访，为园区设置服务专员2名，对接企业5户，收集园区企业需求信息7条，已全部得到解决。

【行风建设】通过畅通各类监督渠道、落实基层减负政策、执行“三类五星”办法，以干部作风提升年为契机，加大党建工作监督检查力度，改善各支部的工作作风。建立一把手负总责、分管领导亲自抓、业务股室（单位）具体办、熟知政策专人审的工作机制，认真分析研判办理群众诉求710件，案件办结率96.91%，办理结果满意率96.54%。打造人社基层微融媒体中心1个，发布推送各类宣传报道稿件220篇次，政务公开信息48条，梳理政务服务事项151项，整合由人社牵头“一件事、一次办”事项4项。

【荣誉展台】荣获“2023年榆林市《国家体育锻炼标准》达标测验赛·定边站团体三等奖”。

（景越驰）

民政工作

定边县民政局

局　　长　李　剑
党委书记　宋　扬
副 局 长　潘红力　张生文　张青才
专职副书记　王艳芳
工委主任　唐海龙

【概况】定边县民政局辖城乡低保救助中心、婚姻登记中心、中心敬老院、殡葬管理服务站4个下属单位。

【社会救助】一是社会救助服务。采取信息比对、档案审查、数据与系统核实等方式，进行信息比对4394人次，审查档案925户。全年新增城乡低保对象776户1181人，取消不符合保障条件的城乡低保对象923户1109人。通过联席会议救助家庭7户，救助资金近19万元。将全县农村低保保障标准由5000元/人/年提高至5640元/人/年，城市低保由740元/人/月提高至780元/人/月。全年保障城市低保对象1848户3643人，发放城乡低保金3483万元；保障农村低保对象7288户13770人，发放农村低保金8045.7万元。下拨临时救助资金735.75万元，惠及困难群众8912人。为12783名残疾人对象发放资金885万元。为386户422名分散特困供养对象发放资金422万元。二是流浪人员救助管理。全年救助流浪人员330人(次)，出动车辆巡查300人(次)。集中开展以“科技赋能筑大爱　温情救助守初心”为主题的第十一个全国救助管理“开放日”活动，发放各类宣传品6000份。三是未成年人保护。开展“奋进新征程、同心护未来”主题活动，在公交站牌上印制未成年人保护宣传标语，动员各乡镇儿童督导员、儿童主任入户发放宣传资料，为孤儿、事实无人抚养儿童、留守儿童等困境儿童发放学习台灯410个，发放《未成年人保护法》宣传资料和宣传手提袋12000个，发放各类保障资金111万元。通过43万元“福彩公益金”资助困难大学新生86名，使用宝应和定边协作资金10万元，资助100名困难大学生。

【养老服务】拟定社区日间照料中心和农村幸福院等养老设施运营管理办法，明确星级评定和奖补标准，多次开展走访调研，推进老年食堂选址、设计。投资160万元支持中心敬老院提质改造，联合消防救援大队开展消防隐患排查整治工作，推进中心敬老院消防审验问题。加快社区日间照料中心和农村幸福院建设，采取向上争一点、财政补一点、村上筹一点的办法。全县19个城市社区中，已建成并投入运营社区日间照料中心8个，在全县185个村选择村情好、经济收入高、基础设施相对完善的村，实施143个农村幸福院项目建设。投入156万元聘请专业的养老服务企业开展智慧养老服务，开展助餐助浴、卫生整理、康复护理、送医陪护、精神慰藉等关爱服务1万多次。

【城乡社区治理】按照高质量、高标准要求，已完成城市标准化社区9个。向已完成标准化建设的社区拨付建设经费182万元。向市局争取建设补助资金，推动10个未达标的城镇社区标准化建设工作；已完成对34个提交申请的农村社区的前期调研和摸底。提高“两委”干部薪酬待遇，发挥村规民约和四议两公开在社会治理作用，打造政治、自治、法治、德治、智治“五治”融合的乡村治理体系，助力乡村振兴。

【民政综合事务】一是开展绿色文明殡葬工作。春节、清明期间利用新闻媒体、宣传栏等方式引导群众开展文明祭祀活动，倡导低碳环保的祭扫方式。组织工作人员定点对城区丧事活动随意抛撒纸钱造成污染环境等违法行为进行有效治理。二是提升婚姻登记服务工作。在全市率先开展颁证服务和婚姻家庭辅导服务工作。6月1日起，全面启动婚姻登记“跨省通办”工作。至8月底，办理结婚登记1607对、离婚登记473对，登记合格率100%。通过电子屏、媒体网络等宣传文明婚俗，加快婚俗改革。发放宣传材料2万余份。三是强化社会组织管理工作。完成189家社会组织年检，未发现社会组织领域重大风险隐患。四是推进区划地名工作创新发展。建立完善地名管理联席会议制度，调处化解陕宁、陕蒙边界纠纷，开展“平安边界”创建活动，加强界线、界桩日常管理，强化宣传贯彻新修订的《地名管理条例》。完成了《定边县地名志》出版工作。

(李大欢)

残疾人工作

定边县残疾人联合会

理事长　刘统政(　—2023.07)

丁立山(2023.07—　)

【概况】定边县残疾人联合会成立于1991年4月22日，隶属民政局管理。于2004年12月实行单列，调整为县政府管理的具有行政职能的直属机构，正科级建制，编制10人，2013年又调整为县委部门并成立党支部。有工作人员26人，其中在编人员12人（班子成员2人），协管员14人。内设办公室、财务室、康复室、组维室、宣文室、教就室、办证室。

【工作职能】代表残疾人共同利益，维护残疾人合法权益；团结教育残疾人，为残疾人服务；履行法律赋予的职责，承担政府委托的任务，管理和发展残疾人事业。

【保障工作】落实残疾人“两项补贴”政策，确保最低生活保障家庭中的残疾人、非最低生活保障家庭中的1—3级低收入残疾人及其他困难残疾人按月领取困难残疾人生活补贴，所有一级、二级残疾人按月领取重度残疾人护理补贴。对219名具有定边县户籍且持有第二、第三代《中华人民共和国残疾人证》，处于就业年龄阶段且有托养服务需求的智力、精神、重度肢体、一户双残或一户多残、多重残疾人通过政府购买托养服务形式提供居家托养服务。

【康复工作】为253名0—17周岁残疾儿童提供康复救助；假肢安装10例。为510名贫困精神病患者提供购买基本治疗药品补贴，每人补助300元。免费为残疾人发放轮椅230辆，为听力残疾人适配助听器30个，拐杖、坐便椅、洗浴椅、助行器等100余件。为2624名残疾人开展家庭医生签约服务。

【创业就业】加大残疾人就业保障金征收力度，共征收残疾人就业保障金1400多万元。对于符合扶持条件并在法定劳动年龄段内具备一定劳动能力、持《中华人民共和国残疾人证》、有创业意向或已经创业且需要帮助的残疾人给予一次性创业补贴，共资助22人，每人5000元。对80名残疾人实施“阳光增收”项目，帮助发展种植养殖业，每人5000元。抓好残疾人实用技术与职业技能培训，合理设置培训项目内容，共举办培训班4期，培训230人。

【扶残助残】春节期间，慰问485户困难残疾人，每户1件防寒服；县级领导慰问33户贫困残疾人，每户1000元慰问金、1件防寒服。资助9名考入大专、本科院校的贫困残疾大学生和贫困残疾人家庭大学生，每人资助5000元。为80名困难残疾人提供临时救助，投入151500元。投入35万元，为321名残疾人监测户、困难户发放农机具。

【组维工作】加强乡镇残联组织建设。为盐场堡镇残联等9个乡镇（街道办）残联配备办公电脑。建立残疾人专职委员教育培训长效机制，系统化、科学化、制度化开展教育培训。开展思想理论教育、职业道德教育、业务能力培训、文化素质教育。

（冯晓伟）

养老保险

定边县养老保险经办中心

主　任　赵国斌（　—2023.03）

王小宏（主持工作，2023.03—　）

【概况】定边县养老保险经办中心（原统筹办）成立于1988年6月，正科建制，编制10人，1998年上划省社保局。养老保险工作是政府公共服务和社会保障的一项重要工作，它的范围涉及社会保险、社会管理、社会服务等诸多领域。定边县养老保险经办中心有工作人员13人、退休7人，负责全县国有企业、集体企业、私营企业、个体工商业户、农民工的养老保险费的征缴工作，达到法定退休年龄的各类人员养老金发放工作，对全县的离退休人员的养老保险服务管理工作。

【管理服务】待遇发放和调整：全年为4817名离退休人员发放养老金18218万元，7月完成离退休人员调待工作，社保卡上卡率达到95%。扩面、征缴工作：全年征缴3.7亿元，扩面2235人。养老保险关系转移接续工作：全年为256人办理养老保险关系跨省转出手续，为347人办理养老保险关系跨省转入手续。

【行风建设】开展业务技能岗位练兵活动，加强对政策文件及业务的学习。落实《文明服务五项规定》《文明服务检查考核办法》，依托服务评价系统、举报投诉电话，加强对窗口工作人员的监督。

【基金管理】开展社保基金安全警示活动，学习实际案例及观看警示教育片，撰写警示教育心得体会；组织学习贯彻落实新修订的《社会保险经办内控管理办法》《社会保险基金监督举报工作管理办法》等。完善基金管理制度体系，健全稽核内控制度，落实稽核“周检查月报告”制度。运用好稽核系统，对照人社部“中台”经办规则，开展数据治理和业务规程清理，规范业务经办流程，持续完善信息系统风险防控功能，做到初审、二审人员分离，权限分开，重大业务由领导审核通过。财务、业务、稽核等岗位独立设置，职责明确、落实岗位相互监督，业务环节相互制衡，合理配置岗位人员，做到会计科目设置规范，财务专用章由专人保管，大额资金的调剂、支付业务，实行集体决策。

【档案管理电子化】贯彻执行《档案法》和有关档案工作的方针政策，建立健全档案管理工作制度，业务档案管理工作已实行电子化管理，明确专人管理、专人负责，完成上年全年档案整理归纳入库工作。

【养老保险】全年完成征缴养老保险费36666万元，较年初下达任务数27000万元，完成136%，超额完成36%；参加养老保险职工人数为30554人，较年初下达任务25000人，完成122%，超额完成22%；新办理退休人员287人；为4817人发放养老金18218万元；清欠养老保险费760万元，较年初下达的任务数450万元，增长1.69倍；实地稽核企业3户，稽核人数5131人，占全部参保在职职工的20%；离退休人员使用APP自助年检率达到98%。

（毛亚妮）

住房公积金

榆林市住房公积金管理中心定边县管理部

主　任　王海峰

【概况】榆林市住房公积金管理中心定边县管理部隶属于榆林市住房公积金管理中心，单位地址位于定边县海纳大厦6楼。负责办理全县缴存职工的归集、提取及信贷业务。内设办公室、财务室、信贷股和归集提取股。有干部职工14人，其中正式干部2人，劳务派遣人员12人。

【公积金归集】缴存单位463个，新增缴存单位24户，新增缴存职工1698人，完成目标任务2400人的70.75%，归集住房公积金37719.37万元，完成目标任务32000万元的117.87%，网厅业务已推广463个单位，已完成100%。本年度缴存基数以职工本人2022年（自然年度）月平均工资为基础，由各缴存单位在上下限范围内据实计算。上限不高于榆林市统计部门公布的2022年度职工月平均工资的3倍，即27246元；下限不低于当地最低月工资标准，定边县2160元/月。

【公积金提取】根据国务院《住房公积金管理条例》，结合《住房公积金提取业务标准》及榆林市实际情况，榆林市住房公积金管理中心制定《榆林市住房公积金提取管理办法》，适用于榆林市行政区域内住房公积金提取的管理和监督(该办法自2023年9月22日印发之日起实施，有效期5年)。全年提取总金额30329万元，完成目标任务25000万元的121.32%。

【公积金贷款】一是按照榆林市住房公积金管理委员会2023年第3次会议纪要关于市中小企业融资担保公司公积金贷款担保有关问题的决定，解除榆林市个人住房公积金贷款担保合作，榆林市中小企业融资担保有限责任公司于8月10日起不再参与执行预抵押楼盘的备案准入工作。于9月1日起，管理部自主开展贷款资料的受理、审核和批准，并负责开展后期相关贷款抵押担保抵押权的登记、维护和注销等工作，贷款抵押权人登记为榆林市住房公积金管理中心。二是为加强住房公积金个人住房委托贷款管理，规范公积金贷款行为，支持公积金缴存人员购买住房。根据《民法典》、国务院《住房公积金管理条例》、中国人民银行《贷款通则》、中国银行业监督管理委员会《个人贷款管理暂行办法》和陕西省住建厅《陕西省住房公积金个人住房贷款办理指引》等有关规定，结合榆林市实际，榆林市住房公积金管理中心制定《榆林市住房公积金个人住房委托贷款管理办法》（该办法自2023年10月1日起实施，有效期5年）。全年发放贷款302笔11038万元，完成目标任务6000万元的183.97%，贷款逾期率为0.034‰。

【灵活就业人员公积金】榆林市住房公积金管理中心制定《榆林市灵活就业人员住房公积金暂行管理办法（修订）》，适用于榆林市灵活就业人员住房公积金的缴存、提取、贷款管理和监督（该办法自2023年10月1日起实施，有效期至2028年9月30日止）。原《榆林市住房公积金管理委员会关于印发〈榆林市灵活就业人员办理住房公积金业务暂行管理办法〉的通知》（榆政房金委发〔2020〕3号）废止。

（贺楚娟）

街道·乡镇

定边街道办事处

书　　记
主　　任　高宏智
人大工委主任　龚增轩
副 书 记　张　博
纪工委书记　齐　珍
副 主 任　刘向阳
　　　　　李珍珍（2023.01—　）
　　　　　邱亚莉（2023.01—　）
人武部长　訾胜利

【概况】定边街道总土地面积198.6平方千米，辖13个社区（西关民族社区、民生社区、北关社区、马莲社区、长城街社区、新乐社区、兴源社区、明珠社区、东关社区、南关社区、创业社区、新华社区、绿洲社区），6个行政村（十里沙村、东园子村、西园子村、北园子村、南园子村、李园子村），设事业单位3个（党群服务中心、网格化管理服务中心、农业农村综合服务中心），派驻单位20个（南、北关派出所，财政和统计所，司法所，中心卫生院，学区等）。辖区总人口16.6万人，其中户籍人口5.6万人，少数民族3000多人。至2023年底，街道机关和13个社区、1个环卫站，有工作人员526人（干部126人，协管员和残联专干46人，社区专职5人，网格管理员305人，环卫工人44人）。街道党工委下设党支部27个，党员1365名，女党员573名，大专及以上学历党员762名。

【经济综述】全年完成固定资产投资3634.35万元，完成任务的121.15%；实现农民人均可支配收入20820元，完成任务的100.46%；粮食播种面积18323.95亩，完成任务的261.7%；粮食产量9334.39吨，完成任务466.7%。羊子饲养量27670只，完成任务的138.35%；生猪饲养量8115头，完成任务的101.44%；家禽饲养量303900羽，完成任务的101.3%。其他各项经济社会发展指标均已达到预期目标。

【党建工作】设置“党员先锋岗”102个，组建党员突击队19支，下沉网格参与裸露土地整治、清洁取暖改造、防大汛抗大旱、背街小巷垃圾清理等50余次；组织“五级五长”进小区、进楼院、进家庭，深入开展“三问三访”，累计走访群众56695户，排查化解矛盾纠纷84起，响应群众需求178条，整改消除隐患20处。建成13个社区日间照料中心，提升改造街道和13个社区标准化综治中心，评出一类社区党支部3个、村党支部1个，集中整治软弱涣散党组织1个。打造“四微四聚幸福财苑”等小区党建品牌，提升102个小区党支部、86个业主委员会服务能力，针对街道187个小区分类施策，对单位型小区建立并推行“共驻+共建”模式，对新建小区建立并推行“融入+互动”模式，对三无小区建立并推行“管理+服务”模式。开展“以案促改”活动，组织参观监所实地教育活动一次、召开动员大会一次，深入学习党章党规党纪6次，修订“三重一大”决策、宅基地审批等内控制度7项，召开以案促改专题民主生活会1次和20个支部组织生活会20次；开展党风廉政警示教育7次，围绕干部作风等督查检查12次，开展“第一种形态”谈话7人，通报批评5人，处置问题线索11件，给予党纪处分4人，政务处分1人。

【第三届社区文化节】6月30日，定边县第三届社区文化节启动仪式在县法治广场举行。县委常委、组织部部长党玉飞宣布活动启动，副县长黄国栋主持启动仪式。本届社区文化节由县委、县政府主办，定边街道、贺圈镇、安边镇、延长油田定边采油厂、众源天然气有限责任公司、定边荣泰房地产公司承办。文化节活动为期两天，通过开展太极拳展演、众源杯少儿才艺大赛、大合唱汇演等精彩文艺节目，设置国风文化、定边传统文化、饮食文化、科技文化、民族文化五大市集展示区域供过往市民参观体验。

【乡村振兴】严守耕地保护红线，打好污染防治攻坚战，全面宣传推进垃圾分类，实现全方位、全覆盖、无缝隙的环境监测管理。重新遴选59名网格员负责街道全体农户日常排查，确定42名帮扶联系人对街道53户脱贫户和8户监测户进行结对帮扶，实现小额信贷贴息26458.22元，全年村级光伏扶贫电站发电收益及国家补贴376857.01元。

【人居环境】针对排查出的18块裸露土地，按照“一块一策”治理方案，通过清理垃圾、撒种花草籽、天然绿草覆盖、围网管护等方式，已全部完成治理。其中，撒种草籽13块，全部围网管护，密目网覆盖3块，道路、公厕等基础设施建设占用2块。累计清理定莲路、北周路、十里沙村、老九月会滩、清华苑周边等生活垃圾及建筑垃圾12631.75吨，对定莲路、明珠西路、北周路等6块重点堆积区域进行了围网管护，居民生活环境得到有效改善。全年完成清洁取暖改造2874户，其中煤改气2755户，煤改电119户。

【安全建设】开展辖区19个领域安全大排查和重大事故隐患专项排查整治工作，签订安全生产生活、消防等各类安全责任书23746份，发现隐患424条，全部整治完成，年内街道未发生一起亡人事故。

【信访调解】源头化解信访矛盾各类矛盾纠纷案件144起，街道领导干部接访44批次160余人，办理省委第四巡视组交办案件13件、国家信访局来访案件4件、省信访局来访案件1件、县信访局案件8件，办理自投案件23件，榆林12345热线投诉523件已全部办结，及时受理率100%，按时办结率100%。

【城区防汛】全面摸排核查易涝点8处，重点户79户，发放宣传册4000余份，编织袋8万余条，堆放防汛沙子67处，放置沙袋2.3万余袋，年内未产生群众生命、财产损失。

【民生保障】全年发放临时救助款366200元；城市低保金34807150元、农村低保金1458242元、五保金41560元、护理费15723元；发放孤儿生活补助金4人67200元；发放高龄费2789800元；发放碘盐240.4吨；摸排报送租赁性保障房260户，秋冬季资助学生共216名。

【基础设施建设】协助打通市场路、胜利街等断头路，实施4—6米巷道硬化，完成政盐老旧小区、农机农行老旧小区二期改造项目，硬化小区道路、更换门窗、新建小区大门等，总投资393.5万元。

【劳动就业】年内转移劳动力就业人员489人，省外142人，省内县外347人。

【荣誉展台】2月被榆林市委宣传部评为全市精神文明先进单位；3月被榆林市委宣传部、榆林市委文明办、榆林市志愿者服务总会评为榆林志愿者最佳志愿服务项目；4月被榆林市委平安榆林建设领导小组办公室评为平安办事处；5月被榆林市人民政府办公室评为2022年度安全生产先进单位；7月被榆林市委宣传部、榆林市委文明办评为志愿者服务大赛服务项目大赛优秀奖；“四李诊室”调解工作法被陕西省政法委、省委平安建设办评为全省新时代“枫桥经验”先进典型。

（杨 宁）

贺圈镇

党 委 书 记 孙希宏（2023.04— ）
镇 长 钟学强（ —2023.04）
刘 卫（2023.04— ）
人 大 主 席 闫 凯
社区服务中心主任 王亚甫
副 书 记 高凤妍
纪 委 书 记 屈 遥
副 镇 长 李文越 张 莉
刘 丹（2023.04— ）
冯鑫伟（挂职，2023.05— ）
组 织 委 员 康佳伟
宣 传 委 员 陈明惠
武 装 部 长 张城雄

【概况】贺圈镇地处白于山北麓，毛乌素沙漠南缘，位于定边县城南郊，素有定边县城“南大门”之称，与砖井、红柳沟、盐场堡、定边街道等乡镇相邻，政府所在地贺圈集镇与定边县城西环路、长城街、东环路连为一体，已纳入县城总体规划。太中银铁路、靖王高速公路、吴定高速、307国道、延定公路（省道）、定铁、定刘张（县道）纵横穿越境内，交通条件便捷，区位优势突出。全镇总土地面积308.2平方千米，其中耕地26.27万亩，水地2.55万亩，林地18.75万亩，草地13.65万亩。全镇地形地貌大体可分为三个类型：南部半山沟壑区、中部洪漫滩区、北部半沙区。境内无河流湖泊，为典型的干旱区。全镇下辖11个行政村和4个社区（平安社区、兴盛社区、融通社区、文苑社区），64个自然村，89个村民小组，辖区户籍人口6349户23593人，常住人口9839户33606人。

【经济综述】全镇农作物播种面积达到23.1万亩，其中粮食播种面积达21.89万亩，玉米播种面积达10.64万亩，豆类播种面积0.4万亩，马铃薯播种面积1.04万亩，油料播种面积0.78万亩。猪存栏3.67头，牛存栏2566头，羊子存栏总量为9.5万只，家禽存栏27.3万羽。引进远景新能源有限公司、方塘环保科技开发有限公司和携创再生资源开发有限公司三家企业103.38亿元项目落户贺圈镇，其中省外到位资金2.5亿元，省内到位资金0.58亿元。签约项目2个。

【党建工作】坚持理论学习中心组学习制度和“第一议题”制度，以党的二十大精神、习近平总书记重要讲话精神及中省市县会议精神为学习内容，全年理论学习中心组集体学习46次，组织机关干部集中学习48次。深入开展“三个年”活动。结合“抓党建促干部作风能力提升年、高质量项目推进年、营商环境突破年”三个主题活动，制定并实施一系列方案与计划，每月上报“四清单一台账”，持续深化“放管服”改革，将综治、信访、发改、民政等10个行业部门统一入驻镇便民服务大厅。深入开展主题教育，共收集意见建议90条，领导班子撰写18篇调研报告，解决群众急难愁盼问题31条，为民办实事73件。全年召开党风廉政专题会议6次，强化监督执纪问责，建立政治监督“一月一清单、一月一反馈”机制，开展常态化监督检查，镇纪委全年立案8件，党内警告8人，约谈2人，开展廉洁提醒4次，组织观看警示教育片5次。

【基层治理】全镇有863名网格员，定期开展社情民意、矛盾纠纷、安全隐患排查等工作。全年处理信访案件182起，成功化解2起积压案件。完成15个综治中心和4个社区、7个行政村的视联网工程，评选出马沟泉等5个民主法治示范村（社区）。

【乡村振兴】发放9万千克的马铃薯良种；实施“雨露计划”，为44人提供补助；发放小额补贴贷款699.3万元；落实互助资金贷款103.5万元；完成10户的危房改造工作；光伏收益实际支出达到144.03万元；消费扶贫带贫益贫13.28万元；安置41名公益性岗位人员；帮助652名脱贫户、监测户实现就近就业目标。

【安全生产】全年开展安全大核查550余次，覆盖19个重点行业领域，成功发现并整改各类安全隐患34处。建立森林防灭火、消防安全、防溺水等专项管理机制，并聘请专人进行日常巡查。在道路交通安全方面，全面排查并整改7处安全隐患。严格落实属地管理责任和企业主体责任，排查出3条安全隐患，并全部完成整改。

【民生保障】全年发放临时救助42.49万元，低保金405.61万元，孤儿生活费4.64万元，分散特困户保障金9.29万元，残疾人生活补贴20.16万元，高龄费82.67万元，困难退役军人救助金1.25万元。为困难群众提供优质面粉5.2吨，以及过冬煤838吨。在抗旱保粮工作中，通过供电抽水、上门送水等措施，将旱情对群众的影响降至最低。

【民生实事】新建彭滩、辛圈、白尔庄、郑尔庄4个村的产业道路20.21千米。新建白尔庄、郑尔庄、王来滩、马沟泉4个村的高标准农田1.26万亩。在马沟泉、彭滩2个村推广旱作集成技术1500亩。新建王来滩村高山冷凉蔬菜基地7500平方米、郑尔庄村蔬菜大棚5个。平安、兴盛2个社区的养老服务中心建设正在有序推进。完成郑尔庄柠条饲草加工厂、蓄水池、迎宾大道临时变道维修、农村水毁道路、辛圈村5.8千米砂砾石道路等5个项目的建设并交付使用。

【生态环境】全年清理垃圾1.98万吨，新建卫生厕所433个。落实封山禁牧政策措施，加大对撂荒地和违规图斑的整治力度，坚决遏制乱占耕地现象。全年强化日常巡山管护工作，查处偷牧、散牧、夜牧、乱牧等行为126起，进行批评教育68起，处罚58起。依法处罚露天焚烧行为3起。

【荣誉展台】荣获2023年度全市退役军人服务中心（站）示范单位、2023年度全县统战工作先进集体、2023年度全县高标准农田建设先进乡镇、2023年度专项考核基层党建（乡镇）第一名、2023年度专项工作考核安全生产（乡镇）第二名、2023年度平安定边建设目标责任考核第二名等荣誉。

（赵丹妮）

纪畔便民服务中心

主　　任　赵永东

副 主 任　杨向霏　白金宝

【概况】纪畔便民服务中心位于定边县城南部白于山区北麓，定铁公路穿境而过，贺纪公路全线贯通，距县城18千米，辖4个行政村（纪畔村、高岔村、高庄洼村、苏兴庄村），共34个村民小组。全中心地形地貌划分为两梁一涧三道沟（两梁：纪畔梁、范圈梁；一涧：杜涧；三道沟：高岔沟、赵大沟、张畔沟），属典型的雨养农业乡。

【三农建设】全年农作物种植面积达11.5万亩，其中玉米种植3.82万亩、小杂粮3.97万亩、马铃薯2.66万亩。羊子存栏达到3.3万只、家禽饲养量达到1.4万只、生猪饲养量突破3200头。建成5000亩良种荞麦示范田，推广种植新品种高粱400亩，引进小尾寒羊、黑山羊100只。推广马铃薯一级种5.23万千克，土地深松1.6万亩，完成坡改梯项目1700亩，落实耕地地力补贴575.6万元、农机补贴145.19万元。

【生态治理】贯彻落实黄河流域生态保护和高质量发展战略，推进环境保护和生态文明建设，林长制、河长制全面落实。义务植树5000株。开展“八清一改”活动，以乡村道路、房前屋后、白色垃圾整治为重点重拳出击、全面整治，出动清运人员640人次，清运车辆120余次，清理生活生产垃圾105余吨，整改问题户厕212个，新建户厕115个。实行全域封山禁牧，全年巡查300余天，对违规放牧户行政处罚40户，警告处置45户。

【乡村振兴】持续巩固拓展305户1174人的脱贫成果，常态化开展“两不愁三保障”大排查。排查核实中省市县反馈的11个批次的问题整改，规范建立“三清单一台账”。按照监测程序，纳入监测户3户9人，通过逐人逐户研判，全部落实了帮扶措施。全年为104户发展产业的脱贫户贷款470万元。纪畔村集体经济收入达到28万元。

【社会保障】全年累计发放低保金148.3万元、特困供养金7万元、残疾人补助21.5万元、临时救助22万元、各类慰问资金15.4万元。全面落实城乡居民社会养老保险和医疗保险制度，养老保险、居民医疗保险续缴率达99%以上；为839户居民安装一氧化碳报警器1199台，为992户受灾群众发放冬春救助59.72万元。资助学校价值3万元大型柴油发电机一台，“六一儿童节”、教师节慰问学生、教职工1.8万元。依托县级线上线下招聘活动，成功转移就业1483人。

【安全生产】防汛方面：严格执行乡村两级24小时值班值守制度，全面夯实防汛重点户、“四靠”户包抓责任人责任，制定了“防”“抢”“撤”工作预案，完成水毁道路50千米的抢修维修工作，完成7处淤地坝抢险应急工作，汛期未发生人员伤亡事故。安全生产方面：结合“旧四项”“新五项”安全大核查工作，常态化检查道路交通、危险化学品、建筑施工、消防安全、特种设备、城市内涝、输油气管道、自建房等重点行业领域，全年未发生安全事故。社会治理方面：对重大事件、特殊情况、重要村情民意中的倾向性、苗头性问题及时进行监测、研判、回应，全年交办网民留言56件，回复率100%。常态化开展扫黑除恶斗争。

【基层党建】全中心始终以党建为统领，全力抓好基层党组织建设，及时完成基层党建工作重点任务。全中心与各党支部签订党建责任书，下发了2023年度基层党建工作任务清单、责任清单，定期对各支部基层党建工作进行督查指导，并将基层党建年终结果与村干部薪酬挂钩，对工作开展不力的支部书记进行问责，建立领导班子成员党建工作联系点，要求班子成员履行抓党建“一岗双责”，形成了乡村上下联动，分级负责、齐抓共管的局面。严格按照《陕西省发展党员工作规程》和“四制一编码”制度做好发展党员工作。

（薛丁伟）

红柳沟镇

党委书记 王学瑞（　—2023.04）
　　　　屈文飞（2023.04—　）
镇　　长 刘　洋
人大主席 徐　飞
副 书 记 贾志标　魏于章
纪委书记 高宝金
副 镇 长 党义成　陈海昕　席春艳
组织委员 张嵛淋
宣传委员 王威凯
武装部长 闫威丞

【概况】红柳沟镇位于定边县城西南33千米处，总土地面积384平方千米。西与宁夏盐池县大水坑镇相邻，北靠盐场堡镇，东、南与贺圈镇、白湾子镇、冯地坑镇接壤，是定边县的“西南大门”。太中银铁路、贺红公路、定刘张线、G244国道横贯东西，交通便利，具有承东启西、连接南北的区位优势。全镇由南向北倾斜的特点明显，南部为山区，中部盐碱滩区，北部风沙区，属白于山区与毛乌素沙漠过渡地带。辖11个行政村、100个村民小组，5607户18601人。驻镇企事业单位11个，分别为中学、学区、卫生院、市场监督管理所、派出所、司法所、法庭、农业区域站、定边农村商业银行红柳沟分理处、供电所、水务所。有14个党支部，党员654名。

【经济发展】完成粮食播种面积27.46万亩，其中马铃薯完成播种面积0.67万亩、玉米完成播种面积11.87万亩、小杂粮完成播种面积13.59万亩、瓜菜完成播种面积0.66万亩、油料作物完成播种面积0.67万亩。完成粮食产量5.4万吨，完成瓜菜产量0.15万吨。完成生猪饲养量7.2万头，羊子饲养量11.5万只，家禽饲养量13.2万羽。沙场村香瓜、张兴庄葡萄、高圈苹果、黄尔庄板栗南瓜产值达到新高，总产值达到2300万元。全年农户新增农机339台，发放农机补贴287.5万元，补贴率100%；全年累计召开科技培训工作会议6次，培训500余人，培育村级科技带头人6名，示范户10户。引进定边远边汇王家梁、白兴庄300兆瓦风机项目、榆林2100兆瓦光伏发电项目（定边500兆瓦）等项目，省外引资2.3亿元，省内引资2亿。争资争项引进红柳沟镇高圈村、水口峁村道路亮化补助资金60万元，李窑村道路亮化补助资金50万元，革命老区县乡村道路建设及维护项目资金150万元，项目资金共计260万元。

【党建工作】一是深入开展学习贯彻习近平新时代中国特色社会主义思想主题教育。镇党委主持召开专题党组会议6次、学习研讨16次；深入基层调研30余次，征求意见建议503条，制定措施20条；全镇党员干部为群众办实事96件。二是全面加强基层党组织建设。开展村“两委”班子届中分析研判、软弱涣散基层党组织排查整治及风险隐患村排查整治工作；实施头雁培育工作，对各村支部书记、致富带头人、种植大户开展乡村振兴等培训6期300余人次；吸纳了优秀人才，发展党员9名、积极分子15名；建设红柳沟、沙场两个标准化、规范化党建基地；带动全镇产业全面发展，引领乡村五大振兴，为建设“五个定边”贡献红柳沟力量。三是持续做好抓党建促乡村振兴工作。制定了“123X”发展思路，结合各支部自身特色，实施“一支一特”战略布局，对11个行政村种养殖，农产品加工等产前、产中、产后等产业链进行详细部署。四是全面加强党风廉政建设。深入开展党风廉政建设、强化干部作风督查整治，严肃查处党员干部违法违纪案件，坚决制止损害群众利益的违法行为。

【乡村振兴】制定了《红柳沟镇2023年防止返贫监测帮扶集中排查工作方案》，成立工作专班2个，全力加强易返贫致贫人口监测和帮扶工作。全镇3次开展“两不愁三保障”及饮水安全和用电保障问题大排查工作，排查农户4661户17965人，排查整改问题25条，新增监测对象2户12人。对标对表认领中、省、市、县反馈问题193条，所有问题全部完成整改。全镇52户监测户172人，其中34户117人已消除风险，剩余18户55人正在进行帮扶，开展帮扶30余次。完成11户抗震改造，补贴33.88万元；推进荞麦良种推广种植4000亩，马铃薯良种发放35吨；马铃薯保险代缴150户885亩，玉米保险代缴1295户8.4万亩。投保育肥猪6.8万头，能繁母猪0.6万头，补贴433.8645万元，覆盖全镇农户2544户；发放种粮补贴4240户28.3万亩，补贴金额1411.88万元。严格执行国家各阶段教育资助政策，发放“雨露计划”9人3.6万元，资助贫困大学生23人8.2万元；实现转移就业695人，落实公益性岗位64人，开展就业技能培训26人，发放交通补贴21人7200元；为脱贫户和监测户发放贷款122户591.62万元，政府贴息33.7万元。在张兴庄、黄尔庄采用“龙头企业+合作社+农户”的合作模式，引进沃野公司、红太集团流转土地11070亩，受益群众500余户，增收500余万元；在李窑村采取“企地共建”模式，利用采油五厂废弃水源井打造高标准农田300亩，同时成立合作社，吸纳群众200余户，增收10万元，在抗旱增收工作中，相关经验做法被央视报道推广；投资10万元，完成红柳沟村提水灌溉改造项目；在红柳沟、赵尔庄等村实施旱作农业集成项目，总投资4225万元。推广建设现代农业集成技术项目8420亩，耕地质量提升化肥增效项目5000亩，绿色高效农业玉米种植项目6500亩，高效节水农业项目7500亩，四位一体项目963亩。帮助群众达到亩节约用肥23.6%以上，亩均增产25%以上，亩均增收150元以上。加大集体区域屋顶光伏推广力度，为红柳沟、板窑村等5个村集体引进屋顶光伏，建成屋顶光伏35户，户均增加收入2700元。

【民生保障】全年建设基础设施项目15项。安全饮水方面：建设集雨场19处、水窖29座，完成自来水户表改造2000户。电力改造方面：在沙场村原有高压线路增添110KV移动变电站一台，在红柳沟村新安装250A变压器一台。桥梁建设方面：投资97.73万元新建沙场村漫水桥一座，投资192万元建设高圈村贺圈组便民桥一座。道路维修方面：投资188.8万元新修李窑村砂砾石道路6.8千米，维修沙黄路、卜掌路、何梁路等生产道路15千米。公共服务方面：投资129.23万元在板窑、高圈、赵尔庄、水口峁村安装路灯462盏；帮助红柳沟镇中学引进资金220万元，维修教学楼2500平方米，新建塑胶操场1800平方米，新建硅PU篮球场1350平方米；投资13.5万元打造红柳沟镇便民大厅，整合了政府部门的办事窗口；建成了定边文化馆红柳沟分馆及羊子交易市场。全年征缴养老保险基金181.69万元，参保率达到99%。征缴合疗基金574.7万元，“六类人员”参合率达到100%；累计发放农村低保金517.7万元，发放特困人员供养金14.4万元。救助困难人员791人，累计发放临时救助金27.2万元；发放高龄补贴93万元，残疾人补贴56.3万元；救灾 3600人，发放春荒春耕资金16万元。投资189.5万元在李窑、张兴庄、黄尔庄村实施户厕改造380座，全镇户厕改造率达到75%；发动农民群众投工投劳200余人，组织清理整治全镇环境20余次，清理生活垃圾586吨；垃圾处理厂、污水处理厂正常运行，处理垃圾200万吨，污水300万吨；以石圈村为试点，率先建立农村垃圾收、储、运一体化运行模式。

【生态治理】全镇实施饲草种植项目9978.09亩，补贴金额149.7万元；全镇12名河长开展巡河1000余次；全镇压减水地1044亩，重点区域500米水地退耕旱地363亩，残次林地高标准农田退耕旱地8000亩。

【基层治理】全年发放平安建设宣传标语4000余张，悬挂宣传横幅300余幅。在全镇范围内安装569个视频监控，建立镇综治中心网络平台体系，实现村级视频监控全覆盖。在信访工作中建立、推进信访工作联席会议制度，吸纳“五老人员”壮大调解队伍，推广“枫桥经验”，通过“减存量、控增量、提质量”措施，处理信访案件27件，处理12345便民服务平台工单102件。全年未发生到省到京上访事件。针对辖区内道路交通、油气管线、燃气等19项重点领域持续开展安全检查50余次，发现安全隐患8处，整改隐患8处；发放各类安全宣传册3000余份、发放宣传品1000余个；协同卫生院、派出所等单位，联合开展防汛、地震等应急安全演练。全年无重大安全生产事故发生。

（乔国华）

砖井镇

书　　记　薛　健
镇　　长　李光平（　—2023.04）
　　　　　　钟学博（2023.04—　）
人大主席　陈　辉
副 书 记　米添宝
纪委书记　韩文彬（2023.09—　）
副 镇 长　高晓晓　李继宏　苏晓蕓（女）
组织委员　乔万亮
宣传委员　毕瑞瑞（女）
武装部长　马润峰

【概况】砖井镇位于白于山区向内蒙古鄂尔多斯草原过渡地带，北部为毛乌素沙漠的南缘，中部为白于山洪漫滩区，南部为典型的黄土丘陵沟壑区，是定边县域地势地貌的“缩影”，也是全县地域面积最大的乡镇，镇域总土地面积680.39平方千米。全镇驻有29个企事业单位；辖15个行政村，162个自然村，7384户28723人。

【基层党建】建成五星支部1个，四星支部6个。投资32万元，建成1个新时代文明实践站，15个新时代文明实践所，实现镇村站、所全覆盖。储备入党积极分子27名，培养发展对象14名，接收预备党员12名，转正党员17名。挖掘培养村级青年后备干部60名，培育“致富带头人”79名，成立党员先锋队15支。组织开展“七一”表彰暨“十星级文明户”“好公婆”“好媳妇”“五美庭院”等评选活动，组织各类志愿服务活动百余场次。坚决贯彻中央八项规定精神和省市县实施办法，结合“三个年”活动，深入落实党风廉政建设主体责任和监督责任，深入开展党风廉政教育，进一步提高党员干部拒腐防变的能力，进一步提升干部队伍作风建设。组织支部书记述职述廉述责1次，查处案件共11起，有9人受到党政纪处分，收缴违纪资金1.8万元。

【乡村振兴】全镇有监测户25户，其中脱贫不稳定户2户，边缘易致贫户5户，突发严重困难户18户，已风险消除22户，风险消除率达88%。农业产业方面：为全镇628户种植脱贫户发放马铃薯良种，共计面积963亩、其中863亩发放原种86.3吨，剩余100亩发放原种30万粒，折合补助资金38.52万元；实施绿色玉米高质高效项目10300亩，为262户农户发放有机肥564.688吨；完成旱作农业集成技术推广项目6000亩，为514户农户共计发放有机肥436.8吨、地膜34.448吨。住房安全方面：开展农村危房动态监测，对2016年以来实施危房改造的房屋开展危房改造质量“回头看”，确保质量达标；对一般农户的住房情况进行排查鉴定。全年住房改造6户，其中C级1户、D级5户，已全部完成改造。教育方面：6—15周岁适龄儿童人数3687人，其中脱贫户355人，6—15周岁残疾儿童24人，送教上门3人。无义务教育阶段辍学学生，各项教育资助均已落实到位。健康方面：建档立卡脱贫户全部参加医疗保险，脱贫人口参保率100%。生态方面：继续落实建档立卡贫困人口就地转化生态护林员政策，在贫困户中新聘、续聘（含补聘）生态护林员21名。兜底保障方面：将符合低保条件的“三类户”全部纳入救助范围，农村低保630户1150人，发放资金6484843元；分散特困供养对象25户29人，集中供养4户4人，发放生活保障金161528元，护理补贴78753元。就业帮扶方面：脱贫户中转移就业881人，农业就业1199人、累计创业培训62人，各类技能培训200余人次，公益性岗位69人。

【产业发展】培育形成24万亩玉米、3万亩马铃薯、4万亩小杂粮、6万亩荞麦的种植规模；14.65万只羊子、3.1万头生猪、33.92万只家禽及近万头肉牛的养殖规模；投资110万元，新建砖井镇张应子大型畜禽交易市场1处；投资64万元，在候场、西高圈等村实施玉米“一喷多促”项目；投资90万元，在牛长渠、左庄、闫塘村实施旱作农业集成技术推广项目6000亩；投资251万元，在西关村实施高标准农田项目2214亩；实行村集体产权制度改革，全镇村集体经济净收益达到435万元；农机补贴599万元。按照“村不漏组、组不漏户、户不漏畜、畜不漏针、针不漏苗”的要求，完成春秋两季的防疫工作；按照“先收后补、先建后补”的原则，完成粮改饲工作；按照“不落一户、不落一块”的要求，完成撂荒地图斑核实工作。投资366万元，在徐坑村新修水泥路5.5千米；投资114万元，在西关村新修水泥路1.96千米；投资221万元，在候场村新建道路2.96千米；投资35万元，在仗房湾村新修砂砾石道路2.65千米；投资60万元，完成牛长渠村砂砾石道路1.84千米的维修及亮化；投资6万元，完成西关南路、西关北路路段维修；投资5.5万元，完成中学南路的排水工程；投资18万元，对全镇破损路段、破损窨井盖、自来水主管道等设施进行加固维修。

【环境保护】实行全面封禁，对退耕还林、森林督查及残次林改造植被恢复等重点区域、高低速公路沿线重点加强管护。全年发现356起违法放牧行为，处罚356起，收缴罚没款179760元，全部按程序上缴财政并建立台账。坚持“三个到位”，全面完成涉林问题整改，实施“以草定畜”，开展防止二次沙化和国土绿化五年行动。持续开展人居环境整治，重点对青银高速、307国道、244国道、安海路、砖白路、砖黄路砖井域沿线环境进行集中整治，加强垃圾、污水处理设施运维管护。持续开展村庄清洁行动，重点做好农户庭院、村内公共区域和村外道路、农田的清洁工作，分类有序推进农村“厕所革命”。全年清理生活垃圾3887吨、清理村内沟渠111千米、清理畜禽养殖粪污等农业生产废弃物123吨、开展环境消杀22次、进村入户宣传教育40场，发动农民群众投工投劳1471人次、投入整治资金44.7万元。

【安全生产】坚持定期召开专题会议安排部署全镇安全生产相关工作，按要求及时制定安全大排查实施方案，坚持每月排查易燃易爆品、食品药品、农村能源、畜产品质量、危险化学品的储存运输，危房危窑、病险库坝、农用车辆、农村用电、学校校舍、地质灾害等19个行业领域排查整治，累计排查生产经营单位40余家，消除安全隐患5处，建立排查台账180余条，全镇全年未发生安全事故。制定《防汛抗旱应急预案》，准备防汛抗洪物资，坚持领导带班、干部24小时值班和信息报告制度。

【民生保障】全年发放义务教育阶段生活补助325500元，春秋两季营养餐补助533000元。“雨露计划”资助69人23.4万元，全镇无义务教育阶段辍学学生。全镇脱贫人口、“三类户”基本医保参保率达到100%；贫困村标准化村卫生室、乡村医生配备和贫困人口家庭医生签约履约服务率均达到100%；全镇城乡居民基本医疗意外伤害保险参保率达到99.35%。脱贫群众合作医疗参保补助已全部发放到位。转移就业847人，建成标准化创业中心一处，累计自主创业29人，组织种养殖培训一次，170人参训。为全镇71名公益岗发放补助60余万元。全年累计发放低保金710万5943元，分散供养发放生活保障金176803元，护理补贴费86019元，临时救助发放290人次294900元。组建15个村级退役军人服务站，开展优抚优待、走访慰问、光荣牌悬挂等日常工作。

（王翼辉）

白泥井镇

党委书记 雷睿翔
镇长 张明强
人大主席 任泽蔚
海子梁便民服务中心主任 李雲
副书记 高培江
纪委书记 白杰
副镇长 李林
贺春翰
余美棋
组织委员 潘雨晨
宣传委员 张海春
武装部长 高裕坤

【概况】白泥井镇位于陕西省定边县城东北部，毛乌素沙地南缘，陕宁蒙三省区交界地带，全镇辖18个行政村，1个移民社区，常住人口4万人。耕地总面积40万余亩，人均占有耕地15亩左右，土地资源丰富，土层深厚，光照充足，地下水质好，昼夜温差大，宜耕性强，农业发展资源优势显著，是定边县及周边地区主要蔬菜生产基地、粮食生产基地、羊子饲养基地、农产品加工集散基地。镇党委下辖党支部26个，共有党员1043名。全镇共有水浇地37万亩，高标准设施农田3万亩，日光温室261座，塑料大棚11000个。

【经济综述】全镇农业总产值达到35亿元，农村居民人均可支配收入达到5万元以上。完成农作物种植面积37万亩，其中马铃薯播种面积7万亩，玉米播种面积15万亩，瓜菜播种面积13万亩，油料播种面积2万亩；粮食产量14万吨；羊子饲养量16万只。

【党建工作】深入开展主题教育“以学促干”，全年开展党委理论学习中心组集体学习20余次，干部理论学习10余次，撰写学习心得体会26余篇，并邀请党校老师开展讲座和专题宣讲共5次。利用“智慧白泥井”微信公众号、悬挂横幅、LED电子屏等形式动态宣传党的二十大精神及各级重要会议精神30余次。结合镇村实际制定《白泥井镇干部作风能力提升工作任务清单》，共11方面48项具体任务，发现问题立行立改。落实《定边县发展党员工作监督管理办法》，全年转正党员22名，发展预备党员15名。培养党支部书记梯队人才18名、年轻党员12名、党员实用技术人才25名。落实“五级五长”制度，健全“班子成员—支部书记—两委干部—网格员”机制，实现党建引领网格化管理全覆盖，组织网格员开展各类宣传活动20余次、发放宣传手册及宣传品5万余份、开展安全生产大排查活动5次。全面落实党风廉政建设责任制，强化“一岗双责”，持之以恒抓好八项规定的落实，抓好廉政风险点防控，严格执行“三重一大”和“领导干部重大事项报告”制度。重大项目、民生保障等信息公开率达100%。

【农业工作】粮食种植面积37万亩，新建高标准农田2.1万亩，同比均实现增长。发放耕地地力保护补贴304442.14亩1522.21万元、一次性种粮补贴139.81万元、玉米“一喷多促”补贴资金80万元、农机具购置补贴1600多万元、养殖肉牛补贴36万元，补助塑料大棚、日光温室共50239平方米。依托县级“削薄培强”政策，完成10个村的削薄任务，完成公布井村的培强任务，实现各村村集体经济均超过20万元。开展农村集体经济合同清理工作，清收103份合同。成立白泥井镇镇属商贸有限公司，整合政府、村集体、市场主体等多方资源，推广优质高产新品种和先进适用新技术，打破镇、村两级经济发展瓶颈，促进镇村产业发展。为全镇18个行政村各配水利监管员1名，调整高耗水农作物为低耗水农作物5万亩，在重点区域安装水电双控计量设施500块，关封不合理水源井30余口，打击蓄水池非法占用基本农田，填埋蓄水池370余个，倒逼重点区域农民根据分配的水量自行调整产业结构，降低高耗水农作物种植比例，实现压减目标。

【乡村振兴】紧盯“两不愁、三保障”核心指标，严格按照“百日督帮”“百日提升”行动和后评估各项要求，划分防返贫动态监测网格员191名，为395户建档立卡脱贫户和34户防止返贫监测户落实结对帮扶联系人。挖掘各帮扶单位资源力量和行业优势，组织“四支力量”及镇村干部扎实开展防返贫动态监测集中排查行动1次，累计排查农户8831户，发现并整改销号问题4个，通过“党建+合作社+农户”的模式，带动200多名脱贫人口和监测人群就近就业实现增收。脱贫人口人均纯收入26172元，人均纯收入增幅10.4%。

【环境治理】开展环境卫生集中整治提升行动，解决乱堆乱倒、私搭乱建等违规建设等问题，对明水湖、盗沙点、二次沙化隐患点、占用农用地等重点问题实施常态化跟踪治理。探索“第三方负责日常工作、镇政府负责监督管理”新模式，将集镇和域内县级以上道路环境卫生日常清理外包，将责任落实到专业清洁人员。开展露天秸秆禁烧工作，开展专项巡逻禁烧34次，在田间地头、入户发放宣传材料300余份；行政处罚、批评教育40人次。实施农村厕所革命和农业面源污染治理行动，全年新建户厕365个，改造户厕779个，治理农业面源污染点4个。落实林长包抓责任制，召开林长制专题会议4次，加强对封山禁牧工作的领导，选聘村部护林员组成封禁巡查队，全面负责禁牧工作的宣传发动和督导巡查，建立“禁牧工作台帐”，公开处罚结果。

【基层治理】做好“九率一度”宣传工作，全年组织宣传活动20余次，发放宣传单、宣传手册、宣传品5万余份，公众号宣传50多次。每月开展一次重点人群的排查，实时更新重点人群资料库。探索实施“人民调解+仲裁+司法确认”制度，全年接待各类来访群众70余人次，排查化解各类矛盾纠纷52起。全年无进京、无赴省、无到市上访案件。9月被评为榆林市信访工作“四有五无”乡镇，12月被推荐为陕西省信访工作先进乡镇。创新打造“志愿服务+”多元化志愿服务制度，投资80余万元完成新时代文明实践站所改造，建立志愿服务队伍50余支，开展新时代文明实践活动60余次。

【社会民生】全镇有低保户616户1053 人，发放低保金5614807元，五保户43户43人,总计发放五保金314675元，均享受最低生活保障。全年救助困难群众110户，发放临时救助金176500元、孤儿补助金33000元、事实无人抚养儿童补助金29429元。做好残疾人生活补贴和重度残疾人护理补贴发放工作，发放残疾人两项补贴805440元、其他类补贴12000元，为残疾人监测户发放农机具11件，新增办理残疾证人员31人。解决困难群众冬季取暖问题，为434户困难群众发放平价煤875吨。抓好道路交通、社会治安、安全生产、食药卫生等事关群众生命财产安全各项工作，坚持安全生产党政同责，将退役军人、党员编入镇应急排，组成33人应急抢险小队。宣传安全生产知识，在清明节、寒衣节期间开展“鲜花寄故人，文明祭祀”活动，出动宣传车辆4辆，发放鲜花2000束，燃烧盆200个；以“安全生产月”活动为契机，组织镇辖区内学校开展防溺水宣传教育活动3次，发放家长告知书3600余份，发放防溺水宣传册500份；开展安全生产大排查行动，拉网排查二级提水池343个，整改不符合要求二级提水池23个；累计排查集镇商铺262家，居民消防5765户，自建房安全排查5401户，对发现问题建立台账，均已整改完成。做好防汛救灾工作，抓好全镇33户防汛重点户防范工作以及低洼地带住户安全和水毁道路安全，撤离防汛重点户1次，累计出动车辆8次，汛期抢修水毁道路36条。

（李　琳）

安边镇

党委书记　夏　渊
镇　　长　高　敏
人大主席　王忠山
党委副书记　蒋　平
纪委书记　李永红（　—2023.09）
副 镇 长　朱　宣　胡晓河（女）　樊　虹
组织委员　宗　恺
宣传委员　蒙　凯
武装部长　刘　浩

【概况】安边镇地处定边县东部，距县城50千米，始建于明正统二年（1437年），是历史上有名的“三边”之一。1949年撤县建区，素有“旱码头”之称，是定边县东滩六乡镇经济文化活动中心，商贸物资集散地。全镇行政区域面积246平方千米，耕地面积231314.64亩，林草地面积14万亩，307国道、青银高速公路、安海公路、安堆公路、石学公路、郝罗公路纵横交错，太中银铁路横贯东西，交通条件十分便利。全镇辖1个社区居委会，11个行政村106个自然村，驻镇企事业单位17个；全镇户籍户数5931户21332人，其中城镇户口887户1858人，农村户籍户数5044户19474人；党委辖党支部16个，其中农村支部11个，有党员580名。区域内农业主导产业以马铃薯、玉米、荞麦、小杂粮、蔬菜为主。南部7个行政村属于白于山丘陵沟壑地带，以旱作物为主，北部4个行政村为滩区，土地平坦肥沃，多为水地，旱地少，甜瓜、红葱、大棚菜、桃树、杏树等特色农业初具规模。

【主题教育】全镇16个基层党支部、党员干部以支部为单位，制定学习计划，通读党的二十大报告、党章，学习《习近平新时代中国特色社会主义思想专题摘编》，分组研讨、摘抄笔记。镇党委班子围绕耕地保护、生态环保、干事创业等领域检视查摆问题4条，制定整改措施4条。各基层党支部对照基层党组织检视整改工作要求，根据不同层级、不同单位、不同对象实际分类施策，严格问题查摆、措施制定、清单填报等内容。全镇16个党支部累计检视问题30条，全部明确责任人、整改时限，建立清单台账。

【农业农村】全年完成粮食播种面积18.03万亩，实现粮食产量2.9万吨。发放马铃薯良种50吨、有机肥

720吨、地膜45吨，发放杂粮播种机补贴4.8万元、一次性实际种粮补贴108万元、耕地地力保护补贴1106万元，申请农机具补贴165万元、肉牛羊产业补贴21万元，实施旱作节水农业项目9000亩，完成高标准农田建设16000亩。出栏生猪10273头，存栏6175头；出栏羊子34525只，存栏59283只；出栏牛266头，存栏212头。全镇农村常住居民可支配收入达到19530元。

【乡村振兴】全年新识别纳入监测户19户87人，消除风险46人。落实雨露计划补助15人。实现脱贫劳动力务工就业253人，开发公益性岗位47个。新增小额信贷156户，新发放贷款342万元。全年发放低保金512万元、各类救助金264万元。实施危房改造48户，六类人员100%参加医疗保险，累计兑付光伏扶贫资金545万元。争取市级整合资金351万元，新建北园子果蔬大棚75座；推动定边县众源天然气有限公司同黄渠村、中盐集团西南分公司与雷圈村建立结对帮扶关系；在罗峁村实施柠条绿植项目1000亩、指导创建罗峁村旱地红葱特色产业品牌；完成中垦定边公司青贮玉米订单3万吨，实现净利润100多万。6月27日，召开安边镇村集体经济联合社会议，成立了安边镇经济联合总社，选举产生总社理事长、监事长各1名。

【苏陕协作】推动安边镇同宝应县广洋湖镇、安边镇安寺村同广洋湖镇严桥村建立对口协作关系，签订对口协作协议书，争取协作资金18万元。

【重点项目】争取易地扶贫搬迁后续扶持资金354万元，实施北园子村易地扶贫搬迁后续扶持设施大棚75座；自筹资金近1000万元，修建砂砾石道路14.4千米、水泥道路7.7千米；筹集资金200万元实施300户屋顶改造项目；争取资金490万元实施341户外墙保温改造项目；统筹专项资金249万元实施煤改气项目158户、煤改电项目412户；投资170万元建成西关社区老年人日间照料中心；完成集镇红绿灯安装、停车位划定项目；完成村组内高低压线路改造超70千米。

【人居环境】与环峰公司签订环卫服务合同，对一里河、八里河、蚂蚁河及明长城遗址沿线进行集中整治，义务植树2000余棵，实施农村卫生厕所改造529座，硬化村组道路22千米，安装太阳能路灯126盏。稳步推进西园子村、北园子村、安寺村村庄规划编制。

【镇村志编纂】投资69万元启动《安边镇志》《北园子村志》编纂出版工作。

【综合宣传】4月7日举办主题为“贯彻党的二十大乡村文明在安边”2023年综合宣传暨学雷锋志愿服务活动。通过悬挂横幅、摆放宣传展板、发放宣传手册等方式，向过往群众讲解有关防范毒品、交通安全、疾病预防等相关知识并现场接受相关咨询。活动表彰安边镇白兴庄村宗梁小组为环境卫生先进村组，张永江、李继生等5人为优秀环卫工人，郭彩蕊、乔静、刘金花等12人为最美好儿媳，孙鸿德、李国旗、陈喜林等12人为优秀“五级五长”。活动中，安边镇屈氏家族向安边镇捐赠了昇高文化广场，此文化广场用于安边镇群众的休闲娱乐。

【爱心助学】8月16举行“企地共建·爱心助学”暨优秀教育教学工作者表彰活动。联合定边县众源天然气有限责任公司、东港污油泥土处理有限公司，为新考录的24名一本上线大学生每人捐资1000元助学金、为80余名生活困难学生捐资8万元助学金，并对安边镇15名优秀教育工作者和优秀教师进行表彰。集中捐资爱心助学金共计12万元。

【荣誉展台】被中共定边县委、定边县人民政府评定为2023年度目标责任考核优秀乡镇（第一名），授予全县统战工作先进集体、定边县2023年度新闻宣传工作先进集体称号，获2023年度专项工作考核安全生产（乡镇）第三名；被中共定边县委、定边县人民政府、定边县人民武装部授予2023年度先进基层武装部称号。

（高海洋）

堆子梁镇

党委负责人 高增刚(2023.06—)
书　　记 薛志有(—2023.06)
镇　　长 葛昊明
人大主席 王晨虎
副 书 记 苏　瑞
纪委书记 解　婷(女)
副 镇 长 马　荣(女)
　　　　 赵春霞(女)
　　　　 曹凯利
　　　　 刘　帅(2023.04—)
组织委员 龙利宏
武装部长 王　恒

【概况】堆子梁镇位于定边县东北部63千米处,地处陕北黄土高原北侧与内蒙古草原过渡地带,总土地面积153.2平方千米,辖9个行政村,72个村民小组,3859户13536人,常住人口2198户7885人。全镇有80%的群众信仰天主教,镇境内现有天主教堂四座。按地形及土壤条件分类,堆子梁南半部为农田,北半部为低洼盐碱地,属温带半干旱大陆性气候,主导风向为南风和西南风,基本特征是日照充足,冬冷夏热,温差大,年无霜期141天,冻土厚度1.33米,自然灾害以风沙、干旱、霜冻、暴雨、冰雹为主。

【党建工作】创新开展"领导带头学、干部轮流讲",组织机关全体副科级干部轮流领学8次,各支部包抓联系人讲授主题教育专题党课11次。创建白土岗子"党建+产业"红柳品牌和庙湾村"党建+合作社+农户"玉米产业种植模式。完成县委十八届三轮巡查回头看和县委十九届二轮巡查反馈问题整改工作。动态纳入监测户5户16人,风险消除4户18人,新增农村低保28户45人,新增选聘16名生态护林员,开发聘用10名乡村振兴协力员。

【农业农村】完成农作物播种面积12.17万亩,其中玉米种植面积10.32万亩,蔬菜种植1.01万亩,马铃薯种植0.4万亩,初步形成粮食生产为主,蔬菜瓜果等经济作物为辅的合理种植结构。实施营盘梁、庙湾、白土岗子三个村高标准农田2万亩,建成王滩子、小滩子机械预冷库2座,同步实施高山冷凉蔬菜基地、节水示范农业、粮改饲等产业项目。

【基层治理】完成镇级综治中心和6个村级综治中心建设,对集镇及政府机关视频监控系统进行整修,全部接入综治控制中心。按照市域综合治理验收清单完成近3年软件档案整理工作。推动营盘梁土地信访矛盾化解取得新的进展。对王滩子村领导班子进行调整配强,并规划实施一批道路、民生、阵地建设项目。

【基础建设】全年建成通村组水泥路23.7千米,砂砾石道路9.5千米,总里程位居全县前列,王滩子村卫生室主体建成,仓房梁村部过水桥建成通行,实施农村清洁取暖70户,户改厕272座,为主干道路安装路灯150盏。年初确定10件民生实事全部兑现实施。

【文化建设】成功举办堆子梁镇首届农民丰收节系列活动及精神文明建设表彰大会,评选表彰"十星级文明户"27户,开展惠民演出2次,举办秧歌表演7场次。开展"一约四会"活动,丰富村民精神文化活动。

【生态环境】全面落实"以水定地、以水定产"和"以草定蓄、舍饲养殖"方针政策,针对性开展打击毁林、毁草开荒和违规放牧等违法行为专项行动。申报实施饲草种植项目1200亩,惠及脱贫户13户。全面贯彻市县"四水四定"总要求,完成全镇19000亩压减指标,按要求将残次林以及重点区域517亩水浇地调为旱地,为各行政村聘用水利监管员9名。按要求完成黄河流域生态保护及高质量发展专项督查反馈的4项问题整改。集中开展人居环境整治"百日攻坚"行动,全面清理整治非正规垃圾堆放点、废旧危房、残垣断壁、乱搭乱建、乱堆乱放等突出问题。投入人居环境专项整治经费49万元，采取政府购买服务方式，完成人居环境整体外包。

（牛大宇）

白湾子镇

书　　记　乔　剑
镇　　长　刘　慧
人大主席　赵文博
副 书 记　雷立伟
纪委书记　张　宇
副 镇 长　耿宏民　黄滟茹　吴桐桐
组织委员　姚大海
宣传委员　刘　琛
武装部长　刘海东

【概况】白湾子镇位于定边县南部白于山区，距县城约35千米，东靠油房庄乡，北与红柳沟镇、贺圈镇接壤，南邻樊学镇，西邻冯地坑镇，全镇辖9个行政村，97个村民小组，总人口10683人，土地面积284平方千米，其中耕地1.13万公顷，林地0.12公顷，境内梁、涧、台等地形兼有，属黄土高原丘陵沟壑区。境内交通便利，闫铁公路穿境而过，陕北最高点魏梁山在此雄踞，海拔1907米。有驻镇单位12个，基层党支部11个（农村党支部9个，机关党支部1个、学校党支部1个）。2023年全镇人均纯收入20081元。

【经济综述】粮食播种任务16.52万亩，完成16.5246万亩，占任务的100.02%；粮食产量任务1.5万吨，完成1.56192万吨，占任务的104.13%；大豆播种任务0.14万亩，完成0.3432万亩，占任务的245.14%；油料播种任务1.1万亩，完成1.101万亩，占任务的100.09%。羊子饲养量任务3.2万只，完成4.7648万只，占任务的148.9%；生猪饲养量任务3000头，完成3100头，占任务的103.3%；家禽饲养量任务2万只，完成2.1万只，占任务的105%。

【农业农村】实施旱作农业集成技术推广项目12000亩，在平梁湾村实施梯田建设6000亩，发放马铃薯原种550亩55000千克，原种100亩30万粒，发放有机肥960吨，发放保水剂3.6吨，发放地膜66.2吨，补贴杂粮播种机19台。争取资金231.499万元，实施“以草定蓄、设施养殖”项目，种植各类饲草14175亩，建设暖棚10个，草料棚17个，完成春秋两季的动物防疫工作。以“遍访农户、遍走农田”的方式开展查旱情、查苗情、查病情，优先保障人畜饮水，启动全镇25座100立方米大型蓄水池及全镇489座软体水窖供水工作，向饮水困难户上门送水80户1610方。启动辖区3处供水点，实施拉水补贴政策，补贴资金6.22万元，动员农户拉水浇灌农作物，对接保险公司，核定受损情况，做好保险理赔。利用自然优势和自身特色，因地制宜发展农业旅游，在张山村成功举办了定边县第六届红花荞麦文化旅游节开幕式，圆满完成央视《丰收集结号》节目录制，活动期间全镇累计接待游客5万余人次。

【基层党建】坚持落实“第一议题”制度。全年召开党委理论学习中心组集体学习12次，坚持每周二干部例会集中学习制度，组织机关干部集中学习46次。落实意识形态工作责任制，召开意识形态工作专题会议4次。启用镇党群服务中心、“魏梁红”党建+乡村振兴展馆，开展“红绿相融强党性·携手奋进迎七一”研学暨“五级五长”培训主题党日活动，开展“两优一先”评选表彰活动和“光荣在党50年”纪念章颁发仪式，走访慰问10名困难党员，发放慰问金10000元。实施源头培养村干部后备力量“341”工程，储备村级后备力量27名，吸收入党积极分子12名，发展党员7名。开展党员“三类五星”评定工作，完成256名骨干型、134名关爱型、6名培养型党员评星定级工作，严格落实“三会一课”、组织生活会、民主评议党员、谈心谈话、主题党日等组织生活基本制度，按要求组织镇村干部参加“乡村振兴”集中轮训。创新开展干部作风能力提升“微课堂”10次。以“万企兴万村”企业帮扶为抓手，利用村集体“清零消薄”资金30万元及陕西华电风力发电有限公司帮扶资金30万元，实施张山村发展壮大村集体经济示范村建设，完成牛场基础建设，购买肉牛21头。

【党风廉政】制定《党委班子及班子成员2023年全面从严治党主体责任清单》，召开领导班子成员“一岗双责”专题述职会议，组织纪检监察干部开展教育整顿工作，做好县委巡察、省委第四巡视组反馈问题整改工作。全年查办案件7起，留党察看1人，党内警告5人，政务记大过1人，政务记过1人。

【乡村振兴】新纳入监测户10户41人，风险消除8户21人。开展了“两不愁三保障”及饮水安全和用电保障问题大排查工作及薄弱村解剖工作。推进乡村建设重点任务，完成白湾子村、小涧子村村庄规划编制，申报2024年入库项目38个，各村光伏收益资金累计492万元，支出235万元。强化易地移民搬迁后续帮扶工作，签订大棚转租合同33户，自愿种植35户。探索出五种发展模式：一是王畔子村、张山村实施集体养殖“肉牛+能繁母牛”模式，张山村有21头肉牛，王畔子村养殖规模已从17头发展壮大到28头；二是姚台村、沈畔子村实施集中代养模式，每年收益10万元；三是小涧子村实施农户代养模式，合同规定五年实现一本一利收益，合同正在履行期；四是白湾子村实施购买商铺进行租赁模式，通过商品房租赁实现年收益10万元；五是丁山村、薛小塬村、平梁湾村实施入股分红模式，实现每村每年收益1.8万元。

【人居环境】常态化开展人居环境整治行动，实行市场化运作，聘请第三方公司对集镇范围内的道路、市场等公共区域卫生进行清扫和管护。组织发动镇村两级干部、群众共同参与开展“扮靓定边·清洁家园”环境整治行动。

【生态建设】绿化乡村道路6.5千米，在沈畔子村、丁山村、小涧子村完成荒山造林任务8000亩，义务植树4万株。执行《榆林市封山禁牧五项工作机制》《榆林市关于加强封山禁牧扶持舍饲养畜的十条措施》，巡林覆盖率达到100%，严厉打击偷牧、夜牧等行为。规范国土审批手续，严禁未批先建、私自移位现象，严厉打击非法占地和违法建设行为。完成耕地和永久基本农田核实处置及永久基本农田中非耕地整改工作。

【民生保障】全镇有低保户336户782人，特困供养户22户23人，发放低保金426.4万元，临时救助资金29.6万元，残疾人两项补贴31.89万元，保障煤494吨，冬春救助资金91万元、面粉516袋、大米516袋、棉衣59套、大衣53件、棉被112床。资助本科以上大学生40名，落实资助资金4万元；落实2023年秋季“雨露计划”33人，补助资金103500元。全镇一般户参保率99%，六类户参保率100%。落实农机购置补贴101台，补贴资金127万元。完成危房改造6户，完成改厕任务180户。

【精神文明】加强指导各村“一约四会”的实时更新，开展2023年十星级文明户创建活动，对30户“十星级文明户”家庭进行表彰奖励。组织开展志愿服务12次，道德讲堂4次。在文化广场举行了秧歌、舞蹈、戏曲演出等文化活动，开展送“戏曲进乡村”文化惠民演出活动3次，开展送电影下乡活动272次，接受县图书馆赠送图书1100余册。

【安全生产】开展道路交通、食品药品、农机安全、液化油气瓶、冬季散煤取暖等重点领域安全隐患大排查大整治活动，发现问题31个，及时进行整改。组织消防安全培训2次，农机安全培训1次，食品安全业务培训1次，发放各类安全宣传册3000张，宣传品800个。修订完善森林防灭火、防汛抗旱、山洪灾害、食品药品安全等应急预案，成立11支应急小分队，5月份组织开展防灾防汛应急处置演练和森林草原防灭火应急救援演练1次。落实食品药品安全镇村干部包保制度和农村宴席备案制度，持续强化食品药品安全监管，红白理事会落实“事前报备、事中监督、事后报告”制度，确保无重大安全生产事故发生。

【信访综治】完善“指挥高效、多元联动、智能防控、治理有效”的镇村级综治中心建设，在各村主干道及重要路口安装监控摄像头50个，并将其接入镇综治中心指挥大厅。坚持重要会议和重大活动期间信访值班制度。全年受理信访案件17件，成功化解矛盾纠纷15件，回复“12345”热线54件。全年开展普法宣传活动11场次，受教育人数达1000余人次，累计发放各类法律法规宣传材料5000余份，利用集市、干部下村入户开展“九率一度”宣传。

【基础建设】争取中省以工代赈资金284万元，实施姚台村部至张兴庄硬化水泥路2.02千米；争取资金520万元，实施闫铁线至平梁湾郑学梁村组道路5.4千米；在平梁湾村实施高标准梯田改造6000亩；在沈畔子村新建淤地坝4座；争取中盐集团资金155万元，其中10万元用于沈畔子村集体经济种植1000亩青储玉米+甜高粱示范种植，50万元用于97户农户新建15立方米水窖，40万元用于白湾子镇中学厕所改造提升，40万元用于白湾子镇中学操场跑道维修改造，15万元用于小涧子村乡村振兴文化建设和组织共建；争取财政奖补资金222.07万元，其中190.07万元用于沈畔子村1.6千米生产道路建设，32万元用于沈畔子村、小涧子村、白湾子村3座100立方米蓄水池建设；争取苏陕协作资金55万元，用于王畔子村集体经济联合社新建牛棚及相关附属设施建设；争取资金42万元完成白湾子村、薛小塬村、张山村、沈畔子村的村级阵地升级改造。

（李晓飞）

姬塬镇

党委书记　张　铮（　—2023.04）
　　　　　王　永（2023.04—　）
镇　　长　赵利军（　—2023.07）
　　　　　王　飞（2023.08—　）
人大主席　王　飞（　—2023.08）
副 书 记　李　平
纪委书记　韩川平
副 镇 长　徐东跃　陈根田
　　　　　马　琼（女，2023.05—　）
组织委员　李海林
宣传委员　李思雨（女）
武装部长　卜祝飞

【概况】姬塬镇位于定边县西南白于山腹地，古传“姬水之塬”“姬姓之源”，南与甘肃环县接壤，西与宁夏盐池毗邻，因地处陕甘宁三交界，故云“鸡叫一声听三省”。总土地面积528平方千米，适宜耕地面积22.8万亩，林地面积25.16万亩，平均海拔1766.7米。党支部13个、党员825人，驻地事业单位有中心卫生院、姬塬学校、派出所、供电所、区域站、刘峁塬小学、农商行等。辖10个行政村，分别为姬塬村、官峁村、冯团庄村、李团庄村、徐阳湾村、刘峁塬村、何团庄村、西掌塬村、蔡台村、訾卢掌村，145个村民小组，户籍人口4074户13859人。主要经济作物为玉米、荞麦、马铃薯、苦荞和油料作物。畜牧业以羊子、生猪、肉牛饲养为主。地下蕴藏着丰富的石油、天然气等矿产资源，是全县矿产资源富集区之一。

【经济指标】全镇粮食播种面积16.72万亩，其中玉米播种4.58万亩，荞麦播种8.7万亩，其他作物播种3.44万亩；年内农作物总产1.7万吨，其中玉米0.92万吨，荞麦0.52万吨。全镇肉牛存栏872头，羊子存栏49356只，猪存栏2650头，家禽存栏1386只。实施马铃薯良种推广工程，发放原种马铃薯350亩25吨，原种脱毒马铃薯100亩30万粒。在冯团庄村完成“订单式农业”“玉豆套种项目”2000亩种植目标。落实一次性种粮补贴60383.5亩，补贴422684.5元；落实耕地地力保护补贴184456.92亩，补贴9222846元。实施扩建以肉牛养殖为主的合作社发展项目2个。

【基层党建】全年共组织开展11次集中学习，交流研讨1次，领导班子成员讲党课12次。开展村“两委”班子届中分析，对10个村“两委”班子现实表现和作用发挥情况进行综合分析、集中研判；配齐何团庄村领导班子，对评定为“风险隐患村”的姬塬村进行专项整顿。选拔优秀后备干部10名，建立后备干部培养联系人制度，集中培训、定岗锻炼，充实村两委后备干部队伍。全年储备入党积极分子26人，发展党员7人，转正党员14人。发挥包村领导干部和驻村工作队“传帮带”作用，聚焦产业发展、基层治理等，开展理论共学、现场帮学，促进村干部队伍能力提升、“强筋健骨”。以“五级五长”开展“三问三访”活动和“干部作风能力提升年”活动为抓手，推动干部作风转变，提升干部素质，密切干群关系。实施村级集体经济“削弱配强、提质增效”行动，明确责任领导、细化工作举措。整合姬塬镇集体经济联合社和西掌塬村、呰卢掌村集体经济合作社共计144万元，入股县乳品有限责任公司进行分红增效；引导冯团庄村和李团庄村集体经济抱团发展，融资80万元联合建成肉牛养殖场一处。通过党建引领、企业带动、农户参与的方式，推广优质高产、绿色耐旱的玉豆套种、地膜谷子、春小麦、甜玉米等新兴产业近3500亩，比传统种植收益能增加30%到50%。打造“党建+智能驱动”管理模式，从上年度开始，以镇派出所为主阵地，分三期投资近40万元完成智慧安防系统建设整体工程，实现镇域主干道路、人员密集场所及重点部位等监控全覆盖。

【党风廉政】制定贯彻落实《党委落实全面从严治党主体责任的实施意见》。年内镇纪委办理案件7件，给予留党察看二年1人，党内警告处分1人，政务警告1人，实施谈话提醒31人。对省委第四巡视组巡察巡视反馈问题，整改完成率100%。

【乡村振兴】优化调整组织领导机构，定期调度巩固拓展脱贫攻坚成果和乡村振兴工作，专题研究问题整改，逐项分解任务，逐一对标销号，规范建立清单台账，完成19个批次整改，开展防止返贫动态监测和帮扶工作，纳入监测户43户131人，巩固脱贫攻坚成果同乡村振兴有效衔接项目库入库25个项目。小额信贷新增贷款59户，新发放260.66万元；脱贫人口外出务工转移就业636人次，较上年增长2.4%；危房改造12户；投资48万元为71户村民新建水窖68座，集雨场24处；雨露计划全年资助19人，共10.2万元。

【生态环保】坚持“以草定畜、舍饲养殖”，全镇饲草补贴684户9521亩，兑付相关资金143万元。开展违法占用耕地和环境保护大排查8次，卫片执法12次，对违规占用基本农田和耕地现象立行立改。每季度开展生态环保大排查行动，未发生环境保护污染事件。以乡村道路、房前屋后、白色垃圾整治为重点，每月至少开展一次人居环境大整治活动。

【社会治理】全年受理信访案件25件，回复办结12345市民热线42件，回复办结率100%。聚焦19个领域开展排查整治，实行“清单交办、跟踪督办、整改销号、闭环管理”，适时开展“回头看”，排查道路10处，检查商铺105家、企业10余次，消除各类安全隐患13处，全年未发生较大及以上事故。开展“九率一度”调查、组织召开“两代表一委员座谈会”征集对党委、政府工作的意见和建议。开展扫黑除恶斗争和全民禁毒工程。姬塬派出所智慧安防监控平台安装监控探头52个。

【民生实事】整修生产道路 96.6千米，新增道路硬化11.5千米；维修官峁村至苗大渠村水泥路6.025千米；完成官峁村高天子组荒山绿化10亩；投资2.2万元处理堰塞湖两处。纳入农村低保户整户24户49人，发放农村低保金521.5445万元，发放临时救助154户438人 25.91万元。利用“两干”会、“三八”节、庆“七一”等活动，评选表彰模范代表。开展志愿服务活动，举办庆中秋迎国庆双节文艺汇演、姬塬镇干部职工运动会等活动。

【荣誉展台】荣获2023年度全县目标责任考核优秀乡镇、2023年度全县新闻宣传工作先进集体、2023年度平安定边建设先进集体、全省退役军人服务中心(站)标杆单位、2023年度全县退役军人事务工作先进单位、2023年度先进基层武装部、2023年度农业农村工作先进单位、2023年度全县纪检监察工作先进集体、2023年度落实全面从严治党监督责任优秀等次、2023年度全县党风廉政宣传教育工作第四名、定边县最佳志愿服务组织、财政系统2023年度目标责任考核先进集体。

（白亚芳）

杨井镇

党委书记 陈登科（ —2023.04）
王晓东（2023.04— ）
镇　　长 尚宝山
人大主席 高志金
副 书 记 韩晓瑜 王德志（ —2023.01）
纪委书记 王国维
副 镇 长 赵利霞 田经纬（ —2023.04）
王亚娇 赵 薇（2023.04— ）
组织委员 丁政有
宣传委员 田经纬
武装部长 黄伟伟

【概况】杨井镇位于定边县东南山区，地处白于山区腹地，距县城45千米，东邻学庄乡，南与新安边镇、吴起县王坬子乡接壤，西与油房庄乡毗邻，北靠砖井镇、安边镇。全镇总土地面积为436.76平方千米，辖14个行政村，170个村民小组，5076户21273人。有驻镇事业单位17个，党支部17个，党员682名。镇内交通便利，244国道穿镇而过，吴定高速在杨井设有互通区。农作物资源和石油资源丰富，土地适宜种植洋芋、葵花、荞麦等作物，是定边县粮油生产区和石油开发区之一。2023年农民人均可支配收入21234元。

【基层党建】坚持“第一议题”制度，制定党委理论学习中心组学习制度、杨井镇例会制度、杨井镇领导班子成员联系支部讲党课方案，开展个人自学、主题宣讲、党课教育。分批次组织党员干部前往南泥湾革命旧址、薛家寨革命旧址、陕甘边革命根据地照金纪念馆等地开展红色研学活动。开展“我为群众办实事”活动，利用“四下基层”工作法，党政班子成员进村入户领题调研，完成高质量调研报告11篇，为群众办理饮水安全、道路交通、土地整改、社会救助等难点堵点问题17件。探索“党支部+合作社+公司+农户”的经营模式，分别在山根底、贺崾崄等4个村，以借羊还羊模式推进湖羊、杜泊、杜湖、澳湖等新品种羊子养殖项目，在沈口、高天梁等5个村实施西蒙达尔牛养殖项目。阳湾村集体经济收益近130万元，社员分红101.9万余元，五里涧村沙渠子合作社累计为36户206名社员分红20万元。

【基础设施】投资600万元，新建杨井村崖崾渠大型淤地坝1座；投资617万元，修建高天梁村罗高杆小组至吴小山小组5.68千米水泥路；投资200万元，修建张元峁至上沈口3.32千米水泥路；完成棋杆山村6千米油区道路维修；投资170万元，新建杨井村羊肉初加工厂；实施山根底村水土流失坡耕地治理6250亩；在杨井村244国道、杨井村派出所旁、南庄村、旗杆山村修建排水渠各1处，新建贺崾先村二组排水渠；新建白庄村人饮十方蓄水池2座、五里涧村应急百方蓄水池1座；投资20万元，建设定边文化馆杨井分馆。

【乡村振兴】全年累计防返贫入户排查5076户21273人，纳入监测对象6户25人，已全部落实帮扶措施，风险消除9户29人。加强扶贫资产后续管护，完成扶贫项目资产清查确权工作，扶贫项目资产总额9093.81万元。推广优质经济作物、优质小杂粮、白于山羊肉三大主导产业，畜牧养殖等特色农业产业，统筹推进规模养殖、特色农产品等产业建设，与陕西君诚华盛农特科技有限公司签订定边县羖羊肉及红花荞麦产业项目，项目总投资1亿元。

【农业农村】全面完成27万亩耕地保护目标任务、24.9万亩永久基本农田保护任务和300亩高标准农田建设任务。全镇粮食种植面积17.98万亩，产量1.98万吨，兑付种粮一次性补贴15.33万亩107.3万元、耕地地力保护补贴26.51万亩1325.34万元、农机补贴89户124台共计146.9万元，累计发放马铃薯良种800亩，发放有机肥26.7万千克、地膜2.58万千克。全面完成474份、679.52万元农村集体经济合同清收工作。

【民生保障】实现全镇脱贫劳动力转移就业982人次，累计开发公益性岗位50人次，宣传省外务工政策，已落实跨省一次性交通补贴20人6700元。雨露计划补助26人，资助义务教育阶段488名家庭困难学生25.8万元，资助家庭经济困难幼儿155人。成立杨井镇教育基金协会，动员33家爱心企业筹集资金103万元，为70名大学新生发放助学金16.4万元。完成农村居民养老保险、城乡居民医疗保险参保续保工作。春节期间为113名退役军人发放慰问金共计6.87万元，“八一”为109名退役军人发放慰问金共计7万元。

【人居环境】开展人居环境整治宣传教育活动20余次，6月与陕西鸿源天峰环境治理集团有限公司签订试运行合同，累计发动群众、志愿者人数达1000余人次，清理乱搭乱建、残垣断壁30处，清理农村生活垃圾1300余吨。实施农村厕所革命，完成331座户厕改造，对已改户厕进行“回头看”，保证新建户厕使用率。封禁执法600余次，开展宣传4次、护林员培训4次，造林3000亩，主要交通路口、村庄巷道、重要林草地安装摄像头783个。

【综治信访】开展便民政策集中宣传活动，累计发放宣传资料1万余份，现场解答群众咨询1000余人。全年集中力量开展“大走访、大排查、大化解”活动，组织镇、村两级调解矛盾纠纷95起，成功化解92起，调解成功率96.8%。全年受理信访案件201件，办结200件，办结率99.5%，将主题教育与“我为群众办实事”相结合，协调妥善处置各类信访案件。

【安全生产】全镇组织开展19个领域安全生产大排查40余次，累计排查安全隐患107处，全部完成整改。协同卫生院、派出所、交警队等单位，联合开展防火、防汛、地震等应急安全演练。印发《杨井镇2023年防汛抗旱工作要点》《杨井镇农村饮水安全保障工作应预案》《杨井镇防汛抗旱应急预案》，督促各行政村储备防汛应急物资，维修蓄水池4处、加固淤地坝1座，全年无重大安全生产事故发生。

【荣誉展台】被市政府评为“安全生产单位”，被榆林市林业局评为“榆林市2023年封山禁牧先进乡镇”；被县委、县政府评为创建省级文明城市工作先进集体、2023年度专项工作考核基层党建（乡镇）第三名、专项工作考核安全生产第五名；被县政府表彰为2023年度基本农田保护目标责任考核先进集体。

（高领领）

新安边镇

党委书记　王　峰
镇　　长　蔡继宙
人大主席　崔德荣（　—2023.07）
　　　　　李　倩（女，2023.07—　）
党委副书记　韩晓红
纪委书记　高成立（女）
副 镇 长　牛雅敏　薛栓成
　　　　　蒋　瑞（女，2023.01—　）
组织委员　乔　瑛（女）
宣传委员　庞晓艳（女）
武装部长　吕黎明

【概况】新安边镇治地有堡曰新安边，镇名由此而得。新中国成立后新安边设乡，1958年裁乡，建人民公社，1984年改制为乡，1997年改乡为镇。新安边镇位于定边县东南白于山区腹地，距县城71千米，东靠学庄乡，南接吴起县吴仓堡镇，西与吴起县王洼子乡毗邻，北与杨井镇接壤，处两市（延安市、榆林市）两县五乡交界处。镇域内山峦重叠，沟壑纵横，地形支离破碎，有东西向的两道岭，西北东南向的一道大川，俗称“东西两道岭，南北一道川”。年平均气温7.9℃，年降水量350毫米左右，无霜期140天左右。全镇土地总面积305.7平方千米，其中耕地面积14万亩、基本农田9.9万亩、林地面积9.7万亩。全镇下辖5个行政村，91个村民小组，其中有4个脱贫村，1个非贫困村，总人口2139户8657人，常住户770户2553人，建档立卡脱贫户294户1217人，监测户20户81人。镇内有长庆第六采油厂作业区3个、延长集团定边采油厂新安边采油队1个。农业产业以种植业和养殖业为主，主要农作物以洋芋、荞麦、豆类及小杂粮为主，畜牧产业以养羊为主。2023年度居民人均纯收入20206元。

【产业发展】新安边村利用提水补灌工程，补灌山地西瓜40亩，收获12.5万千克，通过消费助农，增收10万余元；店子坪村探索出“借鸡生蛋”“借鸡生鸡”的家庭散养鸡模式，共销售肉鸡420只，鸡蛋一万余个左右，销售额9.6万元；店房湾村依托村集体经济联合社，投资50万元，购买羊子151只，惠及农户12家；大北山村将符合要求的地块逐步退耕还林，并根据情况适时开展补植补造，共实施1.29万亩，种植了松树、山桃、木瓜树等；宗小涧村引进人参果种植和七彩山鸡养殖产业，人参果项目前期实验棚占地1.2亩，育苗1000株，利润达9万元，山鸡养殖项目投资9万元左右，实现利润5万元左右。

【基础设施建设】争取881.41万元实施新安边镇生活污水处理厂及配套管网工作项目；投资50.5万元新修宗小涧村凤凰湾子组与高庄梁组3.134千米砂砾石路；宗小涧村实施1000亩旱作集成推广项目；争取53万元对3处通村水毁水泥路、生产生活道路进行维修；争取1100万元资金建设五座淤地坝，新建100方蓄水池4个；投资778万元新修宗小涧村芦庄组至卧牛城组6.3千米水泥道路。

【生态建设】落实耕地保护，以“田长制”模式开展巡田工作，开展土地违法问题排查整治专项行动；实行全域禁牧，以到村到组到户到人的形式宣传“以草定畜、舍饲养殖”政策，发挥5名林草管护员和13名护林员作用；开展人居环境整治，全年累计清理农村生活垃圾150吨，清理河道卫生12千米，开展进村入户宣传教育10场次400余人次，发放宣传资料1000余份。

【安全生产】对辖区内涉及的12个重点领域进行全方位安全大排查，每季度至少举办1次安全宣传活动，累计发放宣传单、宣传册8000余份，对地质灾害3个高风险点、17个中风险点进行排查整治；累计为全镇常住户发放2000余个一氧化碳报警器；对全镇38处食品经营单位场所落实包保制度，严格落实红白喜事报备审批制度，签订食品安全协议23份；组建应急抢险队伍10支296人，选优配强组建专业灭火队33人，村级义务灭火队5个150人，加强业务培训，储备灭火设备。

【乡村振兴】全镇有驻村工作队5支16人，其中，第一书记5人，驻村队员9人，镇村帮扶联系人71人。落实“四个不摘”要求，保持产业扶持、医疗救助、兜底保障、驻村帮扶等政策总体稳定。健全防止返贫动态监测和帮扶机制，加强对易返贫、致贫人口的摸排和常态化监测，重点监测“两不愁三保障”、收入水平变化、生产生活、产业就业、人员增减等情况，及时预警、及时做好帮扶救助和精准施策，确保动态清零。

【民生保障】产业方面：为脱贫户、监测户发放70000千克马铃薯良种，可种植700亩。金融方面：小额信贷放款132户60.35万；落实互助资金贷款152户，发放贷款144万元。救灾救济方面：发放临时救助款298500元，低保金3086603元，五保金51369元，冬春救济款970044.05元。

【基层党建】严格落实“第一议题”和“逢会必学”制度，党委会集中学习26次，理论学习中心组集体学习40次。以主题教育为契机，通过“三会一课”“主题党日”等方式组织开展交流研讨5次，各支部集中学习50余次，开展主题党日活动26次，镇村为群众办实事44件，组织志愿活动12次，征集党员群众反映问题并落实16条，检视发现并整改问题5条；年内发展党员5名；年内培养后备力量15名；组织村“两委”班子成员培训6场次70余人次。深入推进干部作风能力提升，围绕“七个聚焦”，深入开展“解剖麻雀”工作，建立“四清单一台账”。

（屈飞宇）

党建专项督导4轮。坚持第一议题制度，组织各类学习90余次、专题研讨5次。推进主题教育走深走实，集中学习21次，研讨交流28人次，班子成员分片包抓分类指导，开展专题党课活动28次，送学93人次，检视整改问题18项。开展调查研究，撰写调研报告17篇。组织党员轮训培训500余人次，培养村干部后备力量24名，发展党员6名，培养入党积极分子12名。

盐场堡镇

党委书记 孙希宏（　—2023.04）

钟学强（2023.04—　）

镇　　长 李阳阳

人大主席 段小燕（女）

副 书 记 李云飞

纪委书记 宋霄飞

副 镇 长 汪　荔（女）　朱昱儒（女）　杜　河

组织委员 沈拯世

宣传委员 解　鑫（女）

武装部长 张俊宏

【概况】盐场堡镇位于县城西北部，与定边街道办毗邻，东靠白泥井镇，南接红柳沟镇，与宁夏盐池相邻，307国道、靖王高速公路、太中银铁路穿境而过，交通四通八达，十分便捷，镇政府驻地西梁湾村，距县城6千米。境内有隋明长城遗址33千米，镇域内有丰富的盐业资源，有盐湖11个，是陕西省最大的天然日晒盐生产基地，辖8个行政村（其中贫困村3个），总土地面积472.4平方千米（70.86万亩），86个村民小组，3218户12693人，常住人口4729人，有党支部10个，党员531人。全镇脱贫村3个，脱贫户335户1310人，监测户20户65人，农村低保339户661人，特困供养11户13人、残疾人431户508人，2023年人均收入19022元。

【基层党建】制定基层党建工作任务清单、督查方案，召开党建工作会议20次，专题民主生活会1次，

【党风廉政】严格落实“一岗双责”，制定党委班子及成员责任清单，组织开展党建述职、述责述廉点评会议，召开全面从严治党及党风廉政专题会议4次。有序推进“清廉定边”建设，用好警示教育片、忏悔录等资源，召开镇廉政警示教育专题会议2次，开展党纪党规考试1次。加强日常监督，开展监督检查10次。全年召开廉政警示教育专题会议2次，受理问题线索6件，其中初核了结1件，立案审查5件，党政纪处分4人，其中党纪重处分2人。

【营商环境】印发《高质量项目建设推进年实施方案》《营商环境突破年工作方案》，招商引资完成项目3个，在建项目1个，完成任务指标100%，项目总投资省内省外计18.19亿元。樱桃种植项目，投资100万元，改造利用大棚3个，种植种苗2000株。定边县普业新能源有限公司5兆瓦屋顶分布式光伏发电项目建成并网。榆林2100兆瓦光伏发电项目项目招标完成正在有序推进。实施南美对虾养殖厂扩建提升项目。

【农业农村】全年完成农作物播种植面积15.89万亩(其中粮食作物14.33万亩)，农作物产量8.21万吨(其中粮食作物产量5.32万吨)，猪存栏3.1万头，牛5789头，羊10.47万只，鸡5.81万羽，同比均实现增长。推进荒地整治复耕，完成整治433.75亩，复耕433.75亩。发放一次性种粮补贴7.65万亩53.56万元，耕地地力保护补贴15.02万元。实施粮改饲项目，新建青储窖8户4630平方米，收贮玉米青贮90户3.92万立方米。实施旱作农业集成技术推广项目，杜井村、张梁村漫灌改滴灌1890亩，苟池村发展旱作节

水农业'四位一体”产业配套项目952亩。争取衔接资金257万元实施西梁湾村4500亩马铃薯种植基地提升改造项目和周台子村1955亩向日葵种植基地提升改造项目。实施周台子村890亩薯麦轮作项目及整村推进玉米“一喷多促”4.2万余亩。实施盐碱地改良种植牧草3000亩。实施张梁村肉牛产业发展提升项目，引进西门塔尔牛120头。实施以草定畜项目，补助326户8659亩，总计补贴129.89万元。落实生猪良种补贴政策，申报3户补贴能繁母猪602头，补贴3.91万。

【乡村振兴】开展“两不愁三保障”及安全饮水排查、住房安全排查、结对帮扶、易地搬迁后帮扶等工作，建立防返贫监测和帮扶机制，新纳监测对象3户10人、风险消除5户15人，累计兑现防贫险26人12.29万元。听取驻村工作队驻村工作汇报12次，书记遍访监测对象遍访率达到100%。开展知识讲座、种植养殖技能及乡村振兴人才技能培训4期290人。完成劳动力转移1985人，其中脱贫劳动力458人，易地搬迁劳动力354人，聘用公益性岗位 21人，城镇公益性岗位9人，选聘乡村振兴协理员12人，落实省外务工补助117人。

【基础设施】新修张梁村、周台子村、东滩村、西梁湾村通组道路4条17.676千米。完成煤改气3个行政村390户，煤改电5个行政村147户。8个行政村光纤网络和移动通信网络实现全覆盖。完成波洛池村、张梁村、二楼村改厕321户，问题厕所整改2户(杜井村2户)。更换杜井村、苟池村变压器3台，投资32.2架设波洛池村高压线2千米。投资90.2万更换波洛池村、东滩村自来水管道14.8千米。

【民生保障】新增城乡低保9户12人,认定低保边缘家庭7户10人,特困人员护理率达100%。临时救助户235人28.73万元，发放低保金427.5万元，分散特困户保障金9.53万元，孤儿生活补助1.2万元，残疾人生活补贴45.38万元，老龄生活补助67.4万元。发放困难群众冬季取暖257户514 吨。开展防溺水安全、未成年人保护宣传等，进行校园周边环境整治理2次，开展演练2次。全镇脱贫户1307人，监测62人全部参加城乡居民基本医疗保险和大病保险，落实分类参保资助672人，资助金额19.83万元。精准资助脱贫户和监测及家庭经济困难学生30人，发放资助金3万元，全镇1649名(6—15周岁)义务段学龄儿童无失学、辍学学生。

【精神文明】发挥自身优势做好党的创新理论宣传，利用新时代文明实践站(所)宣传宣讲平台、农家书屋、读书角等开展党的二十大精神宣讲活动。在8个行政村开展“好媳妇、好婆婆”“星级文明户”推荐评选活动，评选十星级文明户80户。推进志愿服务活动，组建志愿服务队伍9支，注册志愿服务者73人，开展志愿服务活动60余场次。开展“我们的节日粽情端午”新时代文明实践活动、移风易俗及创建全国文明城市宣传活动，惠及群众1000余人。

【生态文明】对周台子村、杜井村、波洛池村进行道路绿化20.6千米。兑付8659.69亩公益林补助13.86万元。组织开展地下水资源综合治理工作，开展敲门入户大排查2次，完成6个行政村水浇地压减任务5400亩，进行8个村水质检测。聘用8名水利监督员。开展秸秆焚烧专项督查整治和日常垃圾焚烧督查治理工作。

【国土保护】制定耕地保护“田长制”实施方案，与各村签订耕地保护责任书。打击非法占地和违法建设行为。完成598户农村低收入群体住房安全保障认定工作。制定农村住房安全动态监测机制，上报疑似危房，住房安全鉴定143户，危房改造5户。对西梁湾村进行村庄规划编制，已形成规划初步成果。

【环境整治】组织清理整治全镇环境30余次，清理垃圾90余吨，投放垃圾桶40余个。利用党员干部、网格员等队伍，全面发动群众，对房前屋后、村庄周边等重点区域内的杂草以“点线结合、全面铺开”的方式进行清理。活垃圾、乱堆乱放等按照“以点带线、点线结合、全面铺开”的方式进行清理。

【基层治理】落实领导干部包案化解及坐班接访制度，通过定期研判、多元化解等措施，稳控重点信访对象，实现重要“节会”期间重点人群“零赴省、零进京”目标，成功排查调处矛盾纠纷92件，调处成功率95%以上。按照市域综合治理验收清单完成近3年软件档案整理工作。开展社会治安混乱地区排查整治2次。按照“横向到边、纵向到底、层层培育、环环相扣”的全科网格管理服务模式，推进综治网格化建设，建立13个大网格，细化分为84个微网格区域，包联3000余户1万余人。

【安全生产】坚持党政领导干部安全生产“一岗双责”，制定责任清单、任务清单，开展19个领域安全专项排查整治工作。开展重大事故隐患、烟花爆竹、电气焊、消防安全等专项排查，检查企业50余家，检查60余次，累计排查整改隐患19处。开展散煤取暖、燃气安全核查、道路交通安全专项治理等整治工作，整改排查隐患15处，发放冬季取暖宣传单3000份。落实食品安全“两个责任”，31位包保干部对国办系统内102户商户、督导检查4次，严守“七下八上”大关，定点转移和安置重点户4户和四靠户2户。

【亮点工作】推进“党支部+合作社+农户”利益联结机制，推行“党建+产业”的发展模式西梁湾村党支部通过土地流转，引进现代农业项目，开展规模化种植：周台子村引进樱桃种植项目，改造利用大棚3个，种植种苗2000株，实施兜底收购服务，辐射带动农户100余户。争取衔接资金270余万元，实施了2个行政村6455亩马铃薯与向日葵种植基地提升改造项目。突出党建核心引领作用，注重育强“领头雁”，开展知识讲座、种植养殖技能及乡村振兴人才技能培训4期290人。完成劳动力转移1985人，其中脱贫劳动力458人，易地搬迁劳动力354人，聘用公益性岗位19人，城镇公益性岗位9人，选聘乡村振兴协理员10人，落实省外务工补助117人。开展了19个专项领域安全排查60余次，整改隐患19处。按照全科网格管理服务模式，推动8个村级综治中心建设，构筑两级平安建设工作平台。在抓综治工作中，建立完善多层次矛盾纠纷化解机制，累计排查调处矛盾纠纷92件。采取“党建引领 划段包干”模式，深入开展农村人居环境整治提升行动，清理垃圾1200余吨。

【荣誉展台】7月，被陕西省退役军人事务厅评为陕西省标杆型退役军人服务中心(站)；3月，被中共定边县委、定边县人民政府评为2022年度专项考核工作考核(招商引资)二等奖，2022年度专项考核工作考核(巩衔工作)二等奖；2022年度专项工作考核(书记项目)三等奖；4月，被中共定边县委、定边县人民政府评为2022年度信访积案化解先进单位，被中共定边县委、定边县人民政府、定边县人民武装部评为2022年度先进基层武装部。被县人民武装部评为2022年度先进基层武装部。

(葛虹伶)

石洞沟镇

书　　记　白　桦
镇　　长　夏　亮
人大主席　付博文
副 书 记　曹永利
纪委书记　李　晶(女，　—2023.09)
副 镇 长　翟　波　刘浩宁(　—2023.04)
　　　　　　李　倩(女)
　　　　　　张　霞(女，2023.04—　)
组织委员　胡国军
宣传委员　刘浩宁
武装部长　高　亢

【概况】石洞沟镇位于定边县东部滩区中心位置，北靠内蒙城川镇，南临307国道，东连郝滩镇、堆子梁镇，西接安边镇、砖井镇。307国道、安堆公路、青银高速公路、太中银铁路穿境而过，全镇辖9个行政村，82个村民小组，6012户21521人，是全县农业人口密度最大的乡镇。省内唯一的内流灌溉河“八里河”曲折贯穿全镇，全镇总土地面积144平方千米，其中耕地面积11.4万亩，地势平坦，土地肥沃，大面积土地资源得到优化整理，地上、地下水资源丰富，素有“粮仓油海”之美誉。石洞沟镇属定边县农业大镇、文化大镇、工匠大镇，主导产业玉米、洋芋、麻子、南瓜、辣椒。2023年人均纯收入18827元。

【基层党建】落实党委主体责任，严格执行党内制度，定期组织召开党委班子会，重大事情和问题均由集体研究讨论决定，广泛听取意见。严格落实党风廉政主体责任，领导班子成员认真落实“一岗双责”和党建联系点制度，推动党建责任落实落细。切实将基层党建工作提上重要日程，制定月度基层党建工作任务清单，每月至少研究党建工作一次。严格落实第一议题制度，制定《石洞沟镇2023年学习计划》《石洞沟镇2023年政治理论学习方案》指导加强学习，通过领导带头领学、干部集中自学、深入研讨交流学等多形式提升学习效果。全镇党员总数498人，通过乡镇党委牵头，支部书记强化落实，制定年度组织生活和学习计划，结合每月主题党日提升支部党员的整体素质，保证每月至少1次教育管理。严格落实“三会一课”、主题党日等基本组织生活制度，突出党员先锋模范作用，全面推行党建网格化管理。强化56名流动党员、87名年老体弱党员、5名发展对象管理，加强政治引领，做实“线上+线下”送学送教。

【理论学习】紧盯理论学习、干事创业、检视整改不放松，利用党委会议、党委理论中心组学习会、机关例会、研讨交流学等方式持续深入学习党的二十大精神等最新理论成果，跟进学习习近平总书记最新重要讲话精神。党委理论中心组集体学习、党员干部集中学习及机关支部学习30余次、讲党课25人次、开展主题党日活动10次、开展集中研讨4次、上门送学10余次，检视问题总数21次，建立为民办实事台账28件，班子检视问题10个，班子成员检视问题10个。

【乡村振兴】全镇113名镇村干部联系帮扶脱贫户536户、监测户24户，落实网格员125名，对全镇6012户21521人实行网格化动态监测，解决“两不愁三保障”及饮水安全等突出问题。全年问题整改21批次已全部完成整改。开展劳动力摸排和稳岗就业工作，全镇就业人口9521人，脱贫人、监测人口所有就业1129人，务工就业751人，一次性交通补贴补助130人39400元。

【民生保障】全镇低保436户835人发放农村低保金额482.50万元；发放五保（特困）供养金18户18人12.05万元；临时救助260人次25.21万元。残疾人成人补贴613人次，一级重度护理49人次，二级重度护理202人次，儿童生活补贴13人次。退役军人及优抚对象慰问11.2万元，困难救助4.2万元。雨露计划补助4批25人次15.6万元。

【项目建设】全镇建设党建类、产业类、生态类、文化类项目各2个，基础设施类项目11个，共19个项目已全部完成，累计投入资金1300余万元，新修道路11.305千米、绿化植树4000余株、建成村史馆1处、完成八里河河堤加固清淤及八里河出水口抢修等。

【农业农村】发放有机肥6000亩327.14吨；参加农业产业技能培训60人次；马铃薯良种推广工程一级种扩繁发放342户；一次性种粮补贴1964户；耕地地力保护补贴4636户；发放一氧化碳报警器845个；撂荒地整治7595.89亩，核实936块；完成9个村村三委届中审计；村集体经济合同清理196份，进度100%；肉牛羊养殖补贴牛191头、羊157只，计42.91万元；粮改饲项目补贴4户；购机享受农机具补贴208户。刷写林业工作墙体标语15条，出动宣传车辆35台次，阻止偷牧、散牧行为49起。农业灌溉实际用水总量为1008.198万立方米，压减后水地面积为5.6011万亩。审批建房8个，严格执行镇村两级“田长制”与网格化管理制度，9个行政村均设立土地管理监督员，全镇永久基本农田划分为82个网格。

【社会治理】探索形成“1+3+5+5”基层治理模式，投资30余万元，打造石洞沟镇市域社会治理现代化综治中心，推进基层社会治理。依托党代表、人大代表、政协委员、五级五长、网格员等辅助力量，以网格单元管理为基础，参与矛盾纠纷化解，落实信访稳控制度，加大矛盾纠纷化解力度，做好稳控化解。全年12345热线交办104件，信访受理26件，调处化解各类社会矛盾纠纷76起。

【生态环境】打造干净整洁村庄，开展日常巡查31次/月，年累计开展环境卫生综合治理、村容村貌集中整治活动90余次，清理垃圾约27吨/月，出动车次43台班/月，出动人次84人/月。推进农村水环境整治，加快推进八里河道清污和垃圾清运等工作。完成新建农户家庭卫生厕所改造173户。

【安全生产】强化“19+1”项安全生产隐患排查与治理，全年排查企业、商户、家户1428户，悬挂安全宣传横幅30条，出动宣传车27车次，开展集中宣传3次，发放各类宣传册2500余份，为群众发放交通安全反光条620条。开展经营性自建房安全排查整治，发现隐患3起，已全部整改完成。

（丁晓丽）

郝滩镇

党委书记 武振福
镇长 赵彦宾
人大主席 尉峰
党委副书记 曹双
纪委书记 贺鹏如（女， —2023.09）
副镇长 张学龙 陈彦年
余磊（2023.04— ）
组织委员、统战委员 韩彦慧
宣传委员 张妮（女）
武装部长 付鑫

【概况】郝滩镇位于陕西省榆林市定边县最东端，距县城东70千米处，是定边县“东大门”。东靠靖边县梁镇，西邻石洞沟镇，南接吴起县周湾镇，北攘堆子梁镇。307国道和青银高速横穿东西，郝羊路、郝堆路与307国道呈“十”字型横穿镇境。地势处于陕北黄土高原与内蒙古鄂尔多斯荒漠草原过渡地带，北纬37°37′，东经107°35′，平均海拔1378.5米高度。地势南高北低。境内地形大体分为两类，北部为沙漠盐碱草地，共5个村委会，人口居住比较集中；南部为梁涧丘陵地，共5个村委会，人口居住分散，水土流失严重。全镇总面积255平方千米，辖10个行政村，94个村民小组，5445户20260人，常住人口6285人。林草总面积17.8万亩，林草覆盖率为45%。

【基础设施建设】年内完成郝滩镇便民服务大厅项目，总建筑面积257平方米（长25.7米、入深10米）、建筑高度为4.5米，项目总投资82.68万元，于5月10日开工，10月28日竣工。建设涉及白坑村、郝滩村蒋峁则村、伙草涧村、高寨则村、许连圈村8条通村组水泥路18.6千米，建设涉及郝滩村、白坑村、柳树涧村4条砂砾石道路17.5千米。实施污水处理厂中水输送及双向排水管道清理维修项目，总长1184米，总投资62.1万元，于3月10日开工，8月9日竣工。实施郝滩镇智慧安防系统集成服务采购项目，安装80个监控探头，总投资20.9万元，于8月20日开工，10月20日完工。

【经济发展】2023年农民人均可支配收入达到20492元，增长7.5%。全镇耕地确权面积20.5万亩，其中水浇地9万亩，人均耕地10亩，粮食播种面积18.39万亩，总产量8.90万吨，养殖户达到920户，生猪饲养量5991头，牛饲养量976头，羊子饲养量3.04万只。有个体经营户346户，专业合作社11家。2月16日，在镇政府举办郝滩镇新乡贤议事会，会议主题为“凝‘贤心’聚‘贤智’汇‘贤力’，共谋郝滩发展新篇章”，县人大常委会主任马俊飞，县委常委、统战部部长齐洲莅临指导，省军区原副司令员、少将邱俊本等14位乡贤代表和镇村领导干部、驻镇单位负责人、驻村第一书记参加。

【党建工作】吸收纳新党员10名，培养村级后备力量32人，开展业务培训3次，整治“软弱涣散村”1个，创建“五星”支部3个，规范党费收缴与管理及相关组织活动程序。“七一”表彰14名优秀共产党员、2名优秀支部书记、1个先进党支部。镇党委组织理论学习中心组集体学习12次，机关干部集体学习24次、交流研讨4次，各支部每月利用“三会一课”、党员远程教育、学习强国App、陕西干部网络学院学习平台开展党员日常教育。在理论学习中，采取集中培训学、分散自主学、交流研讨学、线上线下测试学等方式，累计集中学习12次、交流研讨3次；科级干部人均形成调研报告2篇；在检视问题中镇村两级查摆整改问题84个。在高质量项目推进方面，认真落实“三重一大”运行机制，完善党委议事规则，确定项目包抓负责人，按照相关程序完成涉及水电路讯产业建设等15项工程；在营商环境方面，强化全民素质教育，优化能源市场开发环境，为企业提供优质服务，打击“车匪路霸”3人；在干部作风能力提升方面，修订完善各类规章制度10余项，严肃干部工作、考勤、学习、生活等纪律要求，提出“五个严禁、五个带头”工作机制。农民人均纯收入首次突破两万元，农业上形成10万亩玉米种植基地，2万亩蔬菜种植基地，9万只羊子养殖基地。认真贯彻中央“八项规定”、纠“四风”树新风，注重清廉文化建设，开展“清廉定边 德润郝滩”廉洁文化进校园活动，表彰优秀教师9名、清廉家庭模范户15户，评选优秀廉洁文化作品24幅。对镇村干部运用第一种形态谈话提醒2人；受理问题线索9件，立案6件、初核了结2件、结案4件，处理4人。通过“三问三访”“四下基层”等方式，在征求群众意见的基础上，办成12件民生实事。

【乡村振兴】全镇有脱贫村4个、乡村振兴示范村1个，有脱贫户684户2652人，累计纳入监测44户162人，累计风险消除27户103人，全部落实帮扶联系人和责任人，实现结对帮扶全覆盖。建立常态化防返贫监测帮扶机制，选聘119名防返贫动态监测网格员，织密防返贫动态监测网络。完成脱贫劳动力外出就业927人，办理省外务工交通补贴196人。

（张海波）

油房庄乡

党委书记 李光平
乡　　长 贾　明
人大主席 王发斌
副 书 记 王　伟
副 乡 长 徐东进　高瑞晓　赵仁田
组织委员 张宝[illegible]
宣传委员 户海平
武装部长 师沛渊

【概况】油房庄乡位于定边县南部白于山区，乡政府距离县城35千米，地形地貌主要以山、涧、梁结构为主，土地面积252平方千米。油房庄乡耕地面积17.9420万亩，退耕还林还草4万余亩，草地2065余亩。全乡辖6个行政村，99个村民小组，总人口3456户11780人（常住人口4000余人），其中脱贫户472户1704人，监测户35户115人，低保户329户543人，残疾人369人。主要农作物有马铃薯、荞麦、油料、糜谷、小杂粮等，是定边红花荞麦重点种植基地，也是全县马铃薯、油料等旱作农业优势产区。养殖业以规模养殖山羊和绵羊为主，全乡羊子存栏量有4.2余万只。2023年全乡人均可支配收入为18601元。

【经济建设】争取省内到位资金3192万元，省外到位资金6570.87万元。荣获全县争资先进集体称号。实施油房庄村、白店村避灾类生态移民搬迁二期工程新建硬化集雨场165个，同时配套建设水窖165口，铺设电路3.2千米。投资64.2万元，新建水窖107口。投资1516.4万元，实施村组水泥路17.4千米。投资1100余万元，在三胜坡村实施小流域综合治理项目6000亩。投资30万元推广旱作农业集成技术2000亩。

建成油房庄村家风家训馆、妇女儿童之家。投资80万元建设油房庄乡农民夜校和乡党委党校。争取市上资金150万元用于白店村村卫生室、生产道路、文化广场、村支部阵地维修等。

【农业农村】全年完成农作物播种面积16.49万亩，总产量2.3万吨，其中粮食作物播种面积15.4万亩，总产量2.17万吨，油料作物播种面积1.04万亩，总产量0.15万吨。总投资50万元推广黑毛猪养殖项目，采取“企业+合作社+农户”模式。全乡参与农户49户，发放种猪179头。发放有机肥232吨，覆盖农户1400余户。发放马铃薯良种48吨，覆盖农户500余户。在油房庄村实施现代农业集成技术推广项目，推广种植地膜玉米1852亩、地膜高粱148亩。发放农机补贴170万元，补贴农机具158台。

【生态建设】年初与各村养殖户签订封山禁牧承诺书400余份，发放封山禁牧宣传册500余份，出动车辆260余次。开展“清明节”鲜花换烧纸活动，发放鲜花800余株、烧纸桶200余个，“寒衣节”宣传发放森林防灭火宣传册800余份，组织森林防灭火演练2次出动宣传车4车次28人次。开展“以草定蓄、舍饲养殖”工作，青燕麦、甜高粱、苏丹草种植验收1.18万亩，惠及农户807户177万元，利用秋季雨水完成2020年退耕还林补植8000余亩，草田间作苜蓿300余亩。设立人居环境奖励资金1万元，用于奖励人居环境工作优秀的行政村。全年累计开展综合宣传2次，进村入户宣传50余次，悬挂宣传横幅10余条，发放人居环境整治宣传材料1500余份，并与全乡饭店、商铺签订门前“三包”责任状。开展厕所革命，完成建设450座，问题户厕整改完成85座。全年累计清理清运垃圾3000余吨，清理淤泥500余吨，清理畜禽粪便200余吨。累计发动群众投工投劳1000余次，动用机械200余次。

【乡村振兴】全年纳入监测户3户16人，其中5月份开展了集中排查工作，排查3078户，排查发现返贫致贫风险户1户4人，已全部纳入监测户。全乡形成公益性扶贫资产44个，形成资产3766万元；经营性扶贫资产18个，形成资产1704万元。开展春秋两季安全饮水敲门入户排查以及安全饮水问题整改排查工作，排查农户1256户，发现问题26条，整改完成26条。受7—8月份的旱情影响，乡党委政府通过动员驻乡企业，以及政府争取资金实施应急供水，累计送水1300方。

【民生保障】全乡新增低保户32户54人，取消26户38人，月发放低保金28.9万元。全乡有残疾人369人，享受残疾人两项补贴（生活补助、重度残疾护理费）277人，月发放两项补贴2.4万余元。春季为343户困难群众发放米面油，秋冬季为315户困难群众发放冬季平价煤619吨。建立全乡住房动态监测机制，实行半月动态监测，全年累计上报疑似隐患房屋9处，经上级部门鉴定核实隐患房屋5处，全部消除，并实施了危房改造，发放补贴10.6万元。对760户低收入群体、486户脱贫户的住房保障方式进行核验并更新系统。保障好低收入家庭就业，开发公益岗位，村级特岗15人，基层助理员5人，协管员4人，小学辅导员1人，幼教辅导员1人，全年新聘乡村振兴协理员8人。建立定期走访制度，对全乡范围内12名生活困难老人、52名退役军人进行走访慰问，发放慰问金3.6万元。

【平安建设】全年化解矛盾纠纷22件，全年无赴京上访及赴省市上访事件。接收榆林市12345便民服务热线反馈事项13件、“百姓问政”3件，及时答复上报率达100%。坚持全方位多形式宣传教育，开展了“八五”普法工作、“平安建设九率一度”、防止电信诈骗、防养老诈骗、禁毒宣传等系列宣传活动，发放宣传资料7000余份，悬挂宣传横幅40条，各村宣传横幅60余条，接待法律咨询20余人次。对严重精神障碍患者摸排管控，排查出22名严重精神障碍患者，与患者监护人签订责任书。

【获奖情况】被中共定边县委、定边县人民政府评为“2023年度目标责任考核优秀乡镇”、统战工作“先进集体”、精神文明建设“先进单位”“平安乡镇”、人居环境整治“先进乡镇”、争资争项“先进单位”；

被陕西省退役军人事务厅评为“标杆单位”；被榆林市信访工作联席会议办公室评为“四有五无”示范乡镇。

（刘婷婷）

冯地坑镇

书　　　　记　孟巧莉（女）
镇　　　　长　李东玮
人 大 主 席　李嘉程
副　书　记　蔡生谋
纪 委 书 记　陈小艳（女）
副　镇　长　牛和平　赵桓右
　　　　　　王晓娜（女）
　　　　　　高　宏（挂职）
组织委员、统战委员　张步瑜
宣 传 委 员　王文佳（女）
武 装 部 长　牛瑞源

【概况】冯地坑镇位于定边县城西南白于山区腹地，境内山、梁、沟、峁地形皆有。镇政府所在地距县城50千米，东接白湾子镇、西邻宁夏回族自治区盐池县大水坑镇、南抵姬塬镇、北靠红柳沟镇。全镇总土地面积218平方千米，耕地面积11.45万亩，林（草）保留面积5.26万亩，全镇辖5个行政村（冯地坑、任塬、新城滩、苗大渠、郭畔），60个村民小组，全镇总人口1.04万人，其中户籍人口1822户6523人，居民人均可支配收入达到21209元，同比增长7.4%。冯地坑物产资源丰富，是长庆油田在县内的主要勘探开发区之一，为第五采油厂前线指挥部驻地，镇内建成有国家级CCUS示范工程项目。农作物种植以荞麦、玉米、土豆、小杂粮等为主，畜牧养殖以舍饲养羊为主。冯地坑历史悠久，红色文化底蕴深厚，境内明长城遗址、古堡关寨遗址和烽台堡寨遗址众多。全镇气候属中温气候，平均海拔1660米，年平均气温7.8℃左右，无霜期130天左右，年平均降水量270毫米左右，干旱特征明显。泾河源头、十字河分别位于镇境内。

【党建工作】开展学习贯彻习近平新时代中国特色社会主义思想主题教育，一体推进理论学习、调查研究、推动发展和检视整改，累计开展党委理论学习中心组集体学习12次，干部集中学习30余次，形成调研报告16篇，查摆并整改问题82条，班子办实事12件。开展“抓党建、强堡垒、促振兴”示范行动，深化村党支部“标准+示范”建设，争取资金50余万元，改造扩建任塬村、郭畔村阵地，新建镇级党群服务中心。开展村“两委”班子届中研判，完成郭畔村软弱涣散村党组织整顿提升并通过验收。开展“星级创建”活动，建成新城滩村省级、任塬村市级两个示范村党支部，开展新城滩红旗集群示范村建设。完成5个村“两委”主要负责人届中经济责任审计。开展源头培养村干部后备力量“341”工程，培养村级后备干部15人。新发展党员5名，培树“双带型”农民党员29名、党员科技示范户10户。通过法规考试、廉政教育、观看警示片等方式，提升党员干部法纪意识。开展群众身边腐败专项整治，全年共开展督查11次，开展谈话提醒1人，工作约谈6人，通报批评4人。镇纪委加强案件查办，共处置问题线索14条，立案5件，结案5件，其中党纪政务处分5人，共运用“四种形态”处理共计21人。

【乡村振兴】全年新纳监测户2户6人。结合“两不愁三保障”及安全饮水大排查，实施危房改造1户，出资11万元为农户新建水窖8个、集雨场12个，维修水窖15个，组织抗旱送水2000余方，为各村统一配置水泵及发电机。借助省级乡村振兴重点帮扶镇契机，谋划养殖、种植等6大类项目，推广种植旱作集成技术项目2800亩，争取243万元引进白绒山羊近千只分发到户，对91户新建棚舍的养殖户补贴资金110万元、30户养猪户补贴10万元，兑现农机具补贴62台51.2万元。完成粮食播种面积9.6万亩，粮食产量0.8万吨。做好“春秋”两季防疫和“两病”监测，生猪存栏2394头、羊子存栏3万只、家禽9300羽。发挥新时代文明实践所（站）作用，开展“最美家庭”

“弘扬雷锋精神”“品味端午·传承文明”等群众性精神文明活动，举办脱贫致富户、道德模范户、十星级文明户等评选表彰活动，利用“两干”会、“三八”节、庆“七一”等活动，评选表彰模范代表81人。落实好农家书屋、善行义举榜、道德讲堂等“十个一”民风建设任务，支持各村办好广场舞、运动会等文化体育活动。

【民生事业】建成100立方蓄水池9座，新建集镇文化广场1处，安装路灯130盏，改造电网8千米，累计硬化通村道路9.7千米，维修村组道路81千米。常态化开展人居环境整治，整合资金270余万元，统筹实施硬化、亮化、美化、绿化等一揽子工程，完成任塬、苗大渠两个村户厕改造218座。深入推进造林绿化工程，联动采油五厂建设高标准碳汇林190亩、义务林28亩，组织干部群众义务植树4万株，实施26.9千米生态廊道绿化、174.2亩村庄绿化以及任塬村市级生态振兴村续建项目。坚持“以草定畜、舍饲养殖”，补贴442户群众种草8829亩，亩均补贴150元。第五次全国经济普查清查个体户295户、单位100户。新纳低保户3户10人，发放低保金150.68万元、特困供养金17.07万元、残疾人“两项”补贴21.54万元、临时救助金26.44万元、救灾款152.68万元，发放平价煤43户82吨。

【基层治理】推进散煤取暖、道路交通、危险化学品、液化石油气瓶、地质灾害、消防、防汛等19项重点领域安全排查整治，为农户新增安装一氧化碳报警器1000个，全年无安全事故发生。开展“五级五长”助力基层精细化治理，创新实施“3+3”为民服务模式，搭建“一卡”“一档”“一线”服务载体，实现服务对象全覆盖、管理沟通全方位、为民服务全过程，评选表彰“五级五长”25名，推荐县级表彰5名。落实党委书记点评法治工作机制，组织干部学法5次，业务培训3次。推进法律“九进”活动，集中开展法治宣传11次，发放宣传资料3200余份。打造镇级综治中心“三室一厅一中心”和村级综治服务中心，在重点路段和公共区域安装智慧监控49个。针对群众反映的土地征用、村级账务、邻里纠纷等矛盾，主要领导带头，一对一成立工作组包案化解。深入开展扫黑除恶打击整治电信诈骗等行动。

【荣誉展台】2023年被陕西省退役军人事务厅评为“全省退役军人服务中心（站）标杆单位”

（温辰宇）

学庄乡

党委书记　党晓琳
乡长　屈文飞（　—2023.04）
　　　贺海洋（2023.04—　）
人大主席　白文祯
副书记　邵元时
纪委书记　周莉梅
副乡长　姬澜成　刘艳粉
　　　郝　宁（兼，　—2023.07）
组织委员、统战委员　赵炳凯
宣传委员　郝　宁（　—2023.07）
武装部长　叶林东

【概况】学庄乡位于定边县东南部白于山区腹地，距县城74千米，是由原来的学庄乡和胡尖山乡合并而成。下辖10个行政村，132个村民小组，3578户、13625人。学庄乡总耕地面积14.8万亩，退耕还林面积5万亩，公益林地面积27万亩。学庄乡有省级重点水库2座，各类淤地坝30座，是无定河和八里河的源头。

【经济综述】2023年，学庄乡农作物播种面积达6009公顷，总产量15292吨。其中，粮食作物播种面积5750公顷，油料作物播种面积212公顷。羊子存栏5万余只，生猪存栏1296只，种植饲草14126亩，新建家庭农场14家。农村居民人均可支配收入达到19748元，同比增长5.9%。

【基层党建】一是开展主题教育。共计召开专题会议15次，开展研讨交流8次。深入开展调查研究，形成调研报告15篇，为民解决实事25项，制定整改落实措施12条。二是夯实政治思想基础。累计开展“第一议题”34次，党委理论学习中心组学习12次，推动党的创新理论和方针政策内化于心、外化于行。三是守牢意识形态阵地。把意识形态工作纳入年度目标考核体系、年度述职述廉报告内容，累计召开意识形态研究部署会2次、工作推进会1次，快速处置突发舆情1条，坚决维护意识形态领域安全。四是加强教育管理。结合“线上+线下”，通过“三会一课”、主题党日、学习强国等，不断提升学习质效。发展党员8名，选树优秀典型2个，坚持动态管理、分类施策，对于符合条件的流动党员应转尽转，累计转接党员49名。五是整顿提升软弱涣散党组织。成立整顿工作领导小组，制定整顿细则，深入一线督促指导。通过加强村“两委”班子建设，全力整治人居环境，完善基础设施，建立长效机制，整顿取得明显成效实效。六是抓党建促基层治理。充分发挥农村“五级五长”作用，在防汛抗旱关键时期，结合“我为群众办实事”，组织100余名干部点对点了解农户生产生活情况，梳理问题23个，精准施策并加以解决。

【农业工作】一是坚决扛牢粮食安全重任。坚决遏制耕地“非农化”、防止耕地“非粮化”，严守粮食生产底线，全覆盖、无死角开展撂荒地摸排核查，因地施策推进1402亩撂荒地复耕复种，完成241亩基本农田核实处置工作，确保学庄乡农作物种植面积稳定在12.56万亩（其中玉米5万亩、小杂粮4.5万亩）。二是全力以赴做好减灾稳产。推广旱作农业集成技术项目7000亩，建成高标准农田9635亩、“四位一体”旱作节水灌溉3544亩，共计转化水浇地13179亩。旱情发生后，乡村两级抓早动快，迅速启用水源设施15处、水源井24眼，投放水泵、电机等抽、输、送灌溉设备53台，铺设管网16300米，灌溉受旱农田5200余亩，全面提高了农业抵御风险能力，减少旱情对农民生产生活的影响。三是加大扶持力度。落实各项强农惠农富农政策，全年累计发放各类农业产业扶持资金994.1万元，通过实施马铃薯良种推广、旱作农业集成技术推广等项目，落实耕地地力补贴和种粮一次性补贴等政策。

【乡村振兴】一是责任落实方面。及时优化调整乡村两级巩固脱贫攻坚推进乡村振兴的组织领导机构，定期调度巩固拓展脱贫攻坚成果和乡村振兴工作，专题研究问题整改，聚焦中、省、市督查反馈的12个批次问题，逐项分解任务，逐一对标销号，规范建立清单台账，高质量完成90项具体问题的整改任务。二是政策落实方面。在中省市县保持帮扶政策总体稳定的基础上，严格落实“四个不摘”总要求，积极与行业部门对接，把产业、就业、健康、教育、住房、兜底保障、金融等各项政策全部落实到位。三是工作落实方面。持续巩固拓展学庄乡426户1641人脱贫成果，常态化开展防止返贫动态监测和帮扶工作，47户监测户帮扶措施得到有效落实。2023年，学庄乡共纳入监测户7户21人，牢牢守住了不发生规模性返贫底线。四是巩固脱贫成果方面。开展村集体经济“消薄培强”行动，分别给高庙湾村、朱庄村、大涧湾村和黄伙场村注入30万元，用于发展壮大村集体经济。学庄乡10个行政村村集体经济收入均达到5万元以上。

【绿色发展】一是打造良好生态环境。大力抓好林长制工作，完成退化林修复0.3万亩；种植多年生饲草1200亩、一年生饲草6300亩；种植红梅杏、酸枣等经济树种200亩。二是加强河流治理与保护。实施无定河源头水生态治理项目，治理水土流失面积334.5公顷；对崔井坝、榆树湾坝、牛沟畔坝、胡嵝先坝、园峁梁坝大涧湾坝、湫沟滩坝等8座淤地坝进行除险加固；黄伙场村阳湾沟大型淤地坝工程开工建设。三是守住生态保护红线。严格落实封山禁牧政策，坚持不懈巩固退耕还林成果，进一步发挥封山禁牧队巡察震慑和护林员属地管护作用，加大依法打击和依法处罚力度，全年累计查办禁牧案件52起，偷牧、夜牧等现象得到有效遏制。四是提升农村人居环境水平。着力开展农村人居环境整治，以乡村道路、房前屋后、白色垃圾整治为重点，重拳出击、全面整治。

【民生福祉】一是民生保障持续加强。为337户589人发放低保金115.5万元，为38户40人发放特困供养金32万元；发放冬春荒救助102万元；城乡居民社会养老保险和基本医疗保险参保率达99%以上。二是民生工程加快推进。如期完成12户危房改造和朱庄村165户卫生户厕改造任务；新建大涧湾村村部并完善配套办公设施；新建及维修集雨场、水窖32个；硬化黄伙场村、杨伏井村库区移民道路5.98千米；新修罗山村徐口则组水泥路4.82千米；铺设原桃树梁村至王仲梁村砂石路6.3千米；修复水毁路段3.5千米；对集镇排水系统进行了维修加固。三是就业创业扎实推进。依托县级线上线下招聘活动，成功转移就业444人，其中灵活就业22人，自主创业11人，开发光伏公益岗54名。

【乡村治理】一是安全生产全面压实。以“时时放心不下”的责任感，聚焦16个重点领域，有步骤、有计划地开展排查整治，实行“清单交办、跟踪督办、整改销号、闭环管理”，适时开展“回头看”，消除各类安全隐患32处，学庄乡安全形势总体稳定。二是信访维稳措施有力。坚决贯彻“三到位一处理”工作要求，严格落实领导干部接访、下访、约访、包案等制度，深入推进治理重复访、化解信访积案专项行动。全年化解各类矛盾纠纷12件，化解信访积案2件，回复办结网民留言20件，回复办结率100%。三是平安建设纵深推进。建成乡村两级市域社会治理现代化综治中心，安装视频监控探头200个，持续推进“雪亮+平安乡村”建设，形成互联互通、共建共治的新格局。

【党风廉政】定期研究党风廉政工作，制定贯彻落实《党委落实全面从严治党主体责任的实施意见》，压紧压实党建责任，制定推进基层党组织带头人队伍整体优化提升等10项措施，摸排整顿软弱涣散村党组织。驰而不息推进党风廉政建设和反腐败斗争，用好监督执纪“四种形态”，年内学庄乡纪委办理案件5件，给予党内警告处分2人，政务警告1人，党内严重警告1人，开除党籍1人，实施诫勉谈话3人，谈话提醒5人。认真做好巡视巡察整改的“后半篇”文章，对县委第二巡察组和省委第四巡视组巡察巡视反馈的27条问题，下茬推进整改，整改完成率100%。

（张春香）

樊学镇

书记	艾　飞
镇长	蔡向林
人大主席	程　明
副书记	陈　勇
纪委书记	付晓春（　—2023.09）
副镇长	赵　文　常　鹏
组织委员、统战委员	李鹏飞
宣传委员、副镇长	高亚丽（女）
武装部长	丁　莊

【概况】樊学镇地处定边县西南部白于山深山区，北与白湾子镇接壤，南与张崾先镇相连，西与姬塬毗邻，东与吴起县相靠，距离县城78千米，属于典型的黄土丘陵沟壑地带，地形地貌以崾先、塬、峁、沟、涧、梁为主，平均海拔1700米。2011年6月撤乡并镇时由原王盘山乡和樊学乡合并成樊学镇。至年底，全镇辖6个行政村，98个村民小组，2782户10538人，常住户1202户4977人，常住户中18-40周岁1140人，脱贫人口533户1942人；监测21户68人，五保户25人，低保254户591人，全镇7个党支部，党员436名，其中女党员70名。总土地面积458.59平方千米，耕地15.72万亩，永久基本农田14.5万亩，林地6.5万亩，草地3.5万亩。粮食作物以荞麦、糜子、玉米、豆类为主。畜牧业以饲养羊、生猪、家禽为主，有638户养殖户，羊年末存栏4.10万只；生猪存栏758头；家禽饲养量0.64万羽；2023年度农村常住居民人均可支配收入任务数21064元，增长速度为7.3%。辖区拥有35千伏变电站（所）1座，110千伏及以上

变电站（所）1座，主变压器4台，综合电压合格率99%，供电可靠率99%。县乡级公路6条，总长77千米，通村水泥路7条46千米，通村柏油路20条155千米。镇卫生院有病床15张，专业卫生技术人员16人，其中执业医师5人。

【经济综述】农业产业，全年完成粮食总播种面积10.2万亩，推广旱作小杂粮1.2万亩，绿色高质高效玉米2000亩；落实耕地地力保护补贴877.65万元，种粮一次性补贴19.89万元，发放抗旱补贴32户88140元；开展农业技术培训2次；落实镇监管、村协管两级联动机制，对镇域内34个种养殖生产合作社的农产品质量进行安全监管；农机购置补贴70台，补助金额51.72万元。畜牧业，鼓励5户养殖户申报肉羊补贴项目，购回优良品种肉羊64只；春秋防疫期间，组织20名防疫员对全镇猪、牛、羊等畜禽进行防疫疫苗接种，应免密度、挂标率均达100%；全镇2023年动物防疫工作受到市专项考核组表彰。

【乡村振兴】至年底，全镇有脱贫户539户1962人，累计纳入监测户23户76人，全年新纳入监测对象4户13人，累计风险消除监测户3户11人。全年镇党委专题研究乡村振兴工作12次，召开巩衔工作推进会20次，更新脱贫户、监测户人口动态调整信息12次。镇主要领导走访自然村组、镇党委书记遍访“三类户”、第一书记协助6个村党支部书记遍访全部农户的进度均达100%。开展饮水安全敲门入户大排查工作，排查脱贫人口539户1962人，新建水窖18个，硬化集雨场4处。针对市巩固衔接第一督导组督导检查反馈问题、重点督帮发现问题等14批次反馈问题，逐项排查研判，认领问题38条，已全部整改到位。

【基础设施建设】新修水泥路1.77千米，维修水毁道路5千米、砂砾石道路16.8千米。新建百方蓄水池8座，建成中型淤地坝4座。改造集镇街道排水设施1千米，铺设自来水管网3.3千米。完成孟咀村级阵地建设。实施红梅杏基地项目，栽植红梅杏树苗708亩。

【人居环境】全年办理7户农村宅基地建设审批，实地核查常规土地卫片141个。落实“河长制”“林长制”，利用光伏资金聘用巡河员8名，聘用护林员22名，常态化开展河道、林地、草地巡查。实施“以草定蓄”8000亩。实施刘沟岔至刘湾村道路绿化20千米。开展企地共建生态振兴林活动，在闫铁路沿线栽植生态林2000亩。完成户厕改造218户，聘用保洁员约180人次，大小车辆35辆，集中开展垃圾清理整治20余次，开展捡拾白色垃圾专项行动3次，清理垃圾约550吨。建设村级农管办6个，开展道路养护巡查16次，发现隐患5处，全部完成整改。

【社会事业】全镇有农村低保对象255户581人，特困分散供养22户25人，高龄人员719人，享受残疾两项补贴372人。全年累计发放临时救助金46.86万元，发放“雨露计划”补助16万元，完成危房改造2户。为3户困难家庭申请慈善救助2.5万元。为23名退役军人办理优待证，为48名重点优抚对象、现役军人家属及生活困难退役军人发放补助资金8.85万元。对接人社部门，向群众提供招工岗位信息，实现省外就业137人，省内就业630人。全年召开文化事业、文化建设专题会4次，组织开展群众文化活动6次，发放宣传品2000余份。开展辖区星级文明户评选，评选“十星级文明户”60户，道德模范41名。

【基层治理】开展安全生产大检查大整改，统筹推进19+1项安全生产隐患排查，开展安全生产教育培训会2场、应急演练1场、安全巡查大检查50余次，整改完成一般隐患30起。发挥287名“五级五长”作用，排查全镇常住户一氧化碳报警器安装情况，新发放262个。召开信访专题会议10次，开展“345”信访维稳工作新办法，累计接待来访群众咨询100余人次，排查化解各类矛盾纠纷64起，回复信访案件55件。解决土地纠纷、石油征地款分配等突出矛盾纠纷15起，兑付遗留资金200余万元。推进“1+3+5”基层社会治理现代化新模式，在全镇6个行政村主要交通路段和农户家中安装联网摄像设备14台，在全镇常住农户家中安装联网摄像设备262个。

【基层党建】一是夯实党建基础。以开展主题教育为契机，深入学习习近平新时代中国特色社会主义思想、党的二十大精神，开展理论学习中心组集体学习13次、交流研讨2次，组织干部集中学习50期，要求各党建联系点领导结合工作实际，树立身边榜样2人，及时建立“四类重点”人群台账，采取支委成员包联制度，基层党组织检视问题7个，制定整改措施7个，完成整改7个。开展讲党课22人次，收集基层党员建议32条，梳理为民办实事18件。春节、“七一”期间慰问困难党员、老党员28人，“光荣在党50周年”党员6人。全年6名发展对象全部转为预备党员，预备党员转正6名。对全镇19名流出党员进行登记造册，实行动态登记管理。二是强化理论武装。开展以“学习党的二十大精神”为主题的培训2期，参训120人次，以“抓党建促乡村振兴”为主题的培训1期，参训60余人次。对39名村“两委”成员和19名后备力量进行集中培训。三是聚焦作风提升。结合干部作风能力提升活动年，全镇深入查摆问题72条，深刻剖析原因，分类建立“四清单一台账”，抓实整改落实。全力支持纪委履行职责，集中约谈干部2次130余人次，主动约谈6人次，受理信访线索3件次，立案审查调查6件。

（邵君山）

张崾先镇

书　　记　张国智
镇　　长　范凯旋
人大主席　王伟宇
副 书 记　耿怀吉
纪委书记　张　彪
副 镇 长　贺　裕　赵苗苗（女，兼）
　　　　　　郑晓梅（女）
组织委员　龙顺存
宣传委员　赵苗苗（女）
武装部长　郭世斌

【概况】张崾先镇位于定边县域西南山区最南端，驻地距县城88千米。东南靠延安市吴起县，南与甘肃省华池县毗邻，西接甘肃省涝池口，北连樊学镇，属典型的黄土丘陵沟壑区，土地面积512平方千米，确权登记耕地面积为22.03万亩，林地面积40.2万亩。下辖8个行政村，131个村民小组，有居民3315户11405人，常住人口1315户3430人，有党组织11个，党员638名，驻镇单位有派出所、卫生院、农商行、两个幼儿园、义务教育学校2所。

【经济综述】完成农作物播种面积12.3942万亩，粮食播种11.5462万亩，大豆播种2135亩，油料播种1.18万亩，粮食产量达2.22万吨，实施旱作农业集成技术项目5280亩；全镇羊子饲养量6.5万只，生猪饲养量3034头，完成家禽饲养量10132只。2023年全镇人均纯收入达18946元，增长率达6.83%。

【产业发展】实施旱作农业集成技术项目5280亩，发放有机肥42.24万千克、地膜1.56万千克、渗水地膜1920千克。继续打造伙场塬村“一场四区”（一场即牛羊养殖场，四区即山地苹果种植区、山地核桃种植区、中药材种植区、山区大棚蔬菜种植区）产业布局。投入110万元新建王塬村肉牛养殖场，占地面积10亩，现有存栏量36头；投入98万元新建张崾先村养鸡场，占地面积5亩，年出栏量约6000只，实施铁角城村“四位一体”提水补灌项目。

【党建工作】以铁角城村、芦梁村等红色革命遗址为主，挖掘红色文化资源和内涵，带动广大党员干部赓续红色血脉，弘扬长征精神，进一步增强党组织凝聚力和战斗力，增强党员宗旨意识，发挥先锋模范带头作用，打造党员干部红色教育基地。以有利于发展产业的塬地为主，通过党组织引领，党员带头，采用“村社（合作社）联建”“村企（企业）联建”“村村联建”3种联建模式，促进旱地特色农业种植、山地经济林种植、畜牧养殖、山区大棚蔬菜种植产业发展，打造现代旱作特色农业种植基地和生态文明建设基地。组织党员干部集中学习24次，召开专题会议8次，研讨会3次，班子成员到所包抓的党建联系点讲党课16次。按照“五个定边”建设要求，结合全镇实际，提出了“133”工作思路，确定10个重点调研内容，由科级领导深入一线开展调研24次，形成高质量调研报告10篇，围绕“四下基层”着力解决群众愁难急盼实事18件。组织开展“缅怀先烈 清明祭扫”、“党建引领 金秋助农”、青年党员干部座谈会等系列主题活动。

【基地建设】党员干部红色教育基地：新建铁角城村红色文化驿站1处，从进入张崾先地界到铁角城村公路沿线打造长征文化长廊，对铁角城街道人居环境进行全面改造。山区现代特色农畜业种养殖基地：采用“村社（合作社）联建”“村企（企业）联建”“村村联建”3种联建模式，已形成伙场塬村“一场四区”(一场即牛羊养殖场，四区即山地苹果种植区、山地核桃种植区、中药材种植区、山区大棚蔬菜种植区)、王塬村肉牛养殖场、张崾先村养鸡场等山区现代特色农畜种养殖产业布局。生态文明建设基地：实施贾塬村生态示范乡村建设300亩，人工造林5000亩，退化林修复2000亩，重点区域绿化工程500亩，已发展成为全县林地面积最大的乡镇，全镇林地面积达40余万亩，同时加大封山禁牧、封山育林力度，加强巡回管护，实施“以草定畜、舍饲养殖”项目。

【基础设施】实施张崾先村街道美化、亮化工程和张崾先镇集镇文化广场院内篮球场提质改造项目，完成张崾先镇综治中心和8个行政村综治中心建设；实施张崾先镇伙场塬村街道亮化工程，完成左崾先村街道供水项目，投入48.6万元实施农户饮水设施建设67户，实施白于山区淤地坝项目5处（大型坝4处、中型坝1处）；实施王塬村、贾塬村、伙场塬村3个村农厕改造项目252座。

【乡村振兴】采取“1453”工作法，即“1”是健全“一个组织领导体系”，“4”是扛实工作领导小组、四支队伍、帮扶联系人、网格员的“四方责任”，“5”是通过强化学习方式、强化安排部署、强化九项行动、强化问题整改、强化督导检查“五项举措”，“3”是全面实现干部思想认识、工作质量和群众满意度“三大提升”。全年开展集中排查3次，发现问题42条，全部已整改到位；全年发放小额信贷185户813.1万元；互助资金发放356人416.8万，贴息31.83万元；按期完成王塬村、贾塬村、伙场塬村3个村农厕改造项目252座；全年反馈问题整改12个批次，认领问题63条，已整改48条，剩余15条问题已建立长效机制并长期坚持整改。

【安全环保】全年开展专项检查10次、“延长+长庆”互查2次，下发整改通知书15份，已全部整改到位。组织辖区企业、各驻镇单位联合开展反恐、消防、环境污染、医疗急救等形式多样的应急演练活动4次。对全镇16户35人的防汛重点关注对象每户落实2名包抓责任人，设置临时安置点18处，撤离群众8户15人，排查水毁道路18处，放置警示路牌35个，其中重大安全隐患2处，全部消除安全隐患。开展森林防火宣传活动及安全宣传六进活动，发放宣传资料2000余份，组织驻镇企业、各行政村播放警示教育片10场600人次。按照“一炉一报警器”原则，安装一氧化碳智能报警器247个、普通报警器1737个。推进“散乱污”企业专项整治“回头看”，对各类企业进行现场再核查，对重点地段进行再清理，建立问题台账，逐项销号整改；全面开展农村人居环境整治，完成人居环境自筹资金57576元，获得奖补资金115179元，资金已全部下达到位，投入各类资金25余万元，发动农民群众投工投劳，清理农村生活垃圾135吨，清理乱堆乱放20余处、废弃房屋残垣断壁4处。

【民生保障】全年发放临时救助款138户21.22万元，低保金334户550人342.44万元，分散特困对象保障金25户25人18.33万元，分散特困对象护理费6.86万元，为496名残疾人发放生活补贴331940元；完成高龄老人年检942人，发放高龄费729600元；脱贫户及三类户转移就业723人，公益岗位29人，移民搬迁户转移就业343人，交通补贴14人，一次性就业补贴7人。推进医保缴纳工作，实现六类户人口参保率达到100%，一般人员参保率达到99%。

【社会治理】开展平安建设“九率一度”宣传活动，发放平安建设宣传手册1500份，宣传彩页1400份，宣传海报50份，主题横幅62副，户外广告牌36块，宣传展板12块。组织各村每月开展矛盾纠纷排查工作，选聘2名威望高、经验丰富、调解能力强的离任村干部担任专职人民调解员，整合镇村干部、司法所、派出所等群防群治力量，化解“三跨三分离”信访积案1件以及土地、企业征地补偿、邻里矛盾等各种矛盾纠纷18件。推进八五普法工作，常态化开展扫黑除恶工作。

【党风廉政】组织镇村干部开展警示教育活动，观看警示教育片，从反面案例中汲取教训，筑牢廉政思想根基，坚持以案示警，引导全镇党员干部汲取教训，开展纪检监察干部队伍教育整顿，警钟常敲，不断提高干部自律意识。全年共接到违纪违法线索14件，初核了结6件，立案调查8件，已结案4件，正在办理4件，给予党纪处分4人（其中开除党籍1人），采取第一种形态3人。

【荣誉展台】荣获2023年度“市级卫生镇”荣誉称号；荣获2023年度党委落实全面从严治党主体责任优秀乡镇荣誉称号；荣获定边县2023年度耕地和基本农田保护目标责任考核先进集体荣誉称号。

（白　骁）

索 引

符号

A

B

C

D

F

G

H

J

K

L

M

N

P

Q

R

S

T

X

Y

Z